대명률직해

大明律直解

대명률직해

大明律直解

조선시대 범죄와
형벌의 근간

김지 · 고사경 직해 | 조지만 역해

규장각
새로 읽는
우리 고전
025

아카넷

'규장각 고전 총서' 발간에 부쳐

고전은 과거의 텍스트이지만 현재에도 의미 있게 읽힐 수 있는 것을 이른다. 고전이라 하면 사서삼경과 같은 경서, 사기나 한서와 같은 역사서, 노자나 장자, 한비자와 같은 제자서를 떠올린다. 이들은 중국의 고전인 동시에 동아시아의 고전으로 군림하여 수백 수천 년 동안 그 지위를 잃지 않았지만, 때로는 자신을 수양하는 바탕으로, 때로는 입신양명을 위한 과거 공부의 교재로, 때로는 동아시아를 관통하는 글쓰기의 전범으로, 시대와 사람에 따라 그 의미는 동일하지 않았다. 지금은 이들 고전이 주로 세상을 보는 눈을 밝게 하고 마음을 다스리는 방편으로서 읽히니 그 의미가 다시 달라졌다.

그러면 동아시아 공동의 고전이 아닌 우리의 고전은 어떤 것이고 그 가치는 무엇인가? 여기에 대한 답은 쉽지 않다. 중국 중심의 보편적 가치를 지향하던 전통 시대, 동아시아 공동의 고전이 아닌 조선의 고전이 따로 필요하지 않았기에 고전의 권위를 누릴 수 있었던 우리의 책은 많지 않았다. 이 점에서 우리나라에서 고전은 절로 존재하였던 과거형이 아니라 새롭게 찾아 현재적 가치를 부여하면서 그 권위가 형성되는 진행형이라 하겠다.

서울대학교 규장각한국학연구원은 법고창신의 정신으로 고전을 연구하는 기관이다. 수많은 고서 더미에서 법고창신의 정신을 살릴 수 있는 텍스트를 찾아 현재적 가치를 부여함으로써 새로운 고전을 만들어가는 일을 하여야 한다. 그간 이러한 사명을 잊은 것은 아니지만, 기초적인 연구를 우선할 수밖에 없는 현실로 인하여 우리 고전의 가치를 찾아 새롭게 읽어주는 일을 그다지 많이 하지 못하였다. 이제 이 일을 더미룰 수 없어 규장각한국학연구원에서는 그간 한국학술사 발전에 큰 기여를 한 대우재단의 도움을 받아 '규장각 새로 읽는 우리 고전 총서'를 기획하였다. 그 핵심은 이러하다.

현재적 의미가 있다 하더라도 고전은 여전히 과거의 글이다. 현재는 그 글이 만들어진 때와는 완전히 다른 세상이다. 더구나 대부분의 고전은 글 자체도 한문으로 되어 있다. 과거의 글을 현재에 읽힐 수 있도록 하자면 현대어로 번역하는 일은 기본이고, 더 나아가 그 글이 어떠한 의미가 있는지를 꼼꼼하고 친절하게 풀어주어야 한다. 우리 시대 지성인의 우리 고전에 대한 갈구를 이렇게 접근하고자 한다.

　'규장각 새로 읽는 우리 고전 총서'는 단순한 텍스트의 번역을 넘어 깊이 있는 학술 번역으로 나아가고자 한다. 필자의 개인적 역량에다 학계의 연구 성과를 더하여, 텍스트의 번역과 동시에 해당 주제를 통관하는 하나의 학술사, 혹은 문화사를 지향할 것이다. 이를 통하여 우리의 고전이 동아시아의 고전, 혹은 세계의 고전으로 발돋움할 수 있기를 기대한다.

기획위원을 대표하여 이종묵이 쓰다.

차례

호율(戶律)

예율(禮律)

병률(兵律)

형률(刑律)

공률(工律)

일러두기

1. 이 책의 전문 번역서를 찾는 독자들은 법제처와 민속원에서 출간한 번역서와 2018년에 한국고전번역원에서 가장 방대하게 역주한 『대명률직해』(전4권)를 참고할 수 있다. 활용하기 좋은 전문서로는 한상권·구덕회·심희기·박진호·장경준·김세봉·김백철·조윤선 옮김, 『대명률직해』1~4(한국고전번역원, 2018)를 추천한다.

2. 이 책은 전체를 모두 번역한 것은 아니며 독자들이 알면 좋을 만한 부분만을 발췌해서 번역하고 필요하다고 생각되는 부분에 대하여 해설을 단 것이다. 다만 책의 전체적인 내용을 통독하도록 하기 위하여 각 조문의 대략적인 내용을 실어놓았으므로 전통시대 형사법은 어떠한 내용을 담고 있는지를 아는 데는 유의미할 것으로 생각한다.

『대명률직해』의 내용과 구성

1.『대명률직해』는 어떤 책인가?

⑴ 법문화의 교류와 법의 전문성

한국은 고대 동아시아 최대의 법률 생산국이자 법률 수출국이었던 중국과 인접해 있어서 좋든 싫든 중국의 법문화에 많은 영향을 받아왔다. 한 나라의 법을 문화현상으로 보고 법의 전파 현상을 법의 계수(繼受, Reception)라고 하는데, 이 법의 계수는 부분적이든 포괄적이든 어느 사회에서나 일어나는 현상이다. 유럽 중세에는 로마법의 계수가 있었고 일본에서는 근대 서양 특히 독일법의 계수가 있었다. 그리고 우리나라에서도 근대에 일본을 통한 서양법의 계수가 있었는데 우리나라의 서양법 계수는 포괄적이었고, 일본을 통해 강제적으로 이식된 것이었다. 우리나라에서는 저 멀리 삼국시대의 율령의 계수를 비롯하여, 고려시대의 법도 중국의 영향을 받은 것에는 이론이 없다. 특히 역사적으로 명확한 법전의 포괄적 계수는 조선시대에 일어났다. 조선시대에는 중국의 형법인『대명률(大明律)』을 자국의 형법으로 사용하는 이른바 포괄적인 계수가 일어났다. 이는『대명률』을 쓴다고 명확하게『경국대전(經國大典)』에서 규정하였는데, 이로써 조선 사회는 중국의 형법인『대명률』을 포괄적으로 계수한 것이다.

그러나 현재도 법규정이나 판결문은 국어로 작성되어 있지만, 일반인들이 아무 지식 없이 접근하기에는 힘든 용어와 구조로 되어 있다. 이는 법조문이나 판결문을 한 번이라도 읽어본 사람이라면 누구나 수긍할 것이다. 법이나 판결문에 접근하기 어렵다는 것은 그만큼 전문적이라는 말이 될 것이다. 그도 그럴 것이 법학은 철학과 더불어 역사가 오래된 학문이면서도 실무적으로 이용되어 왔고, 실무에 종사하는 일군의 사람들이 알아듣기 쉬운 형태로 발전해 온 특성이 있기 때문이다. 고대 그리스 시절부터 법에 대한 연구는 꾸준히 되고 있었고, 특히 고대 로마 제국에서는 실무와 관련하여 법은 매우 중요한 지위를 차지하고 연구되었다. 나아가 중세 시절 세계 최초의 대학인 이탈리아의 볼로냐 대학이 법과대학으로부터 시작되었다는 사실은 법학 연구의 유구성과 그 이후의 전문적인 발전을 상징하는 것일 테다. 중세 이후의 법학은 특히나 로마법을 체계적으로 연구하는 학식 법학으로서 성립한 것이기 때문에 이에 접근하기 위하여는 법률 전문가의 도움이 필요하다.

현대의 법은 사람들이 접근하기 쉽고 실생활에 관련되어 있는 것들이 대다수이며 서비스적인 측면에서 접근하고 있음에도 불구하고, 일반인들은 여전히 이해하기 어려운 것이 현실이다. 현대의 법도 이런 상황인데, 과거 한정된 식자들만이 지식을 소유하던 시대의 법은 어떠했을까. 법이 일반인들에게 공개되지 않고 이용 가능층도 극히 옅었던 당시는 지금의 법보다 훨씬 불친절했다는 것은 말할 나위도 없을 것이다. 그렇다면 이러한 법에 접근할 때에는 법의 기능적 메커니즘을 어느 정도는 익히는 것이 조금이나마 이해에 도움이 될 것이다. 물론 법학자도 역사적 접근 방법에 대한 훈련 없이는 과거의 법과 판결문에 담긴 맥락을 이해하기 어려울 것이다. 그러므로 역사적 맥락의 이해와 법 자체의 논리를 모두 이해할 필요가 있다. 다만 법이 전문적이라는 데서 오는 전문사, 분야사로서의 성격에서 본다면 법학에서 접근하는 것은 좀 더 규범적인 의미에 천착할 수밖에 없을 것으로 생각한다. 이 글에서도 역사적 맥락을 고려하려고 하였지만, 태생의 한계로 인하여 규범적인 측면, 즉 법규범의 해석이라는 측면에 좀 더 무게가 실려 있음을 고백하지 않을 수 없다.

(2) 『대명률직해』란?

『대명률직해』란 『대명률』이라는 명나라의 형법을 당시 우리나라 사람

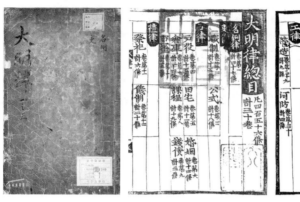

『대명률』의 표지와 대명률총목(大明律總目)이 나와 있는 내지

규장각한국학연구원 소장

들이 한문을 쉽게 읽기 위하여 사용하던 이두(이 책에서는 밑줄로 표시)를 사용하여 우리나라의 사정에 맞게 번안한 책이다. 그런데 사실『대명률직해』라는 책의 이름은 조선시대에는 존재하지 않았다. 조선시대 당시로 돌아가서『대명률』과 관련된 책명을 보면,『대명률』,『대명률서(大明律書)』,『대명률강해(大明律講解)』,『대명률부례(大明律附例)』등이 존재하였지만,『대명률직해』라는 명칭은 발견되지 않는다. 그렇다면 언제부터『대명률직해』라는 명칭을 사용했을까? 서적의 명칭으로『대명률직해』를 처음 사용한 때는 조선총독부에서 전통적인 법전들을 교정하고 활자화하여 간행한 일제 강점기로 보는 것이 학계의 공통된 견해다. 이렇게 일제 강점기에『대명률직해』를 간행한 이후로는 이두가 들어가 있는『대명률』을 모두『대명률직해』라는 명칭으로 통칭하였고, 서적 이름으로도 사용하였다. 서울대학교 규장각에서 이 책을 영인하여 출간할

때에도 『대명률직해』라는 명칭으로 하였다. 이 책에서도 기존의 용례에 따라서 『대명률직해』라고 한다.

그렇다면 『대명률직해』는 『대명률』을 이두를 사용하여 번안한 책이라는 것인데, 『대명률직해』가 무엇인지를 이해하기 위해서는 그 원전인 『대명률』에 대한 이해가 선행되어야 한다.

『대명률』은 중국 명나라의 형법전으로 그 최종 판본은 명태조 홍무 30년(1397)에 출간되었다. 이 최종 판본의 『대명률』은 현재의 형법 총칙에 해당하는 「명례율(名例律)」과 당시의 중앙관제인 이(吏), 호(戶), 예(禮), 병(兵), 형(刑), 공(工)을 따라서 편을 분류하여 모두 7편으로 구성되어 있다. 이 『대명률』은 하루아침에 만들어진 것이 아니라 명태조 주원장이 거병하여 국가의 형태를 갖추었을 때부터 계속하여 만들어온 시간의 축적물이다. 최종 판본이 나오기까지 정치 상황의 변화와 관제의 변화 등을 반영해 가며 개정하였는데 정확히 몇 번의 개정을 거쳤는지는 아직까지도 확실히 알지 못한다. 그러나 대체로 홍무 7년(1374), 홍무 9년(1376), 홍무 22년(1389)의 개정은 인정하고 있다. 『대명률』의 체제는 홍무 7년에는 『대명률』 이전에 동아시아에 가장 영향을 많이 미친 당나라의 형법인 『당률』의 체제를 반영하여 12편목의 체제를 취하고 있었으나, 홍무 9년부터는 계속하여 「명례율」을 앞에 둔 7편목을 유지하였다.

(3) 어떻게 하여 중국의 형법이 우리의 법이 되었나?

이 중국 명나라의 형법인 『대명률』은 어떻게 하여 조선의 형법이 되었을까? 그 유래는 고려 말로 거슬러 올라간다. 『고려사』의 기록에 따르면 고려 말의 상황은 개개 사건이 발생하면 그 사건의 해결만을 위한 법률을 계속하여 발포하고 이에 따라 처벌이 이루어졌다. 그렇기 때문에 기준도 명확하지 않고, 같은 범죄라도 집법하는 관리에 따라 집행이 제각기인 경우가 많았다. 해당 사건의 해결만을 위한 법률이기 때문에 다른 사건이 발생하면 또 법률을 만들어 처벌하는 등 고려공사삼일(高麗公事三日)로 이야기되는 경우가 많았다고 한다. 이러한 상황에서 철저한 법집행의 노력은 당연한 요구였지만, 사건을 접근하는 방식에서 일관된 기준은 자의적인 법집행의 제한이라는 목표를 가장 손쉽게 달성할 수 있는 수단일 것이다. 일관된 기준은 당연히 여러 범죄의 양태를 망라해 규정해 놓은 형법전일 수밖에 없다. 당대 형사 사법의 상황을 혼란스럽다고 생각하고 이를 극복하고자 했던 지식인 관료들은 형법전에 대한 고려를 하지 않을 수 없었다.

원명 교체기인 당시에 유용하게 사용할 수 있었던 형법전은 중국의 당나라 시절에 만든 『당률』이나 이를 잇는 송나라의 형법인 『송형통』, 그 이후의 왕조인 명나라의 『대명률』 정도였다. 사실 조선이 건국되기 직전에 중국을 지배하였던 나라는 원나라다. 그러나 원나라는 『당률』처럼 포괄적인 법전을 편찬하지는 않았고, 사안마다의 판례를 집적하여 법전을 만들었기 때문에 사례 중심적이었다. 일반적이고 추상적인 규정 형식이 아니라 구체적인 사건을 중심으로 한, 마치 사례집과 비슷한 모습이었기 때문에 '조격(條格)'이라는 명칭을 사용하여 출간된 원의 형법은 일관된 기준이 필요한 조선에서 받아들이기에는 어려움이 있었다. 또한『당률』및『당률』을 계승한『송형통』은 당시 시점에서 보면 이미 지나간 과거 왕조의 형법이었기 때문에 이를 발전적으로 계승하고 그 당시 중국의 패권을 차지한 명의『대명률』에 관심을 갖는 것은 매우 당연한 일이었다. 물론 이들 법전을 참고하여 우리의 새로운 법전을 만들려는 노력도 있었고, 이는 정몽주(鄭夢周)에 의하여『신율(新律)』이라는 명칭으로 편찬되기도 하였지만, 정치적 격랑 속에 역사 속으로 사라지고 말았다.

『대명률』은 당시 역대 중국의 형법전을 모두 참조하여 만든 것이었고, 내용도 매우 상세하였다. 따라서 고려 말 형사 사법을 개혁하려던 지식인들은 이를 도입하는 데 매우 적극적이었다. 그러한 노력의 흔적은『고려사』의 각 장면에 산재한다. 그러나『대명률』은 중국의 형법이기 때문에 사소하게는 관직명에서부터 크게는 신분 구조까지 우리의 사정과는 맞지 않는 면이 많았다. 또『대명률』은 새로운 법전이었기 때문에 개개의 사건별로 판결을 해나가던 당시의 관행상 집행하는 중앙과 지방의 관리들이 받아들이기도 힘들었고, 이해 자체도 벅찼다. 이에『대명률』을 우리의 사정에 맞게 내용을 고치고 당시 사람들이 이해하기 쉽도록 하여야 했는데, 그 작업은 역시 이두를 이용하는 길이었다. 이두는 문장 구조가 다른 한문을 우리가 쉽게 이해할 수 있도록 해주는 마법의 도구였다. 또한 사정이 다른 부분들은 이를 고쳐서 번안하는 작업도 필요하였다. 이러한 작업은 아마도 형사사법의 혼란이 극심하던 고려 말부터 시작되었을 것으로 보는데, 현존하는 직해된 『대명률』의 발문을 보면 태조 4년(1395)에 완성하여 발간한 것으로 나온다. 그리고 이 직해된 『대명률』의 발문에 '직해'라는 용어가 등장한다. 이 용어를 기초로 하여 일제 강점기 이후 현재까지 『대명률직해』라는 명칭을 사용하는 것이다.

『대명률직해』는 태조 4년에 최초로 발간하기는 하였지만, 그때 발간한 책이 현재까지 전해지는 것은 아니다. 현재 16세기 이후에 『대명률직해』를 다시 찍어낸 것이 30여 종 전하는데, 이 중간본은 원간본과 똑같지는 않다. 왜냐하면 태종대와 세종대에 『대명률』의 번역 논의가 계속하여 이어지고, 이를 반영한 규정들이 중간본에는 보이기 때문이다.[1] 현대에 출간된 책은 1판, 2판, 3판이나 수정판, 증보판 등의 기재를 하지만, 과거의 책들은 그러한 기재가 거의 없기 때문에 여러 책을 대조해 가며 차이를 발견할 수밖에 없는데, 이러한 대조 결과 중간에 몇 번의 수정이 있었다는 것을 알게 된 것이다.

또 하나의 문제는 『대명률직해』의 원본이 된 『대명률』은 도대체 어떤 『대명률』인가 하는 점이다. 위에서 살펴보았듯이 『대명률』은 1374년, 1376년, 1389년, 1397년의 최종본이 있는데, 현재 전하는 것은 홍무 30

---

1 자세한 것은 장경준, 「花村美樹의 대명률직해 교정에 대하여」, 『규장각』 46, 서울대학교 규장각 한국학연구원, 2015. 6; 장경준·진윤정, 「『대명률직해』의 계통과 서지적 특징」, 『書誌學研究』 제58집, 한국서지학회, 2014. 6. 참조.

년율인 1397년의 것 하나밖에 없고, 나머지 판본들은 목록만 전하거나 내용의 편린만이 전한다. 그런데 『대명률직해』는 1395년에 발간되었다고 하니 홍무 30년율은 아니고, 내용적으로도 현존하는 홍무 30년율과는 차이가 있다. 또 홍무 7년율은 12편목이라고 하니 편제 자체가 다르다. 그렇다고 홍무 22년율(1389)이라고 하기에도 목록만 전하는 홍무 22년율과 비교해 조문수가 적고, 홍무 9년율보다는 또 10개조가 많기 때문에 어떤 율을 저본으로 하였다고 확정하기는 대단히 힘들다. 다만 현존하는 『대명률직해』에는 없는 조문을 수록하였다는 홍무 16년(1383)의 기사로 판단컨대, 작은 수정은 계속하여 이루어지고 있었고, 홍무 9년 이후 홍무 16년 사이의 어떤 판본이 우리나라로 들어와 『대명률직해』의 저본이 되었다는 정도로 추정할 수밖에 없다.[2]

이 『대명률직해』의 번안자는 『대명률직해』의 발문에 나온다. 번안의 총괄 책임자는 당시 정승이었던 조준(趙浚)이며, 실무 책임자는 고사경(高士褧)과 김지(金祉)다. 실무 책임자들이 직해를 하면 이를 검토하여 조선의 상황에 맞게 고치거나 다듬는 작업을 한 사람들이 있었는데 정도전(鄭道傳)과 당성(唐誠)이다. 정도전은 그의 『조선경국전(朝鮮經國典)』에서 『대명률』을 써야 한다고 주장할 만큼 『대명률』에 이해가 깊었고, 당성은 중국에서 귀화한 자로서 주로 법과 관련된 부서에서 일했기 때문에 『대명률』 규정들의 맥락에 대한 이해가 깊었던 인물이다.

---

2 박성종, 「明律의 변천과 문체, 그리고 『大明律直解』의 저본」, 『국어사연구』 제17호, 국어사학회, 2013. 10, 179~182쪽.

『대명률』은 조선 태조의 『대명률』을 적용하라는 적극적인 의사 표명에 의하여 조선 사회의 형사 문제에 적용할 형법이 되었는데, 번안하였다고는 하지만 『대명률직해』를 그대로 적용할 수는 없었다. 왜냐하면 관직의 체계라든가 『대명률직해』의 각 조문의 이해도의 문제, 고려시대부터 쌓여 있던 법적용의 관행 등이 그대로 남아 있었기 때문이다. 『조선왕조실록』을 통해서 보면 『대명률직해』의 적용 문제와 관련한 논의는 대체로 성종 무렵까지 나타난다. 또한 성종 16년(1485)부터는 현재 전하는 『경국대전』의 최종본을 반포하여 시행한다. 이는 조선의 기본 제도가 완성되었다는 의미로 볼 수 있다. 『경국대전』의 반포에 즈음하여 『대명률직해』의 조선 사회에의 계수가 완성 단계에 이르렀다고 보는 것이다. 『경국대전』의 형전에는 형법은 『대명률』을 쓴다는 규정이 있는데, 이 규정 자체는 물론 과거부터 내려오던 것을 『경국대전』에 수록해 놓은 것일 뿐이겠지만, 실질적인 수용의 완성을 의미하는 최종적인 선언으로 읽는 것이다. 이렇게 하여 조선 사회의 형사 기본법이 된 『대명률직해』는 구한말까지 사용되었고, 현대식으로 조문 번호를 매긴 최초의 근대적 형법으로 일컫는 『형법대전(刑法大全)』[3]의 근간을 이루었다.

---

3 내용 자체가 『대명률』이 대부분이기 때문에 '최초의 근대적 형법'이라는 수식어에 대하여는 논란이 매우 많다.

2. 『대명률직해』는 어떤 내용을 담고 있는가?

(1) 형식적인 측면

『대명률직해』는 위에서도 보았듯이 「명례율」과 6율의 체제로 구성되어 있다. 다만 1397년의 홍무 30년율이 아니기 때문에, 홍무 30년율과 비교하여『대명률직해』에 실려 있지 않은 조문이 두 개 있다. 그런데 이를 중간하면서『대명률직해』에 끼워 넣기도 하고 안 넣기도 하여 한두 이본이 존재한다. 서울대학교 규장각에서 발간한 영인본『대명률직해』에는 이 두 조문이 들어가 있으므로 이를 넣는 것으로 하면『대명률직해』는 30권 460개조로 구성되어 있다고 볼 수 있다.

『대명률직해』는『대명률』의 원문을 우선 쓰고, 이를 번안한 직해문을 다음에 쓰는 방식으로 편집되었다. 이 편집은 각 편, 각 장이 조금씩 다른데 이는 각 편, 각 장의 번안자를 확정할 수는 없지만 두 명의 번안자가 있었기 때문으로 추정한다. 예컨대 원문의 규정은 본문과 주석으로 나뉘는데, 본문의 단락을 나누지 않고 한꺼번에 직해하여 쓰기도 하고, 단락마다 나누어 직해하기도 하였다. 또 주석의 경우에는 주석마다 직해하여 원주석문의 왼쪽에 붙이기도 하고, 본문과 주석으로 나뉘어 있는 원문을 요약하여 직해문으로 싣기도 하였다. 대체적 형식은 원문-직해문으로 이루어진 구조라고 볼 수 있다.

『대명률직해』는 권1 「명례율」에서 시작하여 권30 하방으로 끝나며 총 30권 460조로 구성되어 있다. 그리고 권1 「명례율」 앞에 총목 등 본문에서는 다루지 않지만 법 전체의 이해와 해석 및 적용에 필수적인 사항을 수록하였다. 이를 편의상 '권수(卷首)'라고 부르자. 이 '권수'의 순서를 보면 오른쪽 표와 같다. 이 표에서 볼 수 있는 것과 같이 먼저 『대명률직해』의 전체 총목이 나오고, 다음으로 구체적

| 1. 대명률총목(大明律總目) |
| 2. 대명률목록(大明律目錄) |
| 3. 오형지도(五刑之圖) |
| 4. 오형명의(五刑名義) |
| 5. 옥구지도(獄具之圖) |
| 6. 천사(遷徙) |
| 7. 총론상복지도(總論喪服之圖) |
| 8. 예분팔자지의(例分八字之義) |

인 목록인 '대명률목록'이 나온다. 총목과 목록의 차이는 현대의 책으로 치면 총목은 대목차, 목록은 세부목차 정도로 표현할 수 있을 것이다. 목록은 『대명률직해』 자체가 하나의 책으로 되어 있지 않고 여러 책으로 나뉘어 있기 때문에 책마다 그 책에 해당하는 목록을 적어두었다.

다음으로 '오형지도(五刑之圖)'가 나오는데 '도(圖)'는 그림의 의미가 있지만 실제로 그림을 그린 것은 아니고, 지금의 표현으로 한다면 표 정도의 의미다. 이후에도 '도'가 나오는 것은 모두 이런저런 관계를 표로 나타낸 것이라고 할 수 있다. 이 '오형지도'에서는 다섯 가지 형벌의 종류를 보여주고, 오형명의(五刑名義)에서는 오형에 해당하는 각 형벌의

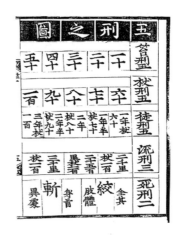

오형지도(五刑之圖)

뜻을 설명하여 놓았다. 또 오형은 아니지만 죄인의 거주지를 1,000리 밖으로 강제로 옮기는 '천사(遷徙)'도 항목을 달리하여 설명하였다. 그 다음의 옥구지도(獄具之圖)에서는 형벌의 도구인 태와 장, 신문을 할 때 사용하는 신장 및 죄수를 옥에 가두어둘 때 사용하는 옥구 등의 규격 과 크기, 재질 등을 표로 정리해 두었다. '총론상복지도(總論喪服之圖)' 는 다섯 종의 상복과 기간 그리고 만드는 방법을 간단히 설명하였는데, 전체적인 상복총도만 표로 만들었을 뿐, 다른 『대명률』 판본과는 달리 처를 중심으로 했을 때의 상복 등 '개별 상복 친족도'를 정리해 두지는 않았다. 마지막으로 '예분팔자지의(例分八字之義)'에서는 법전에서만 독 특한 의미로 사용하는 여덟 글자인 '이(以)', '준(准)', '개(皆)', '각(各)', '기 (其)', '약(若)', '급(及)', '즉(卽)'의 의미를 밝혔다. 이들에 대하여는 아래에 서 상세히 설명할 것이다. 그리고 이후부터 실제 조문들인 「명례율」과 6 율이 이어 나온다.

『대명률직해』는 기본적으로 범죄와 그에 따른 형벌을 밝히는 형사실 체법이다. 예컨대 어떠한 행위가 범죄가 되며, 그 범죄를 범하면 어떠 한 형벌을 과하는지가 실려 있다. 그런데 범죄와 형벌은 일대일 대응이 다. 현대의 형법규정에는 범죄의 구성요건과 선택할 수 있는 형량의 범 위가 정해져 있다. 예를 들어 형법 제250조 살인죄는 "사람을 살해한 자는 사형, 무기 또는 5년 이상의 징역에 처한다"라고 규정한다. 사람 을 살해하는 행위를 범하는 경우에는 사형 또는 무기징역 또는 5년 이 상의 유기징역에 처한다는 규정이다. 이것을 법정형이라고 하고, 법관 이 사형을 선택할 것인지 무기징역을 선택할 것인지 또는 5년 이상의 범위에서 유기징역을 선택할 것인지는 범죄의 정상이나 범인의 태도 등에 달려 있다. 그러나 『대명률직해』는 법관의 그러한 재량을 인정하지 않았다. 형벌을 결정할 때 법관에게 재량을 부여하면 그만큼 법관이 정실(情實)에 의하여 형벌을 결정할 가능성을 높게 본 것이기도 하며, 사람에게 형벌의 양을 조절할 수 있는 주체를 국왕 내지 황제로 설정한 까닭이기도 하다. 이러한 사고에서 예컨대 『대명률직해』에서는 제305조 모살(謀殺人)에서는 사람을 살해하려고 모의하여 사람이 죽은 경우 이러한 모의를 주도한 자는 참형에 처하고, 따라서 가담한 자는 교형에 처하며, 모의하였지만 가담하지 않은 자는 장100 유3,000리에 처한다고 규정하였는데, 모의한 각자의 실행 범위에 따른 형벌이 각각 정해져 있는 것이다. 범죄와 형벌의 카탈로그가 『대명률직해』에 펼쳐져 있는 셈이다.

『대명률직해』는 범죄와 그에 따른 형벌을 다룬 형사실체법이 대부분이지만, 어떠한 절차를 거쳐 처벌할 것인지, 형의 집행은 어떠해야 하는지에 대하여도 소략하게나마 규정하고 있다. 즉 소송 절차와 관련한 규정도 싣고 있다. 예컨대 수사와 관련하여 체포해야 하는데 체포하지 않는 경우의 처벌을 규정한다든지, 죄수의 호송은 어떤 방식으로 해야 하는지에 대하여 규정한다. 또 감옥에서 죄수를 학대하는 경우 옥을 담당하는 자의 처벌 문제, 죄수들에 대한 식량, 의복 공급, 신문의 방식, 검시 절차, 고문의 방식, 사형의 집행 시기 등에 대하여 규정한다.

(2) 내용적인 측면

내용적인 측면에서 우선 들 수 있는 것은 신분에 따른 형량의 차이가 반영된 형법이라는 점이다. 대한민국헌법은 사회적 특수계급의 제도를 인정하지 않고, 모든 영역에서 차별받지 않을 것을 천명하고 있다. 그러나 전통사회는 주지하다시피 신분사회였다. 본인의 출신 성분에 따른 차이, 가족 내에서의 위계에 의한 차이가 존재했다. 형법도 이러한 사회구조를 반영할 수밖에 없었으며, 『대명률직해』의 여러 규정은 이들을 날실과 씨실로 엮어 매우 정교하게 그 차이를 반영하여 놓았다. 우선 출신 성분에 따른 차이를 살펴보면, 양인과 천인의 싸움이 일어났을 때에는 양인에 비하여 천인에게 형량을 가중하였다. 또한 일반민과 관인 사이의 분쟁에서도 관에 대한 범죄로 보아 일반민의 형량을 가중하였다. 특히 조선에서는 『대명률직해』의 규정에서 한 걸음 더 나아가 신분 구도를 더욱 강화하였다. 예컨대 『대명률직해』는 양인과 천인의 구별밖에 몰랐는데, 조선 사회는 양인과 천인의 구별 이외에 사족이라는 집단이 있었기 때문에 중국법인 『대명률』에서의 신분 차별보다 복잡하게 전개되었고, 이는 『경국대전』 등 조선의 법전에 따로 규정되었다. 또한 『대명률직해』는 가족 내에서의 위계에 의한 차이도 규정하고 있는데, 노비는 가장을 구타만 하여도 참형에 처하는 반면에, 가장이 노비를 때렸을 경우에는 전혀 문제 삼지 않고 죽은 경우에만 일정한 책임을 지게 하고 있다. 또 처나 첩의 남편에 대한 행위와 남편의 처나 첩에 대한 행위에도 차등을 두었으며, 친족 간의 친소 관계, 존비 관계에 따라서도 형벌에 차등을 두었다.

한편『대명률직해』는 연좌제도도 허용하였다. 업무상 연좌(連坐)든 친족관계에 의한 연좌(緣坐)든 모든 연좌를 허용하였다. 예컨대 부적임자를 추천하는 경우에는 추천한 자를 처벌하도록 하였고, 동료 관리가 죄를 지은 경우 직급에 따라 책임을 달리하기는 하였지만 모두 책임을 지는 것으로 하였다. 또 모반이나 모대역을 하는 경우에는 본인만을 처벌하지 않고 일정한 범위의 친족도 연좌하여 처벌하였다.

서양 근대의 산물인 죄형법정주의는『대명률직해』에서 인정되지 않았다. 서구 근대에 국가의 형벌권 남용으로부터 시민의 자유를 보장하기 위하여 반드시 미리 명확하게 규정된 법률에 의해서만 시민을 처벌할 수 있다는 내용을 가지고 태어난 죄형법정주의가 그러한 배경이 없는『대명률직해』에서 적용될 수는 없었다. 다만 시민의 자유를 보장하기 위해서가 아니라 관리의 자의적인 형벌을 배제하기 위한 측면에서의 법정주의는『대명률직해』에서도 일관되게 유지했다. 예컨대 처벌을 하기 위하여는 반드시 처벌하고자 하는 행위에 적용되는 규정을 인용하여야 하는 것으로 하였다. 관리의 자의적인 형벌을 배제하는 차원의 법조문의 인용은 한편으로는 국왕 내지 황제가 가진 처벌의 권한을 관리에게 위임한 것이므로 국왕 내지 황제가 언제든지 이를 살펴볼 수 있도록 근거를 남기는 역할도 한 것으로 보인다. 또 비슷한 사안이 있으면 정확하게 들어맞는 규정이 없더라도 유추하여 적용할 수 있다는 내용의 유추 적용은, 명확하게 규정된 법률에 의하여만 처벌할 수 있다는 죄형법정주의하에서는 인정될 수 없다. 그러나 죄형법정주의의 근간을 이루고 있는 유추 적용 금지의 원칙도 『대명률직해』에서는 작동하지 않았다. 즉 『대명률직해』 제37조 정확한 조문이 없는 죄의 처단(斷罪無正條)에서는 명시적으로 해당하는 규정이 없을 경우에는 다른 규정을 끌어서 처벌할 수 있다고 하여 죄형법정주의와는 정면으로 배치되는 규정을 두었다. 그런데 이 유추 적용과 관련하여서는 형사범죄를 어떻게 보는가라는 원칙을 고려하여야 한다. 죄형법정주의의 전제는 형법에 규정이 없다면 사람을 처벌할 수 없다는 것이며, 이는 무죄추정을 근간으로 한다. 그런데 전통사회에서는 이러한 무죄추정이 작동하지 않았다. 어떤 사람이 혐의가 있는 것으로 수사가 개시되면 아무런 혐의가 없다는 것이 밝혀지지 않는 한 일단 유죄가 추정되었던 것으로 보인다. 즉 『대명률직해』에 정확하게 해당하는 규정은 없지만, 사회에 위해를 가하는 등의 행위가 있을 때 처벌해야 한다는 집단적인 관념이 있다면 아무런 조치를 취하지 않을 수는 없었다. 그래서 가장 유사한 규정에 빗대어 처벌하고자 하였던 것인데, 다만 처벌의 자의를 방지하기 위하여 이러한 유추 적용을 하는 경우는 반드시 국왕의 승인을 거치도록 하였다.

3. 『대명률』의 직해의 특징

지금까지 『대명률직해』의 형식과 내용적인 면을 간략히 살펴보았다. 아래에서는 『대명률』을 번안한 『대명률직해』의 직해문 자체가 어떻게 구성되어 있는지 살펴보기로 한다.

(1) 직해문의 특징

직해자들은 『대명률직해』의 모든 규정을 이두를 사용하여 직해하지는 않았다. 『대명률직해』의 규정은 본문과 주석으로 나뉘는데, 본문을 직해하지 않은 경우도, 주석을 직해하지 않은 경우도 있으며, 본문과 주석을 나누지 않고 직해한 경우도 있다. 또 직해를 하다가 오역을 한 경우도 발견된다. 이에 대한 몇 가지 사례를 간략하게 살펴보자.

직해하지 않은 것은 한자 그 자체로도 쉽게 이해할 수 있기 때문에 굳이 직해를 하지 않은 경우가 대부분이다. 예컨대 '자수감(自首減)'이라는 문장은 '자수로 감경하는 경우'인데 이를 이두를 사용하여 직해할 수도 없고 직해할 필요도 없다.

적용을 배제하기 위하여 직해하지 않은 경우도 있다. 예컨대 「호율」 제84조 위법한 적자 선정(立嫡子違法)에서는 "서민의 집에서 거두어 길러 노비를 삼으면 장100에 처하고 즉시 놓아주어 양인으로 삼는다(若庶民之家 存養奴婢者杖一百 卽放從良)"라는 규정을 두고 있는데 조선에서는 당시 서민들이 유기아를 머슴이나 종으로 만들기 위해 수양하는 관습이 있었기 때문에 적용하지 않으므로 직해하지 않았다. 또한 「호율」의 권8 과정(課程)은 19개조나 되지만 소금이나 차의 전매제도를 조선에서는 인정하지 않았기 때문에 전체를 직해하지 않았다.

또 본문과는 형량을 다르게 직해한 경우도 있다. 예컨대 제195조 승려·도사의 조상 경배와 의복(僧道拜父母)의 경우 본문에는 "어긴 자는 장100에 처하고 환속시킨다(違者 杖一百還俗)"라고 하였지만, 이에 대

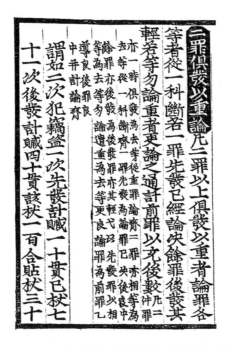

제25조 '여러 범죄의 처리(二罪俱發以重論)' 부분. 작은 글씨가 직해문이다.

한 직해는 "장100에 처하고 환속시켜서 먼 곳의 군인으로 충당한다(杖一百還俗遠處充軍齊)"라고 하여 당시 조선의 사정에 맞추어 군인으로 배속시키는 조치를 취하고 있다. 또한 제235조 병기 소지의 금지(私藏應禁軍器)에서는 "각 죄는 장100 유3,000리를 한도로 한다(各罪止杖一百流三千里)"라고 하여 장100 유3,000리를 최고형으로 하였으나, 직해에서는 "장100을 한도로 한다(杖一百爲限齊)"라고 하여 장100을 한도로 하고 있다.

마지막으로 오류로 보이는 것도 있는데, 예컨대 제114조 존속·비유의 혼인(尊卑爲婚)에서는 존속과 비속으로서 혼인해서는 안 되는 친족들을 설정하여 처벌하고 있다. 이 규정에서 열거한 친족 중 "나의 당이모 및 재종이모(己之堂姨及再從姨)"는 자신의 어머니의 4촌 자매(즉, 종이모)와 6촌 자매(즉, 재종이모)인데 직해에서는 "처의 4촌 자매 및 6촌 자매(妻矣 四寸姉妹及六寸姉妹)"라고 하였는데, 이는 오류다. 왜냐하면 당시 조선에서는 처가 사망한 후 처의 자매와의 혼인을 금지하지 않았고 또 항렬상 이들 간의 혼인이 존속과 비속의 혼인도 아니기 때문이다. 또 제337조 노비의 가장 구타(奴婢毆家長)에서는 "뼈가 부러지는 상해 이상인 경우, 시마친이면 양인을 구타한 죄에서 1등을 가중하고, 소공친이면 2등을 가중하며, 대공친이면 3등을 가중한다. 가중하여 사형에 처할 수 있다. 구타하여 죽으면 모두 참형에 처한다(折傷以上 緦麻 加毆良人罪一等, 小功 加二等, 大功 加三等. 加者 加入於死. 死者 皆斬)"라고 하여 노비가 가장의 친족을 구타하는 경우 친소에 따라서 가중하는 등급이 달라지는 것을 보여주고 있다. 그런데 「명례율」 제39조 죄의 가중·감경법(加減罪例)에 따르면 어떠한 범죄에 대하여 형벌을 가중하여 사형에 이른 경우라도 사형으로 처벌하지 않는 것을 규정하고 있는데, 제337조에서는 특별히 사형에 처할 수 있도록 하였고, 대공친의 경우 3등을 가중하여 사형에 이르면 교형으로 처벌한다. 또한 구타하여 죽는 경우에는 친족의 친소에 관계없이 모두 참형에 처한다고 규정하였다. 그런데 직해에서는 이를 "가중한 죄가 사형에 이르면 모두 참형에 처한다(加等罪亦 入於死爲去等 並只 斬)"라고 하여 모두 참형에 처하는 것으로 직해한 것은 오류다.

(2) 형벌의 환산 규정의 직해

속형(贖刑)이라는 것은 형(刑)을 속죄(贖罪)한다는 것이다. 속죄(贖罪)는 동전이나 당시의 화폐로 사용하던 포목인 오승포(五升布)를 대신 바치고 죄를 면하는 것을 의미한다. 그리고 이러한 속죄의 환산율을 속형률(贖刑率)이라고 하는데, 각 형벌에 대응한 동전이나 오승포의 비율을 말한다. 이 속형률은 『대명률』에 규정되어 있는데, 동전이 유통되지 않았던 조선에서는 이를 그대로 사용할 수가 없었다. 따라서 조선의 사정에 맞추어 다시 환산할 필요가 있었는데, 당시에 유통되던 오승포를 기준으로 하였다. 그래서 『대명률직해』에서는 동전 600문을 오승포 3필에 준하여 환산하였다. 그러나 이러한 환산율은 시대의 흐름에 따라 물가가 변동하므로, 변경이 불가피한 것이었다. 조선의 건국 초부터 계속하여 속형률은 변동되었는데, 『대명률직해』에서 이를 그때그때 반영하기는 매우 어렵기 때문에, 그때그때의 단행 법령으로 이 환산율을 나타내기도 하고, 『경국대전』에 규정하기도 하였다. 따라서 속형률은 『대명률직해』의 것이 그대로 사용되었다기보다는 그 이후의 변화를 반영한 법령이나 법전을 확인하여야 한다. 이 속형률의 변화를 표로 나타내면 다음과 같다.[4]

4　아래의 표는 조지만, 『조선시대의 형사법』, 경인문화사, 2007, 62~63쪽에서 전재함.

〈속형률의 변천〉

형의 종류	대명률 속전 (贖錢)	직해 오승포 (五升布)	태조 7년 오승포	태종 2년 속전	태종 6년 오승포	세종 7년 속전	세종 19년 오승포	경국 대전 오승포
태(笞)10	600문(文)	3필(疋)	9필	400문	4필	200문	2/3필	0.5필
태20	1관(貫) 200문	6필	18필	800문	8필	400문	1, 1/3필	1필
태30	1관 800문	9필	27필	1,200문	12필	600문	2필	1.5필
태40	2관 400문	12필	36필	1,600문	16필	800문	2, 2/3필	2필
태50	3관	15필	45필	2관	20필	1관	3, 1/3필	2.5필
장(杖)60	3관 600문	18필	54필	2,400문	24필	1,200문	4필	3필
장70	4관 200문	21필	63필	2,800문	28필	1,400문	4, 2/3필	3.5필
장80	4관 800문	24필	72필	3,200문	32필	1,600문	5, 1/3필	4필
장90	5관 400문	27필	81필	3,600문	36필	1,800문	6필	4.5필
장100	6관	30필	90필	4관	40필	2관	6, 2/3필	5필
도(徒) 1년 장60	12관	60필	180필	8관	80필	4관	13, 1/3필	10필
도1년6월 장70	15관	75필	225필	10관	100필	5관	16, 2/3필	12.5필
도2년 장80	18관	90필	270필	12관	120필	6관	20필	15필

	대명률	직해	태조 7년	태종 2년	태종 6년	세종 7년	세종 19년	경국 대전
도2년6월 장90	21관	105필	315필	14관	140필	7관	23, 1/3필	17.5필
도3년 장100	24관	120필	360필	16관	160필	8관	26, 2/3필	20필
유(流) 2,000리 장100	30관	150필	450필	20관 (300필)	200필	10관	33, 1/3필	25필
유2,500리 장100	33관	165필	495필	22관 (330필)	220필	11관	36, 2/3필	27.5필
유3,000리 장100	36관	180필	540필	24관 (360필)	240필	12관	40필	30필
교형(絞刑) 참형(斬刑)	42관	210필	630필	28관	280필	14관	46, 2/3필	35필

(3) 도형, 유형, 천사형으로 보내는 지방

유형(流刑)은 중죄자를 차마 사형(死刑)에 처하지는 못하고 먼 지방으로 귀양 보내어 죽을 때까지 고향에 돌아오지 못하게 하는 형벌이다. 『대명률』에 의하면 2,000리, 2,500리, 3,000리에 각각 장100을 병과하는 세 가지가 있다. 그런데 우리나라에는 3,000리가 되는 곳이 없고, 태종 2년(1402)의 기사에서는 가장 먼 경원부(慶源府)가 1,680리라고 하였다. 『대명률』의 도류천사지방(徒流遷徙地方)에는 중국의 지명이 거론되어 있다. 따라서 이도 속형률과 마찬가지로 수정이 불가피한 것이었다. 이에 따라 도형지나 유배지도 조선의 사정에 맞추어 직해하였고, 세종 때의 법령에 의하여 확정되었다. 이와 관련하여서는 본문의 구체적인 규정을 통하여 살펴보기로 한다.

4. 『대명률직해』의 위상

그렇다면 조선시대에 『대명률직해』의 위상은 어떠했을까? 이에 대한 답을 하기 위하여는 조선시대에 어떠한 『대명률』이 통용되었는가를 보아야 한다. 국초에 번안된 『대명률직해』 이외에 당시에 통용되던 『대명률』의 주석서들은 『율해변의(律解辨疑)』, 『율학해이(律學解頤)』, 『율조소의(律條疏議)』, 『대명률강해』, 『대명률부례』 등이 있다. 이 중 『율해변의』, 『율학해이』, 『율조소의』는 중국에서 간행된 주석서들인데 매우 소량만 유통되고, 중앙에서 참고한 것으로 보인다. 그렇기 때문에 어떤 특정한 법적 쟁점에 대하여 중앙에서의 논의에 활용되었을 뿐 일반적으로 사용하여 조선에 전반적인 영향을 미쳤다고 보기는 힘들다. 다음으로 『대명률부례』는 홍무 30년본을 기본으로 하여 만든 중국의 법전으로 조선에서 다시 만들어 출간하였다. 그런데 이 『대명률부례』 또한 중앙에서 참고한 것으로 보이며 전국적으로 유통되지는 않았다. 또 현재 남아 있는 대부분의 『대명률』은 『대명률강해』인데 이 책은 현재까지 연구된 바로는 『율해변의』, 『율학해이』의 주석들 중 필요한 것만 추려서 압축하여 조선에서 만든 것으로 보인다. 『대명률직해』 또한 많지는 않지만 지방에서 발견되고 있다. 이렇게 본다면 조선에서 전국적으로 유통된 『대명률』은『대명률강해』와『대명률직해』 정도라고 보아야 할 듯하다.

그렇다면 법전은 도대체 어떤 것이 사용되었을까? 이 질문은『대명률직해』의 위상과도 관련이 있을 것이다. 그러나 이러한 질문 자체가 현대인의 사고와 닿아 있다고 생각된다. '조선시대의 언어생활이 가졌던 이중성'[5] 때문에라도『대명률직해』를 이용할 수밖에 없었을 것이고, 또한 사안을 해결하는 과정에『율해변의』,『율학해이』,『율조소의』,『당률』,『경국대전』 등이 동등한 차원에서 동원된 사건도 있는 것으로 보아 법발견 방식의 무시간적(無時間的), 무체계적(無體系的) 성격이 전통사회의 법문화의 특징이었던 것[6]도 인정할 수밖에 없다면,『대명률』과 연관된 각종 주석서들과『대명률직해』 중 어느 하나만이 법의 연원이라고 할 필요는 없을 것이다. 다만 율문으로 이용되었던 것은『대명률』의 본문이었고, 이 율문을 인식하는 수단으로서 율문을 담고 있는『대명률직해』,『대명률강해』,『대명률부례』 등이 활용된 것은 아닐까. 어쨌든 이두를 사용하였기 때문에 활용하기 쉬웠던 점에서『대명률직해』가 우리의 법이었던 것은 부정할 수 없다.

5　최병조,「天象豫報不實罪? 書雲觀 述者 黃思祐 사건(태종 13년, 1413)」,『서울대학교 法學』제53권 제3호, 서울대학교 법학연구소, 2012. 9, 22, 23쪽.

6　최병조, 위의 글, 26쪽.

권수(卷首)

1

『대명률직해』총목

『대명률』

총목차 456조 / 합계 30권

「명례율」

제1권 47조

「이율」

제2권 직제: 15조 　　　　　　제3권 공식: 18조

「호율」

제4권 호역: 15조   제5권 전택: 11조

제6권 혼인: 18조   제7권 창고: 24조

제8권 과정: 19조   제9권 전채: 3조

제10권 시전: 5조

「예율」

제11권 제사: 6조   제12권 의제: 20조

「병률」

제13권 궁위: 18조   제14권 군정: 20조

제15권 관진: 7조   제16권 구목: 11조

제17권 우역: 18조

「형률」

제18권 도적: 28조   제19권 인명: 20조

제20권 투구: 22조   제21권 매리: 8조

제22권 소송: 11조   제23권 수장: 10조

제24권 사위: 12조   제25권 범간: 10조

제26권 잡범: 11조   제27권 포망: 8조

제28권 단옥: 28조

「공률」

제29권 영조: 9조 　　　　　제30권 하방: 4조

❋

　『대명률직해』 총목은 글자 그대로 『대명률직해』의 전체 목차를 보여주는 항목이다. 이 총목차를 통하여 『대명률직해』의 구성과 각 권에 포함된 조문수를 살펴볼 수 있다. 오늘날의 형법은 강학상 국가에 대한 범죄, 사회에 대한 범죄, 개인에 대한 범죄로 나누는 것이 보통이지만, 『대명률직해』에서는 국가의 직무 분장에 따라서 관직, 관리와 관련된 「이율」, 호구, 혼인, 토지, 세금 등과 관련된 「호율」, 국가의례, 제사 등과 관련된 「예율」, 군사와 관련된 「병률」, 형사관계 일반과 관련된 「형률」, 토목, 건축과 관련된 「공률」로 나뉘어 있다. 즉 직무 분장별로 형사책임이 과해지는 범죄를 묶어놓은 것이라고 할 수 있다.

　『대명률직해』 총목에서는 456조라고 하였는데, 해제에서 살펴본 『대명률』의 총규정수는 460개조다. 4조가 차이 나는데, 『대명률직해』의 실제 조문수를 하나하나 세어서 계산해 보면 총 460조다. 그렇다면 총목의 456조는 최초 『대명률직해』의 조문수이고, 『대명률직해』를 다시 찍어내면서 『대명률』의 변화를 반영하여 내용적으로는 4조를 추가한 것이라고 추정할 수 있다. 구체적으로 보면 궁위(宮衛), 소송(訴訟), 수장(受贓), 단옥(斷獄)의 목록이 실제 조문수보다 하나씩 적은데, 어떤 것이 추가됐는지 현재로서는 알 수 없다. 다만 제13권 궁위에 속하는 제220조 관방패면의 패용과 도용(懸帶關防牌面)과 제28권 단옥에 속하는 제447조 이전의 신문조서 대필(吏典代寫招草)은 이두로 번역해 놓지 않아 이후에 추가한 것으로 볼 수 있고, 특히 제447조는『대명률직해』의 목록에도 나오지 않아 추가한 것이 확실하다.

한편『대명률직해』총목에 나오는 각 편과 각 권의 조문수를 통하여 전통사회에서 중요하게 취급하던 사안들이 무엇이었는가를 추정할 수 있다. 형사처벌의 일반 원리를 다루는「명례율」을 제외하고 각각의 범죄에 대하여 다루는「이율」,「호율」,「예율」,「병률」,「형률」,「공률」중에서 가장 많은 분량을 차지하는 것은 역시「형률」로서 170개조에 이른다. 직무 분장에 따라서 범죄를 분류해 놓기는 하였지만, 인간사에서 가장 빈번하게 등장하는 것은 재산범죄, 인명범죄, 성범죄, 폭력범죄 등으로「형률」이 가장 많은 분량을 차지하는 것은 자연스러운 현상이라고 할 것이다. 이에 비하여 가장 적은 분량을 차지하는 편은 건축, 토목 등과 관련된「공률」인데, 직무 분장 때문에「공률」을 만들어서 분류해 놓았을 뿐이라는 인상을 준다. 이러한 각 편의 내용에 대하여는 후술하기로 한다.

大明律直解 總目

大明律 總目 凡四百五十六條 / 計三十卷

名例律 卷第一 / 計四十七條

吏律

職制 卷第二 / 計十五條   公式 卷第三 / 計十八條

戸律

1　원문은 '十四'이나 다른 『대명률직해』 판본들에 의거하여 '十八'로 수정하였다.

② 오형과 형벌도구

〈5형의 그림〉

태형 5	10	20	30	40	50
장형 5	60	70	80	90	100
도형 5	1년 장60	1년 반 장70	2년 장80	2년 반 장90	3년 장100
유형 5	2,000리 장100		2,500리 장100		3,000리 장100
사형 2	교형: 지체를 온전히 한다.		참형: 머리와 몸을 따로 한다.		

〈5형의 뜻〉

태형은 사람이 가벼운 죄를 지었을 때 작은 회초리를 써서 때리는 것이다. 10대부터 50대까지를 5등으로 하고 10대를 1등으로 삼아 가중·감경한다.

장형은 사람이 죄를 지었을 때 큰 회초리를 써서 때리는 것이다. 60대부터 100대까지를 5등급으로 하고 역시 10대를 1등으로 삼아 가중·감경한다.

도형은 사람이 약간 무거운 죄를 지었을 때 관청에 가두고 소금을 굽게 하거나 쇠를 불리는 등 모두 괴로운 일에 복역시키는 것이다. 1년에서 3년까지 5등급으로 하고 장10대와 반년을 1등으로 삼아 가중·감경한다.

유형은 사람이 무거운 죄를 지었으나 차마 사형에 처하지 못하고 먼 지역에 보내어 평생 고향으로 돌아오지 못하게 하는 것이다. 2,000리에서 3,000리까지를 3등으로 하고 500리를 1등으로 삼아 가중·감경한다.

교형과 참형은 형벌 중 가장 극한 것이다.

⟨천사⟩

고향의 1,000리 바깥으로 옮기는 것이다.

⟨옥구의 그림⟩

태	
큰 지름 2푼 7리, 작은 지름 1푼 7리, 길이 3자 5치[2]	작은 나뭇가지로 만들며 반드시 마디와 옹이를 깎아낸다. 관청에서 내려준 교판[3]을 써서 법식대로 맞추어 만들고 여러 물건을 아교 따위로 붙이거나 못을 박아서는 안 된다. 집행할 때는 가는 쪽으로 볼기를 친다.
장	
큰 지름 3푼 2리, 작은 지름 2푼 2리, 길이 3자 5치	큰 나뭇가지로 만들며 역시 반드시 마디와 옹이를 깎아낸다. 관청에서 내려준 교판을 써서 법식대로 맞추어 만들고 여러 물건을 아교 따위로 붙이거나 못을 박아서는 안 된다. 집행할 때는 가는 쪽으로 볼기를 친다.

---

2 길이 단위는 십진법으로 장(丈), 자(尺), 치(寸), 푼(分), 리(釐/厘)이며, 명나라에서 1자는 대략 30센티미터이며, 1리는 0.3밀리미터다.

3 교판(較板): 태형, 장형 등에 쓰는 표준 규격의 형구(刑具). 크고 작은 차이가 없도록 중앙에서 만들어 각 지방에 보냈다.

신장(고신할 때 쓰는 장)	
큰 지름 4푼 5리, 작은 지름 3푼 5리, 길이 3자 5치	나무로 만든다. 무거운 죄를 지어 장물과 증거가 명백한데도 자백하지 않으면 문안을 분명하게 작성하여 법에 따라 고신을 하며 볼기와 허벅지를 번갈아 친다.
칼	
길이 5자 5치, 너비 1자 5치	마른 나무로 만든다. 사형에 해당하면 무게 25근, 도형과 유형은 무게 20근, 장형은 무게 15근이다. 길이와 무게는 칼 윗부분에 새긴다.
수갑	
길이 1자 6치, 두께 1치	마른 나무로 만든다. 남자가 사형에 해당하는 죄를 지은 경우에 수갑을 사용하고, 유형 이하의 죄 및 부녀가 사형에 해당하는 죄를 지은 경우에는 사용하지 않는다.
쇠사슬	
길이 1장	쇠로 만든다. 가벼운 죄를 지은 자에게 사용한다.
족쇄	
고리가 연결되어 있으며 합친 무게는 3근이다.	쇠로 만든다. 도형에 해당하는 죄를 지은 자는 쇠사슬을 차고 작업을 한다.

❋

　　오형의 그림 부분에서는 오형의 종류를 표로 정리해 두고, 오형의 뜻 부분에서는 오형의 내용을 설명해 놓았다. 그리고 마지막으로 오형 바깥에 존재하는 천사형에 대하여 따로 설명하였다.

　　오형의 역사와 속형으로 대신할 때 환산과 관련하여서는 아래 제1조 오형에서 살펴보기로 하고, 여기서는 『대명률직해』에서 설명하고 있는 부분만 살펴보기로 한다. 『대명률직해』에서는 오형을 태형, 장형, 도형,

유형, 사형의 다섯 가지로 밝히고 있다.

태형은 가벼운 죄에 대하여 부과하는 형벌로 작은 회초리로 타격하는 것을 말하는데, 10대, 20대, 30대, 40대, 50대까지의 다섯 종류가 있다. 이 태형의 도구인 태(笞)의 규격에 대하여는 바로 아래의 옥구(獄具)의 그림에서 표로 정리해 놓았는데, 작은 나뭇가지로 만드는 것으로 되어 있다. 작은 나뭇가지라고 하더라도 마디나 옹이를 제거하여 찍히는 상처는 나지 않도록 하였다. 또한 지역마다 태의 크기가 다르면 안 되기 때문에 중앙에서 표준적인 태를 만들어 각 지역에 내려주었다. 이는 다른 형구도 마찬가지다. 이러한 태의 크기에 대하여도 『대명률직해』에서 규정하고 있는데, 큰 지름 2푼 7리, 작은 지름 1푼 7리, 길이 3자 5치로서, 센티미터로 환산하면 대략 큰 지름은 0.81센티미터, 작은 지름은 0.5센티미터, 길이는 105센티미터 정도다. 즉 길이 1미터 정도의 가느다란 나뭇가지로서 굵은 쪽은 잡고 가는 쪽으로 볼기를 친다.

장형은 태형과 달리 횟수가 60대, 70대, 80대, 90대, 100대로서 태형보다 많을 뿐 아니라, 형구 자체도 태형의 태보다는 굵다. 즉 큰 지름 3푼 2리, 작은 지름 2푼 2리, 길이 3자 5치로, 길이는 1미터 정도로 태와 다를 바 없지만, 큰 지름은 0.96센티미터, 작은 지름은 0.66센티미터로 약간 굵은 정도로 볼 수 있다. 이를 『대명률직해』에서는 큰 나뭇가지라고 표현하였다.

이렇듯 태와 장은 주위에서 볼 수 있는 나뭇가지를 잘라서 만드는 것으로서, 우리가 사극 등에서 많이 보는 배의 노처럼 생긴 것은 군대에서 쓰는 곤장이나 고문할 때 쓰는 신장(訊杖)이다. 신장에 대하여는 옥구의 그림에서 설명하고 있는데, 규격은 큰 지름이 1.35센티미터, 작은 지름은 1.05센티미터 정도이며, 길이는 태나 장과 같이 1미터 정도다. 따라서 『대명률직해』에서 설명하는 신장은 약간 가는 몽둥이가 될 것이다. 이러한 신장은 무거운 죄를 지어서 장물과 증거가 명백한데도 자백을 하지 않는 경우에 볼기와 허벅지를 번갈아 쳐서 자백을 받는 고신(拷訊, 고문의 전통 용어)의 도구였다. 고신은 범인이 자백을 하지 않을 때 가하는 물리적 행위로, 일제 강점기 때 고문(拷問)이라는 용어가 일상화되었다. 그런데 위에서 신장은 배의 노처럼 생긴 것이라고 하였는데, 『대명률직해』에서 묘사하고 있는 신장은 몽둥이여서 그런 모양이 아니다. 배의 노처럼 만들게 된 것은 조선의 상황에 기인하는 것으로 보인다. 즉 『대명률직해』에서는 몽둥이로 하고 있지만, 조선에서는 이를 그대로 사용하지 않고 노처럼 만들어서 썼던 것 같다. 조선 후기 정조 때 편찬한 『흠휼전칙(欽恤典則)』에서 널리 쓰고 있는 신장의 규격을 위쪽 1자 5치 즉 45센티미터 정도는 손잡이로서 지름이 7푼 즉 2.1센티미터 정도라고 하고, 아래쪽은 너비가 8푼, 두께가 2푼 즉 2.4센티미터, 0.6센티미터 정도라고 하였다. 손잡이 쪽은 원통형이고, 타격하는 쪽은 약간 네모지게 만든 것을 상상할 수 있다. 이보다 배의 노에 가까운 형태의 신장은 강상범죄 등에 가하는 추국신장이나, 군대에서 사용하는 곤장 등이었는데, 조선 후기에 보다 무겁고 큰 신장을 일상 범죄에 광범위하게 사용하다 보니 배의 노처럼 생긴 것이 조선의 신장 또는 장(杖)이라는 인식이 퍼진 듯하고, 민속촌에도 곤장이 전시되어 있다.

도형과 유형은 항상 장형이 병과되었는데, 이에 관하여는 「명례율」

제1조에서 규정하여 놓았다. 여기서는 오형이 무엇인지, 그리고 각 형의 뜻이 무엇이며, 어떻게 만드는지 등에 대하여 설명하여 놓았다.

오형의 세 번째는 도형(徒刑)이다. 도형은 사람이 약간 무거운 죄를 지었을 때 관청에 가두고 소금을 굽게 하거나 쇠를 불리는 등 모두 괴로운 일에 복역시키는 것이다. 6개월 단위로 1년, 1년 6월, 2년, 2년 6월, 3년까지 5등급으로 하였다. 기한이 정해진 노역형이라고 할 수 있다.

오형의 네 번째는 유형(流刑)이다. 유형은 무거운 죄를 지었으나 차마 사형에 처하지 못하고 먼 지역에 보내어 평생 고향으로 돌아오지 못하게 하는 것으로서 유배형이다. 2,000리, 2,500리, 3,000리로 3등으로 하였다. 유형은 일정한 기한이 없는 무기형으로서 별다른 노역을 부과하지는 않지만, 차마 죽이지는 못하여 먼 지역으로 보내어 살게 하는 형벌이다. 『대명률직해』의 유형은 이렇게 3등급밖에 없었지만, 조선에서는 유형을 매우 다양한 형태로 표현하였다. 일정한 장소로 유배를 보내는 정배(定配), 사형을 감경해서 일정한 곳으로 유배 보낸다는 의미에서 감사정배(減死定配), 섬에 유배하는 도배(島配), 외딴섬으로 유배하는 절도정배(絕島定配) 등이 있었다.

이 밖에 천사(遷徙)형을 두었는데, 『대명률직해』에서는 1,000리 바깥으로 옮기는 형벌이라고 설명하고 있다. 유형과 거의 비슷하다고 할 수 있지만, 유형은 차마 죽이지 못하여 2,000리 이상의 지역으로 보내는 것이고, 천사형은 1,000리 밖이므로 유형보다는 가벼운 형벌임을 알 수 있다. 즉 형량이 가벼운 범죄를 범하였지만 동기 등이 매우 엄중할 경우에 동기만으로는 엄하게 처벌할 수 없지만, 또 가벼운 형량으로 처벌할 수도 없는 경우에 천사형으로 처벌하는 것이다.

오형의 다섯 번째는 사형(死刑)이다. 사형은 두 등급으로 나뉘었는데 교형(絞刑)과 참형(斬刑)이다. 교형은 목을 매어 죽이는 형벌이며, 참형은 목과 몸을 분리시키는 형벌로 참형이 교형보다 무거운 형벌이다.

옥구의 그림에서는 위에서 언급한 태와 장, 신장의 규격에 대하여 표로 정리해 두었고, 이어서 칼, 수갑, 쇠사슬, 족쇄의 규격을 정하고 있다.

우선 칼에 대하여 살펴보면, 칼은 마른 나무로 만들고 길이는 1.65미터, 너비는 45센티미터의 직사각형 모양으로 만들었는데, 춘향이가 옥에서 쓴 것을 떠올리면 쉽게 상상이 된다. 칼은 장형 이상에 해당하여야 씌우는데, 형량이 높아질수록 무게가 늘어났다. 『대명률직해』에서는 장형에 해당할 경우에는 9킬로그램, 도형과 유형은 12킬로그램, 사형에 해당하면 15킬로그램으로 규정하였다.

수갑은 마른 나무로 만들며 길이는 45센티미터, 두께는 3센티미터 정도 되는 것으로 보통 오른손을 칼에 고정시켜서 사용하였다. 사형에 해당하는 남죄수에게만 사용하였고, 그 이하의 형량에 해당하는 범죄나 부녀에 대하여는 사용을 금지하였다.

쇠사슬은 길이가 3미터이며, 쇠로 만들어 가벼운 죄를 지은 자에게 사용하였고, 족쇄는 발목에 차는 것으로 쇠로 만들며 고리가 연결되어 있고, 1.8킬로그램 정도 되게 만들었다. 다만 『경국대전』에는 항쇄(項鎖)와 족쇄(足鎖)에 대한 언급이 있지만, 그 치수와 규격에 대해서는 규정하지 않았는데, 이는 『대명률』을 적용할 때 본문만이 아니라 권수 부분도 당연히 적용하는 것을 전제로 하기 때문이다.

〈五刑之圖〉

笞刑五	一十	二十	三十	四十	五十
杖刑五	六十	七十	八十	九十	一百
徒刑五	一年 杖六十	一年半 杖七十	二年 杖八十	二年半 杖九十	三年 杖一百
流刑三	二千里杖一百		二千五百里杖一百		三千里杖一百
死刑二	絞 全其肢體			斬 身首異處	

〈五刑名義〉

笞者 謂人有輕罪 用小荊杖決打. 自一十至五十爲五等 每一十下爲一等加減.
杖者 謂人犯罪 用大荊杖決打. 自六十至一百爲五等 亦每一十下爲一等加減.
徒者 謂人犯罪稍重 拘收在官 煎鹽炒鐵 一應用力辛苦之事. 自一年至三年爲五等 每杖二十及半年爲一等加減.
流者 謂人犯重罪 不忍刑殺 流去遠方 終身不得回鄉. 自二千里至三千里爲三等 每五百里爲一等加減.
絞斬二刑 刑之極者.

〈遷徙〉

謂遷離鄉土 一千里之外.

〈獄具之圖〉

笞	
大頭徑二分七厘, 小頭徑一分七厘, 長三尺五寸.	以小荊條爲之 須削去節目. 用官降較板如法較勘 毋令觔膠諸物裝釘. 應決者 用小頭臀受.
杖	
大頭徑三分二厘, 小頭徑二分二厘, 長三尺五寸.	以大荊條爲之 亦須削去節目. 用官降較板如法較勘 毋令觔膠諸物裝釘. 應決者 用小頭臀受.
訊杖	
大頭徑四分五厘, 小頭徑三分五厘, 長三尺五寸.	以荊杖爲之. 其犯重罪 贓證1]明白 不服招承 明立文案 依法拷訊 臀腿分受.
枷	
長五尺五寸, 頭闊一尺五寸.	以乾木爲之. 死罪重二十五斤, 徒流重二十斤, 杖罪重一十五斤. 長短輕重 刻誌其上.
杻	
厚一寸 長一尺六寸.	以乾木爲之. 男子犯死罪者 用杻, 犯流罪以下 及婦人犯死罪者 不用.
鐵索	
長一丈.	以鐵爲之. 犯輕罪人用.
鐐	
連環 共重三斤.	以鐵爲之. 犯徒罪者 帶鐐工作.

3

상복 전반의 설명

⟨상복 전반의 설명⟩

참최 3년	아주 거친 삼베로 만들며 아랫단을 꿰매지 않는다.
자최	3년, 지팡이를 짚는 기년 「곧 1년이다」, 지팡이를 짚지 않는 기년 「또한 1년이다」, 5월, 3월 약간 거친 삼베로 만들며 아랫단을 꿰맨다.
대공 9월	거칠고 누인 삼베로 만든다.
소공 5월	약간 거칠고 누인 삼베로 만든다.
시마 3월	약간 곱고 누인 삼베로 만든다.

지금이야 상복을 어느 기간 동안 입는지, 어떠한 상복을 입는지에 대하여 일말의 관심도 없지만, 전통사회에서는 상복의 종류와 기간은 매우 다양하게 규정되어 있었고, 일상생활에 미치는 영향이 매우 컸다. 『대명률직해』에서는 이 상복과 관련하여 전반적인 설명만을 하고 있지만, 이와 달리 『대명률강해』, 『대명률부례』 등에는 개별적인 상복, 예컨대 나를 중심으로 한 상복도, 처가 남편의 친족을 위해 입는 상복도, 첩이 가장의 친족을 위해 입는 상복도, 출가한 딸이 친정의 친족과 관련하여 입는 상복도, 외가 친족과 관련된 상복도, 처의 친족과 관련하여 내가 입는 상복도, 의붓아버지, 의붓어머니 등 의리로 맺어진 부모와 관련된 상복도의 일곱 가지 개별 상복도가 실려 있다. 『대명률직해』에서 이러한 개별적인 상복도를 생략한 이유는 알 수 없으나, 복제의 수용과 관련하여 검토할 필요가 있다.

이 상복의 종류를 『대명률직해』에서 왜 이렇게 자세하게 규정하여 놓았는지 의문인데, 상복의 종류에 따라서 형량이 달라지기 때문에 어떠한 상복을 입는가는 매우 중요한 의미를 가진다. 상복제도는 상복을 입는 것을 목적으로 한 것이기는 하지만, 일정한 근친만 상복을 입기 때문에 자연스럽게 상복이 친족의 범위를 지칭하는 것이 되었기 때문이다. 『대명률직해』에서는 친족의 원근에 따라서 형량을 달리하고 있는데, 이 친족의 원근을 상복에 따라서 구별하였던 것이다. 예컨대 자최에 해당하는 기복친은 나의 형제, 백숙부모, 조카 등을 가리키고, 대공친은 나의 사촌형제 등을, 소공친은 나의 5촌 당숙부모, 6촌 형제 등을 가리키는데, 내가 기복친인 형이나 누나를 폭행하는 경우에는 장90 도2년 반으로 처벌하지만, 소공친인 6촌 형을 폭행하면 장60 도1년, 대공친인 사촌 형을 폭행하면 장70 도1년 반으로 처벌받는다. 요컨대 『대명률직해』는 친족의 원근과 주체와 객체의 나이에 따라서 상대적으로 형량을 정하고 있는데, 그때 기준이 되는 것이 바로 친족의 범위를 나타내는 상복이었던 것이다. 소공복을 입는 친족을 소공친, 대공복을 입는 친족을 대공친으로 하여 친족의 기준으로 삼았던 것이다.

　『대명률직해』의 상복 전반을 설명하는 위의 항목에서는 다섯 종류의 상복 종류와 기간 그리고 만드는 방법에 대해 간단히 설명하고 있다. 상복의 종류는 베의 거칠기와 아랫단의 마름질 여부에 따라 구분하는데, "참최 3년, 자최, 대공 9월, 소공 5월, 시마 3월" 등 오복이지만, 자최는 다시 3년, 지팡이를 짚는 장기(杖朞), 지팡이를 짚지 않는 부장기(不杖朞), 5월, 3월 등 5개로 세분되기 때문에 실제로는 9종이다. 참최는 3년인데 가장 무거운 복으로서 본인이 죄인이라는 뜻에서 아주 거친 삼베로 옷을 만들고, 아랫단을 꿰매지 않는다. 자최는 참최보다는 가벼워서 약간 거친 삼베로 옷을 만들고 아랫단을 꿰맨다. 이하의 대공복, 소공복, 시마복으로 갈수록 옷의 재질은 부드러워진다.

〈總論喪服之圖〉

斬衰三年	用至麤麻布爲之 不縫下邊.
齊衰	三年·杖期〈卽一年〉·不杖期〈亦一年〉·五月·三月.
	用稍麤麻布爲之 縫下邊.
大功九月	用麤熟布爲之.
小功五月	用稍麤熟布爲之.
緦麻三月	用稍細熟布爲之.

여덟 글자의 관용적 사용의 정의

〈여덟 글자의 관용적 사용의 정의〉

~(으)로써	'以'는 본래의 범죄와 같음을 나타내는 것이다. 예를 들어, 감수가 관사의 물건을 사고파는 것은 본래 의미의 절도와 다름이 없다. 따라서 '왕법(枉法)으로써(以) 논한다' 또는 '절도로써(以) 논한다'는 모두 제명·자자하고 죄가 참형이나 교형에 이르더라도 다 부과한다.
~에 준한다	'准'은 본래적 범죄와는 차이가 있음을 나타내는 것이다. 예를 들어, '왕법에 준하여 처벌한다' 또는 '절도에 준하여 처벌한다'는 다만 그 죄에 준하여 처벌할 뿐 제명·자자하는 예에는 해당되지 않으며 죄가 장100 유3,000리에 그치는 것이다.
모두	'皆'는 수범과 종범을 구분하지 않고 동일하게 죄를 부과함을 나타내는 것이다. 예를 들어, 감림과 주수가 직무를 행하다가 공모하여 관리하는 관물(官物)을 훔치면 장(贓)의 수를 합쳐서 관수가 (40관에) 차면 모두(皆) 참형에 처하는 것 등이다.

각각	'各'은 이쪽저쪽 모두에 해당하는 죄를 같이 부과함을 나타내는 것이다. 예를 들어, 여러 종류의 장인이 내부의 작업에 뽑혀 보내졌는데 직접 역에 응하지 않고 타인을 고용하여 이름을 속이고 사사로이 (대체하였으면) 대체한 사람과 대체된 사람을 각각 (各) 장100에 처하는 것 등이다.
다만	'其'는 앞의 뜻을 바꿈을 나타내는 것이다. 예를 들어, 팔의에 해당하는 자의 죄를 논할 경우에는 먼저 황제에게 의논할 것을 청해야 하는데, 다만(其) 십악을 범하면 이 규정을 적용하지 않는 것 등이다.
및	'及'은 일의 사정이 뒤까지 이어짐을 나타내는 것이다. 예를 들어, 이쪽저쪽 모두 죄가 되는 장(贓) 및(及) 마땅히 금지하는 물건은 몰수하는 것 등이다.
곧	'卽'은 (법문의) 의미가 끝나서 다시 밝히는 것이다. 예를 들어, 죄를 지어 사건이 발각되어 도망하였는데 여러 증거가 명백하면 곧(卽) 옥성과 동일하게 다루는 것 등이다.
또한	'若'은 법문 자체는 다르지만 앞선 (법문의) 뜻에 들어맞는 것이다. 예를 들어, '죄를 지을 때에는 늙거나 병들지 않았는데 일이 드러났을 때에 늙거나 병들었으면 늙거나 병든 것에 따라 논한다. 또한(若) 도형 기한 내에 늙거나 병든 경우에도 그와 같다' 등이다.

❀

'여덟 글자의 뜻'에서의 여덟 글자는 일상생활에서 쓰는 글자이지만 『대명률직해』라는 법전에서 특수하게 쓰이는 글자를 모아놓은 것이다. 웬 특별한 글자냐고 할 법하지만, 모든 전문영역에는 전문용어가 있기 마련이다. 현대의 판결문은 분명히 한글로 씌어 있지만, 법학적인 훈련을 받지 않은 일반인이 판결문을 한 번이라도 읽어본다면 결론이 긍정인지 부정인지 알 수 없는 경우가 허다하다. 의사의 진료 기록지는 외국어로 되어 있거나, 수많은 약자, 전문용어가 난무하지만 전문영역이라고 해서 그러려니 넘어가지만, 순 한글로 된 판결문이나 법률용어들은 한글로 씌어 있다는 그 이유만으로 이해하기 어려워서는 안 된다는 평가를 받고 있다. 물론 되도록 많은 사람이 이해하기 쉽도록 써야 하지만, 오랜 시간 속에서 서서히 축적되어 온 용어를 한순간에 바꾸기는 힘든 일이고, 또 전문적인 영역에서 벌어지는 수많은 일을 일상의 용어로 모두 풀어내는 것도 반드시 좋은 일만은 아닐 것이다. 예컨대 '선의'와 '악의'는 일상용어에서는 착하다, 나쁘다의 의미로 쓰지만 법전에서는 알다, 모르다라는 의미로 쓰인다. '선의의 제3자', '상대방이 악의일 경우' 등으로 쓰는데, '사정을 알고 있는 제3자', '상대방이 사정을 알고 있는 경우' 등으로 새길 수 있다. 법의 벽이기는 하지만 법률가들의 언어관행, 언어의 경제상 굳어져 버린 것이다. 『대명률직해』에서 말하는 여덟 글자도 마찬가지다. 여덟 글자의 뜻은, 말하자면 이 여덟 글자는 본래 여러 의미로 쓰이지만, 『대명률직해』에서는 이렇게 새겨야 한다는 약속인 셈이다. 그래야 이 글자가 나오는 조문을 해석할 때 여러 해석의 가능성을 열어둘 필요가 없이 일관되게 해석할 수 있다. '여덟 글자의 뜻'에서는 여덟 글자 각각에 대하여 몇 가지 용례를 들어서 설명하고 있는데, 이는 「명례율」이나 각칙에 나온 내용을 예시로 든 것이다.

이 '여덟 글자의 뜻'의 유래는 오래되었고 『당률소의』에도 나오기는 하지만 각 조문들에 흩어져서 설명되고 있으며 이렇게 한곳에 모아서 직접적으로 설명하지는 않았다. 또 법률의 실무를 다루는 서리들에게 도움이 되도록 각종 법률용어를 설명하고 있는 『이학지남(吏學指南)』이라는 책에서는 이를 "팔례(八例)"로 설명하였는데, 의미는 같지만 구체적인 내용은 다르다. 그때까지의 여러 용례를 『대명률직해』에서 종합하여 제시한 것이라고 할 수 있다.

우선 가장 먼저 나오는 용어는 '이(以)'다. 이 용어의 원래 뜻은 '~로써' 정도가 될 것이다. 새길 때에도 그렇게 새기면 되지만, 법률에서는 본래의 범죄와 같다는 뜻이다. 즉 '이(以)'로 연결되는 범죄는 앞에 적어놓은 본래의 범죄와 형벌을 똑같이 한다는 것이다. 이때 형벌 적용은 부가형까지 모두 포함한다는 의미다. 그 예로 들어놓은 것이 관리감독자가 관청의 물건을 사고파는 것은 절도와 다름없다고 한 것이다. 이러한 행위를 한 자는 관리가 법을 왜곡하여 업무를 처리한 것을 다스리는 왕법(枉法)이나 절도로 처벌한다고 하였는데, 왕법이나 절도의 경우에는 부가형인 관직 명부에서 삭제하는 제명이나 문신을 새기는 자자(刺字)가 있는데 이를 그대로 다 적용하여 처벌한다. 또한 '이(以)'에 의하여 적용되는 형벌이 참형이나 교형에 해당할지라도 모두 다 적용하여 처벌한다는 것이다. 즉 이(以)에 의하여 지시되는 범죄의 형벌은 모두 다 가한다는 의미다. 이는 바로 아래의 '준(准)'과의 관련성에서만 특히 의미를 가진다. 왜냐하면 '준(准)'은 부가형 등은 가하지 않기 때문이다. 말하자면 어떤 행위를 하였을 때 처벌이 '이(以)'에 의하여 지시된다면 완전히 똑같이 처벌하는 의미이기 때문에 특별한 의미가 부여되지 않지만, '준(准)'은 완전히 똑같이 처벌하는 것이 아니기 때문에 '준(准)'만이 특별한 의미를 가진다고 할 수 있다. '준(准)'은 '준한다'로 번역되는데, 본래의 범죄와는 차이가 있을 때 쓰는 용어다. 예를 들어, 첫 번째 의미로는 법을 왜곡하여 업무를 집행하는 왕법과 관련하여 '왕법에 준하여 처벌한다'라고 하거나 '절도에 준하여 처벌한다'라고 하면 본형을 가하지만, 부가형인 제명이나 자자는 하지 않는다는 것이다. 두 번째 의미로는 사형으로 처벌하지 않는다는 것이다. 예컨대 왕법이나 절도의 경우 뇌물의 액수나 장물의 액수가 고액인 경우에는 참형이나 교형에 처하는데, 왕법이나 절도에 준하여 처벌할 경우에는 사형에 해당하더라도 사형으로 처벌하지는 않고 바로 아래 단계인 장100 유3,000리로 처벌한다.

다음으로 '모두(皆)'와 '각각(各)'은 단독범이 아닌 복수의 범인을 처단하는 것이다. 공범죄는 원칙적으로 수범(首犯)과 종범(從犯)을 구분하여 처리하지만, '모두(皆)'는 이들을 구분하지 않고 동등하게 처벌하는 것이다. '각각(各)'은 이쪽저쪽 모두에 해당하는 죄를 같이 부과함을 나타내는 것으로 정책적으로 구분하지 않고 동등하게 처벌하는 것이다. '모두(皆)'는 수범과 종범을 구분하지 않고 동일하게 죄를 부과함을 나타내는 것이다. 예를 들어, 관리의 책무를 지는 감림(監臨)과 실무를 담당하는 주수(主守)가 직무를 행하다가 공모하여 자신들이 관리하는 관물(官物)을 훔치면 장(贓)의 수를 합쳐서 액수가 40관에 이르면 모두 참형에 처한다고 할 때, 모두의 의미는 감림과 주수의 형을 차등 부과하지 않고 동일하게 참형으로 부과한다는 것이다. 보통 동일한 행위를 함께 하면 '모두(皆)'에 해당하는 경우가 많고, '각각(各)'은 각자 행위를 하였지만, 동일한 형벌을 부과하는 경우에 사용되는 경우가 많다. 예컨대, 어떠한 작업에 여러 종류의 장인이 동원되었는데, 장인이 직접 가지 않고 사적으로 다른 사람을 고용하여 자신인 양 보내는 경우, 장인이 한 행위와 다른 사람이 한 행위는 다른 행위이기는 하지만, 두 가지가 합쳐서 하나의 범죄를 형성하므로 장인과 다른 사람을 각각(各) 장100에 처한다.

'다만(其)'과 '또한(若)'은 일상적인 용례와 가장 다르게 사용되고 있다. '기(其)'는 현행법으로는 단서에 해당하며, '또한(若)'은 계속되는 의미다. 우선 '다만(其)'은 앞의 뜻을 바꾼다는 의미다. 한정적이고 앞의 사정과는 달리 예외를 규정하여야 할 때 쓴다. 예를 들어, 형사 절차상 특별 취급을 하여야 하는 팔의(八議)에 해당하는 자의 죄를 논할 경우에는 먼저 황제에게 의논할 것을 청해야 하는데, 예외인 경우가 있다. 바로 십악을 범한 경우다. 이때 본문 중에서 '다만(其)'을 써서 십악을 범하면 이 규정을 적용하지 않는다로 연결한다. '또한(若)'은 법문 자체는 다르지만 앞선 법문의 뜻에 들어맞는 것이다. 앞에서 언급한 범죄 유형과는 다른 범죄 유형을 병렬적으로 연결할 때 '약(若)'이라는 용어를 사용한다. '만약'이라는 뜻으로 사용하여도 뜻은 통하지만 가상의 사례를 드는 것은 아니기 때문에 '또한'으로 새겨야 한다. 예를 들어 늙거나 병든 경우에는 형사상의 특례가 적용되는데, 행위 시에는 늙거나 병들지 않았는데, 범죄가 발각되었을 때에는 늙거나 병든 경우에는 늙거나 병들었을 때의 특례를 적용한다. 이때 도형(徒刑)에 복무 중인 자가 복무 중에 늙거나 병이 드는 경우는 위의 법문과 일치하지 않는, 새로운 유형의 사안이 된다. 이때 이 두 법문을 연결시킬 때 바로 '또한(若)'이라는 용어를 사용하는 것이다.

'및(及)'과 '곧(卽)'은 일상적인 용례와 큰 차이가 없으며, 따라서 번역에서도 그 의미를 분명하게 드러내기가 어렵지만 법문에서는 이러한 의미로 사용하여야 한다는 것을 보여준다. '및(及)'은 일의 사정이 뒤까지 이어짐을 나타낸다. 예를 들어, 이쪽저쪽 모두 죄가 되는 장(贓) 및(及) 마땅히 금지하는 물건은 몰수한다고 할 때 장(贓)과 마땅히 금지하는 물건을 연결해 주는 것으로 병렬적 연결의 의미를 지닌다. '곧(卽)'은 법문의 의미가 끝났는데 이를 다시 밝히는 것이다. 예를 들어, 죄를 지은 자가 사건이 발각되어 도망하였는데 여러 증거가 명백하면 곧(卽) 옥성(獄成)과 동일하게 다루는 것이다. 여러 증거가 명백하면 형옥이 성립한 것으로 보는 것이 원칙인데, 이를 '곧(卽) 옥성(獄成)과 동일하게 다루는 것'이라고 하여 다시 한번 명확하게 밝힌 것이다.

〈例分八字之義〉

以	'以'者 與眞犯同. 謂如監守貿易官物 無異眞盜. 故"以枉法論"·"以盜論" 並除名·刺字 罪至斬絞 並全科.
准	'准'者 與眞犯有間矣. 謂如"准枉法"·"准盜論"但准其罪 不在除名·刺字之例 罪止杖一百流三千里.
皆	'皆'者 不分首從 一等科罪. 謂如監臨·主守 職役同情 盜所監守官物 併贓滿貫 皆斬之類.
各	'各'者 彼此同科此罪. 謂如諸色人匠 撥赴內府工作 若不親自應役 雇人冒名 私自代替 及替之人 各杖一百之類.
其	'其'者 變於先意. 謂如論八議罪犯 先奏請議, 其犯十惡 不用此律之類.
及	'及'者 事情連後. 謂如彼此俱罪之贓及應禁之物 則沒官之類.
卽	'卽'者 意盡而復明. 謂如犯罪事發在逃者 衆證明白 卽同獄成之類.
若	'若'者 文雖殊而會上意. 謂如"犯罪未老疾 事發時老疾論. 若在徒年限內老疾者 亦如之"之類.

명례율(名例律)

권1

명례율(名例律)

 현대 법학에서는 개별 사항을 규정한 것을 각칙이라고 하고, 각칙의 일반 원리를 모은 것을 총칙이라고 한다. 즉 개별 규정에서 공통되는 사항들을 계속하여 나열할 수는 없기 때문에 입법기술적으로 그러한 사항들을 한곳에 모아 규정해 놓은 것이 총칙이다. 예컨대 살인범죄, 사기범죄와 같은 것은 각칙에 규정될 것이지만, 처벌할 수 있는 나이를 14세 이상으로 설정한다든지, 행위와 결과 사이에 인과관계가 있는지 여부 등을 살인범죄에서 각각 따로 규정하고 사기범죄에서 각각 따로 규정한다면 각각의 범죄 양태에서 바로바로 확인할 수 있는 장점은 있겠지만, 조문의 수는 기하급수적으로 늘어날 것이다. 이러한 사고의 원형은 저 멀리 로마시대로까지 거슬러 올라간다. 동로마황제 유스

티니아누스 2세는 여러 법적 문제의 해결을 고민한 로마 고전기 학자들의 학설을 모아 법전을 편찬했는데, 이는 세계 역사상 유례가 없는 일이었다. 로마가 융성했던 시절의 광영을 되찾기 위한 작업의 일환이었다. 저명한 법학자들이 법적 문제를 해결하기 위하여 제시한 학설들을 주제별로 분류하여 법전으로 간행한 것인데, 이것이 '학설휘찬(Digesta)'이다. 학설휘찬은 주제별로 분류되어 있고, 학설들을 체계화하여 정리한 것이기 때문에 원리적인 것을 앞쪽에, 개별적인 것을 뒤쪽에 배치하였다. 이러한 체계가 근대 법전의 편찬 시에 참고가 되어 총칙, 각칙의 체계가 탄생한 것이다. 그런데 총칙, 각칙의 체계는 비단 서구형법, 현대 형법에서뿐만 아니라 우리의 전통형법에서도 발견된다. 현대의 총칙에 해당하는 것이 바로 죄와 형벌의 이름과 그 일반적인 적용례를 규정한 「명례율」인 것이다. 여러 범죄 유형을 다루는 것을 편별로 나누어 규정하는 기준은 시대에 따라 다르지만, 이들을 총괄하는 총칙적인 규정은 명칭은 다를지언정 오래전부터 있었다.

『대명률직해』의 「명례율」은 각칙인 6율 전부에 해당하는 사항을 모아 첫머리에 둔 것이다. 『당률소의』에 따르면 "명(名)이란 오형(五刑)의 죄명이요, 예(例)란 오형의 체계다. 또 사물을 주관하는 것을 '명', 모든 것을 통괄하는 것을 '예'라고 한다. '명(名)'을 풀이하여 명(命)이라 하고, '예(例)'를 풀이하여 비(比)라 하니, 여러 편의 죄의 형명(刑名)을 정(命)하고, 여러 편의 법례를 분류·나열(比)한 것이다. 다만 형명(名)은 죄에 따라 성립되고, 사건은 (죄를) 범함으로써 말미암아 발생한다. 명(名)을 정(命)함은 곧 형(刑)에 대응하게 하는 것이요, 예(例)에 대비(比)함은 곧 사건의 본보기

(表)를 보인 것이다. 그러므로 명례(名例)를 편(篇)의 처음으로 삼았다"라
고 한다.[1] 『당률소의』의 석문(釋文)에서 인용하고 있는 『율음의(律音義)』에
서는 "사물을 주관하는 것을 명(名)이라 하고, 일반적인 것을 총괄하는
것을 예(例)라 한다. 법례(法例)의 이름은 이미 많으나, 예(例)를 갖추어 요
약하여 본보기로 하였으므로 명례라고 한 것이다. 한(漢)에서 구장(九章)
을 제정하였으나, 산만하여 통일되지 못하였고, 위조(魏朝)에서 처음으
로 죄례(罪例)를 모아 형명(刑名)이라 하였고, 진(晉) 가충(賈充)이 율 20편
으로 증편하여 형명과 법례를 첫째 편으로 하였다. 북제(北齊) 시대에 이
르러 조군왕(趙郡王) 예(叡) 등이 제율(齊律) 12편을 올리면서 아울러 이를
명례(名例)라 하였으며, 그 뒤에는 준행하여 개정하지 않았다"라고 하였
다.[2] 즉 「명례율」은 6율 전체에 통괄되는 규정을 모은 것으로, 진율(晉律)
에서 유래하여 북제율(北齊律)을 거쳐 당률에서 확정되었고, 이후 명률과
청률에 이르기까지 지속되었다.

　『대명률직해』의 「명례율」은 총 47개조로 되어 있는데, 조문의 배치에
서 일관된 논리는 찾기 어렵다. 일단 「명례율」을 전체적으로 조감하고

1　『唐律疏議』「名例」: 名者, 五刑之罪名, 例者五刑之體例. 名訓爲命, 例訓爲比, 命諸篇之刑
　　名, 比諸篇之法例 但名因罪立, 事由犯生. 命名卽刑應, 比例卽事表, 故以名例爲首篇….
　　김택민, 임대희 주편, 『譯註 唐律疏議(I)-名例編-』, 한국법제연구원, 1994, 94쪽.

2　『唐律疏議』「名例」: 律音義曰主物之謂名, 統凡之爲例. 法例之名旣眾, 要須例以表之, 故曰
　　名例. 漢作九章, 散而未統. 魏朝始集罪例, 號爲刑名. 晉賈充增律二十篇, 以刑名, 法例揭
　　爲篇冠. 至北齊趙郡王叡等奏上齊律十二篇, 倂曰名例, 後循而不改. 김택민, 임대희 주
　　편, 위의 책, 94쪽.

각각에 대하여 대략적으로 해설하기로 한다.

「명례율」

제1조 오형(五刑)

제2조 십악(十惡)

제3조 팔의(八議)

제4조 팔의 해당자의 범죄(應議者犯罪)

제5조 관원의 범죄(職官有犯)

제6조 군관의 범죄(軍官有犯)

제7조 문무관의 공죄(文武官犯公罪)

제8조 문무관의 사죄(文武官犯私罪)

제9조 팔의 해당자의 부친·조부의 범죄(應議者之父祖有犯)

제10조 군관·군인 범죄의 도형·유형 면제(軍官軍人犯罪免徒流)

제11조 형벌의 중복 감경(犯罪得累減)

제12조 전직 관원의 범죄(以理去官)

제13조 관직에 없던 때의 범죄(無官犯罪)

제14조 제명과 부역(除名當差)

제15조 유형수의 가족(流囚家屬)

제16조 보통 사면의 적용 배제(常赦所不原)

제17조 도형·유형수의 이송 중 사면(徒流人在道會赦)

제18조 사형수의 부모 봉양(犯罪存留養親)

제19조 공장호·악호 및 부인의 범죄(工樂戶及婦人犯罪)

먼저 형벌인 오형과 십악(제1조, 제2조)을, 이어서 형사특권을 인정하는 팔의와 관원 등의 범죄(제3조~제10조, 제12조~제14조)를 규정하고 있다. 제3조, 제4조, 제9조는 팔의에 해당하는 자와 그 친족의 범죄에 대하여 규정하고 있다. 제3조 팔의(八議)는 형사특권이 인정되는 여덟 종류의 특별한 신분이 무엇인지에 대하여 규정하고 있다. 제4조 팔의 해당자의 범죄(應議者犯罪)는 제3조에서 정한 특별한 신분이 인정되는 자들의 범죄를 어떠한 형사 절차로 처리해야 하는지에 대하여 규정하였다. 제9조 팔의 해당자의 부친·조부의 범죄(八議者之父祖有犯)는 조문의 제목에는 부친과 조부밖에 없지만 팔의 해당자의 부친, 조부뿐만 아니라 각 친족의 범죄를 어떻게 처리할 것인지에 대하여 규정하였다.

제9조와 제11조를 제외하고 제5조부터 제14조까지는 관원들의 범죄에 대하여 규정하고 있다. 제5조 관원의 범죄(職官有犯)와 제6조 군관의 범죄(軍官有犯)는 문무관인 현직 관원의 범죄를 처리하는 절차에 대해 규정하였다. 그중 제5조는 주로 현직에 있는 관원에 해당하는 것으로 5품관 이상, 6품관 이하 등으로 나누어 형사 절차 시 임금의 승인을 밟도록

하였다. 현재 징계절차상 하급 공무원과 상급 공무원의 징계 주체가 다른 것과 마찬가지다. 또 보다 고위의 관직자, 예컨대 3품 이상의 관직자는 팔의에 해당하므로 그 절차에 따른다. 제6조는 제5조와 쌍을 이루는 규정으로 군관의 범죄에 대해서도 역시 담당 관원이 직접 처리하는 것을 금지하고 절차에 따라 임금에게 보고하여 처리하도록 하였다.

또 전통시대의 범죄는 공죄와 사죄로 구분되었는데, 공죄는 대체로 공무를 집행하다가 과실로 범죄를 범한 경우, 사죄는 공무를 집행하면서 개인적인 이익을 위하여 고의로 범죄를 범한 경우를 가리킨다. 제7조 문무관의 공죄(文武官犯公罪)와 제8조 문무관의 사죄(文武官犯私罪)는 공죄와 사죄를 기준으로 하여 문관과 무관이 각각의 범죄를 범하는 경우의 처벌에 관한 규정이다. 일반적으로 공죄보다 사리사욕을 채우기 위하여 고의로 범하는 사죄의 형량이 높다.

제10조 군관·군인 범죄의 도형·유형 면제(軍官軍人犯罪免徒流)는 군인이 도류형(徒流刑)을 범했을 때 장100에 처하고, 도형이나 유형을 부과하는 대신 거리의 원근에 따라 충군, 즉 그대로 군인으로 충당시킨다는 것이다. 군인의 경우 도형이나 유형에 처하기보다는 변방을 지키게 하는 것이 낫다는 판단이 들어 있다.

제12조 전직 관원의 범죄(以理去官)는 퇴직한 관원 등이 범죄를 저지르는 경우 현직처럼 대우하여 절차를 처리할 것을 규정한다. 즉 퇴직한 관원 등도 제5조에서 제10조의 규정을 적용받는 것이다. 제13조 관직에 없던 때의 범죄(無官犯罪)는 관직이 없을 때 또는 하급 관직일 때 범죄를 저질렀는데 현재 관원이거나 더 높은 직위의 관원이 된 이후에 발각된

경우에는 대체로 현재를 기준으로 처리하도록 규정하였다. 제14조 제명과 부역(除名當差)은 현직 관리가 파직하고 임용하지 않는(罷職不敍) 등의 사유로 제명되거나, 승려·도사가 형벌로 환속된 경우에 각각의 본역에 따라 원적으로 돌려보내 부역하게 하는 규정이다.

제19조와 제32조, 제33조, 제35조, 제38조는 이졸과 군인 및 부녀와 특수직역인의 범죄에 대한 특례를 규정하였다. 제19조 공장호·악호 및 부인의 범죄(工樂戶及婦人犯罪)에서는 당시의 특수직역인이라고 할 수 있는 공장, 음악인, 천문생도 등의 장인처럼 남들이 대체할 수 없는 전문기술을 가지고 생업을 영위하는 사람들에 대하여 그 희소성이라는 측면에서 형벌에 특례를 두었고, 부인이 범죄자인 경우에도 장형을 집행할 때 간음죄 이외에는 홑옷을 입은 채 형을 받도록 하는 규정을 두었다. 제32조 이졸의 사죄(吏卒犯死罪)는 각 관청의 하급관리가 사형에 해당하는 범죄를 저질렀을 때의 처벌 절차를 규정하였다. 제33조 서울 거주 군인과 민간인 범죄(在京犯罪軍民)는 서울(도성) 거주 군인과 민간인이 장80 이상 범죄의 주체가 되었을 때 군인은 변방으로 보내고, 민간인은 지방으로 보내는 규정이다. 제35조 군인 살해(殺害軍人)는 군인을 함부로 살해한 자를 처벌하는 규정으로 범죄자는 사형에 처하고, 살해당한 군인만큼 군역이 비게 되므로 범죄자의 집에서 그 군역을 지게끔 하고 있다. 제38조 모반 군인의 처결(處決叛軍)은 적군에 합세한 군인을 처벌하는 규정으로서, 전투가 벌어진 상황에서는 적군에 이미 합세한 것이 확실하므로 즉결처분으로 살해하더라도 문제 삼지 않지만, 합세할 것을 꾀한 때에는 정치적으로 숙청하는 경우도 있을 것이기 때문에 바

로 처벌할 수 없게 하고, 체포·수사·재판하는 절차를 상세하게 규정하였다.

이상으로 볼 때 전통시대 관원들은 국왕에 대한 봉사자로서의 측면과 일반민들과의 차별을 이유로 일반민들과는 형사 절차상 다른 취급을 하고 있음을 알 수 있다. 관원의 등급, 직관(職官)인지 군관인지 여부에 따라 형사 절차상에서도 세심한 차등을 두었음을 엿볼 수 있다. 또 범죄의 주체가 전문가인지, 부녀인지, 서울에 사는지 지방에 사는지, 범죄의 객체가 군인인지 민간인인지, 범죄 행위가 적군에 합세한 행위인지의 여부에 따라서 절차를 매우 세심하게 규정하였다.

위의 규정들이 범죄와 신분이 연관된 경우라면, 다음 규정들은 범죄와 형벌 사이의 일반적인 원칙을 다루고 있다. 현대 형법총칙과 가장 흡사한 규정들이다. 우선 형벌의 가감 원칙에 대하여 규정하였는데 제11조 형벌의 중복 감경(犯罪得累減)에서는 감경 사유가 여럿일 때, 형벌의 중복 감경에 관한 원칙을 규정한 조항이다. 예컨대 종범인 경우에는 1등을 감경하고 자수의 경우에는 2등을 감경하는데 이 사유들이 중복되었을 때에는 모두 중복하여 감경할 수 있음을 규정한 것이다. 제39조 죄의 가중·감경법(加減罪例)은 가중, 감경의 일반 원칙에 대하여 규정하고 있다. 법조문의 본문에서 가중한다고 규정하였을 때에는 일반적으로 사형까지 가중할 수는 없고 장100 유3,000리를 한도로 하는 것을 원칙으로 하였다. 다만 각칙의 본문에서 가중하여 사형에 처할 수 있도록 하였으면 그에 따르도록 하였다. 즉 각칙의 규정들이 원칙인 「명례율」 규정보다 우선한다는 것을 밝힌 것이다. 또한 형을 감경할 때 세 가지 종류의 유형(流刑)과 두 가지 종류의 사형(死刑)을 한 등급으로 해서 감경하도록 규정하고 있다. 예컨대 참형 바로 아래 등급은 교형이지만, 참형에서 1등을 감경할 때에는 참형, 교형이 포함되어 있는 사형을 한 등급으로 간주하여 장100 유3,000리가 되는 것이다. 또한 장100 유3,000리에서 1등을 감경하는 경우에도 유형 전체를 한 등급으로 보기 때문에 장100 유2,500리가 아니라 장100 도3년이 되는 것이다.

한 사람이 여러 범죄를 범한 경우의 다양한 처리 방법은 제20조, 제25조에 규정되어 있다. 제25조 여러 범죄의 처리(二罪俱發以重論)는 한 사람이 여러 범죄를 범한 경우의 원칙을 규정한 것으로, 범죄자의 악성이 가장 중한 범죄에 나타났다고 보아 가장 중한 형벌로 처벌할 것을 규정하였다. 또 제20조 도형수·유형수의 재범(徒流人又犯罪)은 도류죄(徒流罪)를 범한 자가 도형이나 유형으로 복역 중에 이전에 저지른 죄가 발각되거나, 새로이 범죄를 범하는 경우의 처리를 규정한 것이다. 전자의 경우에는 범죄 처벌 이후에 발각된 범죄와 경합시키는 사후적 경합범으로 처리하여 발각된 범죄가 복역 중인 범죄보다 무거울 경우에만 무거운 죄에 따라 처벌하도록 하였다. 후자의 경우에는 새로운 범죄이기 때문에 복역 중인 범죄와 경합 관계에 있지 않은데, 복역 중인 범죄가 도형이고 새로 범한 범죄가 유형에 해당할 경우 유배지에서 4년 동안 복역시키는 등의 특별 규정을 두었다.

한편 여러 명이 함께 범죄를 저지르는 공범의 경우에 대하여 『대명률직해』는 제26조부터 제28조, 제30조에서 다루고 있다. 우선 제26조 범죄인의 공동 도망(犯罪共逃)에서는 함께 죄를 범한 자들이 그 죄가 발각되자 서로 합의하여 같이 도망하였는데 그중 경죄수가 중죄수를 체포하여 자수하거나 고발하거나, 죄의 경중이 같은 경우 도망한 죄수의 반 이상을 잡아서 자수·고발하면 죄를 면제하는 것을 규정하고 있다. 또한 본인이 직접 범죄를 저지르지 않고 가공하는 등 연루되어서 죄를 범하였는데, 수범이 자살해 버린 경우에는 본인이 받아야 할 형벌에서 2등을 감경하도록 규정한다. 제27조 공범의 수범·종범 구분(共犯罪分首從)은 여러 명이 같이 죄를 범한 경우 일부 특정한 범죄를 제외하고는 모든 범죄에 대하여 수범과 종범을 나누어서 종범에 대하여는 수범의 형보다 감경하여 처벌하도록 규정하고 있다. 공동으로 범하는 모든 범죄는 수범과 종범이 있는 것을 원칙으로 하고, 다만 각칙 본조에서 '모두(皆)' 어떤 형벌로 처벌한다고 하였다면 이는 수범과 종범을 가리지 않고 같은 형으로 처벌한다는 것이다. 다만 『대명률직해』의 수범과 종범은 현대의 정범, 공범과는 다르다. 현대의 공범이론에서는 어떠한 행위를 했는지, 즉 행위를 기준으로 정범과 종범을 구분하지만, 『대명률직해』에서는 심정이나 동기를 중시하여 행위가 아닌 의사를 기준으로 하고 있다는 점에 유의해야 한다. 제28조 동료 관리의 공죄(同僚犯公罪)는 같은 관청에서 근무하는 관원과 서리, 또는 다른 관청에서 근무하는 관원과 서리가 공죄, 즉 공무처리상의 과실로 인한 죄를 범하였을 경우 각자의 책임을 등급별로 규정한 것이다. 예컨대 현대의 공직체계에서 사무관의 공무상 과실에 대한 책임을 서기관, 차관, 장관 등이 어떻게 분담하는가를 규정한 것이다. 이를 간단하게 표로 나타내면 다음과 같다.

〈같은 부서〉		〈다른 부서〉	
직급	**형량**	**이첩의 흐름**	**형량**
서리	수범(기준)	하급 → 상급	하급서리를 수범으로 감2등
수령관	감1등	상급 → 하급	상급서리를 수범으로 감3등
좌이관	감2등		
장관	감3등		

제30조 범죄가 발각된 자의 도망(犯罪事發在逃)은 여러 명이 범죄를 범하였는데, 범죄가 발각되어 도망 중에 먼저 잡힌 사람이 다른 사람을 수범이라고 지목하는 경우 먼저 잡힌 사람을 종범으로 처리하는 절차적인 규정이다. 자백주의의 약점을 보완하는 의미에서, 범죄가 발각되어 도주한 자가 증거가 명백한 경우에는 신문을 하지 않고 그 죄를 그대로 인정할 수 있는 특례를 규정하고 있다.

「명례율」에서는 자수와 관련된 규정도 두고 있다. 범인이 자수하는 경우에는 제24조 범인의 자수(犯罪自首)에서 규정하고 있는데, 처벌을 면제하는 것을 원칙으로 한다. 또한 경죄와 중죄를 모두 범하였는데 경죄가 발각되어 중죄를 자수한 경우에는 중죄에 대한 형은 면제한다. 다만 타인을 상해하거나 사건이 발각되어 도망하거나 간음을 하는 등의 일정한 범죄는 자수하여도 형을 면제하지 않는다. 자수의 방법과 관련하여 다른 사람을 대신 보내어 자수하는 경우에도 자수로 처리한다. 자수의 내용이 부실한 경우, 예컨대 훔친 물건의 양을 모두 말하지 않은 경우에는 말하지 않은 부분에 대하여는 자수하지 않은 것으로 하여 처벌한다. 또 다른 사람이 자신을 고발하려는 것을 알고 자수하여 물건의 주인에게 돌려준 경우에는 자수와 똑같이 처리하지는 않고, 2등을 감경하여 처벌한다. 이렇게 보면『대명률직해』의 자수에 대한 태도는 원칙적인 면제, 예외적인 감경, 특정한 범죄에 대한 배제라고 할 수 있다.

제29조 공무처리의 실수(公事失錯)는 공무를 잘못 처리한 당사자를 곧바로 처벌하지 않고 스스로 처벌을 회피할 기회를 부여하는 규정이다. 즉 당사자가 잘못을 알고 스스로 바로잡은 경우에 처벌을 면제하는데, 당사자뿐만 아니라 연좌(連坐)하여 처벌하는 것을 규정하는 제28조 동료 관리의 공죄(同僚犯公罪)와 연관하여서는 연좌되는 사람들의 처벌도 면제한다.

또 범죄와 관련된 재물인 '장(贓)'의 처리와 관련하여 일반적인 규정을 두었다. 제23조 장의 반환과 몰수(給沒贓物)가 그것인데, 금제물인 장과 뇌물범죄의 결과물인 장은 관사에서 몰수하고, 재산범죄의 결과물인 장은 본래 주인에게 돌려주는 것을 규정하고, 장의 값어치를 평가할 때 기준을 어떻게 잡아야 하는지, 예컨대 범죄가 발생한 곳의 범죄가 발생했을 당시의 중등품의 값에 의거하는 등의 규정을 두고 있다.

사면과 관련한 규정도 제15조부터 제17조에서 정하고 있는데, 우선 제15조 유형수의 가족(流囚家屬)은 유배자의 처첩을 배소에 따라가도록 하고, 자손 등은 따라가기를 원하면 따라가도록 하는 규정이다. 또한 죄수가 사망하였는데 사면령이 내리면, 따라온 가족은 본래의 고향으로 되돌아갈 수 있도록 하고 있다. 한편『대명률직해』에서는 처첩을 배소에 의무적으로 따라가도록 규정해 놓았지만, 조선에서는 본인만 유배지로 가는 것이 관례였고 예외적으로 처첩이 배소에 따라갈 수 있었다. 제16조 보통 사면의 적용 배제(常赦所不原)는 특별한 사유를 기재하지 않고 단지 '사천하(赦天下)'라고만 기재하여 시행하는 사면인 '보통 사면(常赦)'에 해당하지 않는 범죄 유형들을 규정하여 놓았다. 이러한 '보통 사면'에 해당하지 않는 범죄는 주로 전통사회에서 매우 무겁게 취급한 범죄들이다. 예컨대 당시에 열 가지 악으로 규정하였던 십악에 해당하는 범죄, 살인, 강절도, 방화, 발총, 탐관 등이다. 제17조 도형·유형수의 이송 중 사면(徒流人在道會赦)은 사면의 시기와 형벌의 집행 시기와 관련한 규정이다. 태형이나 장형의 경우에는 집행 전에 사면령이 도달하면 집행하지 않으면 되고, 집행 후에 사면령이 도달하는 경우에는 이미 집행이 끝났으므로 문제가 없다. 그러나 도형이나 유형은 사정이 조금 다르다. 『대명률직해』에서는 원칙적으로 도형이나 유형이 집행 중이면 모반대역, 한집안에 속한 자들 중에서 세 명을 살해하는 등의 일정한 범죄를 제외하고는 사면하여 집행을 종료시킨다. 그러나 도형이나 유형을 집행하기 위하여 도형 집행 지역이나 유배지로 가는 도중에 사면령이 도달한 경우에는 집행을 종료하는데, 다만 원래 가야 할 노정을 계산하여 기한을 어긴 경우에는 사면하지 않고 그대로 집행하도록 규정하였다.

형벌의 감면에 대한 규정은 제18조, 제21조, 제22조, 제31조 등에서 정하고 있다. 제18조 사형수의 부모 봉양(犯罪存留養親)은 본인만이 부모를 부양할 수 있는 경우에 형벌을 면제하는 규정으로, 전통시대의 효 사상이 뚜렷하게 투영되어 있다. 제21조 노인·유소자·폐질자의 범죄(老少廢疾收贖)는 연령이나 장애 등급에 따라 형벌을 감면하는 규정이다.

연령은 위로는 70세, 80세, 90세 이상, 아래로는 15세, 10세, 7세 이하로 각각 세 등급으로 나누어 형벌을 면제하거나 절차를 달리하는 등의 특례를 인정하고 있는데, 90세 이상인 자나 7세 이하인 자는 절대적 책임무능력자로 규정하였다. 아울러 장애 등급에 따라 정신박약자, 난쟁이, 발목이나 허리가 잘려나간 사람, 팔다리 가운데 한쪽을 사용할 수 없는 자에 해당하는 폐질, 악질[惡疾, 나병(癩病)], 정신분열증, 팔다리 가운데 두 가지 이상 사용할 수 없는 자, 눈을 모두 실명한 경우에 해당하는 독질(篤疾)일 경우 속전(贖錢)을 징수하거나 형사 절차상 특례를 인정하고 있다. 또한 행위 시에는 책임능력이 있는 연령에 속하였거나 장애가 없었는데, 재판 시에는 책임이 제한되는 연령이 되거나 없던 장애가 생겼을 경우 제21조 노인·유소자·폐질자의 범죄(老少廢疾收贖)의 규정을 적용할 것인가가 문제가 되는데, 제22조 책임능력 제한 당시의 범죄(犯罪時未老疾)는 이에 관하여 규정한다. 이 경우 행위자에게 유리하게 적용한다. 예컨대 69세에 범죄를 범하였지만 범행 발각 시나 재판 시에 70세가 된 경우나, 장애인이 아니었는데 장애인이 된 경우에는 모두 제21조를 적용한다. 또한 절대적 책임무능력인 7세 때 사형에 해당하는 범죄를 범하였는데 8세 때 범행이 발각되는 경우에는 제21조를 적용하여 처벌하지 않는다. 제31조 친족 간의 범인은닉(親屬相爲容隱)에서는 친족 사이에서 범인을 은닉하거나 도주하도록 도와주는 경우에 대하여, 동거의 유무, 친족의 원근에 따라서 형벌을 면제하거나 감경하는 등을 규정하였다.

제34조 각칙의 별도 죄명(本條別有罪名)은 「명례율」에 대한 각칙의 우선

적용 원칙을 규정한 조항이다. 예컨대 제29조에서 종범은 수범보다 1등 감경하도록 규정하였는데, 제325조 투구(鬪毆)에 의하면 직접 실행하여 중상을 입힌 자를 중죄로 하고 처음 모의한 자는 1등을 감경하도록 규정한다. 「명례율」의 일반 원칙에 의하면 처음 모의한 자가 수범이어서 보다 가중된 형벌로 처벌해야 하지만 제325조의 각칙에서는 이와는 달리 정하고 있기 때문에 이 규정에 따라서 처벌하여야 한다는 것을 제34조에서 규정한 것이다. 제37조 정확한 조문이 없는 죄의 처단(斷罪無正條)은 현대 형법에서 금지하고 있는 유추 적용을 정면으로 인정한 규정이다. 『대명률직해』는 도덕적으로 죄가 된다면 처벌해야 한다는 기본 원칙을 취하고 있었기 때문에 해서는 안 되는 행위를 한 것을 일반적으로 처벌하는 규정인 제410조 해서는 안 되는 일(不應爲)을 두었는데, 이 규정에 따르면 보통의 경우에는 태40 또는 사리가 맞지 않는 것이 중할 경우 장80으로 처벌한다. 그런데 『대명률직해』 각칙에 규정된 중범죄와 도덕적으로 비슷하게 비난할 만한 행위이지만, 각칙상 규정이 없을 때 제410조를 적용하는 것은 태40 또는 장80에 불과한 형벌로 처벌하기 때문에 당시에는 납득되지 않았다. 또 『대명률직해』는 범죄의 양태를 추상적으로 규정하지 않고 매우 구체적으로 규정해 놓았지만, 모든 행위 양태를 규정할 수는 없었다. 따라서 처벌의 공백이 발생할 수밖에 없었는데 이를 메우는 것이 바로 제37조인 것이다. 다만 유추 적용을 허용하였다고 하여 무차별적으로 허용한 것은 아니고, 항상 최고권력자인 임금의 승인을 받도록 하여 유추 적용을 제한하고 있다.

　제36조 화외인 범죄(化外人犯罪)는 국내에 있는 외국인으로서 아직 귀

화하지 아니한 사람인 화외인이 범죄를 저지를 경우『대명률직해』에 따를 것을 천명하고 있다. 화외인이란 교화 밖에 있는 사람이라는 뜻으로 중국의 교화를 받지 않은 나라의 사람, 즉 외국인이라는 뜻이다. 이 경우『대명률직해』는 그 외국인이 속한 나라의 법이 아니라 범죄가 발생한 지역의 법인『대명률직해』를 따르게 함으로써 속지주의의 원칙을 취하고 있다. 그러나 실제로는 중국인이나 일본인이 조선에서 범죄를 저지르는 경우에는 외교적 문제를 감안하여 중국이나 일본에 그 처벌을 맡기는 것이 관행이었다.

제46조 신율에 따른 죄의 처단(斷罪依新頒律)은『대명률직해』의 적용 시점에 대한 규정이다. 즉 이 규정은 법률의 적용 시점에 대한 규정으로 반포일을 기준으로 그리고 그 이전의 범죄에 대해서는 행위시법이 아닌 재판시법을 기준으로 하여, 소급입법을 인정하고 있다.

제40조에서 제45조는 본 조문에서 쓰는 각종 용어를 설명하여 정의하는 정의 규정이다. 제40조 승여 · 거가 등의 정의(稱乘輿車駕)는 임금의 가마인 '덩(德應)'과 임금에게 붙이는 존호가 법문에 나오는 경우 대비, 왕비도 포함하는 것으로 규정하였다. 또한 대비와 왕비의 명령은 의지(懿旨)라고 하고, 왕세자는 균지(鈞旨), 영지(令旨)라고 칭하는 것을 규정하였다. 제41조 기친 · 조부모 등의 정의(稱期親祖父母)는 법문에서 조부모라고 할 때는 증조나 고조도 포함하며, 손이라고 할 때에는 증손, 현손도 포함한다는 것을 밝힌 규정이다. 제42조 '더불어 같은 죄다'의 정의(稱與同罪)는 각칙에서 '더불어 같은 죄다(與同罪)', '왕법에 준하여 논한다(准枉法論)', '도에 준하여 논한다(准盜論)', '왕법으로 논한다(以枉法論)', '도로 논

한다(以盜論)' 등의 용어가 어떤 뜻으로 쓰이는지 그 정의에 관하여 규정하였다. '더불어 같은 죄다'는 본래의 죄를 주는 것에 그치는 것으로, 예컨대 사형에 이르면 1등을 감경하여 장100 유3,000리에 그치고 자자·교형·참형의 율은 쓰지 않는다. 준(准), 이(以)는 여덟 글자의 뜻에서 보았던 것과 같은 의미로, 이(以)는 전체형으로 똑같이 과한다는 것이고, 준(准)은 가중하더라도 사형에 이르지는 않는다는 의미다. 제43조 감림·주수의 정의(稱監臨主守)는 각칙에서 감림, 주수라고 할 때 맥락에 따라 각각 적절하게 해석할 것을 지시한 규정이다. 예컨대 '감림'은 내외의 여러 관사에서 소속된 자를 총괄하여 다스리거나 문서로 서로 관여하거나, 관할하는 백성이 아니라도 해당 사안을 현재 맡고 있는 경우에는 바로 감림이 된다. 당해 문서를 관할하는 이전이 전적으로 그 일을 관장하거나, 창고·옥에 갇힌 죄수·잡물 등을 지키고 관리하는 관원·이전·고지기 등은 모두 '주수'가 된다.

제44조 단위 등의 정의(稱日者以百刻)는 각종 단위를 계산하는 정의 규정으로서 1년은 360일로 계산하도록 하고, 나이 계산은 호적에 따르도록 규정한다. 또한 각칙에서 사용되는 '중(衆)'은 세 사람 이상을 가리키며, '모(謀)'는 두 사람 이상이 전제되어 있다는 것을 규정하였다. 제45조 도사·여관 등의 정의(稱道士女冠)는 도교의 도사, 여관이라고 하여도 불교의 비구승이나 비구니를 포함한다고 규정하였다. 또 스승이 규정된 경우에는 백숙부모와 같고, 제자는 스승에게 형제의 자식과 같다는 의제 규정을 두었다. 따라서 스승을 살해한 경우에는 백숙부모를 살해한 것과 마찬가지로 다룬다.

마지막으로 제47조 도형·유형·천사의 지방(徒流遷徙地方)은 도형이나 유형을 보내는 지역에 관한 규정으로, 『대명률직해』에서는 중국의 도류천사지방을 규정한 이후 우리나라의 도류천사지방을 따로 규정하였다. 도류천사지방은 죄의 등급과 출발하는 장소에 따라 도착하는 장소를 달리 규정하였는데, 『대명률직해』에서는 이를 우리나라의 사정에 맞게 수정하여 규정하였다.

전통적인 법들은 일반적·추상적으로 규정하지 않고 개별적·구체적으로 규정한 경우가 대부분이다. 이는 형법 분야에서도 마찬가지다. 이런 경우에는 법조문의 수는 엄청나게 많아지며 따라서 법조문 상호 간의 모순과 충돌을 야기할 우려가 있다. 「명례율」은 개별적·구체적 구성요건과 각종 규정을 종합하여 규정한 것이다. 이 「명례율」을 통하여 자칫 발생하기 쉬운 법조문 상호 간의 모순과 충돌을 예방한 측면도 있다. 이는 법학적 논리의 발달과 입법기술이 뒷받침되었기 때문에 가능하였다. 특히 일상적 용례에 따라 법조문에서 규정한 '언어'가 실제 법조문에서는 범위가 확대되는 각종 정의 규정은 실제 사건을 해결하면서 정립된 입법이라고 할 수 있다. 지면의 제약상 「명례율」의 대체적인 내용만 기술하였고, 아래에서는 「명례율」의 구체적인 몇 가지 규정을 살펴보기로 한다.

—①—

제1조 오형

1. 태형 5등급:

태10,[①] 태20,[②] 태30,[③] 태40,[④] 태50.[⑤]

① 속동전 600문, 오승포 3필에 준한다.

② 속동전 1관 200문, 오승포 6필에 준한다.

③ 속동전 1관 800문, 오승포 9필에 준한다.

④ 속동전 2관 400문, 오승포 12필에 준한다.

⑤ 속동전 3관, 오승포 15필에 준한다.

2. 장형 5등급:

장60,[⑥] 장70,[⑦] 장80,[⑧] 장90,[⑨] 장100.[⑩]

⑥ 속동전 3관 600문, 오승포 18필에 준한다.

⑦ 속동전 4관 200문, 오승포 21필에 준한다.

⑧ 속동전 4관 800문, 오승포 24필에 준한다.

⑨ 속동전 5관 400문, 오승포 27필에 준한다.

⑩ 속동전 6관, 오승포 30필에 준한다.

3. 도형 5등급:

1년 장60,[11] 1년 반 장70,[12] 2년 장80,[13] 2년 반 장90,[14] 3년 장100.[15]

⑪ 속동전 12관, 오승포 60필에 준한다.

⑫ 속동전 15관, 오승포 75필에 준한다.

⑬ 속동전 18관, 오승포 90필에 준한다.

⑭ 속동전 21관, 오승포 105필에 준한다.

⑮ 속동전 24관, 오승포 120필에 준한다.

4. 유형 3등급:

2,000리 장100,[16] 2,500리 장100,[17] 3,000리 장100.[18]

⑯ 속동전 30관, 오승포 150필에 준한다.

⑰ 속동전 33관, 오승포 165필에 준한다.

⑱ 속동전 36관, 오승포 180필에 준한다.

5. 사형 2등급:

교형과 참형.[19]

⑲ 속동전 42관, 오승포 210필에 준한다.

✤

『대명률직해』의 첫 규정은 오형(五刑)이다. 오형은『대명률직해』에서는
태형, 장형, 도형, 유형, 사형을 가리키는데 처음부터 그랬던 것은 아니
다.『서경』이나『주례』에서도 오형은 한대(漢代)에 이르면 이마에 새기는
'묵형(墨刑)', 코를 자르는 '의형(劓刑)', 발꿈치를 베는 '비형(剕刑)', 생식기
를 없애는 '궁형(宮刑)', 사형인 '대벽(大辟)'을 가리켰다. 그러나 세월의 흐
름에 따라 의형, 비형, 궁형 등 신체의 일부를 훼손하는 육형(肉刑)이 후
퇴하게 되었다. 전한(前漢) 문제(文帝) 때 태창령(太倉令) 순우의(淳于意)가
죄를 지어 육형을 받게 되었는데, 그의 딸인 제영(緹縈)이 그 형벌을 받
게 되면 아버지의 신체를 원래대로 돌려놓을 수도 없고 허물을 고치고
새롭게 하려고 하여도 할 수 없다는 이유로 자신이 관비가 되어 아버지
의 죄를 대신 갚고자 하였고, 이에 감동한 문제가 육형을 폐지하였다
고 한다. 물론 제영의 고사에 의해 육형이 폐지되었다고 보기는 어렵고
육형을 폐지하게 된 한 요소라고 할 수 있겠지만, 육형이 폐지된 이후
에 이를 대체한 태형이나 채찍형이 오히려 육형보다 가혹한 경우가 많
았다. 예컨대 태형은 500대, 300대, 100대 정도였기 때문에, 태형에 처
해진 후 사망하기도 하였다. 이러한 가혹함 때문에 태형도 시대가 흐르
면서 점차 횟수가 줄어들어『대명률직해』와 같이 100대를 한도로 하게
되었다. 한편『대명률직해』와 같은 오형 20등의 체계가 완성된 것은 수

나라 『개황률(開皇律)』[개황 3년(583)]이 시행될 당시이며, 이것이 완비된 것은 당률(唐律)에 들어와서라고 한다. 즉 『대명률직해』의 오형은 태형, 장형, 도형, 유형, 사형으로 수나라에서 시작되어 당과 송을 거쳐 지금에 이르고 있다. 『대명률』에서는 형벌을 5종으로 하고, 전체 20개 등급으로 구분하였으며, 가중과 감경도 이에 따랐다.

한편 오형에는 속금(贖金)을 내는 규정이 있었는데, 이는 원래의 형벌을 받는 대신 일정한 금전을 납부하고 형을 받은 것으로 하는 제도다. 일종의 환형 처분이라고 할 수 있는데, 서구 중세의 평화금과는 성격이 다르다. 서구의 평화금은 가해자가 배상의 일부로 또는 배상과는 따로 병행하여 지급하는 것을 말하는데, 공적 권위가 확립되어 있지 않은 서구 중세 시대에 분쟁은 원래라면 끝없는 복수로 해결될 것인데 금전으로 평화를 사는 것이다. 그러나 속금은 공적 권위가 확립되어 있는 상황에서 공적 권위가 원래의 형벌을 부과할 수도 있지만 일정한 범위의 사람들, 예컨대 악공이나 장인, 고연령자에게 이를 환형 처분하여 금액으로 내게 하는 것이기 때문에 평화금과는 다르다.

오형의 의미와 등급 등에 대해서는 앞에서 살펴본 권수 '오형의 정의'에 나와 있고, 여기에서는 등급과 수속에 대해 규정하였다. 오형 중 가장 가벼운 형벌인 태형은 10대를 단위로 5등급으로 나뉜다. 또 장형은 10대를 단위로 60대부터 100대까지로 규정하였다. 태형과 장형은 집행 도구의 차이가 있을 뿐, 타격한다는 점에서는 같다. 또 규정상으로 입법자가 가볍다고 생각하는 범죄에는 태형을 규정하였고, 그보다 무겁다고 생각한 범죄에는 장형을 규정하였다. 태는 매를 친다는 의미, 부끄럽게 한다는 의미가 있다. 사람에게 작은 허물이 있는 경우에 법으로 징계해야 하는데 매를 쳐서 부끄럽게 한다는 것이다. 장은 손에 잡는다는 뜻인데, 장을 들고 사람을 치는 것이다. 원래는 손에 들 수 있는 채찍을 썼지만, 시대의 흐름에 따라서 장으로 바뀌었다. 10대마다 동전 600문으로 환산하였다.

도형은 약간 무거운 죄를 지었을 때 관청에 가두고 소금을 굽게 하거나 쇠를 불리는 등 모두 괴로운 일에 복역시키는 것이다. 원래 '도(徒)'에는 '노(奴)'의 뜻이 있는데, 종으로 삼아 치욕을 주려는 것이다. 도형은 장형이 부가되는데 가장 가벼운 도형인 도1년에는 장60이 부가된다. 또 1년부터 장10과 6개월을 단위로 하여 3년까지 5등급의 도형이 있다. 다만 조선시대에 이 도형을 실제로 어떻게 집행하였는지에 대하여는 기록이 없다. 도형의 속형은 12관에서 시작하여 3관씩 더하였다. 도형은 5등급이므로 환산할 때 24관이 가장 높은 금액이었다.

유형은 2,000리, 2,500리, 3,000리의 세 가지가 있었는데, 모두 장100을 부가하였다. 유배형의 경우는 거리가 있을 뿐이지 기한이 없었다. 유(流)는 흐른다는 뜻으로, 물이 흘러가서 되돌아오지 못하는 것과 같다. 즉 유배형은 사형에 처하지 못하여 먼 지역에 보내어 평생 고향으로 돌아오지 못하게 하는 형벌이다. 다만 우리나라에서 3,000리가 되는 곳을 찾기는 힘들었기 때문에 제47조 도형·유형·천사의 지방(徒流遷徒地方)에서 따로 정하였다. 또한 『대명률직해』에서는 2,000리, 2,500리, 3,000리 중 3,000리를 원류(遠流)로 번역해 놓았으나 모두 그런 것은 아니다. 2,000리, 2,500리는 그대로 옮겼고, 3,000리의 경우는 원류로 옮긴 경우도 있고, 3,000리로 옮긴 경우도 있어 이를 일률적으로 원류로 번역했다고 보기는 힘들다. 유형은 제47조에서 따로 규정하기는 하였지만, 거리가 아닌 장소가 기준이 되다 보니, 조선 중기 이후로는 장소가 기준이 된 유형이 통용된 듯하다. 예컨대 섬에 유배를 보내는 경우에는 도배(島配), 그중에서 아주 험한 외딴섬으로 보낼 때에는 외딴섬이라는 것을 강조하여 절도정배(絕島定配)라는 용어를 쓰며, 장소가 정해져 있기 때문에 정배(定配), 안치(安置)라는 용어가 통용되기도 한 것으로 보인다. 또 유배 장소에서는 일정한 범위 내에서 돌아다닐 수 있는 자유가 있었는데, 이마저 못 하게 한 것이 가시나무로 집을 온통 둘러버리고 그 안에 머물게 하는 위리안치(圍籬安置)다. 유형의 속형은 30관에서 시작하는데, 도형과 마찬가지로 3관을 단위로 하였다. 따라서 장100 유3,000리는 36관이 환산금액이었다.

마지막으로 가장 무거운 사형은 교형과 참형으로 나뉘었다. 교형은 목을 매달아 죽이는 형벌이고, 참형은 목을 베어 죽이는 형벌이다. 효사상이 강했던 전통사회에서는 부모에게 물려받은 몸을 온전히 보존하는 것을 중요하게 여겼다. 따라서 교형보다는 참형이 보다 무거운 형벌이었다. 서구사회에서는 교형을 수치스럽게 여기고 참형을 명예롭게 여겨 귀족들은 대부분 참형으로 처벌하였다고 한다. 그러다 자유, 연대, 평등을 모토로 한 프랑스대혁명 당시 차별 없이 단두대인 기요틴으로 사형 방법을 정했던 것도 죽음의 평등 차원에서 이해할 수 있다. 교형을 집행하는 방법은 나무 등에 목을 매달아 죽이는 것으로 알려져 있으나, 실제로는 앉은 상태에서 목에 새끼줄을 꼬아 잡아당겨 죽였다고 한다. 또 참형의 경우는 범인을 누인 상태에서 위에서 아래로 칼을 내리쳐 베었다고 한다. 이 참형은 집행 자체는 목을 베는 것이기 때문에 이와 관련하여 여러 변종형이 나타났다. 예컨대 효수(梟首)는 머리를 잘라서 장대에 매다는 것을 의미하는데 이 또한 법적으로는 참형의 일종으로 볼 수 있고, 참형에 처한 후의 결과를 나타내는 것이다. 『대명률직해』에 는 능지처사(陵遲處死)라는 참형의 집행 방법도 등장한다. 원래 능지처사 는 사람의 몸을 포를 뜨고 마지막에 목을 자르는 매우 잔혹한 형벌이 다. 사람의 사지를 말이나 소에 묶어서 사지를 찢어 죽이는 거열형(車裂 刑)도 잔혹한 형벌이기는 하지만, 살을 저며서 마지막에 목을 자르는 능 지처사보다는 잔인성이 덜하다고 할 수 있다. 능지처사는 살점을 발라 내고 뼈만 남기는 형벌인데, 이미 중국에서는 10세기경부터 행해졌다 고 한다. 능지는 살점을 1촌 베기로 도려내어, 완전히 발라낸 후 남자는 '거세하고' 여자는 '음문을 꿰매어 봉한' 후, 내장을 꺼내어 목숨을 끊고, 신체를 분해하여 그 뼈를 염장한다고 한다. 저미는 횟수는 명대 중엽의 환관에 대해서 4,700도(刀), 어미를 때렸다 하여 명나라 숭정제 시대에 능지처사된 정만(鄭鄤)의 경우에 3,600도 또는 360도였다고도 한다. 청 대에는 24도, 36도, 72도 및 120도 등의 구별이 있었다고 하는데, 예컨 대 24도의 경우 1, 2도로 양 눈썹을 제거하고, 3, 4도로 양어깨, 5, 6도 로 양 가슴, 7, 8도로 양손과 양 팔꿈치 사이의 부분, 9, 10도로 겨드랑 이, 11, 12도로 양 넓적다리의 살, 13, 14도로 장딴지를 도려내고, 15도 로 심장을 관통하고, 16도로 목을 자르고, 17, 18도로 양손을 자르고, 19, 20도로 양팔, 21, 22도로 양발, 23, 24도로 양다리를 자른다. 8도의 경우는 1, 2도로 양 눈썹을 제거하고 3, 4도로 양어깨, 5, 6도로 양 가슴, 7도로 심장을 관통하고, 8도로 목을 자른다.[3] 이처럼 경우에 따라서는 목을 자르는 것이 마지막이 아닐 수도 있지만 매우 잔혹한 형벌임에는 틀림없다. 이 능지처사는 중국 청나라 말기까지 행해진 것으로 보인다. 이렇게 매우 잔혹한 형벌이었기 때문인지 『대명률』의 번역자들은 이를 그대로 번역하지 않고 이보다는 덜 잔혹하다고 여겨진 거열형으로 번역한 것으로 보인다. 『조선왕조실록』 등 조선시대의 여러 자료에 의하더라도 능지처사를 실제로 행한 경우는 보이지 않고, 능지처사라고 나와도 실제로는 거열형으로 처리하였던 것으로 보인다. 사형의 속형은 교형과 참형을 나누지 않고 일률적으로 42관으로 하였다.

속형의 경우 『대명률』에서는 태10을 동전 600문에 준하는 것으로 하였는데, 『대명률』을 번역할 당시의 조선에서는 동전이 유통되지 않았고, 화폐로 사용되던 것은 오승포 등이었다. 따라서 속전으로 동전을 그대로 쓸 수는 없었기 때문에 이를 다시 오승포로 환산하는 절차가 필요하였는데, 동전 600문을 오승포 3필에 준하는 것으로 하였다. 속형률과 관련한 상세한 내용은 이미 앞에서 살펴보았다.

3　仁井田陞, 『中國法制史研究－刑法』, 東京大學東洋文化研究所, 1959, 153~171쪽 참조.

제1條 五刑

1. 笞刑五

六十,^① 二十,^② 三十,^③ 四十,^④ 五十.^⑤

① 贖銅錢六百文. 准折五升布三疋.
② 贖銅錢一貫二百文. 准折五升布六疋.
③ 贖銅錢一貫八百文. 准折五升布九疋
④ 贖銅錢二貫四百文. 准折五升布十二疋.
⑤ 贖銅錢三貫. 准折五升布十五疋.

2. 杖刑五

六十,^⑥ 七十,^⑦ 八十,^⑧ 九十,^⑨ 一百.^⑩

⑥ 贖銅錢三貫六百文. 准折五升布十八疋.
⑦ 贖銅錢四貫二百文. 准折五升布二十一疋.
⑧ 贖銅錢四貫八百文. 准折五升布二十四疋.
⑨ 贖銅錢五貫四百文. 准折五升布二十七疋.
⑩ 贖銅錢六貫. 准折五升布三十疋.

3. 徒刑五

一年杖六十,^⑪ 一年半杖七十,^⑫ 二年杖八十,^⑬ 二年半杖九十,^⑭ 三年杖一百.^⑮

⑪ 贖銅錢一十二貫. 准折五升布六十疋.

⑫ 贖銅錢一十五貫. 准折五升布七十五疋.

⑬ 贖銅錢一十八貫. 准折五升布九十疋.

⑭ 贖銅錢二十一貫. 准折五升布一百五疋.

⑮ 贖銅錢二十四貫. 准折五升布一百二十疋.

4. 流刑三

二千里杖一百,[16] 二千五百里杖一百,[17] 三千里杖一百.[18]

⑯ 贖銅錢三十貫. 准折五升布一百五十疋.

⑰ 贖銅錢三十三貫. 准折五升布一百六十五疋.

⑱ 贖銅錢三十六貫. 准折五升布一百八十疋.

5. 死刑二

絞斬.[19]

⑲ 贖銅錢四十二貫. 准折五升布二百十疋.

—②—

제2조 십악

1. 첫째는 '모반(謀反)',① 둘째는 '모대역',② 셋째는 '모반(謀叛)',③ 넷째는 '악역',④ 다섯째는 '부도',⑤ 여섯째는 '대불경',⑥ 일곱째는 '불효',⑦ 여덟째는 '불목',⑧ 아홉째는 '불의',⑨ 열째는 '내란'이다.⑩

① 국가[사직]를 위태롭게 하려고 꾀하는 것이다.

② 종묘와 산릉 및 궁궐을 훼손하려고 꾀하는 것이다.

③ 본국을 배반하고 타국과 몰래 통하여 배반하려고 꾀하는 것이다.

④ 조부모·부모·시조부모·시부모를 때리거나 죽이려고 꾀한 것, 백숙부모·고모·형·누나·외조부모나 남편을 죽이려고

꾀하는 것이다.

⑤ 한집안에서 죽을죄를 짓지 않은 3인을 살해하거나 사람의 사지를 자르거나 장기를 채취하는 것, 사람을 해치는 독충 등을 기르거나 가위눌리거나 홀리도록 저주하는 것이다.

⑥ 종묘 및 능묘에서 신에게 바친 물건이나 왕에게 진상하는 수레나 가마, 의복을 훔치거나, 옥새를 훔치거나 위조하거나, 왕에게 진상하는 약을 처방대로 조제하지 않거나 약봉지의 제목을 잘못 기재하거나, 왕에게 진상하는 음식을 잘못하여 금지하는 음식을 올리거나, 거둥하는 데 쓰는 배를 잘못하여 견고하게 하지 않은 것이다.

⑦ 조부모·부모·시조부모·시부모를 고소하거나 악담이나 욕설을 하거나, 조부모·부모가 살아 있는데 호적을 따로 하고 재산을 나누거나 봉양하지 않는 것, 부모의 상을 당했는데 혼인하거나 잔치를 벌이거나 상복을 벗고 평상복을 입는 것, 조부모·부모의 상을 듣고도 감추고 발상하지 않는 것, 생존한 조부모·부모를 죽었다고 사칭하는 것이다.

⑧ 시마친인 동성 8촌 이상의 친족을 죽이려고 꾀하거나 파는 것, 남편 및 대공친인 동성 4촌 이상의 웃어른이나 소공친인 동성 5촌, 6촌의 웃어른을 때리거나 고소하는 것이다.

⑨ 관할에 속하는 백성이 소속한 관원을 살해하거나 군사가 지휘관인 병마사, 부사, 천호, 백호 등을 살해하거나, 아전이나 군졸이 소속된 5품 이상의 관원을 살해하는 것, 스승을 살해하

는 것, 남편의 상을 듣고도 감추고 발상하지 않는 것, 잔치를 벌이거나 상복을 벗고 평상복을 입거나 재혼하는 것이다.

⑩ 소공 이상의 친족이나 아버지·할아버지의 첩을 강간하거나 화간하는 것이다.

❋

십악은 특정한 죄명을 가리키는 것이 아니라 범죄 행위의 반국가적·반도덕적 성격을 특별히 고려하여 몇몇 특별 범죄를 열 가지 범주로 묶어서 형사상 특별한 취급을 하기 위한 것이다. 전통사회는 사회 구성원의 도덕적 확신의 공유 여부에 사회통합이 달려 있다고 전제하였기 때문에 반도덕적 행위들을 특별 취급할 필요가 있었던 것이다. 전통사회에서 비난 가능성이 가장 높은 행위 열 가지를 십악이라고 명명한 것이지만, 십악에 해당하는 범죄를 모두 사형에 처하는 것은 아니고 각종 형사 특전의 대상에서 제외하는 특별한 취급을 받도록 하고 있다.

여러 범죄 가운데서 일단의 범죄를 특별 취급해야 한다는 인식은 언제부터 있었을까? 대체로 중국 한나라 때부터 십악의 내용을 이루는 부도, 대불경, 불효의 항목이 있었다고 하는데, 당나라의 형법인『당률』에서『대명률』에서와 같은 십악이 확립되었다고 한다.

십악은 열 가지 행위 양태를 규정해 놓은 것에 불과하며 어떤 구체적인 내용을 담고 있는 것은 아니다. 따라서 십악에 해당하는 행위 양태들은 구체적인 규정을 지시함으로써 구체화될 수 있는데,『대명률직해』

에서는 이를 십악의 각 행위 양태들에 주석의 형태로 예시하였다.

우선 십악 중 1악과 2악은 모반(謀反)과 모대역(謀大逆)인데 이는 국가에 대한 범죄로서 제277조 모반과 모반대역(謀反大逆)에서 규정하고 있다. 모반대역에서 수범의 일반적인 형량은 거열형이다. 3악은 모반(謀叛)으로 제278조 모반(謀叛)에서 규정한다. 이는 외국과 합세하는 행위를 처벌하는 것으로 현재의 외환유치죄에 해당한다. 수범의 일반적인 형량은 참형이다.

4악은 악역(惡逆)인데 사람의 도리를 저버린 것이므로 악역이라고 한다. 부모의 은혜는 넓은 하늘처럼 끝이 없고, 대를 잇고, 제사를 받드는 일은 결코 가볍지 않다. 그런데 이러한 일정 범위의 친족끼리 서로 살육하는 것은 극단적으로 나쁜(惡) 행위이고, 거스르는(逆) 행위로서 사람의 도리를 저버리는 것이므로 악역이라고 한 것이다. 이에 해당하는 행위 유형 중 직계존속을 때리거나 죽이려고 꾀한 것은 제342조 조부모·부모 구타(毆祖父母父母)에서 규정하여 때리면 참형에 처하고 죽이면 거열형에 처한다. 또 일정한 범위의 방계혈족 중 윗사람을 죽이는 행위는 제341조 기복친인 존장 구타(毆期親尊長)에서 규정하는데, 각각 참형에 처한다. 남편을 죽이려고 꾀한 행위는 제307조 조부모·부모 등의 모살(謀殺祖父母父母)에 규정되어 있는데 이 또한 참형에 해당한다.

5악은 사람을 잔혹하게 살해하여 도리에 어긋나 정도(正道)를 어겼으므로 부도(不道)라고 하는데, 구체적인 행위 양태가 매우 잔혹하다. 한집 안에서 죽을죄를 짓지 않은 세 명을 한꺼번에 살해하거나 토막 살해하는 행위는 제310조 1가의 3인 살해(殺一家三人)에서 규정한다. 다만 한집안에서 한 사람이 죽을죄가 있는 경우에는 십악에 해당되지 않는다. 장기를 채취하거나 신체를 절단하는 등의 행위는 제311조 생기 채취와 절단살해(採生折割人)에서 규정하는데 각각 거열형에 해당한다. 또 독충 등을 이용하여 살해하거나 인형 등을 만들어서 저주하여 살해하려고 하는 등의 행위는 제312조 고독의 제조 및 살해(造畜蠱毒殺人)에서 규정하고 있는데 각각 참형에 해당한다.

6악은 전통시대의 권위를 훼손하는 등의 행위를 매우 불경하다고 보아 대불경(大不敬)이라고 하였는데, 전통시대의 권위는 대체로 신이나 왕에게서 나오므로 이와 관련된 규정들이다. '예(禮)'는 경의 근본이고, '경(敬)'은 예의 표현 형식으로서, 이를 범한 것은 모두 엄숙하고 공경하는 마음이 없는 것으로 보아 처벌하는 규정이다. 구체적으로는 종묘나 능묘에서 신에게 바친 물건을 훔치는 행위는 제280조 대사(大祀)에 사용하는 물건의 절도(盜大祀神御物)에서, 왕에게 진상하는 수레 등을 훔치는 행위는 제283조 궁궐 재물의 절도(盜內府財物)에서, 옥새를 훔치는 행위는 제281조 제서의 절도(盜制書)에서, 옥새를 위조한 행위는 제381조 인신과 달력 등의 위조(僞造印信曆日等)에서 규정하며 각각 참형에 해당한다. 또 왕에게 진상하는 약을 처방대로 조제하지 않거나 약봉지의 제목을 잘못 기재하는 행위, 금지된 음식을 올리는 행위 등은 제182조 황제의 약 조제(合和御藥)에서, 거둥하는 데 쓰는 배를 견고하지 않게 만든 것은 제183조 황제용 물품(乘輿服御物)에서 규정하는데 이들은 십악에 해당하기는 하지만 형량은 각각 장100이다.

7악은 부모 등을 잘 섬기지 않는 불효(不孝)로, 불효에 해당하는 각종 행위 양태가 열거되어 있다. 부모 등을 고소하는 행위는 제361조 명분과 은의를 범한 죄(干名犯義)에서 규정하여 장100 도3년에 해당하는데, 특히 이 규정은 현대 형사소송법으로 이어졌다. 우리 형사소송법 제224조에는 자기 또는 배우자의 직계존속을 고소하지 못한다고 규정하고 있는데, 전통시대 형법에서는 일관되게 이를 처벌하고 있었고, 특히 『경국대전』에도 이 규정은 『대명률직해』와 중복 규정되어 있다. 또한 부모 등에게 욕을 하는 행위는 제352조 조부모·부모에 대한 모욕(罵祖父母父母)에서 규정하여 교형에 해당하며, 부모 등이 살아 계신데도 호적을 달리하고 재산을 나누는 것은 제93조 분가와 재산분할(別籍異財)에서, 봉양하지 않는 행위는 제361조 자손의 교령 위반(子孫違犯敎令)에서 규정하며 각각 장100에 해당한다. 또 부모의 상중에 혼인하는 것은 제111조 상중의 혼인(居喪嫁娶)에서 규정하여 장100에 해당하며, 부모 등의 상을 듣고도 감추고 발상하지 않거나, 부모 등의 상중에 잔치를 하거나 상복을 벗고 평상복을 입는 행위, 부모 등의 상을 사칭하는 행위는 제198조 부모·남편 상의 은닉(匿父母夫喪)에서 규정하는데 각각 장60 도1년, 장80, 장100에 해당한다.

8악은 친족끼리 화목하지 못한 불목(不睦)이다. 신의를 말하고 화목을 닦는 것을 '친(親)'이라고 하는데, 친족 간에 서로 거슬러서 화합이나 친목을 하지 못하는 것이 바로 불목이다. 만약 기복친인 존장 등의 살해를 꾀하여, 살해해 버렸다면, 곧 악역(惡逆)에 해당한다. 구체적으로 불목에 해당하는 것으로 시마친인 동성 8촌 이상의 친족을 죽이려고 꾀하는 행위는 제307조 조부모·부모 등의 모살(謀殺祖父母父母)에서 규정하며 장100 유2,000리에 해당한다. 이들을 파는 행위는 제298조 약취 · 약매(略人略賣人)에서 규정하는데 친소 관계에 따라 장80 도2년, 장90 도2년 반 등에 해당한다. 남편을 때리는 행위는 제338조 처 · 첩의 남편 구타(妻妾毆夫)에서 규정하며 장100에 해당하며, 남편을 고소하는 행위는 제361조 명분과 은의를 범한 죄(干名犯義)에서 규정하며 장100 도3년에 해당한다. 대공친인 동성 4촌 이상의 웃어른이나 소공친인 동성 5, 6촌의 웃어른을 때리는 행위는 제340조 대공친 이하인 존장 구타(毆大功以下尊長)에서 규정하며 각각 장70 도1년 반, 장60 도1년에 해당하며, 고소하는 행위는 제361조 명분과 은의를 범한 죄(干名犯義)에서 규정하며 각각 장90, 장80에 해당한다.

9악은 혈연이 아닌 사람들이 도의에 맞지 않게 행동하는 행위 양태인 불의(不義)다. 혈족이 아닌 사람들은 서로 의(義)로 만나는 것인데, 의를 저버리고 인(仁)을 무너뜨리기 때문에 '불의'라고 한 것이다. 구체적인 처벌 규정은 관할 백성이 관원을 살해하거나 군사가 장교 등을 살해하거나 아전 등이 5품 이상 관원을 살해하는 행위를 규제하는 제306조 사신 및 관장의 모살(謀殺制使及本管長官)이 있는데 각각 참형에 해당한다. 또 스승을 살해하는 행위는 제334조 스승 구타(毆受業師)에서 규정하는데 참형에 해당하며, 남편 상을 듣고도 감추고 발상하지 않거나 잔치를 하는 등의 행위는 제198조 부모 · 남편 상의 은닉(匿父母夫喪)에서 규정하는데 각각 장60 도1년, 장80에 해당하며, 남편의 상중에 혼인한 부녀는 제111조 상중의 혼인(居喪嫁娶)에서 규정하며 장100에 해당한다. 다만 처가 사망하여 상중에 남편이 재혼하는 경우는 처벌하지 않으며 십악에

도 해당하지 않는다.

마지막으로 10악은 친족끼리의 근친상간 행위를 규율하기 위한 내란(內亂)이다. "여자에게는 남편이 있고, 남자에게는 아내가 있으니 서로 더럽힘이 없어야 한다. 이에서 어긋나면 반드시 어지러워지게 된다"는 사상에서 출발한 것으로 주로 여성을 가중처벌한다. 제392조 친족 간의 간음(親屬相姦)에서 이를 규정하고 있는데, 소공친 이상, 즉 형제의 처, 출가한 사촌 여자형제 등보다 가까운 친족이나 아버지나 할아버지의 첩을 강간하거나 화간하는 행위로 교형이나 참형에 처한다.

형벌을 기준으로 예를 들면 십악에 해당하는 범죄 중에 반역에 해당하는 1악인 모반은 거열형이라는 극형에 처하지만, 7악인 불효에서 조부모, 부모, 시조부모, 시부모를 고소하는 행위는 장100 도3년에 처하며, 조부모, 부모가 살아 있는데 자손이 호적을 따로 만들거나 재산을 나누는 행위는 장100에 해당하며, 8악인 불목의 경우에는 사형에 해당하는 범죄가 하나도 없다. 십악에 해당하는 대부분의 범죄는 특별한 반국가적·반도덕적 성격의 행위들이기 때문에 극형인 사형에 처하는 경우가 대부분이지만, 반드시 그렇지는 않다는 것을 알 수 있다. 그리고 이러한 십악에 해당하는 범죄와 관련하여 예시된 각 규정들은 그 특정한 행위들에 해당하는 경우에만 십악에 해당하는 것으로 보인다. 왜냐하면 십악에서 예시한 각각의 구체적인 규정들은, 예컨대 제361조 명분과 은의를 범한 죄(干名犯義)의 여러 행위 유형 중 가장 중한 행위 유형들을 불효 또는 불목이라는 십악에 해당하는 것으로 규정하였기 때문이다.

그렇다면 십악에 해당하는 경우의 법적 효과는 어떠한가? 그것은 해당 범죄에서 규정하는 처벌을 과하는 것은 물론이고, 각종 형사 특전에서 제외하는 것이다. 우선 팔의(八議)가 있는데, 이 팔의에 해당해도 팔의에게 부여된 형사상의 특전의 적용을 받지 못한다. 팔의는 행위가 아닌 사람을 기준으로 하여 여덟 가지의 형사상 특별대우를 받는 자들을 규정해 놓은 것인데, 형사상 특권을 인정해 주겠다는 것이다. 현행 대한민국헌법 제11조 제3항에서는 "훈장 등의 영전은 이를 받은 자에게만 효력이 있고, 어떠한 특권도 이에 따르지 아니한다"라고 규정하여 형사상 특권을 인정하지 않고 있지만, 전통시대에는 국가에 어떠한 봉사를 했다면 그에 상응하는 특권을 인정해 주었던 것이다. 구체적으로 팔의는 『대명률직해』 제3조에서 규정하고 있는데 의친(議親), 의고(議故), 의공(議功), 의현(議賢), 의능(議能), 의근(議勤), 의귀(議貴), 의빈(議賓)이다. 의친이란 일정 범위 이내의 왕족, 의고는 왕의 오랜 벗, 의공은 국가 유공자, 의현은 덕행이 있는 현인과 군자, 의능은 재주와 학업이 있어서 제왕의 보좌와 인륜의 사표가 될 만한 자, 의근은 문무관으로 직무를 성실히 이행한 자, 의귀는 작위가 1품 이상이거나 문무관 현직 3품 이상 등을 가리키며, 마지막으로 의빈은 앞 왕조를 이은 후계자로 나라의 빈객이 된 자다. 이들 팔의에 해당하는 자가 범죄를 저질렀을 때 형을 면제해 주는 것은 아니고, 다만 절차적으로 특별하게 취급한다. 『대명률직해』 제4조에 따르면 팔의에 해당하는 경우에는 통상의 형사 절차에 따라 처벌하는 것이 아니라 범죄 사실이 있는 경우에는 범죄 사실 자체만을 기록하여 왕에게 보고하고, 형사 절차를 진행할지 여부를 중앙에서 의논하여 진행하는 것으로 결정이 되면 왕의 허가를 얻어 통상의 형사 절차로 이행하는 것이다. 즉 팔의에 해당하는 경우에는 형사 절차 개시 여부에 대한 결정권을 왕이 쥐고 있는 셈이기 때문에 처벌 여부도 왕의 의지에 달려 있다고 할 수 있다. 팔의에 해당하면 중범죄가 아닌 이상은 형사 절차를 개시하지 않는 경우가 많았다. 그런데 『대명률직해』 제4조에서는 십악을 범한 자에게는 이 조문을 적용하지 않는다고 규정하고 있다. 팔의에 해당하는 자라고 하더라도 십악의 범죄를 저지른 경우에는 형사 절차상의 특권은 사라지고 통상적인 형사 절차에 따라 처벌받게 되는 것이다. 태종 때 상중에 풍악을 울리며 귀신에게 제사한 청원군 심종(沈淙)에 대하여 불효가 크다며 율에 따르면 종친이라도 십악을 범한 자는 반드시 죄를 논하게 되어 있다고 한 사례가 있다(『태종실록』 태종 1년 4월 30일).

다음으로 십악에 해당하는 범죄를 저지르는 경우에는 일반 사면의 대상에서도 제외된다. 이는 『대명률직해』 제16조에서 규정하고 있는데, 이 조문에 따르면 십악뿐만 아니라 살인, 강도 등에 대하여도 일반 사면의 대상에서 제외한다. 사실 사면이 빈발하면 범죄가 용서될 수 있다거나 형벌이 범죄의 필연적인 결과는 아닐 수도 있음을 보여주어 자신이 처벌되지 않을 수도 있다는 불처벌의 요행심을 불러일으키고, 수형자들은 자신이 처벌받지 않을 수도 있는데 처벌받았다고 믿고는 그 처벌을 정의의 발로로 생각하기보다는 폭력적인 권력 행사로 간주하기 십상이다.[4] 그렇기 때문에 형벌의 공공성을 위해서라도 사면의 남발은 바

---

4 한인섭 신역, 『체사레 벡카리아의 범죄와 형벌』, 박영사, 2006, 189쪽.

람직하지 않았지만, 전통시대에는 제도적인 제어장치가 없었기 때문에 왕과 신료들의 의지에 따라 사면 여부에 대한 태도가 달라질 수 있었다. 사면은 왕의 즉위나 왕세자의 책봉을 축하하기 위하여, 왕의 쾌유를 빌기 위하여, 역적의 토벌을 위하여 행하거나, 가뭄이 심한 경우 수형자들의 원억이 하늘에 미쳤다고 보아 하늘의 노여움을 풀기 위하여 행해졌다. 이러한 경우에 특정한 사람에 대하여 행하는 것이 아닌 범죄를 나열하고 이에 해당하는 범죄자들을 모두 사면하는 것이 일반 사면이다. 그런데 십악에 해당하는 범죄를 저지른 자는 이러한 일반 사면의 대상에서 제외되었다. 다만 실제로 조선에서는 『대명률직해』의 이러한 규정을 알고 있었음에도 그대로 행하지는 않았던 것으로 보인다. 십악과 강도를 제외하고는 모두 용서하고 면제하는 것으로 한 사례도 있지만(『예종실록』 예종 즉위년 9월 7일, 가뭄과 관련하여 『성종실록』 성종 1년 4월 13일) 사면 교서에는 일반적으로는 십악을 언급하지 않고 십악에 해당하는 주술 행위, 조부모·부모 살해, 모반, 모대역 등의 몇 가지 범죄와 당시에 특별하게 사면 대상에서 제외하는 행위들, 예컨대 관리들이 고신을 함부로 하여 사람을 죽인 경우라든지 노비가 주인을 살해하려고 한 행위 등을 언급하고 있다.[5] 십악에 해당하는 범죄가 『대명률직해』상으로는 일반 사면의 대상이 되지 않았지만, 조선에서는 이를 보다 구체화하여 집행하였음을 알 수 있다.

---

5 박경, 「十惡 개념의 수용을 통해 본 조선 전기 사회윤리의 구축 과정」, 『사학연구』 제106호, 2012. 6, 85~86쪽의 표 및 그 이후의 설명 참조.

또 형벌의 집행 시에도 십악은 보통의 범죄와 차이를 두었다. 『대명률직해』에 따르면 사형은 목을 매달아 죽이는 교형과 목을 잘라 죽이는 참형의 두 가지가 있는데, 그 집행 시기에 대하여 『대명률직해』 제445조 사형수의 복주와 회보(死囚覆奏待報)에서는 만물이 소생하는 춘분부터 추분 사이에는 사형을 집행할 수 없도록 규정하고 있다. 즉 사형은 추분이 지난 다음에야 집행할 수 있는 것이다. 그런데 십악의 범죄를 저지른 경우에는 추분을 기다리지 않고 사형을 집행하였다. 이 경우 추분을 기다려서 사형에 처하는 것을 대시교(待時絞), 대시참(待時斬)이라고 하고, 기다리지 않고 사형에 처하는 경우를 부대시교(不待時絞), 부대시참(不待時斬)이라고 하였다.

第2條 十惡

1. 一曰謀反,① 二曰謀大逆,② 三曰謀叛,③ 四曰惡逆,④ 五曰不道,⑤ 六曰大不敬,⑥ 七曰不孝,⑦ 八曰不睦,⑧ 九曰不義,⑨ 十曰內亂.⑩

　① 社稷乙 危亡爲只爲 作謀爲行臥乎事.

　② 宗廟山陵宮闕等乙 毀亡爲只爲 作謀爲行臥乎事.

　③ 本國乙 背叛爲遣 彼國乙 潛通謀叛爲行臥乎事.

　④ 祖父母及父母果 夫矣 祖父母及父母等乙 打傷爲㫆 謀殺爲㫆 父矣 兄弟在 伯叔父果 伯叔妻在 母果 父矣 同生妹在 姑果 吾矣 兄果 長妹果 母矣 父母果 夫果等乙 謀殺爲行臥乎事.

　⑤ 一家內死罪不喩在 三人乙 殺害爲㫆 他人矣 四支乙 截割爲㫆 他人矣

生氣乙 採取爲於 害人毒蟲等物乙 畜養爲於 厭魅咀呪爲行臥乎事.

⑥ 大廟及陵廟良中 神御之物果 進上車輿服用物等乙 偸取爲於 御印乙 偸取及僞造爲於 進上藥乙 不依本方 誤錯合造爲齊 藥封名乙 錯書爲齊 進上飮殮乙 誤犯食禁爲齊 親幸船楫乙 誤錯亦 堅實造作不冬爲行臥乎事.

⑦ 祖父母果 父母果 夫矣 祖父母果 父母果乙 訴告爲於 惡談罵詈爲於 祖父母果 父母果 現在爲去乙 戶別各居 家財分執爲於 奉養欠闕齊 父母蒙喪良中 嫁娶爲齊 或宴飮作樂 或脫喪服爲遣 着吉服爲齊 祖父母及父母喪乙 聞遣 隱匿不發爲齊 生存爲在 祖父母及父母乙 身故爲乎樣以 妄稱爲行臥乎事.

⑧ 緦麻同姓八寸已上親屬乙 殺害爲乎爲 作謀爲於 放賣爲於 其矣 夫及大功同姓四寸已上族長及小功同姓五六寸族長等乙 打傷爲於 訴告爲行臥乎事.

⑨ 掌內人民亦 仰屬官員乙 殺害爲於 軍士亦 主掌兵馬使副使千戶百戶等乙 殺害爲齊 人吏及軍卒等亦 本屬五品已上官員乙 殺害爲齊 受訓師傅乙 殺害爲齊 其矣 夫喪乙 聞遣 隱匿不發爲齊 宴飮作樂爲齊 脫喪服爲遣 着吉服爲齊 他夫乙 改嫁爲行臥乎事.

⑩ 小功已上親果 父祖妾等乙 犯奸爲於 和奸爲行臥乎事.

─③─

제11조 형벌의 중복 감경

1. 어떤 사람이 죄를 지었는데 형을 감경하는 것이 이치에 합당한 경
우란 종범 감경,[①] 자수 감경,[②] 고의·실수로 인한 판결의 형량 감
경,[③] 공죄의 체감 등[④]인데, 모두 중복하여 감경한다.[⑤]

① 함께 죄를 지은 경우 처음에 범의를 표시한 자를 수범으로 하
고 따른 자는 1등을 감경하는 것이다.

② 범죄인이 남이 고발하려는 것을 알고 먼저 고하면 1등을 감경
하는 것이다.

③ 영사나 색원이 범죄인의 죄를 고의로 가볍게 논하여 석방하였
다가 도로 잡아오면 1등을 감경한다. 낭청관이 사정을 알지

못하였으면 과실로 논하고, 죄의 경중을 상세히 심리하지 아니하여 가벼운 죄로 석방하도록 하면 5등을 감경하는데 영사, 색원의 예에서 다시 1등을 감경하여, 통틀어 7등을 감경하는 것이다.

④ 동료 관원이 공죄를 지은 경우, 상세히 심리하지 않아 남의 범죄를 무겁게 하여 죄를 받도록 실수하면 영사, 색원은 3등을 감경하고, 아직 집행하지 않았으면 거듭 1등을 감경하여 통틀어 4등을 감경한다. 방장은 5등을, 다음 관원은 6등을, 장관은 7등을 감경한다.

⑤ 위와 같은 감경 사유는 중복할 수 있다.

🌸

이 규정은 형벌의 감경 사유가 여러 개 겹쳤을 때 어떻게 처리하여야 하는가와 관련된다. 『대명률직해』 제11조 형벌의 중복 감경(犯罪得累減) 주석 ⑤에서는 여러 개의 감경 사유가 겹쳤을 때 거듭 감경할 수 있다고 밝히고 있다. 우리 형법 제55조 제2항도 "법률상 감경할 사유가 수 개 있는 때에는 거듭 감경할 수 있다"라고 규정하고 있어 『대명률직해』의 감경 규정과 일치한다. 법률상의 감경 사유는 불법에서 적법의 세계로 오는 것이기 때문에 중복되어도 거듭 감경하는 것은 예나 지금이나 같은 것을 알 수 있다.

『대명률』에서는 수령관으로 표현한 것을 『대명률직해』에서는 조선의 실정에 맞게 낭청관(郎廳官) 또는 방장(房掌)으로 번역하였고, 이전(吏典)을 영사(令史), 색원(色員)으로, 좌이관(佐貳官)을 다음에 해당하는 관료(之次官)로 번역하였다. 낭청관 내지 방장은 그 일과 관련하여 실제 업무를 담당하는 실무 책임관이고, 영사, 색원은 이전 즉 실무를 담당하는 서리를 가리킨다. 조선의 실정에 맞게 적절하게 번역하였음을 볼 수 있다.

이 규정에서는 법률상의 감경 사유로서 종범 감경, 자수 감경, 판결의 고의, 실수 감경, 공죄의 체감 등 다섯 가지를 들고 있다. 이것들은 각각의 규정에서 따로 정하고 있지만, 이 제11조에서는 이들 법률상 감경 사유가 되는 경우를 모두 모아서 이들이 중복하여 감경될 수 있음을 밝힌 것이다.

우선 종범 감경에 대하여 살펴보자. 종범 감경의 예는 주석 ①에서 규정하고 있다. 공범 관계에서 수범과 종범을 구별하는 일반적인 규정인 『대명률직해』 제29조 공범의 수범·종범 구분(共犯罪分首從)에서는 일단 모든 범죄의 가장 기본적인 형태를 단독정범으로 하며, 공범의 경우에는 원칙적으로 수범과 종범으로 나누어 종범에 대하여는 1등을 감경하는 원칙을 규정하고 있다. 즉 여러 명이 함께 죄를 범하였을 때에는 범의를 표시한 자를 수범으로 처벌하고 나머지 사람들은 수범을 따른 종범으로 처벌하면서 수범에 비하여 1등을 감경하는 원칙을 규정한 것이다. 현대 형법에서는 여러 명이 공동으로 범죄에 가담한 경우 공동정범이라는 개념이 있어서 정범이 여러 명이 되는 경우가 있지만, 전통시대에는 정범, 즉 수범은 1인이고, 나머지는 그 범죄에 관여한 종범이 되는 것이 일반적이었다.

다음으로 자수한 경우에도 감경한다. 자수는 『대명률직해』 제24조 범인의 자수(犯罪自首)에서 다루고 있다. 현대 형법에서 자수는 수사 책임이 있는 관서에 자기의 범행을 자발적으로 신고하여 그 처분을 구하는 의사표시인데, 범행이 발각되기 전에 자수하는 것은 물론 범행이 발각된 이후에 자수하는 것도 포함한다. 우리 형법 제52조 제1항에서는 이를 감경 또는 면제할 수 있는 사유로 규정하여 놓았다. 그런데 『대명률직해』 제24조 제1항에서는 발각되기 전에 자수하는 경우에는 그 죄를 면제하는 것으로 규정하여, 범행이 발각되기 전에 자수하는 경우만을 자수로 처리하였다. 즉 죄가 발각된 후 자기 스스로 관사에 출두하여 죄를 고백하는 것은 자수가 아니다. 이러한 상황은 조선시대 실무에도 그대로 이어졌던 듯하다. 성종 때 김중손(金仲孫)이라는 자가 여진족의 말을 훔쳤는데 주인이 뒤따라오자 폭행치상하고, 사건이 발각되자 자수하였다. 이 사건이 임금 앞에서 논의되었는데, 자수하였으니 용서하자는 의견도 있었지만 사정이 발각되어 자수하였으므로 용서할 수 없다고 하여 율에 따라 참형에 처하였다(『성종실록』 성종 10년 7월 2일). 그리고 제24조 제2항에서는 타인이 고발하려는 것을 알고 자수하는 경우에는 2등을 감경하는 것으로 규정하고 있는데, 본 제11조의 규정에서 자수 감경이라고 하고 주석에서 "남이 고발하려는 것을 알고 먼저 고한 자에게 감경하는 것"이라고 한 것은 바로 자수했을 때 감경하는 제24조 제2항을 가리킨다.

판결 고의·실수 감경은 현대인으로서는 매우 이해하기 힘든 개념이다. 왜냐하면 이러한 범죄는 현대에 존재하지 않기 때문이다. 즉 우리 형법에서 판결을 잘못했다고 해서 법관을 처벌하는 규정은 없다. 판결이 잘못되었을 때에는 재심을 거쳐서 무죄확정판결을 받고 이에 기하여 손해배상을 청구할 수 있을 뿐이다. 이 감경 규정은 판결을 고의 또는 실수로 오판한 경우에 법관을 처벌하는 『대명률직해』 제433조 관사의 죄 가감(官司出入人罪)에서 온 것이다. 즉 관사의 죄 증감 규정은 법관이 고의로 죄가 없는 타인에게 죄를 뒤집어씌운 경우에는 그 뒤집어씌운 죄로 처벌하고, 원래 죄가 있는데 무죄로 한 경우에는 원래 죄로 처벌하는 것이다. 또 고의로 경죄를 중죄로 처벌하거나 중죄를 경죄로 처벌하는 경우에는 그 증감분에 해당하는 형벌로 처벌한다. 예컨대 장60에 해당하는 범죄에 대하여 고의로 장100에 처한 경우에는 그 증가분인 장40에 해당하는 형벌로 처벌한다는 것이고, 반대도 마찬가지다. 판결의 잘못이 과실로 인한 경우에는 경죄를 중죄로 처벌하면 그 차이에 해당하는 형벌에서 3등을 감경하고, 중죄를 경죄로 처벌하면 그 차이만큼의 형벌에서 5등을 감경하여 처벌한다. 예컨대 장60에 해당하는 범죄인데 과실로 장100으로 처벌했으면 그 차이는 장40이 되는데 여기서 3등을 감경한 장10으로 처벌한다는 것이다. 또한 판결을 고의 또는 잘못하여 내린 경우의 형벌은 관리의 직위에 따라 상이하다. 이 경우 실무를 담당하는 영사, 색리를 수범으로 하고, 실무 책임관인 낭청관은 1등을 감경하며, 차관은 낭청관에서 1등을 감경하며, 장관은 차관에서 1등을 감경하여 처벌한다. 실무 책임관 즉 재판장은 종범으로 1등을 감경하고, 주무관이었던 영사, 색원을 수범으로 처벌하는 것이다. 또한 정점에 있는 법원장은 주무관보다 3등을 감경한다. 징계 책임과 형사 책임이 혼재한 전통사회에서 실제로 일을 담당하지 않은 자에게도 징계 책임이 아닌 형사 책임을 부과하는 것은 특기할 만하다. 한편 주석 ③에서 낭청관이 가벼운 죄로 석방하도록 하는 경우 통틀어 7등을 감경한다는 것은, 무거운 죄를 가볍게 처벌하였으면 원래 5등을 감경하여야 하는데 석방하였다가 다시 잡아왔다는 것이 전제가 되므로 1등을 감경하고, 또 낭청관이므로 영사, 색원보다 1등을 감경하므로 전부 합쳐서 7등을 감경한다는 것이다.

1등, 5등, 7등이 복잡하므로 예를 들어보자. 어떤 사람이 장100에 해당하는 범죄를 저질렀는데, 영사, 색원이 적용법조를 잘못하여 태30으로 처단하였다고 하자. 그렇다면 차이는 장70이 될 것이다. 만약 고의로 이렇게 하였다면 영사, 색원은 장70으로 처벌하고 낭청관은 1등을 감경하여 장60으로 처벌하면 될 것이다. 또한 태30으로 처단한 것이 과실이었다면 영사, 색원은 장70에서 5등을 감경하여 장20으로, 낭청관은 다시 1등을 감경하여 장10으로 처벌한다. 만약 죄수를 태30으로 처단한 후 형을 집행하지 않았다면 다시 1등을 감경할 수 있는데 그렇게 되면 모두 7등을 감경하게 되어 낭청관은 처벌받지 않는다. 판결에 있어서 주무관은 영사, 색원이고, 실무 책임관은 낭청관이라고 할 수 있는데 이들에게 경죄를 중죄로 가중한 때에는 3등, 중죄를 경죄로 감경한 때에는 5등을 감경하여 처벌할 수 있도록 한 것은 형벌의 차이가 매우 크지 않는 한 처벌할 수 없음을 보여준 것이다. 이는 공권력에 대한 신뢰를 바탕으로 한 것이라고 할 수 있으며, 한편으로는 공권력이 고의 또는 고의에 버금갈 정도의 과실을 범하였을 때에는 처벌할 수 있다는 것을 보여주어 사법의 신뢰성을 외부로부터도 획득할 수 있도록 한 것이다. 사법관의 처벌은 공권력에 대한 불신을 초래하는 것이기도 하여 신중을 기하는 차원에서 정치적 고려를 할 수밖에 없었다. 그런 이유 때문인지 조선시대에 제433조를 적용한 사례는 찾아볼 수 없다. 다만 조선시대의 기본 법전이라고 할 수 있는 『경국대전』에서는 이와 유사한 사항을 처리하는 지비오결(知非誤決)이라는 죄목을 두었다. 『경국대전』 형전 결옥일한(決獄日限)에서는 잘못된 것을 알고도 잘못 판결한 자를 장 100에 처하고 영구히 관직에 임용할 수 없다는 규정을 두고 있다.[6] 이는 고의로 잘못 판결한 경우의 죄를 논한 『대명률직해』에 대한 특별 규정이라고 할 수 있다. 조선시대의 법전 규정은 어떠한 실제 사안에서 도출된 경우가 대부분이기 때문에 이 규정도 전제가 된 사안이 있을 것이지만, 기록상 이 규정과 관련된 사례는 찾아볼 수 없다.

공죄(公罪)의 체감이라는 용어도 그 자체만으로는 이해하기 어렵다. 주석의 예를 보아도 마찬가지다. 그 이유는 공죄의 개념이 우리에게 생소하기 때문이다. 전통시대에는 공무원의 범죄를 공죄와 사죄(私罪)로 분류하기도 하였다. 즉 공죄와 사죄를 범하는 주체는 공무원이며, 사인이 공죄나 사죄를 범할 수는 없다. '공죄'는 공무원이 공무를 집행하면서 사적 이익의 개입 없이 과실로 지은 죄다. 이에 비하여 '사죄'는 공무원이 공무를 집행하면서 개인적인 이익을 위하여 고의로 지은 죄다. 예를 들어서 공무를 수행하다가 과실로 법에 저촉되는 행위를 한 경우는

---

6 經國大典 刑典 決獄日限 註: ○ 知非誤決者·故爲淹延者, 杖一百, 永不敍用.

공죄에 해당하며, 공무를 수행하면서 직을 이용하여 사적인 욕심으로 횡령을 한다든지 부하 직원에게 노역을 시킨다든지 하는 경우에는 사죄가 되는 것이다. 공무수행 중에 실수로 범하는 공죄는 가볍게 처리하여야 공무원의 사기 진작 및 업무의 원활한 수행에 바람직하다는 것은 쉽게 짐작할 수 있다. 『대명률직해』에서도 이와 같은 맥락에서 제7조 문무관의 공죄(文武官犯公罪)에서 공죄를 범한 경우에는 태형 이하에 해당하는 범죄는 벌금으로 대납하게 하고 문서에는 기록하지 않고, 장형 이상에 해당하는 범죄는 기록에 남겨서 고과평정의 자료로 삼게 하고 있다. 이에 비하여 사죄를 범한 경우에는 제8조 문무관의 사죄(文武官犯私罪)에서 장60이면 강등하고 장90이면 해임하며, 장100이면 파직하고 임용하지 않도록 하고 있어 매우 강하게 처벌하여 행정의 공공성을 담보하려고 하였다. 그런데 본 조항에서의 공죄 체감은 제27조 동료 관리의 공죄(同僚犯公罪)의 규정에서 온 것이다. 제27조의 규정은 연대 책임에 관한 규정인데, 동료의 범죄에 대하여 누가 정범의 형벌을 받고 나머지 동료들은 어떻게 형벌을 받는지에 관하여 규정한 것이다. 제27조에서는 영사, 색원을 수범 즉 정범으로 하고, 낭청관을 영사, 색원의 죄에서 1등을 감경하며, 그 관청에서 두 번째로 높은 관료인 차관을 실무 책임관인 낭청관의 죄에서 1등을 감경하며, 장관을 차관의 죄에서 1등을 감경하도록 하고 있는데 이를 차례차례 감경한다고 하여 체감이라고 한 것이다. 현대에는 지휘 책임과 관련하여 징계 책임이 문제될 뿐 형사 책임과 관련하여서는 근대에 확립된 원칙인 개인 책임의 원칙에 따라서 관계된 동료의 형사 책임에 연대하여 형사 책임을 지는 경우는 없다. 그런데 징계 책임과 형사 책임이 혼재해 있는 『대명률직해』에서는 이러한 경우에 연대 책임의 원칙을 천명하고 있는 것이다. 『대명률직해』 제11조의 공죄 체감의 주석 ④의 설명은 『대명률직해』 제433조 관사의 죄 가감(官司出入人罪)의 판결 고의·실수의 경우 실수로 경죄를 중죄로 한 경우의 예를 든 것인데 그 차이에 해당하는 형벌에서 3등을 감경하는 것을 기준으로 하여 수범인 영사, 색원은 3등을 감경하고, 집행하지 않은 경우에는 다시 1등을 감경하므로 총 4등을 감경하는 것이다. 마찬가지로 영사, 색원보다 높은 방장은 5등을, 다음 관원은 6등을, 장관은 7등을 감경한다. 사실 공죄 체감에서 든 예는 판결의 고의·실수 감경의 예이기 때문에 위의 주석 ③과도 겹치는 부분이 있다. 그러나 이 규정은 동료가 공죄를 범하였을 때의 연대 책임과 관련하여 감경하는 규정이 다른 감경 규정과 더불어 거듭 적용될 수 있음을 보여준다.

第11條 犯罪得累減

1. 凡一人亦 犯罪爲有去乙 理合減等爲乎事段 爲從者是去等 減爲乎事,^① 自首減^②·故失減^③·公罪遞減之類^④ 並得累減.^⑤

   ① 共犯罪爲乎矣 初亦 出意者爲頭爲遣 隨從者乙良 減一等.

   ② 犯法人亦 他人亦 現告爲去 知想只遣 先告爲在乙良 聽減一等.

   ③ 令史色員亦 犯罪人矣 罪狀乙 故只 輕論放送爲有如可 還執爲在乙良 減一等齊 郎廳官亦 知情不冬爲在乙良 過失以 論遣 罪狀輕重乙 詳審

不冬 輕罪以 放出爲只爲使內在乙良 減五等齊 令史色員例良中 又減

一等 通計七等乙 減爲乎事.

④ 同僚官亦 公罪乙 犯爲有去乙 所犯詳審不冬 重亦 得罪爲只爲 遲錯亦

使內在乙良 令史色員乙良 減三等遣 未決放爲有去等 又減一等爲 通

計減四等齊 房掌乙良 減五等 之次官乙良 減六等 長官乙良 減七等爲

乎事.

⑤ 右如 爲在 罪犯乙良 並只 累次以 減等科罪爲乎事.

─④─

제18조 사형수의 부모 봉양

1. 사형에 해당하는 죄를 지었는데 그 죄가 일반 사면이 가능한 경우에 조부모, 부모가 늙어서 질환이 있는데 대신 간병할 남자가 없으면 그가 범한 죄명을 기록하여 보고하고 임금의 재결을 받는다. 도형이나 유형에 해당하는 죄를 범한 경우에는 장100만 집행하고 그 나머지 죄는 속전을 받고 집에 머물러 부모를 봉양하게 한다.

✿

제18조는 범죄로 인하여 복역 중인 자의 직계존속이 늙거나 질환이

있어서 봉양할 자가 없을 때 귀휴하여 봉양토록 한 조문으로 이를 사형수의 부모 봉양(犯罪存留養親)이라고 한다. 백성에게 효를 권장하여 국가에의 충성을 이끌어내려 한 전통적인 가치관이 투영된 규정이다. 제18조를 적용하기 위하여는 범죄자의 범죄가 사형이나 도류죄에 해당하여야 한다. 그리고 일반 사면이 가능한 경우에 한하였다. 제18조의 번역에서는 일반 사면이 가능한 경우라고 하였는데, 원문을 직역하면 "일반 사면에서 사면되지 않는 바가 아닌 사람"이라고 하여 이중부정으로 되어 있는 것을 이 책에서는 긍정으로 번역하였다. 여기서 일반 사면이 가능한 경우가 있다는 것은 그것이 불가능한 경우를 전제로 한다. 일반 사면이 불가능한 범죄는 바로 제16조 보통 사면의 적용 배제(常赦所不原)에서 규정하고 있는데, 십악에 해당하는 범죄나 살인, 관공서의 물건 절도, 강도, 절도, 방화, 무덤을 파헤치는 행위, 뇌물 수수, 사기, 간통, 강간, 약취유인, 붕당의 결성, 참언을 하여 간계로 살인하거나 형량의 고의 증감, 범인의 은닉 또는 도피, 증뢰 등이 이에 해당한다. 이러한 일반 사면이 불가능한 범죄를 제외하고는 제18조의 대상이 되는 것이다.

제18조의 대상이 되는 범죄는 위와 같은데, 사형수가 부모를 봉양하기 위하여는 또 다른 요건이 필요하다. 그것은 제18조에 규정되어 있듯이 조부모, 부모가 늙어 병들었는데 간호할 사람이 없다는 객관적인 상황이다. 처벌의 기준을 정할 때 늙어 병들었다는 것을 주관적으로 판단할 수는 없다. 이를 객관적으로 판단할 기준은 결국 『대명률직해』에서 찾을 수밖에 없는데 『대명률』 원문에서는 '노질(老疾)'이라고 하고 있어

이를 규정한 제21조 노인·유소자·폐질자의 범죄(老小癈疾收贖)를 기준으로 해야 할 것이다. 제21조에서 나이를 기준으로 형사상 특별 취급을 행하는 최저 연령은 70세이며, 80세, 90세로 올라갈수록 특별 취급의 내용이 많아진다. 연령 기준이 다양하기 때문에 『대명률』의 주석서에는 70세를 기준으로 한 경우도 있고 80세를 기준으로 한 경우도 있다. 조선시대에도 몇 세 이상으로 할 것인지에 대한 연령의 규정이 없기 때문에 실무에서의 관행을 참고할 수밖에 없었다. 이 관행은 정조 때의 기록에서 확인되는데, 다른 사건을 논의할 때 이 조항을 거론하면서 통용되는 기준이 70세라고 하였다(『일성록』 정조 22년 12월 4일). 따라서 우리나라에서는 사형수가 부모를 봉양하는 기준의 나이가 70세였음을 알 수 있다. 또한 병들었다는 것도 무엇을 의미하는지 제18조에서 명확한 기준을 제시하지 않았다. 따라서 마찬가지로 병의 기준도 『대명률직해』 제21조 노인·유소자·폐질자의 범죄(老小癈疾收贖)에서 찾아야 하는데, 이 규정에서는 형사상 책임을 제한하는 가장 약한 형태의 질환으로 폐질(廢疾)을 들고 있다. 폐질이란 정신박약자, 난쟁이, 발목이나 허리가 잘린 사람, 사지 중 하나를 쓸 수 없는 경우를 가리킨다. 따라서 병들었다는 것은 최소한 폐질 이상인 경우를 가리킨다고 볼 수 있다.

이러한 기준에 속하는 경우의 법적 효과는 사형에 해당하는 범죄인지, 도류죄에 해당하는 범죄인지에 따라 달랐다. 우선 사형에 해당하는 범죄인 경우에는 죄명을 기록하여 임금에게 보고한 후 임금으로 하여금 재결하도록 하였다. 즉 집으로 돌아가서 부모를 봉양하게 하는 것은 사형에 해당하는 범죄인 경우에는 실질적으로는 형을 면제하는 처분이기 때문에 매우 신중할 수밖에 없었고, 따라서 임금에게 판단을 맡긴 것이다. 이에 비하여 도류형에 해당하는 범죄는 장100만 집행하고 도형이나 유배형은 돈으로 대신 내게 하여 부모를 봉양하게 하였다. 도류형에 해당하는 범죄는 장100의 형벌을 집행하고 나머지 죄인 유배나 도역은 환형 처분을 하는 것이니 면제와는 다른 측면이 있으므로 제18조의 요건에 해당하면 임금에게 보고할 필요 없이 부모를 봉양할 수 있도록 한 것이다. 여기서 재미난 것은 사형에 해당하는 경우에는 그대로 집으로 돌려보내어 부모를 봉양하게 하고, 도류형에 해당하는 경우에는 장100을 집행하고 속전을 받고 나서 집으로 돌려보내어 부모를 봉양하게 하는데, 이렇게 되면 무거운 죄를 오히려 가볍게 처벌하는 것이다. 그러나 사형에 해당하는 범죄는 임금의 판단 여하에 따라서 사형에 처해질 수도 있다는 측면이나 임금의 재결에 어떠한 조건, 예컨대 장100이나 속전을 받는다는 조건을 붙일 수도 있다는 점을 고려하면 그리 이해 못할 바는 아니다.

이 규정을 둔 배경에는 결국 일반 사면의 대상이 될 수 있는 범죄에 대하여는 당시 사회를 지탱하던 윤리를 전면에 내세우는 것이 엄정하게 법을 집행하는 것보다 백성의 교화에 더 유리할 것이라는 계산이 깔려 있었을 것이다. 그러한 권한이 왕에게 있었던 것은 국가 법질서의 정점에 왕이 있었음을 여실히 보여준다고 하겠다.

이렇게 집에 머물면서 부모를 봉양하는 것을 허락한 사례가 조선시대에 나타나는데 그중 하나의 예를 들어보자. 서성대(徐盛代)라는 내시가 관직의 청탁을 받았다가 사형에 처해지게 되었는데, 그 어미가 상언하기를 "독자 성대를 존류양친의 법에 의하여 그의 사죄를 용서하시기 바랍니다"라고 한 사안이다. 여기서 세종은 1등을 감경하도록 하였는데, 다시 의금부에서 존류양친에 따라서 도류형에 해당할 경우에는 장100을 치고 나머지 죄는 속전을 받을 것을 청하자 이에 따랐다(『세종실록』 세종 31년 8월 16일). 아마도 이 사례에서는 사형에 해당하는 경우에는 유형으로 감경하고 거기서 다시 『대명률직해』 제18조를 적용하여 장100을 집행하고 속전을 받은 것이 아닐까 생각된다. 또 위에서 지적한 무거운 죄가 오히려 가볍게 될 수 있다는 문제가 있을 수 있기 때문에 실제로는 세종 때의 사례처럼 처리하였을 것이다.

어쨌든 조선시대에 도류에 해당하는 범죄를 범한 자들이 이 조문을 근거로 도류형을 받지 않은 사례가 무수히 많다. 국가로서도 예컨대 유배를 보내면 그 마을에서 먹여 살려야 하기도 하고, 감시의 부담도 있는 반면에 집에 머물면서 부모를 봉양하도록 허락하면 국가의 수입도 늘고, 표면적으로는 교화를 내세울 수 있는 장점이 있지 않았나 싶다. 하지만 제18조의 남용은 범죄자에게 처벌을 면할 수 있다는 믿음을 주게 되고 형사사법의 신뢰를 떨어뜨리는 이유도 될 수 있다. 엄격한 법집행을 통한 법치에 대한 신뢰와 용서를 바탕으로 한 교화의 줄타기는 어느 한쪽으로 치우쳐서는 안 된다.

제18조 犯罪存留養親

1. 凡死罪乙 犯爲 常赦良中 不赦爲乎所不喻在 人亦 祖父母父母弋只 年老
   有病是遣 犯斤侍病男丁無在乙良 其矣 所犯罪名乙 開坐申聞 伏候上決齊.
   徒流罪良 犯爲在乙良 唯只 決杖一百遣 其餘罪乙良 贖罪爲遣 存留養親爲
   乎事.

⑤

제19조 공장호·악호 및 부인의 범죄

1. 공장호와 악호가 유형에 해당하는 범죄를 범한 경우 3등급의 유형은 모두 장100을 집행하고 (그곳에) 머물러 살게 하되 4년 동안 자기의 역에 복무하도록 한다. 또 서운관에서 임무를 맡은 사람이 천문 공부가 이미 이루어져서 그 일을 전담할 수 있는데 유형이나 도형의 죄를 범하였으면 각각 장100을 집행하고 나머지 죄는 속전을 받는다.[①]

2. 부인이 죄를 범하여 장형을 집행할 때 간통죄는 옷을 벗겨 집행하고, 나머지 죄는 홑옷을 입힌 채로 집행하는데, 모두 자자는 면제한다. 또 도형이나 유형의 죄를 지었으면 장100을 집행하고 나머지 죄는 속전을 받는다.

① 생략

❋

　본조는 전문가 집단의 범죄에 대하여 대체 가능성을 고려하여 형 집행의 특례를 규정하고, 형 집행의 특례라는 점에서 여성의 범죄도 함께 규정한 것이다. 즉 이 규정은 공장호나 악호 등 특수 직업을 가진 자와 여성의 장형 집행에 대하여 특례를 규정한다.

　우선 공장호나 악호는 전통시대에는 전문가 집단이었다. 즉 공장호는 물품을 만드는 장인을, 악호는 음악인을 가리킨다. 이들은 전문성을 가지고 관에 복무하였기 때문에 그 희소성이라는 측면에서 다른 사람들과는 형 집행에서 차이를 둔 것이다.

　제1조에서는 형 집행의 특례가 인정되는 자를 두 부류로 나누어 규정하고 있다. 우선 공장호와 악호의 경우에는 유형에 해당하는 범죄를 범한 경우에는 장100을 집행하고 머물러 살게 하면서 4년간 역을 지도록 하였다. 사형에 해당하는 범죄에 대하여는 아무리 전문성을 가지고 있더라도 그대로 처벌하지만, 유형 이하에 해당하는 범죄에 대하여는 그들의 전문성을 살릴 수 있는 방안을 선택한 것이다. 역에 복무하도록 한 것이기 때문에 그들에게 지급되던 녹봉은 정지되므로 범죄에 대한 응징과 전문성 활용이라는 두 마리 토끼를 잡은 것으로 보인다. 또 유형에 해당하는 범죄에 대하여 특례를 인정하고 있으므로 나머지 죄는 그대로 집행한다. 도형을 예로 들면 장100 도3년인 경우에는 장100을 집행하고 도형으로서 3년의 역을 지는 형태가 될 것이다. 따라서 이

규정에서 유형을 특히 언급한 것은 도형보다 유형이 무거운 형벌이지만 유배를 보내어서는 전문성을 살리지 못하므로 2,000리, 2,500리, 3,000리의 유배를 도3년보다 무거운 4년의 역을 지도록 규정한 것이다.

제1조에서 규정하는 두 번째 부류는 서운관(書雲觀)의 천문생도들이다. 『대명률』의 원문은 흠천감(欽天監)이라는 명나라의 기관을 규정하고 있으나 『대명률직해』에서는 조선의 관청인 서운관으로 바꾸었다. 서운관은 1466년(세조 12)에 관상감(觀象監)으로 개칭했으며, 천문, 역법 등의 업무를 담당하는 기관으로 오늘날의 기상청에 해당한다. 오늘날과 달리 전통시대 기상의 변화는 정치 현상을 좌지우지할 만큼 기상과 점성이 혼합한 형태였으며, 영의정을 서운관의 형식상의 대표로 세울 만큼 위상이 높았다. 이 서운관 소속 관원 중에서 천문 공부를 마쳐 혼자 그 일을 전담할 수 있는 인원은 대체하기가 어려웠던 만큼 업무 자체도 기예를 중심으로 하는 공장호나 약호와 동일시할 수는 없었다. 『대명률직해』에서 유형과 도형에 대하여는 장100을 집행하고 나머지 유배나 도역에 대하여는 속전을 받도록 한 것은 이러한 고민의 산물이다. 대체하기 어려운 직역의 경우 이렇게 형사상의 특례를 인정함으로써 전문성을 국가에 봉사하게 하는 방안은 현대에는 인정되지 않지만, 참고할 만한 규정이다.

조선에서는 이 규정을 보다 확대하여 적용한 것으로 보인다. 즉 『대명률직해』에서는 공악호, 악호, 천문생도를 전문가 집단으로 보아 형사상의 특례를 인정하였는데, 이를 전문가를 예시한 것에 불과한 것으로 판단하여 이와 유사한 지위에 있는 자들에게도 확대 적용하였다. 세종 때 형조의 보고에 따르면 향리, 역자, 공노비나 사노비로서 역이 있는 자가 도형에 해당하는 범죄를 범한 경우에는 『대명률직해』 제19조에 따라서 장형을 집행한 후에 속전을 받자고 하였고, 세종이 이를 받아들인 것인데(『세종실록』 세종 28년 2월 21일), 나중에 입법되어 『경국대전』에도 실린다. 공악호, 악호나 천문생 같은 전문가는 아니지만, 이들에게 형벌을 집행할 경우에 대체 가능한 자원이 별로 없다는 점에서는 이들에게도 공악호, 천문생과 동일한 형사상의 특례를 인정할 실익이 있다. 이 점에서 형조에서 향리, 역자, 공노비나 사노비로서 역이 있는 자에게도 형사상의 특례를 인정하자고 한 것으로 보인다.

제19조 제2항은 여성에 대하여 장형을 집행할 때의 특례 규정이다. 여성에게 장형을 집행할 때의 원칙은 홑옷을 입히고 집행한다는 것이다. 이로 보아 일반 남성은 옷을 벗기고 맨살에 장형을 집행한다는 것을 알 수 있다. 다만 여성의 범죄가 간통일 경우에는 옷을 벗기고 집행하였다. 또한 도류죄를 범한 경우에도 장100을 집행하고 나머지 죄는 속전을 받았다. 『대명률직해』 「형률」 제444조에서 부인 범죄에 대하여 규정하고 있음에도 불구하고, 「명례율」에 부인 범죄의 장형 집행에 특례를 둔 것은 장100을 집행하고 나머지 죄에 대하여 달리 처벌한다는 점이 제1항과 유사하다는 점에서 기인한 것으로 보인다. 다만 제1항과는 달리 부인에게는 자자(刺字)를 하지 않는다는 규정이 있다. 자자는 본형벌이 아니라 부가형인데 몸의 일정 부분에 범죄와 관련된 문신을 하는 것이다. 자자는 원래 경형(黥刑)으로 주나라 시절부터 있던 형벌이다. 중국 진한 교체기에 활약했던 무장인 영포(英布)가 젊은 시절 얼굴에 문신

을 새기는 경형을 받아서 경포(黥布)로 불렸다. 자자는 얼굴뿐만 아니라 팔에도 하였는데 자자의 크기는 시대에 따라 달랐다. 송나라 때의 자자 규정에 의하면 2푼 이상의 크기로 할 수 없었다고 하며, 강도를 범하였다가 사형이 사면된 경우 얼굴에 강도라는 문자를 새겼다고 한다. 『대명률직해』에서는 관리가 관물을 횡령한 경우나 일반인이 관유물을 절취한 경우 '도관전(盜官錢)', '도관량(盜官糧)' 또는 '도관물(盜官物)'의 세 글자(글자는 각각 네 변 1촌 5푼, 1획의 폭 1푼 5리)를 오른쪽 팔뚝에 새겼다. 남의 것을 대낮에 창탈했을 때는 '창탈(搶奪)' 두 글자를, 절도는 '절도(竊盜)' 두 글자를 마찬가지로 오른쪽 팔뚝에 입묵한다. 또한 절도의 재범은 이미 오른쪽 팔뚝에 새겼으므로 왼쪽 팔뚝에 새겼다.

이와 관련하여 절도를 세 번 범한 여성을 어떻게 처리하여야 하는지에 대한 사례가 있다. 세종 때 일반 절도의 경우에는 절도 전과가 3범이면 교형에 처하며, 절도 전과를 오른쪽 팔뚝과 왼쪽 팔뚝에 자자한 것을 근거로 삼는데, 여성의 경우에는 자자를 하지 않으므로 절도 3범 교형의 처벌을 할 근거가 없다는 것이 문제가 된 것이다. 당시 실무에서는 군인이 절도한 경우에 자자를 면제하는데, 절도 3범이면 교형에 처한다는 규정을 유추하여 여성의 절도 3범에도 교형에 처하였다. 그러나 형조에서는 여성을 남성과 동일하게 처리할 수 없다고 비판하며 절도 3범의 규정을 여성에게 적용할 수 없다고 주장하고 세종도 형조의 의견에 동의하였다(『세종실록』 세종 21년 2월 12일). 또 문종 때 절도를 저지른 무수리에 대하여 왕이 장형을 집행하고 자자하려고 하였는데, 사법 절차에 들어오지 않고 죄를 다스렸으면 궁중의 법으로 논할 수 있지만, 이미 사법 절차에 들어왔다면 단지 법으로만 집행할 뿐이라는 대신들의 반론에 자자를 면제한 일이 있다(『문종실록』 문종 1년 3월 24일).

제19조 工樂戸及婦人犯罪

1. 凡工匠樂戸 流罪乙 犯爲在乙良 三等流罪乙 並只 決杖一百遣 還留爲 當役四年齊 書雲觀所任人亦 天文習業已成爲㫆 能專其事爲在乙良 流罪及徒罪乙 犯爲良置 各杖一百遣 其餘徒流罪乙良 收贖齊.[1]

2. 婦人犯罪爲 決杖良中 當爲在乙良 犯奸罪是去等 去衣受刑爲㫆 他罪乙良 單衣以 決罰爲遣 鈑字安徐齊 徒流罪乙 犯爲在乙良 決杖一百遣 其餘罪乙良 贖徵爲乎事.

[1] 생략

—⑥—

제21조 노인·유소자·폐질자의 범죄

1. 70세 이상, 15세 이하 및 폐질을 가진 자가 죄를 범하면 유죄 이하는 모두 속전을 받는다.[①] 80세 이상, 10세 이하, 폐질을 가진 자가 모반, 모대역을 하였거나 사람을 살해하여 사형에 해당하면, 임금에게 아뢰어 임금의 재결을 기다리고, 도적이나 사람을 상해하면 속전을 받는다.[②] (그 나머지 죄는 모두 논하지 않는다.[③]) 90세 이상, 7세 이하는 사형에 해당하는 죄이더라도 형벌을 집행하지 않는다.[④] 다만 90세 이상인 자, 7세 이하인 자를 타인이 교사하였다면 교사자를 처벌한다. 장이 있어서 배상해야 하면, 장을 받은 자가 배상한다.[⑤]

(① 사죄 및 모반·모대역·모반에 연좌되어 유형에 처해야 하거나, 독극물을 만들어 비축하거나 가위눌리거나 홀리도록 하거나, 사람의 사지를 자르거나 장기를 채취하거나, 한집안에서 죽을죄를 짓지 않은 3인을 살해한 죄인의 가구(家口)로서 사면이 있었지만 여전히 유형에 해당하는 자는 이 율문을 적용하지 않는다. 그 외에 타인을 침해한 죄는 모두 속전을 받는 것을 허용한다.)

② 타인을 침해하였으므로 전부 면제할 수 없고 속전을 받도록 한다.

(③ 모반, 모대역 및 살인죄로 사형에 해당하여 임금에게 처벌을 청하거나, 절도범이나 타인을 상해하여 속전을 징수하는 것 이외의 범죄는 모두 처벌하지 아니한다.)

④ 90세 이상, 7세 이하는 비록 사죄를 범하였다고 하여도 형벌을 집행하지 않지만, 모반, 모대역을 범한 것에 연좌되어 속공하는 것이 합당하면 그러하지 아니하다.

⑤ 90세 이상, 7세 이하인 자를 교사하여 죄를 범하도록 하면 교사인을 지목하여 죄를 묻는다. 재물을 훔쳤는데 이웃 사람이 받아 썼으면 쓴 사람에게 마땅히 징수하여야 한다. 노인이나 어린이가 직접 썼으면 노인이나 어린이에게 마땅히 징수하여야 한다.

* 괄호는 직해하지 않음.

2015년 10월 경기도 용인의 한 아파트 화단에서 고양이 집을 짓던 여성이 옥상에서 떨어진 벽돌에 맞아 사망한 사건이 있었다. 경찰은 사건 발생 이틀 후에 해당 아파트 단지 4개 동 입구 게시판과 엘리베이터, 관리사무소 등에 제보 전단 50부를 배포해 용의자를 추적했고, 약 일주일 뒤에 같은 아파트에 사는 초등학생이 용의자로 드러났다. 용의자 초등학생은 사건 당일 친구 두 명과 함께 옥상으로 올라갔으며 옥상에 쌓여 있던 벽돌 하나를 아래로 던졌다가 사고를 낸 것으로 밝혀졌다. 그런데 실제 벽돌을 던져 사고를 낸 용의자는 만 9세와 11세의 초등학생이었다. 이 경우 어떻게 처벌할 것인가? 우리 형법에서는 이러한 경우 책임능력이 문제된다. 책임능력이란 자신의 행위에 대하여 옳고 그름을 판단하고 그 판단에 따라서 행위할 수 있는 능력을 말한다. 즉 시비변별의 능력과 의사결정의 능력을 그 내용으로 하는 것이 책임능력이다. 우리 형법에서는 형사 책임능력의 판단의 편의를 위하여 일정한 연령을 설정해 놓고 이 연령에 미달하는 사람에 대하여는 처음부터 책임능력을 부정하고 있는데, 이것이 형사미성년자다. 형법 제9조에 따르면 이 연령은 14세 미만이다. 한편 10세 이상 14세 미만자는 형사 책임능력이 없기 때문에 형벌을 과할 수는 없지만, 소년법에 따르면 보호처분은 가능하다. 즉 소년원에 보낼 수 있다는 것이다. 하지만 10세 미만인 경우에는 아무런 처분도 불가능하다. 따라서 이 사건의 경우 9세의 초등학생에 대하여는 절대적 책임무능력자로서 아무런 처분을 과할 수 없고, 11세의 소년에게는 보호처분으로 소년원에 보내는 처분을 할 수 있을 것이다.

그런데 자신의 행위에 대하여 옳고 그름을 판단하고 그 판단에 따라 행위할 수 있는 능력이 결여된 자에게는 형사상 책임을 감면한다는 판단은 언제부터 했을까? 유래는 알 수 없으나 이러한 인식은 동서가 다르지 않았다. 즉 고대 로마에서는 7세 미만의 유아는 자신의 행위와 결과에 대한 변식 능력이 없는 절대적 책임무능력자로 취급하여 형사 책임을 인정하지 않았지만, 7세 이상 14세 미만의 미성숙자는 상대적 책임무능력자로 취급하여 범죄의 종류와 내용, 범죄의 수법과 죄질 등을 사안에서 개별적으로 판단하여 책임능력을 인정하였다. 이같이 행위자의 연령에 단계를 두어 절대적 책임무능력자와 한정적 책임무능력자로 구별한 것은 영미법의 커먼로(Common Law)에서 7세 미만을 절대적 책임무능력자로, 7세 이상 14세 이하를 추정적 무능력자로 한 것과 상통한다고 볼 수 있다. 로마나 영미법에서는 절대적 책임무능력자와 상대적 책임무능력자를 구분했는데, 중국의 고전에서도 동일한 인식이 발견된다. 다만 서구와의 차이는 어린아이뿐만 아니라 노령자에 대하여도 동일한 구조가 적용된다는 것이다. 즉 연령이 높아질수록 판단능력이 떨어진다고 보아 절대적 책임무능력, 상대적 책임무능력의 구조가 노령자에 대하여도 동일하게 적용된 점이 서구와 다르다. 형사미성년자의 책임능력과 관련하여 어린아이와 노인을 방면한다는 기록은 『예기(禮記)』와 같은 중국의 여러 고전에서 확인할 수 있고, 『한서(漢書)』형법지에서도 그와 같은 내용을 확인할 수 있다. 이때 연령은 대개 어린아이의 경우 7세나 10세, 노인의 경우 80세나 90세를 언급하고 있다. 이후 『당률』

에서 형사미성년자 조항을 규정한 이래 『대명률직해』까지 이어져 왔다. 『대명률직해』는 위에서 볼 수 있듯이 연령에 따른 책임능력뿐만 아니라 다른 원인에 의한 책임능력을 모두 한 조항에서 규정하고 있다.

우선 제21조의 형식적인 면부터 살펴보자. 『대명률직해』는 원문을 일 대일 구도로 번역하지는 않았다. 본문에서 '여개물론(餘皆勿論)'은 직해하지 않았고, 주석 ①과 ③도 직해하지 않았는데, 본문의 내용을 통해서 충분히 유추가 가능하기 때문에 굳이 직해하지 않은 것 같다. 또한 그 이후 부분인 90세 이상인 자부터 교사범의 형사 책임과 관련된 부분은 원문에서는 본문과 주석으로 되어 있지만, 『대명률직해』에서는 본문과 주석을 구분하지 않고 직해하였다. 본문과 주석을 따로 직해하지 않고, 한 조문에서 본문을 직해한 것과 주석만을 직해한 것, 본문과 주석을 함께 직해한 것은, 직해자가 체제의 일관성을 우선하기보다는 본문의 내용을 이해하기 쉬운 방식으로 직해하려고 한 때문이 아닌가 생각된다.

조문의 내용에서 연령의 기준을 살펴보면, 형벌에 대한 특별 취급 연령 기준을 『대명률직해』는 세 부류로 나누고 있다. 우선 70세 이상인 자, 15세 이하인 자가 범한 범죄에 대하여는 유형 이하의 형에 해당하는 범죄를 범하였을 때 형벌을 면제하고 그에 상응하는 속전을 징수하도록 한다. 80세 이상인 자, 10세 이하인 자에 대하여는 도죄(盜罪), 상해죄에 해당할 때에는 속전을 내고 형벌을 면제받고, 반역이나 살인으로 사형에 해당할 때에는 임금에게 재가를 받아 형벌을 면제받고 속전을 내게 된다. 현재 절대적 책임무능력자라고 부르는 나이를 『대명률직해』에서는 고대 로마에서와 마찬가지로 7세로 설정하였다. 즉 7세 이하인 자가 범죄를 저질렀을 경우에는 사형에 해당하는 중범죄를 범하였다고 할지라도 형벌을 면제하는 것이다. 또한 노령자는 90세 이상으로 설정하고 있다. 그 이유는 주석 ⑤에서도 밝히고 있듯이 지력이 부족하기 때문이다. 이 경우에는 완전한 책임무능력자로 보아 이를 교사한 자가 있다면 피교사자는 도구로 이용되었을 뿐이기 때문에 교사자를 처벌하는 것으로 하여 현대 형법의 간접정범과 유사한 구조를 보인다. 다만 범죄로 인하여 발생한 재물은 추징하는데, 재물로 이득을 본 자가 배상하여야 한다. 『대명률직해』는 추징하는 재물과 관련하여서는 절대적 책임무능력자도 예외 없이 배상하는 것으로 규정하였다. 이를 표로 나타내면 다음과 같다.

〈연령에 따른 형사 책임〉

	법정형		
	유형 이하	사형	
		원칙	예외
10세 초과 15세 이하 70세 이상 80세 미만	형벌 면제, 속전 징수	그대로 처벌	없음
7세 초과 10세 이하 80세 이상 90세 미만	형벌 면제, 도죄와 상해죄의 경우 속전 징수	형벌 면제, 도죄와 상해죄의 경우 속전 징수	반역, 살인의 경우 임금에게 보고 후 형벌 면제 시 속전 징수
7세 이하 90세 이상	형벌 면제(교사범 처벌)		
범죄 수익	수익자에게 추징		

또한 본 조문은 장애인의 책임능력에 대하여도 마찬가지로 규정하고 있다. 로마 형법에서는 심신상실 상태의 정신이상자 또는 정신착란자의 형사 책임능력에 관한 일반원칙은 확립된 바 없으며 구체적 사건에서 피고의 정신장애 정도를 감정하여 형사 책임의 유무를 판단하였는데, 정신장애의 정도가 심한 경우 사법(私法)상의 제한적 행위능력 규정을 준용하여 형사 책임능력을 부인하였다. 이에 대하여 『주례(周禮)』는 보통 사람보다 모자란 사람을 방면한다고 하여 시비변별능력이나 의사결정 능력에 지장이 있는 자의 책임능력을 제한하고 있다. 현재 우리 형법은 제10조에서 시비변별능력이나 의사결정능력에 지장이 있는 상태인 심신장애자에게 책임비난을 하지 않거나 감경하고 있으며, 제11조에서 청각장애인, 언어장애인에 대하여는 형을 감경하고 있다. 그런데 『대명률 직해』에서는 이를 보다 구체적으로 규정했다. 즉 심신상실자와 심신미약자를 구분하여 처벌에 차이를 두었던 것이다. 정상인에 비하여 신체능력이 떨어지는 자의 범죄는 일정하게 형벌을 감면하는 것이 특징이다. 전통 법제에서 장애는 세 가지로 분류하였다. 잔질(殘疾), 폐질(廢疾), 독질(篤疾)이 그것이다. 우선 장애의 정도가 가장 낮은 잔질은 한쪽 눈이 보이지 않거나, 양쪽 귀가 들리지 않거나, 손가락 두 개가 없거나, 발가락 세 개가 없거나, 손이나 발의 엄지가 없거나, 악성의 부스럼으로 머리카락이 없거나, 치루, 하반신이 무거운 것, 큰 종기가 있는 경우를 말한다. 다음으로 폐질은 정신박약자, 난쟁이, 발목이나 허리가 잘린 사람, 사지 중 하나를 쓸 수 없는 사람이다. 가장 장애가 심한 독질은 한센병 등 악질이나 정신분열증, 사지 중 두 개 이상을 쓸 수 없는 경우,

두 눈이 실명된 경우다. 그런데 『대명률직해』에서는 이 세 가지 장애 유형 중 잔질에 대하여는 형사상 특례를 인정하고 있지 않다. 잔질을 경미한 장애라고 보아 그런 것 같다. 폐질이나 독질은 잔질에 비하여 신체 장애가 더욱 심한 경우로, 정신장애까지도 포함한다. 현행 형법이 청각장애, 언어장애에 대하여 형벌을 감경하고 있는 데 비하여, 『대명률직해』는 청각장애인에게는 형사상 특례를 인정하지 않고 오히려 시각장애인에게 형사상 특례를 인정하고 있는 것이 특징이다. 또한 현행 형법이 심신상실자를 절대적 책임무능력자로 취급하고 있는 데 비하여 『대명률』은 이를 10세 이하인 자와 동일하게 보아서 유형 이하에서는 형벌을 면제하지만 반역, 살인의 경우에는 임금에게 보고하도록 하였다. 즉 신체 장애와 관련하여 형벌을 감경 또는 면제하는 기준이 다르다는 것과, 정신장애와 관련하여서도 『대명률직해』가 이를 보다 엄격하게 취급하였다는 것을 알 수 있다. 그런데 폐질 및 독질과 관련하여 『대명률직해』의 직해자는 이를 모두 폐질로 번역하였다. 아마도 직해자의 직해 당시에는 폐질과 독질을 구분하지 않았을지도 모르겠다. 그러나 『조선왕조실록』을 검토해 보면 조선시대 사람들이 폐질과 독질을 확실하게 구분하고 있었음을 알 수 있고, 이러한 전제하에서는 본 조문의 적용도 『대명률직해』에서 둘 다 폐질이라고 번역하였다고 하더라도 본조문에 따라서 폐질과 독질을 구분하여 적용하였을 것으로 보인다.

사례를 살펴보면 우선 세종 11년(1429) 15세 이하인 자의 절도죄 처리를 논의한 일이 있다(『세종실록』 세종 11년 7월 11일). 형조 판서는 15세 이하인 자가 남의 곡식을 한 말쯤 훔친 사안에 대하여 미성년자라서 장형에 처하기 힘들고, 절도는 문신을 하는 부가형인 자자(刺字)를 하는데, 장형에 처하지도 않는데 자자를 하기 힘들며 또한 이러한 경우와 관련하여서는 율에 해당한 조문이 없다고 보고하였다. 늙은이와 어린이는 장형도 하지 아니하고 속전을 받는 것인데, 하물며 자자의 고통은 태형이나 장형보다도 더한데 자자를 할 수 없다는 의견이 채택되어 후에 『경국대전』에도 실린다. 이 사안은 『대명률직해』 제21조의 입법 취지에 따른 결정이라고 할 수 있는데, 이후 그 연장선상에서 비슷한 사례가 나온다. 즉 늙은이와 어린이에게 장형과 같은 형을 직접 집행하지 않도록 한 것이 바로 제21조의 입법 취지라고 보아, 고신이나 구금 또한 금지하도록 한 것이다(『세종실록』 세종 12월 11월 27일).

　한편 범죄 시와 처벌 시에 책임능력의 변동이 있게 되면 어떻게 처리할 것인가? 즉 절대적 형사 책임무능력 상태인 6세 때에 범죄하였는데, 처벌 시에는 16세가 되었다든지, 범죄 시에는 정신박약자였으나 처벌 시에는 정상인인 경우가 있을 수 있다. 이에 대하여는 바로 다음 조문인 제22조 책임능력 제한 당시의 범죄(犯罪時未老疾)[7]에서 규정하고 있다. 제22조에 따르면 처벌의 대원칙은 가급적 처벌을 하지 않는 것이다. 즉 정상인일 때 범행을 하였다고 하여도 책임능력이 제한되는 연령이 되면 그에 따라 가볍게 처벌하고, 책임능력이 제한될 때 범행을 하였지만 정상인이 되었을 때 발각되었다고 하여도 역시 처벌을 가볍게 한다는 것

7　『大明律』〈名例律〉第22條 犯罪時未老疾: 1. 凡犯罪時雖未老疾 而事發時老疾者 依老疾論. 若在徒年限內老疾 亦如之. 犯罪時幼小 事發時長大 依幼小論.

이다. 이는 현대 소년법 및 판례와 대비되는 점인데, 소년법 제60조 제2항에서는 소년의 특성에 비추어 상당하다고 인정되는 때에는 그 형을 감경할 수 있다고 규정하고 있다. 판례는 여기에서의 소년은 소년법 제2조에서 규정하고 있는 19세 미만인 자를 의미하는 것으로 보면서, 그것이 소년범이 적용되기 위한 심판의 조건이므로 범행 시뿐만 아니라 심판 시까지 계속되어야 하는 것으로 판시하고 있다.[8] 즉, 소년법에 따라 감경을 받을 수 있는 소년의 판단기준은 형사 책임이 아닌 형사정책의 문제로 범죄 시에 소년에 해당했을지라도 재판 시에 소년에 해당하지 않으면 소년법에 따른 감경을 할 수 없다고 본 것이다. 주지하다시피 전통과 현대의 법제가 다르지만 세세한 개념 비교에 경도되기 이전에 해석의 여지가 있는 사항에서 참고할 만한 부분을 적잖이 찾을 수 있다. 정조 14년(1790) 단성(丹城) 지방 정덕재(鄭德才)의 옥사(獄事) 사례는 정덕재라는 자가 살인사건으로 65세에 구금되어 72세에 이르자 정조가 그를 석방하도록 명한 사건[9]이다. 이 사건은 범죄 시에는 65세였으므로 『대명률직해』 제21조에는 해당하지 않지만, 형이 확정되지 않은 상황에서 72세가 된 경우다. 『대명률직해』 제22조의 규정은 행위 시와 범죄 발각 시의

---

8 대법원 2009.5.28. 선고 2009도2682, 2009전도7 판결; 대법원 2000.8.18. 선고 2000도2704 판결; 대법원 1997.2.14. 선고 96도1241 판결; 대법원 1991.12.10. 선고 91도2393 판결.

9 『秋官志』考律部 除律 輕刑 舊囚年滿七十; 이 사례는 『審理錄』에도 수록되어 있다: 『審理錄』13권, 갑진년(1784), 慶尙道 丹城縣 鄭德才獄.

시간 차이를 중시하는데, 이 사건의 경우는 행위 시와 발각 시는 65세이고, 재판을 받는 과정에서 72세가 된 경우이므로 제21조나 제22조 어디에도 해당하지 않는다. 따라서 정덕재 사건은 정조가 제21조의 규정 취지를 생각하여 70세가 넘었으므로 장형을 집행한 후 풀어준 것이다.

第21條 老少廢疾收贖

凡年七十以上 十五以下 及廢疾之人亦 犯罪爲良在等 流罪以下乙良 並只 收贖齊.[①] 八十以上果 十歲以下 及廢疾爲在 人亦 反逆殺人罪乙 犯爲 當死爲在 乙良 申聞爲 伏候上決爲白遣 作賊及傷人事乙良 贖罪齊.[②] (餘皆勿論.[③]) 九十以上 七歲以下 雖有死罪 不加刑.[④] 其有人敎令 坐其敎令者. 若有贓應償, 受贓者償之.[⑤]

(① 其犯死罪 及謀反逆叛緣坐應流 若造畜蠱毒・採生拆割人・殺一家三人家口 會赦猶流者 不用此律. 其餘侵損於人 一應罪名 並聽收贖.)

② 他人乙 侵害爲乎等用良 全免不冬 贖罪令是臥乎事.

(③ 謂除反逆・殺人應死者上請, 盜及傷人者收贖之外 其餘有犯 皆不坐罪.)

④ 九十以上 七歲以下亦 必于 死罪乙 犯爲良置 加刑不冬爲乎矣 犯反逆良中 緣坐屬公合當爲在乙良 不用此律.

⑤ 九十以上 七歲以下人乙 敎誘犯罪令是在乙良 敎誘之人乙 當爲 推罪齊 財物乙 偸取爲 傍人亦 受用爲良在等 用者乙 當爲 生徵齊 老小亦 自用爲去等 老小乙 當爲 生徵爲乎事.

—⑦—

제25조 여러 범죄의 처리

1. 두 건의 죄가 한꺼번에 발각되면 무거운 죄에 따라서 처벌한다. 두 죄의 형벌이 같으면 하나의 죄에 따라서 처벌한다. 한 건의 죄가 먼저 발각되어 처벌한 후, 나머지 죄가 나중에 발각된 경우에 그 죄의 형벌이 가볍거나 같으면 처벌하지 않고, 무거우면 다시 죄를 논하는데, 앞의 죄에 뒤의 죄를 합쳐서 처벌한다.[①] (후략)

   ① 두 번 절도하였는데, 하나가 먼저 발각되어 훔친 장물을 계산하니 10관이어서 장70에 처했는데, 나중에 다른 하나가 발각되어 훔친 장물을 계산하니 40관이어서 장100에 해당하면, 장30을 추가로 집행하여 합쳐서 장100이 되게 한다. 급여를 받

는 관리가 여러 차례 뇌물을 받고 업무를 부당하게 처리하였는데, 받은 뇌물 80관 중에 40관이 먼저 발각되어 장100을 이미 쳤다면, 나중에 40관이 발각된 경우 전후의 뇌물을 합하여 80관으로 계산하여 다시 전체의 죄를 과하여 처벌한다.

❀

2015년 10월 마산에서 일자리를 구하던 갑남은 힐링을 위해서 등산을 하였는데, 꼭대기에서 마주쳤던 을녀가 산을 내려오는 것을 보고 성폭행을 하려고 1.8킬로미터가량 따라갔다. 등산로는 평일 낮이라 한산했고, 갑남은 갑자기 을녀에게 달려들어 주먹과 발로 마구 때리며 등산로 옆 숲으로 끌고 갔다. 을녀가 거세게 저항하자, 갑남은 을녀를 목 졸라 살해하고, 낙엽과 흙으로 주검을 덮어 숨긴 뒤 달아났다. '아내가 집에 돌아오지 않았다'는 을녀의 남편의 신고를 받은 경찰은 수색 작업을 벌여 4개월이 지난 후에야 을녀의 주검을 발견했다. 경찰은 장갑·가방·옷 등 을녀의 소지품 등 증거물을 국립과학수사연구원에 감정 의뢰하여 을녀의 등산장갑에서 나온 DNA로 갑남이 범인이라는 사실을 알아내었다. 그런데 확인해 보니 갑남은 성폭력특별법 위반으로 징역 7년, 강도상해죄로 징역 7년을 사는 등 전과 6범이며, 범행 이후인 2016년 1월에 절도죄로 1년 4개월의 징역형을 선고받아 교도소에 수감되어 있었다.[10]

---

10 한겨레신문 2016. 5. 3. 국과수는 왜 두 번 검사하고도 범인 DNA 놓쳤을까(무학산

이럴 경우 갑남을 어떻게 처벌하여야 하나?

『대명률직해』제25조는 바로 이러한 사안을 해결하기 위하여 둔 것이다. 즉 여러 건의 죄를 범하였을 때의 처리에 관한 것이다. 여러 건의 죄를 범하면 각각의 죄를 어떻게 처리하여야 하는가가 문제가 되는데, 이에 대하여 비교법적으로는 세 가지 원칙이 있다. 첫째는 각 죄에 정한 형을 합하는 것으로서, 영미법상의 원칙이다. 예컨대 징역 25년의 범죄를 네 건 범한 경우에는 징역 100년이 되기도 하는 것이다. 둘째는 가중주의로서 수죄에 대하여 하나의 전체형을 선고하되 형을 가중하는 것을 말한다. 우리 형법 제38조 제1항 제2호에서는 유기징역, 유기금고, 벌금과 각 동종의 형벌을 선고할 때에는 2분의 1까지 가중할 수 있도록 하고 있어서 실질적으로 가중주의를 취하고 있다. 마지막으로 흡수주의로서 여러 죄 가운데 가장 중한 죄에 정한 형으로 처단하고 다른 경한 죄에 정한 형은 여기에 흡수시키는 것이다. 우리 형법 제38조 제1항 제1호에서는 사형이나 무기징역, 무기금고의 경우에는 가장 중한 형벌로 처벌하도록 하고 있어 흡수주의를 취하고 있다. 『대명률직해』도 마지막의 흡수주의를 취한다. 즉 여러 건의 범죄가 함께 발각된 경우에는 가장 무거운 죄로 처벌하는 것이다. 이러한 흡수주의의 원칙은 중국 한나라 때부터 법률로서 인정된 것으로 확인되는데, 고전에서도 보이는 것으로 보아 그 이전부터 적용했을 것이다. 그런데 사실 여러 건의 범죄

살인사건 기사를 변형한 것임). http://www.hani.co.kr/arti/society/area/742346.html (2020. 8. 5. 방문)

를 저지는 경우에는 한 건의 범죄를 저지른 경우보다 불법성이 훨씬 더 크다고 할 수 있다. 그렇기 때문에 유기징역의 경우에는 병과주의 또는 가중주의가 보다 타당한 것으로 보인다. 그러나 범죄를 행위 중심으로 보느냐 행위자 중심으로 보느냐에 따라서 문제는 달라질 수 있다. 즉 행위 중심으로 보면 여러 건의 범죄 행위를 처벌하여야 하기 때문에 병과주의나 가중주의가 타당하다. 그러나 행위자 중심으로 보면 여러 죄를 범하였다고 하더라도, 그 행위자가 범한 가장 중한 범죄에 그 행위자의 반도덕성이 가장 극명하게 나타나고 따라서 그에 대하여 처벌하는 것이 그를 가장 크게 처벌하는 것이고, 그것이 또한 한계라는 사고도 가능할 것이다. 이렇게 행위자 즉 범죄자 중심으로 보면 형량이 동일한 여러 건의 범죄가 있을 때에는 처리가 간명하다. 행위자의 반도덕성은 형량이 동일한 여러 범죄 어떤 것에나 나타나 있으므로 그중 어느 하나에만 형을 부과하면 되기 때문이다. 다만 주된 형벌이 수속(收贖)되는 경우 등의 경중 비교가 문제되는데, 주형을 중심으로 하는 중점적 대조주의와 부가형까지 포함하여 하는 전체적 대조주의가 있다. 『당률』에서는 중점적 대조주의를 취하여서 예컨대 장100 수속과 장60의 형이 경합할 때 장100은 수속되었기 때문에 주형에서 경형이라고 할 수 있는 장60에 처하였다. 그러나 『대명률직해』에는 이러한 규정이 없기 때문에 『당률』처럼 하였다고 추정할 수밖에 없다. 『대명률직해』에서 "두 죄의 형벌이 같으면 하나의 죄에 따라서 처벌한다"라고 한 것도 바로 이러한 이유에서일 것이다. 경합범에 대하여 어떠한 조문이 경합하고 『대명률직해』 제25조를 적용하여 어떠한 처벌을 내렸다는 조선시대의 상세한 판결서는 남아 있지 않지만, 실제로 이 규정을 활용하여 재판한 듯하다. 이를 확인할 수 있는 것이『대명률』이 아직 효력 있는 법이었던 1900년에 현재 대법원에 해당하는 평리원(平理院)에서 소 한 마리를 훔쳐서 팔아먹고, 순검을 사칭하여 사람을 연행한 후 금전을 갈취하려다 발각되어 도주한 사안에서, 소 한 마리를 훔친 죄와 공무원을 사칭하여 타인을 체포한 죄가 경합한다고 하여 이 조문을 인용하여 태100 징역3년으로 판결한 사례가 있다(평리원 1900. 10. 30. 선고).

『대명률직해』는 두 건의 죄가 서로 형벌이 다를 때뿐만 아니라 같은 경우도 규정하고 있다. 형량이 같을 경우에는 어떤 것을 따라도 무방하기 때문에 어떤 하나의 죄로만 처벌하면 된다고 규정한다.

그런데 여러 건의 죄가 동시에 발각되지 않고 따로따로 발각되는 경우에는 어떻게 해야 하는가? 예컨대 A, B, C의 범죄 중 C에 대한 판결이 확정된 이후에 A, B의 범죄가 밝혀진 경우다. 이를 사후적 경합범이라고 하는데 그 처리에 대하여 우리 형법 제39조 제1항은 "경합범 중 판결을 받지 아니한 죄가 있는 때에는 그 죄와 판결이 확정된 죄를 동시에 판결할 경우와 형평을 고려하여 그 죄에 대하여 형을 선고한다. 이 경우 그 형을 감경 또는 면제할 수 있다"라고 규정한다. 그 취지는 원래 경합범으로 처벌하였다면 받았을 경우에 비하여 불리한 양형을 하지 않도록 하는 데 있다.『대명률직해』도 이러한 경우를 예정하고 있다. 나중에 발각된 범죄의 형벌이 가볍거나 같은 경우에는 처벌하지 않고, 무거우면 다시 처벌하는데 앞의 죄에 뒤의 죄를 합쳐서 처벌한다. 즉『대명률직해』제25조의 취지에 따라서 나중에 발각된 범죄의 형벌이 가볍다면 당연히 무거운 죄에 흡수되므로 처벌하지 않으며, 무겁다면 이를 다시 논한다는 것인데, 무거운 죄를 기준으로 형을 정한 것이다. 예컨대 장80의 죄가 먼저 발각되어 집행하고, 장100의 죄가 나중에 발각되었다면 장100으로 형을 정하는데, 이미 집행된 장80을 장100에서 뺀 나머지 형인 장20을 과하는 것이다. 다만 앞선 죄가 장물과 관련된 경우에는 앞선 장물과 뒤의 장물의 양을 합산하여 정하여야 하는데, 제25조의 "앞의 죄에 뒤의 죄를 합쳐서 처벌한다"라는 규정은 이러한 의미로 이해할 수 있을 것이다. 이와 관련하여 제25조의 주석에서는 절도와 뇌물을 예로 들고 있다.

우선 절도를 살펴보자. 절도죄의 처벌 기준은 『대명률직해』 제292조 절도(竊盜)에 규정되어 있는데, 훔친 재물의 양을 기준으로 한다. 훔친 총량이 40관인데 10관이 먼저 발각되어 장70에 처하였다가 나중에 30관이 발각되면 총40관으로 계산하여 장100이 범죄자가 응당 감수해야 할 형량이므로 장30을 더 집행해야 하는 것이다. 뇌물의 경우는 한 사람이 받은 뇌물의 총량을 기준으로 하는데 40관이 먼저 발각되고 나중에 40관이 발각되는 경우에는 총80관에 해당하는 교형에 처한다. 이렇게 형량을 산정하는 것은 현재 우리의 실무와는 사뭇 다르다. 현재 실무에서는 절도를 통하여 취득한 재물의 양이 형량에 미치는 영향은 미미하다. 오히려 절도 행위의 방법이 중요한 양형 요소가 된다. 또 뇌물 범죄에서는 뇌물액, 수뢰자의 지위 등이 양형 요소가 된다. 뇌물범죄와 관련하여 뇌물액이 양형의 기준이 되는 점에 있어서는 현재와 비슷하지만, 절도범죄에서는 취득한 재물의 양이 양형의 기준이 된다는 점에서 큰 차이가 있다.

第25條 二罪俱發以重論

1. 凡二件罪亦 一時俱發爲去等 從重罪論齊 二罪亦 相等爲去等 從一科斷齊
一罪先發爲 論罪已決後良中 餘罪亦 後發爲 後發罪亦 其輕弋只 先發罪以
相等爲去等 勿論遣 重爲去等 更良 論罪爲 前罪乙導良 後罪良中 并計論
齊.[①] (후략)

　① 二度乙 犯竊盜後 一度亦 先發爲去乙 偸取贓物乙 計一十貫是乎等用
良 決杖七十爲有去乙 一度後發爲去乙 贓物乙 計爲乎矣 四十貫合決
杖一百是去乙 已決七十杖導良 餘三十杖乙 充數爲 決斷爲乎 合計一百
杖是齊 有祿人亦 再番 他矣 枉法良中 贓物八十貫乙 受贈後 四十貫亦
先發爲去乙 已杖一百後 四十貫亦 後發爲在乙 前後贓乙 通計爲乎矣
八十貫是乎等用良 全科以 決罪.

—8—
제31조 친족 간의 범인은닉

1. 함께 살거나, 따로 사는 대공 이상의 친족 및 외조부모·외손·처부모·사위 그리고 손주며느리, 남편의 형제 및 형제의 아내가 죄를 지은 경우 서로 숨겨줄 수 있다. 노비와 머슴이 가장을 위하여 숨겨준 경우에는 모두 죄를 논하지 않는다.

2. 범죄를 저지른 자신의 친족을 관사에서 체포하려고 하는데, 그 일을 소식으로 전하거나 누설하여 죄지은 친족이 숨거나 도피하도록 하면 모두 처벌하지 않는다.

3. 소공 이하의 친족을 숨겨주거나 체포하려는 사실을 누설하면 보통 사람보다 3등을 감경하며, 무복의 친족은 1등을 감경한다.

4. 비록 친족이라도 모반(謀叛)죄 이상을 지은 경우에는 이 율을 적

용하지 않는다.

✿

　제68회 칸 영화제의 '주목할 만한 시선' 부문에 초청된 「무뢰한」은 살인범을 체포하기 위해 살인범의 애인에게 접근한 형사와 살인범의 애인 간의 사랑을 그린 영화다. 이 영화에서 도피자금을 마련해 주기 위해 살인범을 만나는 살인범의 애인은 범인도피죄로 처벌될까? 살인범의 애인은 살인범과 연인 관계에 있기 때문에 매우 가까운 사이임에는 틀림없다. 우리 형법 제151조 제2항에 따르면 친족 간의 범인은닉 또는 도피 행위는 처벌하지 않는다. 그 이유는 친족 사이에는 서로 숨겨줄 만한 정이 있다는 판단에서일 것이다. 입법 취지가 '정'에 있다면 연인 사이는 그 정이 두터울 것이므로 처벌하지 말아야 할 것이다. 그러나 영화 「무뢰한」에서 애인은 범인도피죄로 처벌된다. 왜냐하면 친족이 아니기 때문이다. 최근에는 친족이 애인보다 못한 경우가 훨씬 더 많을 테지만, 친족의 지위는 법적으로 확실한 반면에 애인은 그러한 확실성에서 뒤처지기 때문에 형사처벌의 문제를 불확실성 위에 놓을 수 없다는 입법자의 판단으로 그러한 현상이 벌어진 것이다. 어쨌거나 범인이 도피하는 데 도움을 주는 행위는 현대 형법에서도 처벌하지만, 친족 사이에서는 서로 숨겨줄 수 있다고 보고 있다.

　『대명률직해』도 이와 동일한 규정을 두고 있다. 바로 제31조 친족 간의 범인은닉(親屬相爲容隱)이다. 이 조문의 형식상 특징을 살펴보면, 다른 조문에서는 본조문과 주석을 따로 직해하거나 본조문과 주석을 함께 주석하는 혼합형을 취하고 있는데, 이 조문에서는 본조문과 주석을 모두 원문 그대로 쓴 다음, 이를 한꺼번에 직해하는 형식을 취하였다. 따라서 직해상으로는 본조문과 주석의 구분이 되지 않고 위에서 보는 바와 같이 하나의 문장으로 되어 있다. 또한 하나의 문장으로 하면서 본조문과 주석을 굳이 나누어 직해하지 않고 주석을 본조문에 녹여내어 한꺼번에 이해할 수 있도록 배려하였다. 이렇게 일대일의 번역 방식을 취하지 않은 것은 전체 맥락의 이해와 조선의 특수사정을 반영한 것이다. 직해 담당자는 조문 전체를 이해한 바탕 위에서 이렇게 직해한 것으로 보인다. 다만 위에서는 한 문장으로 되어 있는 직해문을 이해의 편의를 위하여 항을 달리해 놓았다.

『대명률직해』에서는 범인은닉 및 도피와 관련하여 제1항에서는 서로 숨겨주는 행위 즉 용은(容隱)에 대하여 규정한다. 용은이란 실정을 알고도 고발하지 않거나, 신문 과정에서 진술하지 않는 경우 등을 말한다. 제2항은 적극적으로 범인을 숨겨주거나 도피하게 하는 경우를 규정하고 있다. 제3항은 형벌이 면제되지 않는 친족에 대하여 등급별로 나누어 규정하고 있다. 제4항은 제1항 내지 제3항에 해당되어도 형벌을 그대로 과하는 경우에 대하여 규정하고 있다.

우선 제1항은 형벌이 면제되는 경우를 규정하면서, 동거와 비동거를 구분하고 있다. 동거는 재산을 공유하고 함께 사는 경우를 말하는데, 그가 무복의 친족이라고 하더라도, 호적을 같이 하는지 여부를 묻지 않고 이 특례를 적용한다. 즉 친족이라는 신분에 동거라는 사실이 있으면 이 특례를 적용하는 것이다. 다음으로 동거하지 않는 경우에는 친족을 한정하고 있다. 즉 대공 이상의 친족 및 외조부모 · 외손 · 처부모 · 사위, 손주며느리, 남편의 형제 및 형제의 아내가 그것이다. 대공친이란 9개월간 상복을 입는 친족으로 며느리, 조카며느리, 손자, 출가한 조카딸, 출가한 자매, 출가한 고모, 출가하지 않은 사촌 자매를 가리키는데 이들보다 가까운 자들에게는 형사상의 특례가 인정되어 숨겨줄 수 있고, 숨겨주더라도 처벌하지 않는다. 외조부모나 손주며느리, 남편의 형제 및 형제의 아내는 소공친이고, 외손, 처부모, 사위는 시마친인데 제3항을 적용하지 않고 형벌을 면제하는 제1항의 형사상의 특례를 인정한 것은 상복을 어떻게 입느냐보다는 범죄를 범하였을 때 숨겨주는 정의(情誼)의 두터움을 기준으로 한 것으로 보인다. 한편 노비와 머슴이 가장을 위하여 숨겨준 경우에는 모두 죄를 논하지 않는다고 하여 노비, 머슴의 경우에도 형사상의 특례를 인정하고 있다. 사실 노비나 머슴의 경우에는 반역에 대한 고발을 제외하고는 가장을 고발하면 『대명률직해』 「형률」에 따르면 장100 도3년에 처하는데, 『경국대전』 「형전」에서는 형량을 교형으로 높이고 있다. 이렇게 고발을 처벌하면서, 고발을 의무로 할 수는 없는 것이다. 이에 따라 노비나 머슴에게 가장에 대한 죄가 성립되지 않는 것으로 한 것이다. 이들 주체들이 범죄를 범한 친족이나 가장의 행위에 대하여 법정에서 진술하지 않거나 거짓진술을 하더라도 처벌하지 않는 것을 제1항에서 규정하는 것이다. 『조선왕조실록』에도 이와 관련된 사례들이 다수 보인다. 성종 때 조지당(趙之唐)이 친여동생과 간통하였다는 풍문이 돌았는데 노비들을 신문하는 것이 이 사실을 조사하여 밝히는 데 가장 좋은 방법임에도 제31조의 규정이 있어서 조사해 규명하기 어렵다는 의금부의 보고가 있다(『성종실록』 성종 2년 7월 26일). 또 예성군(藥城君) 어유소(魚有沼)가 전 절도사(節度使) 경유공(慶由恭)과 첩을 다투는 일이 문제가 되었는데, 그 일의 전체를 어유소의 사위가 알고 있었지만 의금부에서 어유소와 용은이 된다고 하여 조사하지 않은 사례도 있다(『성종실록』 성종 15년 10월 26일). 이로 보건대 제31조 제1항의 규정에 있어서 주로 이 규정을 적용받는 주체들은 신문을 하지 않았던 것으로 보인다.

제2항은 관사에서 자신의 친족을 체포하려고 하는데, 이것을 미리 알고 범인인 친족에게 전하여 숨거나 도망가도록 하더라도 처벌하지 않는다는 것이다.

한편 동거하지 않는 친족이라도 일정한 범위를 벗어나면 형을 면제하는 것이 아니라 일반인을 기준으로 감경하는 것으로 처리하였다. 제3항에서는 그 기준을 소공 이하의 친족으로 하고 있는데, 제1항과 제2항의 행위를 소공친 이하가 하는 경우를 규정하고 있다. 소공친이란 5개월간 상복을 입는 친족으로 5촌 아저씨와 아주머니, 출가한 4촌 자매, 출가하지 않은 6촌 자매, 5촌 조카 등을 이르며, 이들보다 먼 친족에게는 일반인에 비하여 3등을 감경하여 처벌한다. 무복의 친족이란 상복을 입지 않는 친족으로 6촌 형제의 처, 8촌 형제의 처, 7촌 조카의 처 등을 가리키며 일반인에 비하여 1등을 감경하여 처벌한다. 일반인에 대한 처벌 규정은 제417조 죄인 은닉(知情藏匿罪人)에서 다루고 있는데, 이에 따르면 범인도피죄를 범한 자는 범인의 원래 죄에서 1등을 감경하여 처벌하도록 하고 있으므로, 소공친 이하의 친족의 경우에는 원래 범인의 죄에서 4등이, 무복친의 경우에는 2등이 감경되는 것이다.

그러나 범인은닉 및 도피와 관련한 친족의 특례는 모반(謀叛)죄 이상을 지은 경우에는 적용하지 않는다. 이를 제4항에서 규정하고 있는데, 모반죄 이상이라는 것은 『대명률직해』제277조 모반과 모대역(謀反大逆)과 제278조 모반을 가리키는 것으로 전자는 내란, 후자는 외환유치죄 정도가 될 것이다. 이들 범죄들은 국가에 대한 위해가 크기 때문에 범인은닉 및 도피의 예외를 인정하지 않는 것이다.

第31條 親屬相爲容隱

1. 凡同居人果 及各居大功以上親果 及外祖父母果 外孫果 妻之父母果 女壻果 孫子矣 妻果 夫矣 兄弟果 兄弟矣 妻果 有罪爲去等 互相容隱齊 奴婢身役人等亦 家長乙 容隱爲在乙良 並只 勿論罪齊.

2. 其矣 犯罪親屬乙 官司亦 推捉爲去等 其事乙 通消息漏泄爲 得罪親屬乙 隱匿逃避令是在乙良 並只 不坐罪齊.

3. 小功以下親乙 互相容隱爲於 其事乙 漏通爲在乙良 凡人例良中 減三等爲遣 無服制親屬是去等 減一等論爲乎矣.

4. 必于 親屬是良置 謀叛以上罪去等 不用此律爲乎事.

—9—

제37조 정확한 조문이 없는 죄의 처단

1. 율과 영에서 모두 기록하지 못하거나 정당한 조리가 없는 경우, 율문 속에서 비슷한 것을 준용하여 이치상 가중하거나 감경하는 것이 합당한 일이면 죄명을 헤아려 정하여 형조에 보고하고, 형조에서는 왕에게 보고한다. 이 경우에 왕에게 보고하지 않고 함부로 결단하여 남의 죄를 가중하거나 감경시키면 제433조 관사의 죄 가감(官司出入人罪)으로 처벌한다.

❀

형법에서 이야기하는 죄형법정주의는 한마디로 '법률이 없으면 범죄가 없다'는 것이다. 이는 아무리 반도덕적이거나 반인륜적인 행위라도 법률에 규정이 없으면 처벌하지 않는다는 것이다. 범죄와 형벌이 재판관의 자의에 의하여 결정되는 죄형전단주의(罪刑專斷主義) 아래에서 개인은 자유와 권리를 부당하게 침해당하였다. 이를 극복하기 위하여 국가의 자의적 형벌권의 남용으로부터 국민의 자유를 보장하고, 법률에 의해 국가 형벌권을 통제하기 위한 원칙으로 발전한 것이 서구 근대에 나타난 죄형법정주의다. 즉 근대형법의 대원칙인 죄형법정주의에서는 소급입법, 유추해석, 백지형벌, 관습형법을 금지하고 있는데, 『대명률직해』는 제46조 신율에 따른 죄의 처단(斷罪依新頒律), 제37조에서 소급입법, 유추해석을 허용하고 있으며, 또 「형률」 [잡범] 제409조 영의 위반(違令)에서 백지형벌을, 제410조 해서는 안 되는 일(不應爲)에서 관습형법을 인정하여 죄형법정주의를 정면으로 부정하고 있다. 이 중 유추해석 금지의 원칙은 법률에 규정이 없는 사항에 대하여 그와 유사한 성질의 법률 적용을 금지한다는 원칙이다. 이는 법관의 자의적인 법률 적용으로 말미암아 새로운 구성요건을 만들어내는 것을 금지함으로써, 국민의 자유와 권리를 보장한다. 그런데 죄형법정주의는 자유와 권리를 바탕으로 하여 탄생한 것이기 때문에, 그러한 개념이 없었던 『대명률직해』는 이를 인정하지 않았다. 따라서 그 핵심을 이루는 유추해석 금지의 원칙이 없을뿐더러 합법적으로 유추해석을 허용하고 있는데, 바로 이 조문이다.

우선 형식적인 면에서 살펴보자면 직해에서는 율문을 조선의 상황에 합당하게 번안하였다. '형부'를 '형조'로, '주문(奏聞)'을 '신문(申聞)'으로, '비부(比附)'를 '비준(比准)'으로 번역하였다. 그리고 의미를 더욱 분명하게 풀어서 번역하기도 하였다. 즉, "함부로 처단하여(若輒斷決)"는 "왕에게 보고하지 않고 함부로 결단하여(啓課不冬 趣便以 決斷爲)"로, "사리를 다하지 못하여(不盡事理)"는 "모두 기록하지 못하거나 정당한 조리가 없는 경우(載錄不得爲在事果 正當爲在 條理 無在乙良)"로, "가중하거나 감경하여야(應加應加[減])"의 '응(應)'을 "이치상 가중하거나 감경하는 것이 합당한 일이면(理合於加[減])"으로 각각 번역한 것이 그 예다.

다음으로 내용적인 면을 보면『대명률직해』는 어떤 행위에 대하여 일대일 대응방식으로 형벌을 규정하고 있다. 그런데 세상의 모든 범죄행위가『대명률직해』에 망라되어 있지는 않다. 왜냐하면『대명률직해』가 예정하지 않았던 신종 범죄가 나타날 수 있기 때문이다. 또한『대명률직해』가 예정한 범죄이지만 동기에서나 수법 면에서 훨씬 잔혹한 범죄가 나타날 수 있다. 이 경우 처벌하지 않거나『대명률직해』가 예정한 형벌보다 훨씬 더 비난될 수 있는 여지가 있음에도 불구하고 예정한 형벌대로 처벌한다면 도덕에 의한 교화가 중요하였던 전통사회에서 용납할 수 없는 결론이 될 것이다. 따라서 처벌의 공백, 즉 입법의 흠결을 막기 위해 둔 조문이 바로 이 조문이다. 즉 율문에 처벌 규정은 없지만, 가벌적으로 인식되는 행위를 처벌하기 위한 장치다.

비부(比附)란 법에 명문이 없는 범죄에 대하여, 성질이 유사한 다른 조항을 양형의 척도로서 차용하는 조작이다. 이러한 인율비부(引律比附)는 한나라 때의 결사비(決事比)에서 유래한 것으로 보인다. 즉 법에 해당 조문이 없을 때는 비슷한 사례를 취하여 재판하였는데, 춘추결옥이라 하여 유교 경전을 재판의 기준으로 삼는 경우도 있었다. 2008년 12월에 범죄자가 8세 여아를 성폭행해 장기를 파열시킨 사건이 있었는데, 범인의 형량이 12년에 불과하였다. 죄질이 불량하다고 하여 법률에 규정되어 있는 형벌 이상을 선고할 수 없다는 것이 죄형법정주의의 원칙인데, 이 문제를 두고 너무 형량이 낮다는 여론이 들끓었다. 죄질에 대한 정당한 형벌이 아니라는 비난이었다. 죄형법정주의는 이 범죄자의 경우에는 정당한 형벌이 아닐 수 있지만, 누구라도 범죄자가 된다면 법전에 규정된 형벌 이상의 것을 받지 않는다는 의미도 있기 때문에, 구체적 사정에 비추어 합당하지 않더라고 유지되어야 한다. 하지만 조선시대에는 달랐다. 즉 이러한 범죄가 발생하였다면, 법률이 규정한 형량이 낮다고 판단할 것이고 이에 따라 '모든 범죄 현상을 규정하지 못하고 정당한 조리가 없다'고 판단하여 유추해석을 행할 것이다. 이러한 범죄를 크게 징벌하지 않는다면 사회를 지탱하는 도덕적 기반이 무너진다고 생각하였을 것이기 때문이다. 다만 유추해석을 허용하였다고 하여 무제한의 죄형전단주의가 이루어졌다고 보기는 힘들다. 즉 이러한 경우에도 재판관이 임의로 형량을 가중하여 처벌할 수는 없었다. 이를 보여주는 것이 제46조에 정확히 나오는데 '죄명을 헤아려 정하여 형조에 보고하고, 형조에서는 왕에게 보고한다'고 한 것이다. 재판관이 임의로 정하는 것이 아니라 형조에서 의논하여 왕에게 보고하고, 왕은 어전회의를 통하여 충분히 숙고한 다음 처벌을 결정했다. 이 경우 그 사안에 대하여 새로운 입법이 행해졌다고 볼 수 있다. 즉 새로운 입법에 의하여 '소급'하여 범죄자를 처벌하는 것이다. 유추와 소급이라는 죄형법정주의에서 금기하는 사항을 정면으로 인정한 것이 바로 『대명률직해』다. 하지만 이러한 유추와 소급은 재판관이나 왕의 자의적 결정이 아니라 어전회의라는 집단 이성을 통하여 이루어진 것이라는 점에서 무제한의 죄형전단주의라고 볼 수는 없다.

한편 이러한 제한에 따르지 않고 재판관이 마음대로 가중하거나 감경하는 경우, 즉 말 그대로의 죄형전단주의를 취하는 경우에는 제46조에 따르면 제433조의 관사의 죄 가감(官司出入人罪)으로 처벌한다. 즉 판결을 마음대로 가중하거나 감경하면 처벌한다는 것으로서, 죄형전단주의를 제한하는 것으로 볼 수 있다.

第37條 斷罪無正條

1. 凡律令良中 並只 載錄不得爲在事果 正當爲在 條理無在乙良 律文內乙 比准爲 理合於加爲旀 理合於減爲在 事狀乙用良 罪名乙 擬定 呈報刑曹 申聞爲白乎矣 此亦中 啓課不冬 趣便以 決斷爲 他矣 罪乙 或輕或重令是在乙良 故失例論.

—⑩—

제47조 도형·유형·천사의 지방

1. 도형의 연한은 각 도형의 연한을 헤아려 모두 배소에 도달한 날
   로부터 계산한다. 염전에 보낸 자는 매일 소금 3근을 굽고, 제련
   소에 보낸 자는 매일 철 3근을 불려서 바치는데, 따로 묶어서 상
   납한다.

   직할인 부나 주는 직할인 경성과 좌도, 우도다.
   도역을 경성에서 먼 곳으로 보낼 때는 경상도이며, 중간으로 보
   낼 때는 전라도, 양광도이며, 근처로 보낼 때는 서해도, 교주도의
   염전이나 제련소다. 서해도에서는 경상도의 염전이나 제련소로
   보내며, 교주도, 강릉도이면 전라도의 염전, 제련소로 보내며, 양

광도에서는 평양삭방도의 염전, 제련소로 보낸다.

2. 세 등급의 유형은 지리의 원근을 고려하여 보내는데, 각처의 황
   폐한 곳이나 바닷가 등의 주현에 안치한다.

   직할인 부나 주는 직할인 경성과 좌도, 우도다.
   유배를 경성에서 보내면 경상도로 안치하고, 중간이면 전라도로
   안치하며, 서해도에서는 경상도로 안치하고 교주도, 강릉도에서
   는 전라도로 안치하며, 양광도에서는 평양삭방도로 안치한다.

3. 변원충군
   경성의 군인이면 경상도로 충군하고, 중간이면 전라도로 충군한
   다. 서해도의 군인이면 경상도로 충군하며, 교주도, 강릉도의 군
   인이면 전라도로 충군한다. 양광도의 군인이면 평양삭방도로 충
   군한다.

❖

　본조는 도형·유형·천사에 해당하는 처벌을 받는 자를 각 지방에 따
라 어디로 보내는지를 규정한 조항이다. 제목은 '도류천사(徒流遷徙)'로
되어 있으나, 본문에는 도·류·충군에 대해서만 기재하고 천사에 대한
기재는 누락되어 있는데, 천사는 이에 준하여 처리하였을 것이다. 도형

의 경우는 염전이나 제련소에 보내어 일을 시키면 되기 때문에 염전이나 제련소가 있는 일정한 지역으로 보내면 된다. 충군형도 마찬가지로 일정한 지역으로 충군하면 된다. 그런데 유형의 경우는 조금 다르다. 왜냐하면 유형은 2,000리, 2,500리, 3,000리의 세 등급이 있는데, 각각에 해당하는 지역을 정하여야 하기 때문이다. 더군다나 조선 지역은 3,000리가 되는 곳이 거의 없다. 이 문제를 어떻게 해결하였는지를 자세하게 살펴보자.

우선 형식적인 부분부터 살펴보면, 이 조문은 다른 조문과 달리 조문 전체를 따로 직해하였다. 즉 『대명률직해』에는 '도형·유형·천사의 지방(徒流遷徙地方)'이라는 항목이 두 번 나온다. 이는 '도형·유형·천사의 지방'의 내용이 일정한 지역을 열거하는 것인데 모두 중국의 지명이어서 각각에 대하여 직해할 필요가 없기 때문일 것이다. 원 조문의 지명마다 조선의 지명을 하나하나 넣는 것보다는 조문 자체를 따로 만드는 것이 혼란을 피하고 간명하게 볼 수 있었을 것이다. 그래서 조문 자체를 따로 만들면서 원조문의 제1항, 제2항, 제3항은 그대로 적었지만, 그 내용을 이루는 구체적인 지명은 직해문을 새로 써넣었다. 또한 제1항에 대한 직해문은 있지만, 제2항, 제3항에 대한 직해문은 없다. 제1항을 직해한 이상, 제2항은 쉽게 이해할 수 있기 때문에 직해하지 않았을 가능성을 상정할 수 있다. 제3항은 '변원충군'이기 때문에 따로 직해하지 않아도 될 것으로 보인다.

내용적으로 볼 때 '도형·유형·천사의 지방'에서는 범죄인의 현재 거소를 기준으로 그가 가야 하는 지역을 열거하였다. 예컨대 제2항에 따르면 경성 즉 서울의 범죄인을 유배 보낼 때에는 경상도로 보내며, 중간 정도의 거리로 보낼 때에는 전라도로 보낸다. 이 '도형·유형·천사의 지방'의 내용을 간단히 표로 나타내면 다음과 같다. 여기서 양광도(楊廣道)는 충청도, 서해도(西海道)는 황해도, 교주도(交州道)는 강원도, 강릉도는 함경남도 지역, 평양삭방도는 지금의 강원도, 평안도, 함경남도의 일부 지역을 가리킨다.

《『대명률직해』의 도류천사지방》

거주지		도형	유형	변원충군
경성	원처	경상도	경상도	경상도
	중간	전라도, 양광도	전라도	전라도
	근처	서해도, 교주도	×	×
서해도		경상도	경상도	경상도
교주도, 강릉도		전라도	전라도	전라도
양광도		평양삭방도	평양삭방도	평양삭방도

그런데 앞에서도 언급하였듯이 유형은 세 등급이 있는데, 표에서 볼 수 있듯이 『대명률직해』의 유형을 보내는 배소는 경성에서 보낼 때 먼 곳과 중간 거리의 구별이 있을 뿐 서해도, 교주도, 강릉도, 양광도의 경우에는 일률적으로 한 지역을 정하고 있다. 이렇게 하여서는 세 등급의 유형에 맞추어 배소를 정할 수가 없다. 그래서 세종 12년(1430)에 유형의 배소를 정하도록 하였는데, 세종 12년(1430) 윤12월에 유형지가 확정

된다(『세종실록』세종 12년 윤12일 11일). 이때 확정된 유형지를 표로 나타내면 다음과 같다.

〈세종 12년에 확정된 유형지〉

유형의 종류 / 거주지	구체적인 거리에 따른 유형지		
	3,000리 (900리를 넘는 바닷가 마을)	2,500리 (750리를 넘는 바닷가 마을)	2,000리 (600리를 넘는 바닷가 마을)
서울 · 유후사 · 경기도	경상도, 전라도, 평안도, 함길도	경상도, 전라도, 평안도, 함길도	경상도, 전라도, 평안도, 함길도
충청도	함길도	함길도	경상도, 전라도, 강원도, 함길도
경상도	함길도	함길도	전라도, 강원도, 함길도
전라도	강원도, 함길도	강원도, 함길도	경상도, 강원도
강원도	전라도, 평안도	전라도, 평안도	경상도, 황해도
황해도	강원도, 함길도	강원도, 함길도	강원도, 평안도
함길도	경상도, 전라도	경상도, 전라도	강원도, 평안도
평안도	강원도	강원도	황해도, 함길도
단, 변원충군의 경우는 각 도의 900리를 넘는 극변의 방어소에 충군한다. 국사범은 평안도의 인산(麟山)과 이산(理山) 이북의 마을과 함길도의 길주(吉州) 이북 마을에 유배 또는 충군하지 못한다.			

표에서 보듯 조선은 3,000리가 되는 곳이 없기 때문에 이 거리를 적당하게 환산하여 유배지를 정하였다. 즉 3,000리는 900리로, 2,500리는

750리로, 2,000리는 600리로 환산하고, 각 지역의 범죄인들의 거리에 맞는 배소를 정한 것이다. 하지만 이후에도 최소한 1,000리 밖으로 보내도록 하는 등 유배지 조항은 여러 차례 바뀌었다.

유배지는 조선 중기까지는 바닷가 마을이 많았으나, 조선 후기에는 섬으로 보내는 도배(島配)가 많아진다. 그 이유는 섬은 아무래도 기후나 물자 등이 사람이 살기에 적합하지 않아 정적을 제거하기에 보다 유리하고, 배가 있어야 도주할 수 있기 때문에 도주의 우려도 불식할 수 있는 이점이 있기 때문으로 보인다. 조선시대 윤선도가 보길도에서 '지국총 지국총 어사화'를 노래한 것도 바로 도배된 죄인이기 때문이다. 제주도나 흑산도도 유배지로 유명하였는데, 특히 흑산도는 영조 때 특별한 경우가 아니면 유배 보내지 말 것을 법령으로 만들었다. 사람이 살 만한 곳이 아니라는 이유에서였다. 정약전이 『자산어보(茲山魚譜)』를 편찬한 곳이 흑산도인데, 정권이 정약전을 얼마나 특별 범죄자 취급했는지 알 수 있다.

유배 가는 길은 험난했다. 당대의 권신이나 대학자가 유배 가는 경우에는 그의 권토중래에 한몫을 챙기기 위해서나, 스승에 대한 예의로서 가는 길마다 환대하는 경우가 많았겠지만, 그렇지 않은 사람은 자비로 일정한 노정을 가야 하는 험난한 길이었다. 특히 압송하는 사람들도 고되기 때문에 유배자는 그들에게 수고비를 지급하여야 하는 경우도 있었다. 유배인이 배소에 도착하면 고을 수령은 유배인을 맡아줄 사람을 정하였는데, 그가 보수주인이다. 그런데 보수주인은 유배인을 먹여 살려야 하였는데, 생산력이 현저히 낮았던 당시에 한 명을 더 먹여 살려야 하는 것은 수령의 명이기는 하였지만 보수주인에게는 큰 부담이 아닐 수 없다. 그래서 보수주인은 유배인을 구박하기도 하고, 더 이상 버틸 수 없는 보수주인이 야반도주하는 일도 있었다. 서슬 퍼렇던 광해군이 제주에 유배 가서는 밥을 너무 많이 먹는다고 구박받는 일이 예사였다. 이렇게 보수주인에게 많은 책임이 돌아가는 상황에서 유배인이 한 고을에 많이 배정되고 흉년이 들면 그 고을 전체가 먹여 살릴 수 없는 지경에 이를 수 있다. 조선 후기 정조 때에는 고을 수령들이 더 이상 유배자를 받을 수 없다고 호소하는 일이 생기는데, 이에 정조는 한 마을에 유배자가 10명을 넘지 않도록 하는 법을 만들었다. 유배자는 가택연금에 해당하는 위리안치에 해당하지 않는 한 그 지역을 벗어나지만 않으면 어느 정도 자유로이 활동할 수 있었다. 유배 생활에서 정약용이 수많은 저서를 저술하고 제자들 배출할 수 있었던 것도 그 때문이다. 하지만 어느 정도 자유로웠다고 하여도 죄인은 죄인이었기 때문에 일종의 점호라고 할 수 있는 점고(點考)를 하여야 하였다. 점고는 한 달에 한 번 정도 하는데 수령에게 배소에 잘 있다는 것을 보여주는 것이다. 양반이 유배자인 경우, 점고를 생략하는 일이 있었지만, 신임 수령이 반대파인 경우에는 양반임에도 불구하고 점고에 참석시키는데, 이때 양반인 유배자는 많은 좌절을 느꼈을 것이다.

第47條 徒流遷徙地方

1. 凡徒役乙良 各各徒年限乙 計數爲 並只 配所到日 始叱 計數爲乎矣 付鹽
   所者乙良 每日 責鹽三斤齊 付吹鍊者乙良 每日吹鐵三斤式以 捧上 各別封
   裹 上納.
   直隷府州
   直屬京城左右道
   京城乙良 遠處是去等 慶尚道 中間是去等 全羅楊廣道 近處是去等 西海交
   州道鹽所吹鍊所 西海道是去等 付處慶尚道鹽所吹鍊所 交州江陵道是去等
   付處全羅道鹽所吹鍊所 楊廣道是去等 付處平壤朔方道鹽所吹鍊所.

2. 流三等 照依地理遠近定發 各處荒蕪及瀕海州縣安置
   直隷府州
   直屬京城左右道
   京城乙良 慶尚道安置 中間是去等 全羅道安置 西海道是去等 慶尚道安置
   交州江陵道是去等 全羅道安置 楊廣道是去等 平壤朔方道安置.

3. 邊遠充軍
   京城軍是去等 慶尚道充軍 中間是去等 全羅道充軍 西海道軍是去等 慶尚道
   充軍 交州江陵道軍是去等 全羅道充軍 楊廣道軍是去等 平壤朔方道充軍.

이율(吏律)

『대명률직해』는 「명례율」을 제외하고는 6개의 율로 분류하여 놓았다. 이 6개의 율은 당시의 행정조직의 편제와 일치하는데, 「이율」, 「호율」, 「예율」, 「병률」, 「형률」, 「공률」이다. 그중 가장 첫머리를 차지하는 「이율」은 관리의 임명, 업무와 의무 등과 관련된 사항을 규정하고 있으며, 『대명률직해』가 형법전인 만큼 행정적인 사항을 내용으로 하지만, 그에 위반한 경우를 처벌하는 형사벌이 부과되어 있다. 현대라면 「이율」에서 규율하고 있는 대부분의 사항들은 공무원에 대한 징계로 충분할 테지만, 징계와 형벌의 경계가 분명하지 않은 『대명률직해』에서는 형사처벌의 대상으로 하고 있다.

「이율」은 '직제(職制)'편과 '공식(公式)'편 2개 편으로 되어 있다. 권2 직제편은 제48조 군직의 선발(選用軍職)에서 제62조 대신에 대한 덕·정 상언(上言大臣德政)까지 15개조로, 권3 공식편은 제63조 율령의 강독(講讀律令)에서 제80조 신패(信牌)까지 18개조로 구성되어 있으며, 모두 합하여 33개조로 되어 있는데, 아래에 목차를 제시하고, 이어서 각 권의 내용을 간략히 살펴보기로 한다.

권2

직제(職制)

　'직제(職制)'의 '직(職)'은 관직을, '제(制)'는 법제도를 의미한다. 따라서 직제에서는 관리들의 직무와 관련된 법규와 제도를 규율하고 있다. 관리의 권한·의무·임면·근태·상벌·사무처리 등의 규준과 절차 및 의무 위반에 대한 제재를 규정하였다.

　직제편은 내용에 따라 크게 세 부분으로 나눌 수 있다. ① 관리의 임면: 관리의 추천·선발·임면과 음직(蔭職)의 세습 등 인사(人事)에 관한 규정(제48조~제54조), ② 관리에 대한 평가: 관리의 직역(職役)과 계급에 따른 공무처리와 근무평정에 관한 절차와 원칙을 정한 규정(제55조~제59조), ③ 붕당 결성 금지 규정: '간당(姦黨)'으로 폄훼된 붕당(朋黨)의 결성과 이에 따른 국정문란을 극형에 처하는 규정(제60조~제62조)이다.

강력한 황제권을 확보하기 위하여 명태조는 관리의 임면 등을 황제의 전권으로 규정하였다. 특히 일정한 절차를 거치지 않고 대신(大臣)이 함부로 관리를 임용하거나 자격이 없는 친척을 천거하여 임용하게 하는 일을 비롯하여, 함부로 무자격자를 추천하여 임명하도록 압력을 가하거나 범죄 경력이 있는 자를 관직에 천거하여 임용하는 일과 같은 것은 인사에 관한 범죄로 처벌하는 규정을 두었다. 직제편의 맨 앞머리에 나오는 제48조와 제49조는 군인과 관리를 임용하는 절차와 이를 어겼을 때의 처벌에 대한 규정이다. 제48조 군직의 선발(選用軍職)은 장교급의 군인을 선발할 때의 절차와 그 절차를 위반했을 때의 처벌에 대하여 규정하고 있다. 제49조 대신의 관리 무단 선발(大臣專擅選官)은 대신의 지위에 있는 관원이 절차를 무시하고 함부로 관리를 선발하거나 전직시키는 등을 하는 경우에 대한 처벌로 극형인 참형을 기본 형벌로 하고 있다. 제48조가 군직에 관한 것이라면 제49조는 문무관직에 해당하는 것이라고 할 수 있다. 강력한 관료제의 지향을 엿볼 수 있다. 제50조 문관의 공후 봉작 불허(文官不許封公候)는 관원에게 함부로 작위를 주는 봉작(封爵)을 하지 못하도록 한 규정이다. 봉작을 이유로 정파가 나뉘어 싸우는 것을 경계하는 규정으로 이 규정을 강력하게 시행하기 위하여 참형이라는 극형을 형벌로 하였다. 제51조 관원의 음직 세습(官員襲蔭)은 문무관의 자손이 대대로 관직을 이어받는 것을 규정한 것인데, 원칙대로 이어받지 않는 경우를 규율하고 있다. 양자를 세우는 데 법을 위반한 것을 처벌하는 제84조 위법한 적자 선정(立嫡子違法)이 관원이 아닌 일반인을 대상으로 하는 점에서 일반 규정이라면, 이 규정은 특별 규정으로 형벌을 가중하고 있다. 제52조 관리의 남설(濫設官吏)은 규정에 정한 관리의 수보다 늘리는 경우를 처벌하기 위한 규정이다. 정부조직과 국가예산의 적정을 유지하려는 데 입법 목적이 있는 것으로 보인다. 제53조 부적임자의 추천(貢擧非其人)은 관리 추천에 대한 책임을 지우기 위한 규정이다. 부적격자를 추천한 경우에는 추천자와 피추천자 모두 처벌하는 연좌제(連坐制)를 취하고 있다. 임용 시의 부정을 방지하기 위한 규정으로 볼 수 있다. 제54조 파직관리의 임용(擧用有過官吏)은 이미 처벌을 받아 파직된 자를 천거하는 경우를 처벌하기 위한 규정이며 제53조의 가중 규정이라고 할 수 있다. 문무관(文武官)이 장100 이상의 사죄(私罪)를 범하거나 서리가 장60 이상의 죄를 범한 경우를 그 대상으로 한다.

제55조부터 제59조는 관리에 대한 평가의 적정성에 대한 규정들이다. 제55조 직역의 무단이탈(擅離職役)은 관리가 질병이나 공무 등 타당한 이유 없이 근무 직역에서 무단이탈하는 것과 당직, 숙직 근무를 이탈하는 것을 처벌하는 규정이다. 예컨대 숙직을 해야 하는데 숙직하지 않는 경우에 이 규정에 의하여 처벌하는데, 생각보다 가벼운 형벌인 태20으로 처벌한다. 또 모든 관원은 관직을 제수받으면 정해진 기한 내에 부임하는 것이 의무인데 그 의무를 다하지 않는 경우 처벌하는 근거를 두었다. 그것이 제56조 관원의 부임기한 도과(官員赴任過限)다. 제57조 무단결근(無故不朝參公座)은 이유 없이 근무를 하지 않는 경우 처벌하는 규정이다. 조선에서는 관리의 출근과 관련하여 '묘사유파법(卯仕酉罷法)' 즉 묘시(오전 5~7시)에 출근하여 유시(오후 5~7시)에 퇴근하는 법을 시

행하고 있었는데[『경국대전』이전 고과(考課) 참조], 이를 어기는 경우의 처벌 규정을 따로 두고 있지 않았기 때문에 처음에는 『대명률직해』제409조 위령(違令)을 적용하여 처벌하였다. 그러나 본조와 충돌하기 때문에 세종은 이를 위반하는 자는 제409조가 아니라 제57조에 따라 처벌하도록 한 사례가 있다(『세종실록』세종 13년 3월 15일). 제58조 무단차출(擅句屬官)은 관리의 파견·차출과 공무처리에 상관이 임의로 부하를 부리는 것을 금지하여 업무의 적정을 도모한 규정이다. 마지막으로 제59조 관원과 이전의 급유(官吏給由)는 관리들의 근무 성적이나 태도 등을 판단·평가하는 것을 규정하였는데, 평정자료를 구비하지 않은 서리, 본인의 과실을 숨기거나 근무 기간을 줄이거나 늘리거나, 근무지 등을 제대로 보고하지 않은 경우 등을 처벌하는 내용을 규정하였다.

직제편의 마지막 3개 규정은 당파를 경계하는 규정들이다. 제60조 간사한 무리(奸黨)는 간사하며 도리에 어긋나는 악인의 도당을 결성하는 것을 처벌하는 규정이다. 당을 이루어 옳지 못하게 사람을 죽이거나, 사형을 면제시키는 경우에는 극형인 참형에 처한다. 제61조 근시관원과의 결탁(交結近侍官員)은 임금을 가까이서 보좌하는 신하들이 결탁하여 국정을 농단하는 행위를 극형인 참형에 처하도록 한 규정이다. 가까이서 보좌하는 신하들이 결탁한다는 것은 관원, 서리, 내시 등이 결탁하는 것을 의미하는데, 정치적 승자가 활용하기 좋은 규정이다. 제62조 대신에 대한 덕·정 상언(上言大臣德政)은 대신에게 아첨하는 것을 금지하는 규정으로 모든 권력을 임금에게 집중시키기 위한 의도가 담겨 있다. 마찬가지로 참형에 처한다.

직제편의 15개 조문 중에서 7개의 조문인 제48조~제50조, 제58조, 제60조~제62조는 그 이전까지의 법전에는 없던 것으로『대명률』에 처음 등장하는 조문이다. 인사권을 임금에게 귀속시키고 붕당의 결성을 금지하는 등 강력한 국왕권을 지지하는 역할을 하였다. 청말의 법학자 설윤승(薛允升, 1820~1901)은『당명률합편(唐明律合編)』에서 제60조, 제61조, 제62조를 다음과 같이 평가하였다. 홍무(洪武) 연간에 추가된, 즉 태조 주원장이 만든 조문이며, 이는 명태조가 신하들을 시기하여 제정한 것으로 가혹함이 현저하였다. 제60조부터 이 조는 신하들의 전횡과 붕당의 결성을 방지하려는 목적으로 약간의 필요성은 인정하였다. 그러나 신하들을 믿지 못하는 것이 지나쳐서 강직한 사람은 사라졌고 선비들은 늘어났지만 현직만 지키는 것을 복으로 여겨 중대한 일이 있으면 임금의 비위를 맞추려는 사람만 궁중에 넘쳐나 가부에 대해 의견을 제시하지 않아서 국사에 아무런 도움이 되지 않았다.[1]

---

1 薛允升,『唐明律合編』卷9「上言大臣德政」: 愚按以上諸條 凡所以防臣下之攬權專擅 · 交結黨援者 固已不遺餘力矣 然猜忌過甚 則剛克消亡 朝多沓沓之流 士保容容之福 遇重大事件則唯諾盈廷 無所可否 於國事究何裨乎.

권3

공식(公式)

  다음으로 「이율」의 두 번째 편인 권3 '공식'편은 제63조 율령의 강독 (講讀律令)에서 제80조 신패(信牌)까지 18개조로 구성되어 있다. 여기에 는 공무를 처리할 때 모범으로 삼아야 할 사항을 규정한 조문을 수록 하였다. 예전부터 사용되어 온 공문(公文)의 법식을 규정하였으므로 주 로 문서나 인신(印信)에 관한 사항이 대부분이다. 공식편의 17개 조문 중에서 5개의 조문인 제63조, 제77조~제80조는 『대명률』에 처음 등장 한다.

  공식편은 크게 세 부분으로 나눌 수 있다. 우선 임금이 내렸다는 점 에서 공통점을 가지는 임금의 명령 등과 관련된 내용으로 제63조에서 제70조까지다. 여기에서는 임금의 명령 위반 행위와, 임금 문서의 훼손이나 분실, 임금에 대한 문서 보고의 누락, 임금과 국가의 안위와 직결되는 군사기밀의 누설을 규정하였다. 우선 제63조 율령의 강독(講讀律令)은 공무를 처리하는 관리들이 국가의 질서인 국법을 숙지하도록 하는 중요한 규정이다. 제64조 제서의 위반(制書有違)에서 제서(制書)란 황제의 명령을 가리키는데, 『대명률직해』에서는 이를 왕지(王旨)로 번역하였다. 즉 일반적으로 임금의 명령을 어기는 경우의 처벌 규정으로서 장100에 처하고 있다. 왕지를 어긴 경우에 처벌하는 일반 조항으로서의 성격을 띠지만, 일반인을 대상으로 한 것은 아니고 관리들이 수범자였는데, 세종 때 일반인을 적용 대상으로 처리하던 것을 잘못되었다고 하여 적용 대상을 관리들로 하는 유권해석을 내린 사례가 있다(『세종실록』 세종 6년 8월 21일). 제65조와 제66조는 제서 및 인신의 유기·훼손(棄毀制書印信)이라는 동일한 명칭으로 규정되어 있다. 즉 제서 및 인신의 유기·훼손은 내용을 달리하는 하나의 규정으로 되어 있고, 규정 옆에 '2조'라고 표기되어 있어 두 규정으로 보는 것이다. 제64조가 제서 등 문서의 내용을 위반한 행위를 처벌하는 규정이라면, 제65조와 제66조는 제서 등 각종 관문서나 인신(印信) 등을 제대로 관리하지 못한 행위를 처벌하는 규정이다. 제65조와 제66조의 차이는 제65조는 공문서 등을 고의로 유기하거나 훼손하는 행위의 처벌이며, 제66조는 분실하는 경우 등을 처벌하는 데 있다. 따라서 제65조의 형량은 참형, 교형 등인 데 비하여 제66조는 장형이나 도형이다. 제67조 상서·주사의 범휘(上書奏事犯諱)는 함부로 쓸 수 없는 임금의 '휘(諱)' 등을 임금에게 올리는 문서나 다른 문서 등에서 쓰거나, 이름을 지을 때 이를 범하는 경우 등에 대하여 처벌하는 규정이다. 경중에 따라 주로 장형을 부과하고 있다. 제68조 주청 의무의 불이행(事應奏不奏)은 알려야 할 사항을 알리지 않은 경우를 처벌하는 규정이다. 문무관 범죄의 처리 절차, 일상 업무 등에 대하여 보고하여야 하는데 하지 않은 경우를 처벌하는 규정이다. 제69조 출장복명 불이행(出使不復命)은 사신이나 각 아문의 관원이 출장 복귀 후 보고 등을 이행하지 않고 업무를 수행하는 경우를 처벌하는 규정이다. 임금에게 보고하는 것을 우선시해야 함에도 불구하고 이를 이행하지 않는 행위를 처벌하는 것이다. 제70조 중요 군사기밀의 누설(漏泄軍情大事)은 중대한 군사기밀을 외부에 누설한 자를 처벌하는 규정이다. 국가의 안보에 매우 큰 영향을 끼치기 때문에 직접 누설한 자를 극형인 참형으로 처벌하며, 전파한 자를 종범, 군사기밀이 아닌 일반 사항의 누설에 대하여는 보다 경한 형으로 처벌하였다.

다음은 각종 문서의 처리 과정을 규정한 제71조에서 제75조다. 여기서는 문서의 처리 기일, 문서의 보관 및 관련 관원의 서명 등을 규정하여 문서에 의한 행정이 가능한 법적 장치를 마련하였다. 제71조 관문서의 계정(官文書稽程)에서는 행정업무의 효율을 도모하기 위해 업무의 중요도에 따라 처리 기일을 정하여 그 기한을 어기는 경우를 처벌하였다. 예컨대 관문서의 처리 기한을 소사, 중사, 대사로 나누고 각각 5일, 10일, 20일로 정하여 이 기한을 넘기는 경우에는 서리라면 하루를 어긴 경우에는 태10, 3일마다 1등을 가중하되 태40을 최고형으로 하였다. 제72조 문서의 조사와 정리(照刷文卷)는 인신이 있는 각 관서의 문서를 다시 자세히 조사하는 데 건당 기한을 두어 1~2건을 지체하는 경우 등을 처벌하는 규정이다. 제73조 문서의 마감(磨勘卷宗)은 조사한 대로 문서가 수정되었는지를 대조하여 제대로 되어 있지 않은 경우를 처벌하는 규정이다. 제71조는 당시의 업무처리 지연을 방지하기 위한 규정이고, 제72조와 제73조는 당시의 문서행정과 관련하여 문서의 정리 및 이후의 조작 방지를 철저하게 하기 위한 규정이라고 할 수 있다. 제74조 권한 없는 서명·날인(同僚代判署文案)은 권한이 없는 관원이 담당 관원 대신 관문서에 무단으로 서명·날인하는 것을 처벌하는 규정으로, 현대의 개념으로는 공무원에 의한 공문서 변조 행위를 처벌하는 규정이라 할 수 있다. 제75조 관문서 내용의 가감(增減官文書)은 관문서의 내용을 증감하는 행위를 처벌하는 규정이다. 제74조는 동료 관원이 주체가 되는 것에 비하여 제75조는 모든 사람이 주체가 될 수 있다는 점이 다르다. 특기할 만한 것은 관문서의 변조가 군사 작전의 실기(失機)로 이어지는 경우에는 고의와 과실을 불문하고 모두 참형에 처한다는 점이다.

마지막은 인신(印信)과 관련된 제76조에서 제80조다. 인신이란 문서의 작성자를 표시하는 것으로 문서가 진정으로 성립되었음을 나타내는 표시다. 이해하기 쉽게는 도장(圖章)과 신표(信標)를 말한다. 여기서는 공문서 위·변조의 특수한 형태로서 각종 인장(印章)에 관한 범죄를 처벌한다. 제76조 관사 도장의 관리(封掌印信)는 관청의 관인과 부신(符信)이 관의 권위를 상징하고 이것이 찍힌 문서는 진정으로 성립된 문서라는 것을 표시할 만큼 중요한 문서이기 때문에 인신의 관리를 누가 어떻게 해야 하는지에 대하여 규정한 것이다. 제77조와 제78조는 찍어야 할 관인을 누락하는 경우의 처벌에 관한 규정이다. 제77조 인신의 누락(漏使印信)은 관문서를, 제78조 보초의 관인 누락(漏用鈔印)은 종이 지폐를 대상으로 하는 규정이다. 제79조 군사용 인신의 남용(擅用調兵印信)은 군사용 인신(印信)을 남용하는 행위를 처벌하는 규정인데, 일반 인신에 비하여 형량이 무겁다. 제80조 신패(信牌)는 관리가 지방을 순회할 때에 휴대하는 증표인 신패에 대한 규정이다. 신패는 노정의 기한을 적어두는데 이 기한을 넘기면 날짜를 계산하여 처벌하는 것으로 하였다.

「이율」의 규정 중에서는 구체적으로 조선시대 사화(士禍)의 적용 규정이 되기도 하였던 제60조 간사한 무리(姦黨)와, 율령을 강독하는 것을 의무로 했다는 것은 당시의 법치의 관점에서 백성들이 잘못된 법적용으로 인한 피해를 방지하고자 한 측면도 있으므로 제63조 율령의 강독(講讀律令)에 대하여 좀 더 살펴보기로 한다.

①

제60조 간사한 무리

1. 간사한 무리가 죄 없는 사람을 사지로 빠지도록 임금 앞에 참소하면 참형에 처한다.

2. 범죄가 율에는 사형에 해당하는데 대신이나 소관들이 교묘한 말로 농간을 부려서 사형을 면할 것을 간하여 사람들에게 영합하려고 하면 참형에 처한다.

3. 현직 관원이 붕당을 결성하여 조정을 문란하게 하면 모두 참형에 처하고, 처자는 노비로 삼으며 재산은 몰수한다.

4. 형조의 관리와 대소 각 관사의 관리가 법률을 집행하지 않고 상급 관사 관원이 시키는 것을 따라서 죄인이 범한 것의 형량을 가중하거나 감경하면 같은 죄로 처벌한다. 권세를 두려워하지 않

고, 권세 있는 자가 행한 불법한 일을 명백하게 임금 앞에서 법대로 집행하도록 호소하면, 간신을 처벌하고 앞의 호소한 사람은 본죄를 면제하며 범인의 재산을 고루 상으로 충당한다. 관직이 있는 자는 상으로 관직을 2등 이상 올려주고, 관직이 없는 자는 참작하여 관직을 주거나 은 20냥[2]을 상으로 준다.

✳

현대 국가는 정당국가라고 할 만큼 정당정치가 활성화되어 있다. 우리 헌법은 제8조에서 "정당의 설립은 자유이며, 복수정당제는 보장된다"라고 규정하여 그 제도를 헌법적으로 보장하고 있다. 다만 제8조 제4항에서 "정당의 목적이나 활동이 민주적 기본질서에 위배될 때에는 정부는 헌법재판소에 그 해산을 제소할 수 있고, 정당은 헌법재판소의 심판에 의하여 해산된다"라고 정당의 한계를 민주적 기본질서에 위배되는 것으로 설정하고 있다. 이 규정에 따라 우리나라의 정당이 해산된 일도 있다. 어쨌든 우리 정치질서에서 정당이라는 존재는 이미 떼려야 뗄 수 없는 존재로 인식되어 있고, 거의 모든 정치행위는 정당을 통해서 이루어지고 있다. 그런데 과거의 정치형태는 의회정이 아니라 전제정이었기 때문에 당을 정당과 등치시키는 것은 힘들지만, 유력자와 그의 사상을 중심으로 정치지향이 나뉘었다는 점에서 원형이라고 할 만하다. 이러한

---

2 원문은 '二十'이지만 『대명률부례』, 『대청률례』 등에는 일관되게 2,000냥으로 나온다.

정당의 원형이라고 할 만한 붕당은 전통시대에는 원칙적으로 정치에 해를 끼치는 존재로 인식되었고, 붕당의 간판이 없다고 하더라도 실질적으로 붕당의 모습을 갖추게 되면 언제든지 간사한 당파로 공격받아 법에 의하여 처벌될 가능성이 있었다.

중국 역사에서 붕당은 황실로서는 경계해야 할 대상이었다. 붕당에 대한 제한의 역사를 보면 남송의 고종(高宗)은 1132년 4월에 붕당에 대한 엄벌을 명하는 조서(詔書)를 내렸고, 명태조 홍무제(洪武帝)는 이를 이어받아 『대명률』 직제편에 '간당(奸黨)', '근시관원과의 결탁(交結近侍官員)'·'대신에 대한 덕·정 상언(上言大臣德政)' 3개조를 두어 역시 붕당을 금지하게 된 것이다. 각종 변란이 빈번했던 중국의 역사에서 교훈을 얻은 명나라 개국 초기 명태조가 자신의 군권(君權)을 확립하기 위해 만든 조문이다. 즉 신권에 대한 군권의 확고한 우위를 통해 임금을 정점으로 하는 강력한 중앙집권체제를 확립하고자 했던 당시의 정치철학이 반영된 결과라 할 수 있다. 조선 후기의 정치를 붕당정치라고 하여 그 긍정적인 측면을 부각하기도 하지만, 근본적으로 전통시대 법에 나타난 붕당에 대한 인식은 처벌 규정을 둘 정도로 부정적이었다.

『대명률직해』 제60조 간사한 무리(奸黨)의 내용을 보자. '간당(奸黨)'이란 간사하며 도리에 어긋난 악인들의 무리다. 제60조는 4개 항으로 구성되어 있는데, 현직 관원이 붕당을 결성하는 것을 매우 엄하게 처벌하고 있다. 즉 국사를 근원에서부터 흔들 수 있는 불법적인 사조직의 결성과, 이에 의한 무고나 유언비어 유포와 같은 각종 국정문란 행위를 극형에 처하도록 하였다. 또한 이와 같은 행위를 용감하게 고발한 자를 두텁게 포상함으로써 간접적으로 붕당의 결성과 이에 따른 국정문란을 감시·억제하는 효과도 노리고 있다. 우선 제1항은 죄 없는 사람을 임금에게 참소하여 임금의 판단을 흐리게 하여 사형에 처하도록 한 행위를 처벌하는 것으로 형량은 참형이다. 사실 이러한 행위는 무고에 해당하는데, 무고를 하여 피무고자가 사망하였을 때에는 무고자는 사형으로 반좌한다는 규정(제359조)이 있다. 그럼에도 제60조를 둔 것은 임금의 판단을 직접적으로 흐리게 했다는 점, 자신의 사사로운 뜻을 임금을 도구로 하여 펼쳤다는 점을 고려한 것으로 보인다. 그렇기 때문에 사형 중에서도 가장 중한 참형으로 처벌한다. 제2항은 제1항과는 반대로 사형에 해당하는 사람을 임금에게 간언하여 사형을 면하도록 하는 행위를 처벌하는 것이다. 대세에 영합하여 겉으로는 간쟁의 형식을 띠지만, 속으로는 무리와 결탁하는 것을 처벌하는 것으로 형벌은 참형이다. 사실 이 두 규정은 규정 자체만으로도 상당히 정치적임을 알 수 있다. 왜냐하면 사형의 집행이나 사형의 면제는 결국 사후적인 판단에 의할 수밖에 없는데, 그 시점에 이러한 것들이 문제가 된다는 것은 행위자의 정치적 패배일 수밖에 없기 때문이다. 임금을 속여서 판단을 흐리게 했다는 것이 이 규정의 표면적인 입법 취지이지만, 배후에는 정치권력의 향방에 따라서 언제든지 이 규정을 적용하여 반대파를 숙청할 수 있도록 한 의도가 깔려 있는 것으로 생각된다.

　제3항은 붕당을 결성하여 조정을 문란하게 하는 행위를 처벌하는 규정이다. 붕당의 결성만으로 처벌하는 것은 아니고 조정을 문란하게 하는 데까지 나아가야 한다. 물론 조정을 문란하게 했는지 여부는 정치적

으로 판단될 수밖에 없을 것이기 때문에, 이 규정 또한 매우 정치적일 수밖에 없다. 한편 형량은 매우 높아서 참형에 이르고 재산은 관에서 몰수하는데, 연좌제까지 더해져서 처자를 노비로 삼도록 하였다. 또한 '모두'라는 용어를 사용함으로써 수범과 종범을 가리지 않고 참형에 처하였다. 붕당 결성 행위에 대한 처벌 의지가 무척 강했음을 알 수 있는데, 정치적으로 이용될 가능성이 매우 높았다. 조선 중종 때의 문신 조광조(趙光祖)가 처음 고발된 죄목이 "서로 붕당을 맺고 자신들에게 붙는 자는 천거하고, 뜻이 다른 자는 배척하여…국세가 뒤엎어지도록 하고 조정이 날로 아니게 되어(交相朋比, 附己者進之, 異己者斥之…使國勢顛倒, 朝政日非)"라고 한 것은 바로 위 제3항에 그대로 해당한다(『중종실록』 중종 14년 11월 15일). 이 규정을 근거로 조광조와 그 무리를 숙청한 것이 바로 기묘사화(己卯士禍)다. 이 사안에서 조광조는 수범이므로 참형에 처하고 다른 사람들은 감경하여 조율하였다. 중종이 수범과 종범 '모두' 참형에 처한다는 이 규정을 몰랐을 리 없지만, 조광조를 노린 정치적 행위였기 때문에 짐짓 중종이나 관료들 모두 이렇게 적용하는 것에 이의를 제기하지 않은 것으로 보인다.[3] 이 규정 외에도 다른 규정들을 적용했겠지만, 가장 기본적인 처벌 근거 규정은 바로 이것이다.

제4항은 형조 등의 관리가 법에 따르지 않고 상급 관서의 지시에 따라 처리하는 행위를 처벌하며, 이에 대해 법을 준수한 관원을 포상하였다. 형벌을 담당하는 관리는 법을 지켜야 하는데, 이를 굳건하게 지키

---

3 임상혁, 『나는 선비로소이다』, 역사비평사, 2020, 83~86쪽 참조.

지 못하고 상급 관원의 불법한 명령을 따라서 범인의 죄를 줄이거나 늘리는 경우, 단순히 죄를 줄이거나 늘린 죄로 처벌하는 것이 아니라 제3항에 따라서 상급 관서의 관리와 마찬가지의 형벌인 참형에 처한다는 것이다. 단순히 죄를 줄이거나 늘린 죄로 평가하지 않고 참형에 처하는 것은 상급 관서가 간사한 무리(姦黨)라는 전제하에 이를 따른 사람도 간사한 무리에 포함된다는 것을 의미한다. 이것이 문제되는 경우도 역시 정치적인 사안일 것이다. 현대의 예를 들어보면 과거 군사정권시대에 군부에 협력하여 판단한 검사나 법관들을 군사정권과 같은 무리로 보고 처벌한다는 것으로 비유할 수 있을 것이다. 실제로 처벌되기도 하였다. 예컨대 나치스의 예를 들어보자. 나치스 정권하의 판사들은 그들이 자연법에 비추어 참을 수 없을 정도로 불법한 것으로 판단할 수 있음에도 불구하고 나치스의 법을 무비판적으로 그대로 적용했다는 이유로 제2차 세계대전 이후에 처벌되었다. 한편 상급 관사의 불법한 명령에 따르지 않고 저항한 실무관리에게는 포상을 했는데, 간신에게 몰수한 재산의 반을 주고, 관직이 있는 자는 2계급 이상의 특진을 해주고, 관직이 없는 자는 등용하거나 은을 상금으로 주었다.

제60조 姦黨

1. 凡姦邪之徒亦 無罪人乙 死地良中 陷落爲只爲 上前讒訴爲在乙良 斬齊.

2. 犯罪律當處死人乙 大臣小官等亦 巧言以 冒弄 諫奏免死爲 陰謀脫人爲在乙良 斬齊.

3. 在朝官員亦 朋黨交結 朝政乙 紊亂爲在乙良 並只 斬爲遣 妻子乙良 屬賤 家産乙良 沒官齊.

4. 刑官及大小各司官吏亦 不執法律爲遣 上司官員敎令乙 聽從爲 罪人矣 所 犯輕重乙 加減爲在乙良 同罪齊 權勢乙 疑畏不冬 所行不法之事乙 明白亦 上前良中 執法陳訴爲在乙良 姦臣乙 坐罪爲遣 向前 陳訴人乙良 免本罪爲 於 犯人矣 財産乙用良 均給充賞爲乎矣 有職者乙良 超二等賞職齊 無官者 乙良 斟酌錄用爲於 或賞銀二十兩爲乎事.

─②─

제63조 율령의 강독

1. 국가의 율령이란 사정의 경중을 참작해서 죄명을 정하여 천하에
   반포·시행해서 영구히 준수케 하는 것이니, 모든 관사의 관원과
   서리는 반드시 숙독하여 율의 뜻에 정통해서 사무를 변별하여 결
   정한다. 연말에 중앙에서는 사헌부, 지방에서는 안렴사가 각 마
   을에 감사하러 가서 규찰하는데, 율을 해석하여 밝히지 못하거나
   율의 뜻에 정통하지 못하면 초범은 1개월 녹봉을 환수하고, 재범
   은 태40에 처한 후 징계기록부에 이름을 남기며, 3범은 본래 재직
   하던 관사에서 강등하여 임용한다.
2. 각종 장인과 여러 기예를 담당한 사람이라도 율의 뜻을 숙독하고
   통달할 수 있는 사람이 과실로 죄를 짓거나, 남의 죄에 연좌되면

죄의 경중을 묻지 않고 초범은 풀어주어 면죄한다. 다만 모반(謀反), 모대역(謀大逆), 모반(謀叛)에 연좌되는 경우에는 그러하지 아니하다.

3. 관원과 서리들이 간사한 생각을 가지고 관사를 농간하여 법 밖의 논의로 함부로 법률을 고치면 참형에 처한다.

❋

　현대의 법체계에서 형사법은 법관에게는 범죄자들을 처벌할 때 기준으로 삼는 재판 규범이 되며, 국민에게는 일정한 행위를 금지 또는 명령함으로써 행위의 기준이 되도록 하는 행위 규범이 된다. 형사법의 이러한 성격은 과거나 지금이나 다를 바 없을 것이다. 그러나 법규범이 전 국민에게 공개되는 현대의 법은 행위 규범적인 측면이 재판 규범적인 측면 못지않게 중요한 역할을 하지만, 전통법은 그렇지 못하였다. 문자 해독력의 차이, 법전의 보급 차이 등의 이유로 모든 사람이 법전에 접근하는 것은 불가능하였다. 따라서 법이 사람들에게 행위 규범으로 작동하였다는 것을 완전히 부정할 수는 없다고 하더라도, 문자를 해독하고 법전에 접근할 수 있는 사람들을 주된 대상으로 하였다. 거칠게 말하면 일반적으로 보통 사람들은 형사법전의 적용을 받는 대상에 불과했다. 또 행위 규범적인 측면보다는 임금 내지 황제가 내린 법규범을 대리하여 적용하는 사람들에 대한 재판 규범으로 작동한 측면이 보다 강했다. 이런 상황에서는 임금이나 황제를 대리하는 법관들의 재판 규범 숙지가

매우 중요하였다. 『대명률직해』 제63조는 재판 규범의 숙지를 요청하는
내용을 담고 있으며, 이를 위반하는 경우를 처벌하는 규정이다.

당률에서 완비된 '율령격식(律令格式)' 체제는 송나라, 원나라를 거치면
서 서서히 달라졌으며, 명률에서는 율령이 분리되지 않고 통합된 모습
을 띠고 있다. 이 규정의 '율령(律令)'에서 '율(律)'은 『대명률(大明律)』을, '영
(令)'은 『대명령(大明令)』을 가리키는데, '영'은 작위(作爲)나 부작위(不作爲)를
명하는 행정법규이며, '율'은 영을 위반한 경우에 대한 처벌 규정이다.
따라서 영과 율은 동전의 양면으로 영으로 명령하고 이를 위반하면 율
로 처벌하는 것으로, 국가통치의 기본이라고 할 수 있다. 다만 조선에
서는 『대명령』을 받아들이지 않았다. 또한 『대명률직해』를 번역할 당시
에 『경국대전』은 존재하지 않았다. 따라서 당시 사람들이 인식하고 있
던 영(令)은 작위나 부작위를 명하는 행정법규의 총체, 즉 국왕의 명령
인 수교(受敎)를 가리키는 것으로 보인다. 또 시대를 내려오면서 수교들
이 정리된 등록(謄錄), 이를 법전화한 『경제육전(經濟六典)』, 때때로 발포되
는 사목(事目) 등이 이에 해당되었을 것이다.

이 규정의 내용으로 들어가 보면, 내용적으로는 관리들이 율령을 이
해하고 숙지할 것을 규정하고 있다. 제1항에서는 관리들이 율령을 숙
지할 의무를 부과하고, 그 바탕 위에서 사무를 처리하도록 규정하고 있
다. 이 제1항의 『대명률』의 원문에서는 찰원(察院)이라고 되어 있던 것을
『대명률직해』에서는 사헌부로, 분순어사(分巡御史), 제형안찰사(提刑按察司)
로 되어 있던 것을 안렴사로 번역하였는데, 각각 『대명률직해』 편찬 당
시의 관직체계를 반영하였다. 율령을 숙지하였는지 여부를 중앙에서는

사헌부에서, 지방에서는 안렴사가 연말에 1회 검사하였다. 이때 제대로 숙지하지 못했으면 초범은 1개월의 녹봉을 환수하고, 재범은 태40에 처한 후에 징계기록부에 기록하였으며, 3범은 본래 재직하던 관사에서 강등하여 임용하였다. 이 규정은 『대명률직해』가 형사 규범이기는 하지만 징계와 형벌이 혼용되어 있던 모습을 잘 보여준다.

제2항은 장인 등 기술직들이 율령을 숙지하고 있으면 과실범이나 남의 죄에 연좌된 경우에는 죄의 경중을 묻지 않고 초범은 풀어주어 면죄하였다. 이들은 원래 율령을 집행하는 사람들이 아니기 때문에 율령을 숙지할 의무는 없다. 그럼에도 불구하고 율령을 숙지한 것에 대한 보상 차원도 있고, 우대하는 차원도 있어서(제19조 참조), 이러한 규정을 둔 것으로 보인다. 다만 이들이 모반(謀反), 모대역(謀大逆), 모반(謀叛)의 죄에 연좌된 경우에는 초범이라도 연좌하여 처벌하도록 하였다.

제3항은 관리들이 율령이 있음에도 불구하고 이를 함부로 고치는 행위를 금지하는 규정이다. 즉 율의 개정을 금지하는 것으로 율의 개정을 발의한 자를 참형에 처하도록 하고 있다. 저 멀리 동로마제국의 황제 유스티니아누스 2세는 현재까지도 빛나는 로마법을 집대성한 후, 이에 대한 해석이나 개정을 논의한 자를 사형에 처한다고 하였는데, 전제권력이 만든 법에 대한 개정 논의를 봉쇄한 것은 동이나 서나 마찬가지임을 새삼 깨닫게 한다. 이 때문인지 『대명률』의 나라인 명나라에서도 1585년(만력 13) 『대명률부례』를 간행하면서 55자를 수정한 것 이외에는 전혀 개정하지 않았다.

조선에서 이 규정을 실제로 활용한 기록은 없다. 국가 제도가 원활하게 돌아가기 위하여서는 율령을 숙지하여야 하지만, 사실 유교국가에서 이 규정을 준수하도록 하기 위하여는 끊임없는 강행 의지가 있어야 한다. 그러나 조선에서는 그러하지 못하였던 것 같다. 율령을 숙지하여야 하는 전문 율관의 경우는 차치하고, 관료들에게도 이 규정이 시행되었던 것 같지 않다. 『조선왕조실록』에도 이 규정과 관련한 사례는 두 건이 나온다. 하나는 녹봉 1개월을 태형으로 환산할 때 어떻게 하는지와 관련된 것인데, 제63조 제1항에서 재범을 태40으로 처벌하는 것을 근거로 초범에 해당하는 녹봉 1개월은 태40보다 경한 것이므로 태30에 준한다는 내용이다(『세종실록』 세종 11년 4월 23일). 또 하나는 제63조 제1항의 매우 일반적인 규정 내용인, 숙지하여 사무를 처리하여야 한다는 것을 강조하여 다른 규정들도 마찬가지로 준수하여야 하는 것을 밝히는 데 이용하고 있다(『세종실록』 세종 28년 6월 7일).

제63조 講讀律令

1. 凡國家律令叱段 參酌事情輕重爲良 定立罪名頒行天下 永爲遵守爲良爲 敎事是去有良尔 百司員吏等亦 須只 熟讀爲 律意乙 精通 事務乙 辨決爲 乎矣 年終是去等 京中乙良 司憲府 外方乙良 按廉使弋只 各村良中 監行 糾察爲乎矣 不能解明爲於 不通律意爲在乙良 初犯是去等 一朔祿俸乙 還 生徵爲遣 再犯是去等 笞四十過名施行爲齊 三犯是去等 本司良中 降等敍 用齊.

2. 百工諸色各人等乙良置 有能熟讀通達律意爲在 人等弋只 干犯過失爲於

他矣 所犯乙 干連致罪<u>爲在乙良</u> 不問輕重爲 初犯乙良 釋免<u>爲乎矣</u> 其謀反
逆叛<u>良中</u> 干連事<u>乙良</u> 不用此律.

3. 官吏人<u>等亦</u> 挾詐 冒弄官司 法外議論乙用良 <u>趣便以</u> 更改<u>爲</u> 法律乙 變亂
<u>爲在乙良</u> 處斬.

호율(戶律)

「호율」은 개인이 살아가는 데 필요한 재화와 관련된 내용과 국가가 개별 호를 통제하기 위한 내용, 개별 호의 구성원이 다른 호의 구성원과 결합하는 혼인, 개별 호에서 받는 세금 등에 대하여 규정하고 있다. 「호율」은 모두 7편 95개조로 구성되어 있으며 편명은 권4 호역(戶役), 권5 전택(田宅), 권6 혼인(婚姻), 권7 창고(倉庫), 권8 과정(課程), 권9 전채(錢債), 권10 시전(市廛)이다. 앞에서와 마찬가지로 구체적인 목차를 제시하고, 아래에서는 각 권에 대한 해설과 특정 조문에 대한 해설을 하기로 한다.

권4

호역(戶役)

우선 「호율」의 첫머리를 장식하는 것은 권4 호역(戶役)이다. 일반적으로 '호역(戶役)'에서 '호(戶)'는 호구(戶口)를, '역(役)'은 부역(賦役)을 말한다. 호구(戶口)에서 호(戶)란 민가 하나를, 구(口)란 그 안에 사는 사람을 가리킨다. '부역(賦役)'에서 '부(賦)'란 토지와 재산에 관한 것, 즉 연공(年貢)을 말하고, '역(役)'이란 성년인 장정을 가리키는 인정(人丁)에 관한 것, 즉 부역(夫役)을 말한다. '정(丁)'이란 그 1호에 있는 구(口) 가운데 남자로서 16세 이상인 자를 말한다. 여자나 어린이에게는 역을 과하지 않는다. 이처럼 호역은 호구와 부역을 가리키지만 권4 호역에서 규정하는 것은 호구와 역이며, 토지와 재산은 권5 전택(田宅)에서 따로 규정하고 있다.

권4 호역은 제81조부터 제95조까지 총 15개조로 구성되어 있다. 제81조에서 제85조까지는 주로 호구에 관한 내용을 담고 있고, 제86조부터 제92조까지는 역과 관련된 내용이다. 제93조에서 제95조까지는 호구의 유지, 계승과 관련한 재산 문제와 가부장제의 유지, 부양 등에 대하여 다루고 있다. 제81조 호구의 탈루(脫漏戶口)는 국가가 조세나 역을 부과하기 위하여는 호적을 파악하는 것이 중요한데, 이 호적 작성에 문제를 일으키는 일반적인 경우에 대하여 규율한다. 이에 비하여 제82조 호적에 의한 직역 부과(人戶以籍爲定)는 군인, 소금 굽는 자, 의원, 공장, 악공 등 특수한 직역에 종사하는 자들이 역을 바꾸는 행위를 금지하는 규정이다. 특수한 직역에 종사하는 자들이 무거운 역을 피하여 가벼운 역으로 변경하는 것을 금지한 것이다. 또 제83조에서는 특수한 직업을 선택하여 역을 회피하려는 것을 금지하고 있다. 즉 제83조 사찰 건축 및 승려 신분 제한(私創庵院及私度僧道)에서는 사찰이나 도관을 함부로 세우는 등의 행위를 규제하고, 승려나 도사가 되는 것을 금지하고 있다. 사찰 등의 종교시설의 설립 등을 국가에서 통제하고자 하였고, 종교시설에 속하면 역을 부담하지 않기 때문에 이를 규제하기 위한 것으로 보인다. 제84조 위법한 적자 선정(立嫡子違法)은 가계 계승의 원칙을 규정하고 이를 위반한 행위를 처벌하여 강제하기 위한 것이다. 제85조 미아의 수양(收留迷失子女)은 유기된 아이나 유기 노비를 친부모나 주인에게 돌려주지 않는 행위를 규제하기 위한 것이다. 즉, 가족이나 노비를 유지하고 양인이 노비로 떨어지는 것을 방지하기 위한 규정으로, 길을 잃거나 버려진 미아나 노비는 관에 신고하여 본래 부모나 주인에게 돌려보내는 것이 원칙이다. 제86조 불균등한 부역 배분(賦役不均)은 부역을 징수, 부과하는 지위에 있는 자들이 호적의 정보에 의거하지 아니하고 불공평하게 처리하는 것을 금지하는 규정이다.

제86조는 역을 부과하는 기준이 불공평한 것인 데 비하여 제87조 불공평한 역부 배정(丁夫差遣不平)은 역에 종사할 인부와 장인(匠人)을 파견하는 데 불공평하게 처리하는 행위를 규율하기 위한 규정이다. 제88조 차역 은폐(隱蔽差役)는 사람과 전토를 가진 자가 맡아야 할 차역이 있는데 그 지역에서 강한 위세를 부리는 토호가 차역의 은폐를 사주하거나 이에 고의로 가담한 관원을 처벌하기 위한 규정이다. 제89조 주보·이장 등의 사칭 금지(禁革主保里長)는 명나라의 향촌제도인 이갑제(里甲制)에 기초하여 부역(賦役)을 처리할 때 주보(主保)·이장(里長) 등의 직위를 사칭하여 폐단을 일으킨 자를 처벌하고, 아울러 향리의 지도자인 기로(耆老)의 자격 요건을 규정한 것이다. 명나라의 향촌제도가 없던 조선에서 이러한 직위 등을 번역할 때 당시의 제도를 활용하였다. 즉 『대명률직해』는 주보, 이장을 이장, 색장(色掌)으로, 기로를 노인직으로 번역하였다. 제90조 차역 회피(逃避差役)는 역을 수행하는 곳에서 도망쳐 본래의 역을 회피하는 행위를 단속하는 규정이다. 제91조 옥졸의 차출(點差獄卒)은 감옥을 지키는 간수에 적합한 자를 선정할 때 가급적 그 일에 숙달한 자를 일일이 가리어 차출할 것을 규정하고, 다른 사람으로 대신하는 경우 처벌하는 규정이다. 감옥 업무의 중요성과 특수성을 감안한 규정이다. 제92조 부민 등에 대한 사적인 사역(私役部民夫匠)은 관할하는 지역의 수령이나 공장감역관(工匠監役官)이 관할 지역 내의 백성

이나 장인을 사적으로 사역시키는 것을 금지하는 규정이다. 일반적으로 대가를 주지 않기 때문에 처벌도 하고, 품삯도 지급하도록 하였다.

제93조 분가와 재산분할(別籍異財)은 조부모나 부모가 살아 있거나 부모상을 치르는 중에 가호(家戶)를 따로 세우거나 재산을 나누어 가지는 행위를 처벌하는 규정이다. 다만 기복친 이상의 손윗사람이 직접 고소하여야 처벌할 수 있었다. 이 규정은 가부장제와 가산제를 유지하기 위한 입법적 조치다. 다만 우리 전통사회에서는 가산제를 취하지 않고 특유 재산제를 취하고 있었으며, 장남 이외에는 분가하는 것이 원칙이었기 때문에 이 규정이 그대로 적용되지는 않았다.[1] 제94조 비유의 재산처분(卑幼私擅用財)은 가산제에 바탕을 둔 가부장제를 유지하기 위해 한집안에서 동거하는 아랫사람(卑幼)이 손윗사람의 의사에 따르지 않고 가산을 함부로 처분하는 행위를 금지하는 규정이다. 제95조 고아·노인의 부양(收養孤老)은 배우자의 사별·질병 등의 사유로 자기 힘으로 생계를 이어갈 수 없는 자를 관할 관사에서 거두어 부양할 의무를 부과한 규정으로, 현대의 생계유지가 곤란한 자에 대한 공적부조의 일종이라 할 수 있다. 다만 생산력이 미약한 조선 사회에서 홀아비, 과부, 고아, 독거노인, 독질, 폐질인 사람을 부양하지 않았다고 하여 관할 관사의 관리를 처벌하였을지는 의문이다.

---

1 박병호, 『한국법제사』, 민속원, 2012, 272쪽.

권5

전택(田宅)

다음으로 권5는 전택이다. '전택(田宅)'에서 '전(田)'은 전지(田地), '택(宅)'은 가옥과 택지를 가리킨다. 전(田)에는 산림·호수·연못 등도 포함되고, 택(宅)에는 수레·배·연자매(碾磨) 등도 포함된다. 본권은 '부(賦)' 즉 토지와 재산에 관한 조세(年貢)의 부과와 관련된 여러 규정을 두고 있다. 조세의 징수를 담당하는 관리의 죄가 다른 일반 관리의 죄보다 무겁게 규정되어 있으며, 구체적인 조세범죄 유형에 따른 처벌을 규정하기보다는 일반적으로 재상(災傷) 또는 세량(稅量)을 속이거나 조세를 미납하는 경우에 처벌하는 형식을 띠고 있다.

전택편은 크게 세 부분으로 나눌 수 있는데, 국가에 바쳐야 하는 조세 관련 규정(제96조~제98조), 전택의 침탈 관련 규정(제99조, 제100조),

전택의 이용 관련 규정(제101조~제106조)이다.

우선 조세 관련 규정들 중, 제96조 전지와 세량의 허위 신고(欺隱田糧)는 탈세하기 위하여 전지(田地)를 토지대장에서 누락하거나, 산출물의 양을 속이는 등의 행위를 적극적으로 규제하고 있다. 제97조 재해 전지의 실사(檢踏灾傷田糧)에서는 재해를 입은 전답에는 조세를 경감해 주는데 그 기초가 되는 조사를 실시하도록 하며, 제대로 실시하지 않거나 풍작을 흉작으로 속이는 경우 등에 대하여 처벌하고 있다. 제98조 공신의 전토(功臣田土)에서는 공신에게 수조권이 부여된 공전(公田)을 제외한 다른 토지가 있을 때 과세 대상으로 삼아야 하며, 이를 어기는 경우에는 처벌할 것을 규정하였다.

전택의 침탈과 관련하여 제99조 전택의 침탈(盜賣田宅)은 타인의 토지와 가옥을 불법으로 훔쳐 팔거나, 강점하거나 대가의 지급 없이 서류만으로 전매하는 등의 행위를 규제한다. 또 제100조 근무지에서의 전택 매수(任所置買田宅)는 관리 등이 근무지에서 전택을 매매할 수 없도록 하고 있다. 이 규정은 관리 등이 근무지에서 전택을 매매하는 경우, 근무지에서의 영향력을 고려할 때 매매라고 하여도 강제 또는 유착의 가능성이 있기 때문에 원천적으로 금지하였고, 위반하는 경우 형벌 자체는 가볍지만 본인의 관직에서 해임토록 하였다.

전택의 이용과 관련된 규정들 중 첫 번째인 제101조 전택의 매매와 전당(典買田宅)은 전택의 매매, 전당 시에 관청의 증명서를 받도록 하였고, 이를 위반하는 경우를 처벌하였다. 또한 이중매매, 이중전당에 대하여 규제하고, 기한이 만료된 전당물의 반환 등을 규정하였다. 제102

조 관전·민전의 무단 경작(盜耕種官民田)은 타인의 전지를 몰래 혹은 강제로 경작하는 행위를 처벌하는 규정이다. 타인의 전지를 경작하는 경우를 처벌하는데, 기름진 땅이든 묵은 땅이든 가리지 않는다. 그러나 묵은 땅의 경우 경작하지 않으면 그대로 황무지로 남는데, 조선 후기에는 이러한 묵은 땅은 적극적으로 개간하는 정책을 썼다. 즉 묵은 땅을 그대로 묵히는 것보다는 개간하여 조세를 걷는 것이 더 낫다는 판단하에 묵은 땅을 개간하는 경우 3년 후에 납세하도록 하고, 소유자가 나타나면 수확의 1/3을 소유자에게 주고 10년 후에는 반씩 나누도록 하였다(『속대전』). 조선에서는 『속대전』에서 규정하는 정책하에 제102조의 묵은 땅에 대한 규정은 사문화되었다고 볼 수 있다. 제103조 묵힌 땅(荒蕪田地)은 땅을 적극적으로 개간하도록 하는 의무를 부과하는 규정이다. 즉 토지대장에 등록되어 납세의무가 있는 전지를 까닭 없이 묵히는 경우를 처벌하고, 이를 관리하는 관원 등도 차등적으로 처벌하였다. 제104조 기물이나 수목·농작물의 훼손(棄毀器物稼穡等)은 타인의 물건을 훼손하거나 버리는 행위를 처벌하는 규정으로 고의와 과실, 관유물인지 사유물인지에 따라 형량의 차이를 두었다. 오늘날의 손괴죄에 일부 해당하는 규정이다. 제105조 채소·과일의 절취(擅食田園瓜果)는 타인의 땅에서 농작물이나 채소나 과일 등을 함부로 채집, 취식, 훼손하는 행위를 처벌하는 규정인데, 양에 따라서 형량을 달리하고 있다. 제106조 중요 관유물의 사적 이용(私借官車船)은 관물을 직접 관리·감독하는 자가 사적으로 쓰거나 타인에게 빌려주는 행위를 규제하고 있다.

권6

혼인(婚姻)

혼인편에서는 남녀의 혼인과 관련하여 발생하는 여러 행위 유형을 규율하고 있다. 예컨대 남녀가 서로 혼인하기로 약속하여 예물까지 교환한 뒤에 다른 사람과 혼약(婚約)한 경우, 자기의 처첩(妻妾)을 다른 사람에게 전당(典當)한 경우를 비롯하여 사위를 내쫓아 버리고 딸을 개가시킨 자, 동성(同姓)끼리 혼인한 자, 승려나 도사가 처를 취하는 경우, 내쫓아야 할 이유가 없는 처를 축출한 자에 대한 처분 등을 상세히 규정하였다. 이 혼인편은 18개조로 구성되어 있는데, 분류하자면 혼인 및 혼인 질서와 관련된 일반적인 규정(제107조~제109조), 금지되는 혼인의 유형(제110조~제122조, 제124조), 혼인의 파탄(제123조)에 대한 규정이다.

혼인 및 혼인 질서에 관련된 일반 규정을 살펴보면 제107조 남녀의 혼인(男女婚姻)은 혼인의 요건과 효력에 대해 규정하였다. 예컨대 혼인을 위하여는 병력, 나이, 서자녀인지 여부, 양자 여부 등을 밝혀야 하며, 혼서나 폐백의 교환을 정혼, 즉 약혼으로 보았다. 또 혼인의 성격을 개인 의사의 합치가 아니라 가문 의사의 합치임을 분명히 하였다. 제108조 처와 딸의 전당(典雇妻女)에서는 돈을 빌리고 처첩이나 딸을 타인의 처첩이 되도록 하는 행위를 처벌하고 있다. 예컨대 노름의 판돈으로 처를 걸고, 지는 경우에는 타인의 첩이 되도록 하는 행위는 바로 이 규정에 의하여 처벌된다. 그러나 흉년이 들어 먹고살 길이 막막하여 처나 딸을 팔거나 전당 잡히는 경우가 있었고, 이를 실제로 처벌하지는 못하였다. 제109조 처첩 질서의 문란(妻妾失序)은 가족질서를 확립하기 위한 조치로, 처와 첩 사이의 엄격한 질서를 문란하게 하는 행위와 혼인한 상태임에도 불구하고 다시 혼인하는 중혼(重婚)을 금지하는 규정이다. 고려시대에는 일부 귀족 사이에서 중혼이 허용되기도 하였는데, 이를 병처제(并妻制)라고 한다. 조선에서는 건국 직후부터 이『대명률직해』의 규정에 따라 중혼을 허용하지 않았는데, 태종 13년 3월 11일을 기준으로 그 이전에 병처로 취한 경우에는 정처로 인정하여 주고, 그 이후부터는 처와 첩으로 반드시 구별하도록 하였다(『태종실록』 태종 14년 6월 20일).

제110조부터는 금지되는 혼인에 대하여 규정하고, 이를 어기는 주혼자를 처벌하는 내용을 담고 있다. 우선 제110조 사위 축출(逐婿嫁女)은 사위를 축출하고 다른 자에게 딸을 시집보내는 가장을 처벌하는 규정이다. 이 경우 딸에게는 혼인의 자유가 인정되지 않았기 때문에 딸에게

는 죄를 묻지 않고 원래 남편(사위)과 재결합하도록 하였다. 제111조 상중의 혼인(居喪嫁娶)은 부모상을 당한 자가 혼인을 하는 경우를 처벌하는 규정이다. 부모가 돌아가시면 3년상 동안 자손은 근신해야 하는데, 근신하지 않는 행위는 십악 중 불효에 해당한다. 제112조 부모 구금 중의 혼인(父母囚禁嫁娶)은 부모에 대한 효를 강조하기 위하여 조부모·부모가 사죄(死罪)를 지어 감옥에 있을 때 그 자손이 조부모·부모의 허락 없이 혼인하거나 첩을 들이는 행위를 처벌하는 규정이다. 제113조 동성혼(同姓爲婚)은 혈족, 즉 동종 사이의 혼인을 금지하는 일반적인 규정이며, 제114조 존속·비유의 혼인(尊卑爲婚), 제115조 친족의 처첩과의 혼인(娶親屬妻妾)은 근친 간의 혼인을 처벌하고 있다. 우리나라의 경우 고려시대에도 동성혼(同姓婚)을 금지하였으나 당사자를 처벌하고 이혼을 시키는 직접적인 규제가 아니라 자녀의 출사를 금지하는 등 간접적인 규제였기에 말기까지 실효가 없었다. 조선에 들어서서 종법제를 수용하면서 『대명률직해』에 따라 동성혼을 규제하였는데, 실제로는 동성동본의 혼인을 금지하는 것이었으나, 조선 중기의 정치가이자 학자인 송시열(宋時烈)은 『대명률직해』에 따라 성만 같은 경우에도 혼인을 금지할 것을 주장하였다. 이에 따라서 영조 때 편찬한 『속대전』에 관향이 다르더라도 성이 같으면 혼인할 수 없는 것으로 규정하였다(『속대전』 예전). 그러나 이 규정은 실효성이 없었다. 현대에 들어와서는 1960년에 시행된 민법전의 편찬 시에 동성동본의 혼인을 금지하는 것으로 규정하였다. 그러나 이 민법 규정은 1997년 헌법재판소의 헌법불합치 결정에 따라 사실상 폐지되었다가 2005년 민법의 개정과 시행으로 완전히 폐지되었다. 제114조 존속·비유의 혼인(尊卑爲婚)에서는 혈족이 아닌 근친 사이의 혼인을 금지하고 있는데, 외가나 인척의 유복친 사이의 혼인, 부모, 본인, 사위의 근친과의 혼인을 금지하였고, 모두 강제로 이혼시켰다. 근친 간의 혼인을 어느 범위까지 제한할 것인가는 나라마다 다르다고 할 수 있는데, 조선에서는 『대명률직해』에 나와 있는 범위의 근친 간의 혼인을 금지하였다. 제115조 친족의 처첩과의 혼인(娶親屬妻妾)은 친족의 처나 첩과 혼인하는 행위를 처벌하며, 근친일수록 형량을 가중하였다. 기복친 이내 친족의 첩, 백모·숙모와의 혼인도 금지하였는데, 부·조의 처첩과 혼인하는 것은 상정할 수 없기 때문에 혼인이라고 하지 않고 '수납(收納)'이라고 하여 거두어들인다고 표현하였으며 참형에 처하였다. 참형에 처하지 않는 경우는 모두 이혼시켰다. 제116조 관할 백성과의 혼인(娶部民婦女爲妻妾)은 백성을 다스리는 관리가 자신의 관할 내에 있는 부민, 백성들을 처첩으로 삼는 행위를 처벌하는 규정이다. 중앙집권적 관료제를 확립하기 위해서 지방관이 관할 부민들과 혈연으로 연결되어 지방 세력이 강대해지는 것을 방지하려는 측면과 관원이 본인들의 위세로 강제로 혼인하는 일을 금지하려는 목적의 규정으로 장100을 최고형으로 하였다. 제117조 도주 중인 여자와의 혼인(娶逃走婦女)은 국가형벌권의 엄격한 집행을 담보하기 위해 죄를 짓고 도망 중인 여자와 혼인하는 자를 처벌하는 규정이다. 도망 중인 여자의 범죄를 알았다면 남자도 같은 범죄로 처벌하는데, 그 여자의 범죄가 사형에 해당하는 경우에는 1등을 감경하며 이혼시킨다. 제118조 양민 여자와의 강제 혼인(强占良家妻女)은 권세가들이 위력을 행사하여 부모 등의 의사에 반하여 강제로 혼인하는 것을 금지하는 규정이다. 권세를 이용하여 본인이 혼인하거나 본인의 친족들과 혼인시키는 경우 형벌은 매우 중하여 교형에 이른다. 제119조 기녀와의 혼인(娶樂人爲妻妾)은 관리가 기녀나 악인을 처나 첩으로 삼는 행위를 금지하고 있으며 어기면 장60에 처한다. 그러나 이 규정이 조선에 그대로 적용된 것 같지는 않으며 관행적으로 관료가 국가에 일정한 대가를 치르고 기녀를 첩으로 삼는 일은 허용된 것으로 보인다. 이와 관련하여 조선 후기 노상추(盧尙樞)가 기녀를 면천시켜 첩으로 삼은 기록이 있다.[2] 제120조 승려·도사의 혼인(僧道娶妻)은 출가한 승려·도사는 금욕하는 삶을 살아야 하므로 처첩을 들일 수 없는데, 이를 위반하고 처첩을 들인 경우 이를 처벌하는 규정이다. 승려나 도사가 혼인할 수 없는 것은 자율적인 규칙인데 국가가 이를 규율하고 있는 것으로, 자율 규칙을 위반한 것이기 때문에 형량은 장80으로 높지는 않지만, 환속시켜서 일반인으로 살게 한다. 제121조 양인·천인의 혼인(良賤爲婚姻)은 가장이 남자 종을 양인 여자와 혼인시켜서 처로 삼게 하면 가장을 처벌하고 노비는 관노비로 삼는 규정이다. 양천은 존비가 엄격하여 서로 혼인을 하는 등 어울릴 수 없었다. 이는 양천 사이에 혼인하는 행위를 금지하여 양천교혼에서 발생하는 신분질서의 문란을 방지하고 아울러 양인을 확보하기 위해서다. 그러나 이 규정은 조선에서 사실상 지켜지지 않았는데, 노비는 역을 부담하지 않기 때문에 국가의 입장에서는 역을 부담하는 양

---

2   문숙자, 『68년의 나날들, 조선의 일상사』, 너머북스, 2009 참조.

인을 확충하려 하였지만, 노비라는 재산을 증식하려는 권력자들에 의하여 무시되었기 때문이다. 부모 중 한쪽이 천인이면 자식이 천인이 되는 것은 주인의 입장에서는 그 자식은 자신의 재산이 되기 때문에 매우 유리한 것이었는데, 이는 조선의 법이기도 하였다. 그러므로 이러한 사례가 있다는 것은 이미 제121조의 규정이 사문화되었다는 것을 의미한다. 특히 노비와 관련하여서는 중국 명나라에서는 명칭은 있지만 이미 신분은 사라진 상황이었으나, 조선에서는 나라의 오래된 풍속이라고 하여 갑오개혁에 이르기까지 유지되었다. 제122조 몽골인·색목인의 혼인(蒙古色目人婚姻)은 이방인 상호 간에는 혼인이 허락되지 않으나, 중국인이 이들과 혼인을 원하지 않을 경우에 한하여 이방인끼리 혼인하는 것을 허용하였는데, 조선에서는 적용될 리가 없는 규정이다. 제124조 위법한 혼인의 주혼자·중매인의 죄(嫁娶違律主婚媒人罪)는 위의 각 위법한 혼인을 주관한 주혼자를 처벌하는 규정이다.

제123조 이혼(出妻)은 부부관계를 파탄 짓는 이혼에 대하여 규정하였다.

권7

창고(倉庫)

　'창고(倉庫)'에서 '창(倉)'은 쌀을 보관하는 곳간, '고(庫)'는 금은(金銀)·견포(絹布)를 보관하는 곳간을 말한다. 권7에서는 이러한 창고에 관련된 지폐와 동전, 양곡과 이들 출납 관련 여러 규정을 두고 있는데, 총 24개조다. 내용적으로 창고와 관련된 지폐, 동전, 양곡 및 징수 관련 규정(제125조~제131조), 창고의 관리와 관련된 규정(제132조~145조), 창고 물건의 처리와 관련 규정(제146조~제148조)으로 대별할 수 있다.

　우선 지폐, 보초, 양곡을 규정하는 것이 제125조부터 제127조까지다. 제125조 지폐(鈔法)는 명나라의 지폐인 보초(寶鈔)와 중국의 동전 등을 함께 사용할 수 있다는 것을 규정하였는데, 사실상 지폐는 사라졌고, 동전 등도 사정에 맞추어 사용하였기 때문에 이 규정은 조선에서는 의미가 없었다. 다음 규정인 제126조 동전(錢法)도 동전의 주조를 어디서 할 것인지, 홍무통보와 다른 동전과의 환산 비율 등에 대하여 규정하였는데, 조선에서는 조선의 사정에 맞추어 화폐를 주조하고 환산하였기 때문에 이 규정도 의미는 없었다. 다음으로 제127조 징세 기한의 경과(收糧違限)는 토지에 부과하는 세금을 양곡으로 받는데 그 기한을 정한 것이다. 제128조 초과 징세(多收稅糧斛面)는 세량을 규정 외에 더 거두는 행위를 금지하는 규정이다. '곡면(斛面)'의 '곡(斛)'은 곡물·액체의 양을 되는 그릇 중 큰 것을 말하는데, 창고의 주수(主守)가 세량의 곡면을 많이 거두는 행위를 처벌하였다. 제129조 세금과 공물의 은닉과 소비(隱匿費用稅糧課物)는 세량이나 관에 납부하는 물품을 운송하는 과정에서 이를 감추거나 사사로이 써버리고 납부하지 않거나 혹은 거짓으로 망가졌거나 잃어버렸다고 하여 관사를 속이는 등 비리를 저지르는 자를 처벌하는 규정이다. 제130조 조세의 대납(攬納稅糧)은 세량을 납부해야 할 자가 직접 창고에 가서 납부하지 않고 다른 자로 하여금 대납시키는 행위를 처벌하는 규정이다. 원래 명대에는 조세를 거둘 때 지방의 관리들에게 직접 수납할 것을 요구했고, 이에 납부해야 할 농민은 직접 주현(州縣)의 관청이 있는 곳에 가서 납부해야만 했다. 그러나 백성들은 직접 가기를 꺼려 조세를 싣고 관사에 가서 대신 납부해 줄 사람에게 맡겼다. 이들을 '남납호(攬納戶)'라 하였는데 이들을 처벌하기 위한 규정이다. 제131조 통관과 주초의 허위 발급(虛出通關硃鈔)은 관에 납부해야 할 전량·물품 등을 미납한 사람에게 완납했다는 증서를 허위로 발급해 주는 행위를 처벌하는 규정이다. '통관(通關)'은 창고에서 관에 납부해야 할 것을 완납한 사람에게 발급하는 증서를, '주초(硃鈔)'는 수차에 걸쳐 납부한 사람에게 그때마다 교부하는 증서를 가리키는데, 해당 관리의 경우 허위로 발급한 증서의 액수를 계산한 후 전부를 장물로 하여 제287조 감림주수의 창고 물품 절도(監守自盜倉庫錢糧)로 논죄한다. 이 규정들은 과세를 엄정하게 집행하여 국가 재정의 충실을 기하려는 데 목적이 있었다.

창고 관리 관련 규정인 제132조 잉여 전량의 보고와 유용(附餘錢粮私下補數)은 세량을 초과하여 받지 못하도록 한 제128조의 규정이 있음에도, 더 받아들인 경우에는 그 액수를 정확히 보고하여야 하는 것을 규정하고, 이를 속여서 사적으로 부족한 다른 항목의 수를 지우거나 보충하는 등의 행위를 처벌한다. 이전에 있었던 창고 관리 부실분을 초과 징수한 세량으로 덮으려는 행위를 처벌하려는 것이다. 제133조와 제134조는 관의 물건을 사적으로 빌리거나 빌려주는 행위를 금지한다. 우선 제133조 전량의 사적인 대차(私借錢粮)는 관에서 보관하는 전량(錢糧)을 사적으로 빌려 쓰거나 빌려주는 것을 금지하고 이를 위반한 경우 처벌한다. 다음으로 제134조 관유물의 대차(私借官物)는 제133조의 대상 이외에 물건, 의복, 침구, 완구 등 관청 소유의 일반 물건을 사적으로 빌려 쓰거나 빌려주는 행위를 금지하는 규정이다. 제135조 전량 등의 임의 출납(那移出納)은 창고의 전량(錢糧)을 수령이나 그 담당자가 절차를 무시하고 임의로 출납하는 행위를 처벌하는 규정이다. 예컨대 금년의 전량이 부족하다 하여 내년의 전량을 납부케 하는 등 '이것'이 부족하니 '저것'으로 충당하여 일시적으로 위기를 모면하려는 여러 행위를 처벌하는 규정이다. 특히 군용 전량의 출납은 더욱 엄격한 절차에 따라 집행할 것을 규정하고 있다. 이렇게 일시적으로 위기를 모면하려는 행위는 조선에서 자주 일어났던 것 같다. 이와 관련하여 수령이 교대할 때 이쪽의 것을 가져다 저쪽의 것을 메우게 되어 결국 창고가 비는 일이 자주 발생했으며, 이를 심각하게 여기고 있었다(『세종실록』 세종 8년 4월 28일, 『성종실록』 성종 9년 7월 11일 등). 제136조 고칭 · 고역인의 허위 출납(庫秤雇役侵欺)은 창고 물품의 수납 담당 관리나 창고 물품의 계량 담당 관리 등이 전량을 속여서 빌려주거나 바꾸는 행위를 처벌하는 규정이다. 자신이 보관하는 창고의 전량을 처분하는 행위로 현대의 업무상 횡령에 해당하는 범죄다. 제137조 군량의 횡령(冒支官糧)은 행위 주체를 군관, 행위 객체를 군량으로 특정한 규정으로, 군관이 자신의 휘하 군인에게 지급해야 할 전량을 착복하는 행위를 절도죄에 준하여 처벌한다. '모지(冒支)'는 타인 명의로 그 타인의 몫을 자신의 것으로 취하는 것을, '관량(官糧)'은 관의 전량 특히 본조에서는 군인이 매달 급여로 받는 전량을 말한다. 제138조 전량의 상호 감시(錢粮互相覺察)는 전량 출납을 담당하는 관리(官吏)와 역인(役人) 상호 간 감시 의무와 관리 감독 책임에 관한 규정이다. 창고에서는 언제나 횡령의 문제가 발생할 수 있으므로 상호 감시를 통하여 그 위험을 최소화하고, 횡령을 알고도 묵인하면 범인과 같은 죄로 처벌한다. 제139조 창고 관리 소홀(倉庫不覺被盜)은 창고의 경비를 담당하는 자가 창고에서 나가는 자를 제대로 검문할 것을 규정하였다. 창고에는 돈과 곡식이 들어 있으므로 밖에서 정당하게 들어오는 자는 관계없지만, 그 자가 밖으로 나갈 때에는 물건이 빼돌려지지 않도록 제대로 검문하여야 하고, 고의로 놓아주는 경우에는 범죄인과 같은 죄로 처벌하도록 규정하였다. 제140조 전량의 보관·지급 및 봉인의 임의 개봉(守支錢糧及擅開官封)은 창고 담당자가 임기가 만료되어 후임자로 교체하면서 인수인계할 때 전량·관물의 잉여를 방지하고 그 수량을 실지에 가서 전수 조사할 것을 규정하고, 관물의 봉인을 절차에 따르지 않고 함부로 해제하는 행위를 금지하는 규정이다. 제141조 관물의 위법 출납(出納官物有違)은 창고의 관물을 출납할 때 헌것을 내주어야 하는데 새것을 내주거나, 상등품을 받아야 하는데 하등품을 받는 등 정해진 절차와 규칙에 따르지 않는 행위를 처벌하는 규정이다. 제142조 관물 출납의 부당 지연(收支留難)은 관물을 지급·수납하는 담당 관리가 이유 없이 즉시 지급하거나 수납하지 않는 경우를 처벌하는 규정이다. 제143조 과세·물품 거래 시 금은의 순도 보장(起解金銀足色)은 세금을 받거나 물품 거래를 할 때 금이나 은으로 받는 경우가 있는데 반드시 순도를 검사할 것을 규정하였다. 조선에서는 금이나 은으로 수납받거나 관물을 거래하지는 않았으므로 이 규정은 역할을 하지 못하였다. 제144조 창고 재물의 손괴(損壞倉庫財物)는 창고 물건의 관리를 제대로 하지 않은 자를 처벌하는 규정이다. 즉 창고 및 모아둔 재물을 간수하는 자가 보관을 규정대로 하지 아니하고 햇볕을 쪼이거나 바람 쐬는 것을 제때에 하지 아니하여 훼손이 발생하는 경우에 훼손된 물건의 양을 계산하여 좌장으로 처벌한다. 제145조 관물상납 절차(轉解官物)는 각 처에서 징수한 물건 등을 지휘체계에 따라 순차적으로 수납할 것을 명하고 이를 위반하는 경우를 처벌하기 위한 규정이다.

다음은 창고 물건의 처리 등에 관한 규정으로 우선 제146조 장죄 관련 재물의 부당 처리(擬斷贓罰不當)는 범죄에서 발생한 몰수품이나 추징한 물건 등을 관에서 몰수하거나 주인에게 돌려주는 것을 반대로 한 경우를 처벌하기 위한 규정이다. 제147조 관(官) 관리 재물의 유용(守掌在官財物)은 사람들에게 주어야 할 관물을 창고에서 꺼내놓고 주지 않거나 관용으로 공급할 사유물을 관에 보냈는데 창고에 넣지 않은 경우 등에 대하여 창고 안에는 있지 않지만 관물이라고 보아 관리 주체가 이를 빌려주면 제287조 감림주수의 창고 물품 절도(監守自盜倉庫錢糧)로 처벌한다는 규정이다. 제148조 몰수가산의 기망(隱瞞入官家産)은 십악에 속하는 중죄를 범한 범인의 가산(처자, 토지, 노비, 가축, 기타 재물 일체)을 관에서 몰수할 때 법에서 정한 절차를 위반하는 여러 행위를 처벌하는 규정이다. 몰수품 목록을 작성할 때 가족과 노비의 수, 전토 등을 숨기거나 속여 보고하지 않는 등의 행위는 몰수품을 본인의 것으로 하는 경우이므로 그 양을 계산하여 좌장으로 처벌한다.

권8

과정(課程)

과정(課程)이란 물품에 세금을 부과하는 것인데, 세금 부과와 관련하여서 소금의 전매, 차, 명반 등의 사적 제조를 엄격하게 금지하며 이와 관련된 내용을 과정편에 담았다. 그러나 세금 부과와 관련하여 이러한 제도들을 전혀 시행하고 있지 않던 조선에서는 이 규정들을 적용하지 않았고, 또 그러한 의도에서 『대명률직해』에서도 과정편 전체를 직해하지 않았다. 과정편에서는 염법(鹽法)의 위반, 즉 소금을 만드는 제염(製鹽)과 소금 판매(鹽販賣), 사적인 차나 명반 제조(私茶·私礬) 등을 규정하고 있다. 이 편은 19개조로 구성되어 있는데, 제149조 염법은 같은 항목으로 12개조가 들어 있다. 여기서는 과정편에 어떠한 규정들이 있는지 매우 간략하게만 살펴보기로 한다.

우선 제149조에서 제160조에 이르는 염법(鹽法)은 위에서 밝혔듯이 모두 12개조로 되어 있는데, 소금의 전매를 유지하기 위하여 사적으로 소금을 굽는 행위, 밀매매, 사염 행위의 단속 등에 대하여 규정한다. 염법이란 중국에서 소금의 전매제도 및 이에 관한 법제를 이르던 말이다. 한대 이래 전매에 의한 이익은 국가 재정의 기초가 되었고, 당말에서 송대에 걸쳐 생산 · 운반 등에 관한 법규, 밀매에 대한 처벌 규정이 정비되어 명대를 거쳐 청대까지 계속되었다. 제161조 감독자와 세력자의 부정(監臨勢要中鹽)은 권세를 이용하여 관으로부터 소금을 사들이는 행위를 금지한 규정이며, 제162조 염법 교란(沮壞鹽法)은 중매인이 중간에서 소금의 가격을 조절하는 행위를 금지한다. 제163조 차의 밀매(私茶)와 제164조 백반의 밀매(私礬)는 사적으로 차나 명반을 제조 · 판매하는 행위를 처벌한다. 또 제165조 세금 포탈(匿稅)은 염법과 관련하여 전매제도에서 나오는 세금을 포탈하는 행위를, 제166조 선상의 재화 은닉(舶商匿貨)은 해상(海商)의 밀수를 처벌한다. 마지막으로 제167조 세금의 결손(人戶虧兌課程)은 차, 소금에 대한 세금을 납부기한 내에 내지 않을 경우의 처벌 규정이다.

권8 과정은 전매제도와 관련된 권이고, 제161조부터 제167조까지는 모두 염법과 관련한 부속 규정들이다. 염법은 조선에서 시행하지 않았기 때문에 나머지 부속 규정들도 큰 의미가 없었던 것으로 보이며 그 때문에 권8 전체를 직해하지 않은 것으로 보인다.

전채(錢債)

'전채(錢債)'는 타인의 동전·금은·지폐 등을 빌리는 것을 의미한다. 전채편은 법령을 위반하여 폭리를 취하였거나, 습득한 유실물(遺失物)에 대한 처분 등을 규율하고 있는데 3개 조문으로 이루어져 있다.

우선 제168조 이자 제한(違禁取利)은 사채와 관련하여 이율이 월 3퍼센트를 초과할 수 없으며 기간이 오래되었더라도 이자가 원본을 초과할 수 없도록 하고, 이자를 더 받는 경우에는 처벌할 뿐만 아니라 초과 이자는 주인에게 돌려주도록 하였다. 다음으로 제169조 위탁 재산의 소비(費用受寄財産)는 위탁된 타인의 재물을 자신의 것처럼 마음대로 써버리거나 자신의 것으로 삼는 것을 처벌하는 규정이다. 횡령하는 행위는 같지만 창고의 경우에는 관유물이므로 권7 창고의 여러 규정을 적용하고, 이 규정을 적용하는 것은 사적인 물건을 사적으로 보관하고 있는 사안이라는 차이가 있다. 제170조 유실물 습득과 매장물 발견(得遺失物)은 유실물을 습득하였을 때 관에 신고할 의무를 부과하고, 관물이면 관에 반납하고, 사유물이면 주인을 확인하여 돌려주어야 하는데 주인과 반분하는 것을 규정하였다. 또 매장물을 발견한 경우에는 매장지가 관유이든 사유이든 관계없이 발견자가 모두 갖도록 하였고, 종이나 인신 등의 평범한 물건이 아니면 관에 보내도록 하였다. 또한 이와 관련하여 신고 기한이나 모두 자신이 가질 수 없는데 가지는 경우 등에 대한 처벌을 규정하였다. 이러한 유실물이나 매장물의 소유권 문제는 사실 민사 영역에 속한 것인데, 관에 신고하여야 할 의무를 부과하였다는 점에서 『대명률직해』에 규정된 것으로 보인다. 신고 의무를 위반하는 경우 장80에 처한다.

이 규정은 현행 민법과 비교할 만하다. 현행 민법에서는 제253조에서 6개월간 공고한 후 소유자가 나타나지 않으면 습득자가 소유권을 취득한다고 하여 『대명률직해』의 30일에 비하여 기간이 길다. 또한 잃어버린 물건의 주인이 나타나는 경우에는 『대명률직해』는 반분한다고 규정하지만, 현행 유실물법에서는 5~20퍼센트의 보상금을 지급하는 것으로 하고 있다(유실물법 제4조). 매장물과 관련해서 현행 민법에서는 1년간의 공고 후에 소유자가 권리를 주장하지 않으면 매장물의 발견자가 소유권을 취득하지만, 타인의 토지, 기타 물건으로부터 발견한 매장물의 경우에는 토지, 기타 물건의 소유자와 반분하는 점에서 『대명률직해』와 차이가 있다.

권10

시전(市廛)

'시전(市廛)'에서 '시(市)'는 상인이 매매하는 장소, '전(廛)'은 시(市)가 있는 지역을 의미한다. 권10에서는 시장의 물건 매매는 쌍방의 합의로 이루어져야 하는데 어느 한쪽 세력의 강압이 있을 경우와, 상인이 사용하는 도량형에 대한 상세한 규정 등을 두고 있다. 시전에서 상행위를 하는 데 상인들이 반드시 지켜야 할 준칙을 밝히고 있으며, 이를 위반할 경우 처벌 규정을 두었다. 모두 5개의 규정을 두었다.

제171조 무허가 매매중개(私充牙行埠頭)는 시전이나 향시(鄕市)에서 각종 중개업을 하는 자는 반드시 관의 허가를 얻어 행하도록 한 규정이다. 제172조 중개상의 가격 부당 산정(市司評物價)은 물건의 품질을 나누어 좋고 나쁨을 논하는 것을 규제한다. 즉 이 규정은 상인이 물가를

고의로 시세보다 비싸게 하거나 싸게 하여 소비자를 우롱하는 일이 없도록 한 규정인데, 상업이 발달하지 않은 조선시대에 이 규정의 실효성은 그리 크지 않았던 것으로 보인다. 다만 현대에는 감염병이 번지는 경우 마스크 등 일정한 물품 가격이 매점매석 행위로 인하여 앙등하는 경우가 있고 이를 처벌하는 규정도 있는데 예나 지금이나 시장의 교란에 대하여는 국가가 개입하려고 하였다는 점에서 참고할 만하다. 제173조 시장 교란 행위(把持行市)는 한쪽이 다른 한쪽을 강압하여 부당이득을 취한 경우를 처벌하도록 한 규정이다. '파지(把持)'는 자신의 수중에 붙여 마음대로 하는 것, 즉 수중의 물건처럼 자유로이 다루는 것을 의미하고, '항시(行市)'는 향시(鄕市)를 말하는데 이 규정 또한 상업이 발달한 명나라에서 처음으로 규정한 것이고, 조선에서는 그리 실효성이 없었던 것으로 보인다. 제174조 계량 용기의 부정 사용(私造斛斗秤尺)은 계량 용기를 부정하게 만들거나 사용하는 행위를 규제한다. 시전, 향시 등 거래에서 사용하는 말, 저울, 자 등은 반드시 관의 규격대로 만들도록 하여 거래의 부정을 막고자 하였다. 제174조가 도량형과 관련된 규정이라면 제175조 용기·옷감의 부실 제조(器用布絹不如法)는 그 이외의 물품과 관련된 규정이다. 즉 물품을 제대로 만들지 않거나, 비단이나 포목 등을 거칠고 짧고 좁게 짜서 파는 경우를 처벌한다.

「호율」에서는 4개의 규정을 선정하여 좀 더 자세하게 살펴보려고 한다. 조선 사회는 가계 계승을 매우 중시하였기 때문에 이와 관련된 제84조 위법한 적자 선정(立嫡子違法)에 대하여 우선 살펴보기로 한다. 조선시대에서 양자제도는 사후 봉양의 의미에서 가계 계승의 의미가 강해지면서 변질되는데, 우리 사회의 뿌리 깊은 가계 계승의식도 여기서 싹튼 것이 아닌가 생각된다.

다음으로 예나 지금이나 세금의 징수는 매우 중요한 문제다. 「호율」에서는 세금의 징수와 관련해서도 다루고 있으므로 세금 징수와 관련하여 허위 신고를 어떻게 처리하였는지를 보여주는 규정, 즉 세금 포탈에 대한 규정인 제96조 전지와 세량의 허위 신고(欺隱田粮)를 통해 전통시대에 세금 포탈에 어떻게 대응하였는지를 살펴보도록 하자.

세 번째로는 혼인과 관련하여 혼인이 개인의 의사보다는 가문의 의사가 더 중시된 전통시대에 이혼은 순전히 남성 중심적인 사고로 규정하였는데, 이와 관련하여 제123조 이혼(出妻)에 대하여 살펴보자.

마지막으로 이자가 있는 곳에서는 항상 고리대의 유혹이 따르기 마련인데, 이는 동서고금이 다르지 않다. 현재도 고리대와 관련한 각종 규제를 하고 있는데, 『대명률직해』에서도 규제가 이루어졌다. 그 규제는 제168조 이자 제한(違禁取利)에서 다루었는데, 이 규정과 실제 쓰임에 대하여 살펴보도록 한다.

─①─

제84조 위법한 적자 선정

1. 적자를 세울 때 법[3]을 어기면 장80에 처한다. 다만 적처의 나이가
   50세 이상이고 아들이 없으면 첩의 장자를 적자로 하는데, 그러
   하지 아니하면 죄가 같다.

2. 같은 성의 사람을 길러 아들로 삼았는데, 길러준 부모에게 아들
   이 없는데도 은혜를 저버리고 떠난 양자는 장100에 처하고 길러
   준 부모에게 돌려보낸다. 양부모에게 이미 친아들이 있고 친부모
   에게 아들이 없으면 양아들이 친부모에게 돌아가고자 하는 경우
   에는 돌아가는 것을 허용한다.

---

3 「吏律」[職制] §51 官員襲蔭 참조.

3. 다른 성의 사람을 길러 아들로 삼아서 종족의 질서를 어지럽히면 장60에 처한다. 아들을 다른 성을 가진 사람에게 주어 후사로 삼게 하면 죄가 같으며, 그 아들은 본래 집으로 돌려보낸다.

4. 다만 버려진 아이로서 3세 이하이면 비록 다른 성이더라도 거두어 기르는 것을 허용하며 거둔 사람의 성을 따른다. (버려진 아이란 친생부모가 어려워서 편하려고 버린 아이인데, 그 당시에 부모가 모두 있고 재산도 풍족한 사람들이 이익을 탐내어 자신의 자식을 남의 집에 강제로 두고 버린 아이라고 속여 부르는바, 이는 풍속을 훼손하고 문란하게 하는 일이므로 그러하지 아니하다.)

5. 비록 같은 성의 사람을 아들로 삼아서 가계를 잇게 하였어도, 항렬의 순서가 부당하면 죄가 같다. 그 아들은 부모에게 돌려보내고, 항렬이 적당한 자로 고쳐 세운다.

* 괄호 부분은 『대명률』에는 없으나 『대명률직해』에서 덧붙였다.

❁

현대의 양자제도는 친자와 동일한 효력을 부여하는 친양자제도를 두는 등 입양 아동의 복리를 위한 방향으로 나아가고 있다. 친양자제도는 지난 2005년에 도입되어, 친부모와의 친족관계를 단절시키고 양부모와만 친족관계를 인정하며, 양부모의 성을 따르게 하는 등 아동이 어릴 때부터 차별을 받지 않도록 세심한 배려를 하고 있다. 이에 비하여 전통시대의 양자는 오로지 사후 봉양과 가계 계승을 위하여 존재하였다.

제84조 제1항은 중국에서 가계 계승의 원칙을 규정하고 이를 위반한 행위를 처벌하여 강제하기 위한 것이다. 본조는 「이율」 [직제] 제51조 관원의 음직 세습(官員襲蔭)과 관련하여 보아야 한다. 제51조에서는 음직 세습의 1순위로 적자인 맏아들, 2순위로 적자인 아들, 3순위로 서자인 맏아들, 4순위를 서자인 아들로 하고 있는데, 이 순위를 어기는 경우 바로 이 제84조 제1항에 의하여 장80의 형벌에 처해지는 것이다. 제84조의 형량은 장60에서 장100에 걸쳐 있지만 제51조에는 장100에서 장100 도3년 및 변원충군의 형벌이 규정되어 있다. 이는 제84조의 규정이 적자 선정 및 종족의 질서를 어지럽히는 것과 관련된 기본적인 사항을 위반하는 것에 관련된 것인 반면 제51조는 이를 넘어서서 음직의 세습이라는 공적 사안의 위반에까지 나아갔기 때문에 형량이 가중되는 것이라고 할 수 있다.

제84조의 전체적인 구조를 보면 제1항에서는 적자를 세우는 데 법을 어기면 처벌한다는 기본 원칙을 규정하고 있다. 다만 적처의 나이가 50이 넘었는데도 적자가 없으면 첩의 장자를 적자로 하는데, 첩의 장자가 있음에도 불구하고 차자를 적자로 삼거나, 양자를 적자로 세우는 경우에는 장80으로 처벌한다. 조선에서도 이 규정을 따라서 『경국대전』에는 적자가 없으면 첩자가 봉사하도록 하였고, 첩자조차 없을 때 가계 계승을 위하여 양자를 둘 수 있도록 규정하였다. 그러나 관습은 그렇지 않아서 첩자 즉 서자가 있어도 가계 계승을 할 수 있는 양자를 두도록 하였다. 그래서 절충적으로 서자가 있을 때는 친조카가 아니면 양자를 할

수 없도록 하였지만, 이마저도 허물어져서 족친이기만 하면, 항렬에 맞추어 양자를 할 수 있도록 허용하도록 되었다. 관습 앞에서 법규범은 무력할 수밖에 없었던 것이다.

제2항에서는 양자가 양부모를 버린 경우에 길러준 은혜를 저버렸기 때문에 장100으로 처벌한다는 원칙을 규정하고 있다. 또한 양부모에게 친아들이 있고 양자의 친부모에게 아들이 없는 경우에는 친부모의 가계 계승을 우선하여 사후적으로 파양할 수 있다는 것을 규정하고 있다. 제3항에서는 다른 성의 사람을 아들로 삼는 것, 즉 이성양자(異姓養子)를 금지하고, 이를 위반하면 장60으로 처벌하는 것으로 하였고, 자신의 아들을 다른 성을 가진 사람에게 주어 양자로 삼게 하는 것도 금지하여 장60으로 처벌하고 있다.

또 제4항에서는 이성양자의 예외를 인정하고 있다. 즉 3세 이하의 아이를 거두어 길러 양자로 삼으면 거둔 사람의 성을 따를 수 있는 예외를 두었는데, 이를 수양자(收養子)라고 하였다. 이 제4항은 3세 이하의 유기아 수양을 염두에 둔 것이다. 즉 전란 등으로 부모를 잃은 유기아를 자식처럼 거두어 기르도록 하고 자신의 성을 따르도록 한 규정으로 구휼정책과도 맥을 같이하는 것이다. 그런데 직해에서는 『대명률』의 원문에 덧붙여서 이러한 유기아 수양의 예외를 규정하고 있다. 괄호 안의 내용이 그것인데, 『대명률직해』 편찬 시기의 상황을 반영한 것으로 보인다. 즉 『대명률직해』 편찬 시기에는 권문세족의 부정적 영향이 아직 남아 있었다. 부모가 있으므로 유기아가 아닌데, 그럼에도 불구하고 부자들이 이익을 탐내어 함부로 아이들을 어릴 때 수양자라는 명목으로 빼앗아서 노비로 삼는 일이 횡행하자 이를 금지하기 위하여 특히 제84조 제4항에 규정한 것으로 보인다.

제5항에서는 양친과 양자의 세대관계, 즉 소목지서(昭穆之序)를 규정하고 친족질서를 유지하게 하였는데, 양자를 들일 때 항렬의 순서를 위반할 경우에는 죄가 같다고 하였으므로 역시 장60으로 처벌한다. 그리고 『대명률직해』에서는 『대명률』 원문에 있는 제6항을 번역하지 않았는데 제6항의 내용은 서민의 집에서 거두어 길러서 노비로 삼으면 장100에 처하고, 아이는 양인으로 풀어주는 것이다(若庶民之家, 存養奴婢者, 杖一百, 卽放從良). 이 규정은 서민이란 부지런히 힘써 일하는 존재로 노비를 둘수 없다는 것을 전제로 하는데, 조선에서는 노비를 부리는 존재가 따로 있지는 않기도 하고, 그런 일이 있다고 하여 양인으로 만들어주지도 않기 때문에 이 규정을 직해하지 않은 것으로 보인다. 또한 조선 초 서민이 노비를 양자로 삼는 관습이 있었던 점도 작용했을 것으로 보인다.

이제 제84조와 관련하여 양자제도를 전체적으로 살펴보자. 양자제도의 발전은 집안을 위해서 들이는 것으로부터 부모를 위한 양자로, 자녀의 복리를 위한 양자로 이루어져 왔다. 자녀의 복리를 위한 양자란 고아나 혼인 외의 자녀와 같이 정상적인 가정에서 자랄 수 없는 아동을 정상적인 가정에서 자랄 수 있도록 함으로써 아동에게 발전의 기회를 주는 것이다. 우리나라에서는 집안을 위하여 들이는 종법적 양자제도는 조선시대에 들어와서 성행하였는데, 그 전에는 제사의 단절을 막기 위하여 양자를 들이기도 하였다. 이렇게 봉사를 위한 목적으로 양자를 들이기도 하였기 때문에 전통 관습상으로는 이성양자도 허용하였고, 이성양자 중에서 특히 3세 전에 입양한 자를 수양자라고 하였다.[4] 중국의 종법제도가 들어오기 전에는 동종양자이건 이성양자이건 간에 다 같이 가계 계승의 자격을 인정하였던 것이다. 이러한 것이 가능하였던 것은 제사에 가계 계승보다는 사후 봉양의 의미가 강하였고 종통계승의식은 엷었기 때문이다. 즉 친자식이 없을 경우에 죽은 다음에 제삿밥을 얻어 먹기 위하여 양자를 들이는 것으로 관념하였기 때문에 반드시 동종일 필요는 없었고, 얼마나 제삿밥을 잘 차려줄지 여부가 문제되었던 것이다. 이는 살아 있을 때 양자와의 관계가 핵심이었기 때문에 양자가 동성인지 이성인지의 여부는 전혀 문제가 되지 않았다. 그러던 것이 조선시대에 중국의 종법제도가 강화되어 16세기 중엽 이후에 사후 봉양의 의미는 쇠퇴하고 가계 계승의 의미가 전면적으로 드러나게 되어 현재 이상적으로 생각하고 있는 제사승계, 부계혈통을 잇는 가계 계승과 가부장제가 형성되게 되었다.[5] 한편 일반적으로 3세 전에 입양한 자를 수양자라고 하고 그 이후에 입양한 자를 시양자(侍養子)라고 하였는데, 『대명률직해』에서 이를 반드시 구분하여 사용한 것 같지는 않다. 태조 6년에 이 둘 간에 상속에 차등을 두는 조치를 계기로 하여 그 이후로는 수양자와 시양자의 용어 구분이 명확해져 갔다.[6]

---

4 박병호, 『한국법제사』, 민속원, 2002, 257쪽.

5 정긍식, 「조선시대의 가계 계승법제」, 『서울대학교 법학』 제51권 제2호, 서울대학교 법학연구소, 2010. 6, 93쪽.

6 박경, 『조선 전기의 입양과 가족제도』, 혜안, 2011, 61~62쪽.

집안을 위해서 들이는 양자였기 때문에 양자와 관련한 요건은 양친에 관한 요건과 양자에 관한 요건이 매우 엄격하였다. 양친에 관한 요건으로는 입양의 당사자는 우선 기혼 남자여야 하고, 아들이 없어야 했다. 또한 남편이 아들 없이 사망한 경우에 처가 죽은 남편을 위하여 양자를 입양하였는데 이를 사후양자(事後養子)라고 하였다. 그러나 가계 계승 관념의 강화와 입후의 확산으로 쌍방 부모 모두가 사망한 경우까지 후사를 세우는 입후(立後)를 확대하였다.

양자에 관한 요건으로는 양부와 같은 남계혈족이어야 했는데, 이는 남계혈통인 종을 계승하기 위한 것이었기 때문이다. 또한 양자는 소목지서(昭穆之序), 즉 아들 항렬에 합당하여야 하였다. 그런데 숙종 연간에 이르면 차양자(次養子)라는 변칙적인 양자제도가 생긴다. 이는 장자가 아들 없이 사망한 경우에, 손자 항렬에 있는 자를 양자로 들이기 위하여 일단 아들 항렬에 있는 자를 차양자로 삼아 제사와 재산을 상속시키고, 그다음에 그 양자가 아들을 낳으면 그 아들을 죽은 장자의 계후자로 삼고 종통을 계승하게 한다. 이후 차양자는 임무를 다했으므로 돌려보내어 별종을 이루게 하는 제도다. 또 백골양자라는 제도가 있었는데, 죽은 사람을 입후하는 것이기 때문에 신주양자(神主養子)라고도 한다. 이는 손자 항렬의 사람을 양자로 삼는 것인데, 손자를 직접 입후하는 것이 아니라, 손자 항렬에 해당하는 자를 입후하기 위하여 죽은 아들 항렬에 해당하는 자를 입후하는 것이다. 이는 당시의 법제상으로는 위법한 것이었지만 사실상 지속되었는데, 적절한 자를 입후하기 어려운 조선 후기 실정을 반영한 것이다. 또한 양자가 될 사람은 생가의 장자나 독자가 아니어야 했으며, 양자는 한 사람에 한하였다.

그러면 양자가 된 사람은 영원히 양자의 지위를 누릴 수 있었는가? 그렇지 않다. 양자가 된 사람에게 일정한 사유가 있는 경우에는 양자관계를 청산할 수 있었는데 이를 파양이라고 하였다. 그러한 사유로는 양자의 생가에 대를 이를 사람이 없게 되거나, 양자의 성품이 패악하거나 악질이 있어 봉사에 부적절하거나, 대역죄로 처벌되거나, 소목지서를 위반한 것이 밝혀졌거나, 양부모에게 불효하거나 가산을 탕진하거나 한쪽 부모의 의사에 반하여 입양하거나 사기로 입양하거나 양부모보다 나이가 많은 경우 등이다.

제84조 立嫡子違法

1. 凡立嫡子爲乎矣 違法者杖八十齊. 其嫡妻亦 年五十已上弋只 無後爲去等 妾長子乙用良 爲嫡子爲乎矣 右如 使內不冬爲在乙良 罪同齊.

2. 同宗之人乙用良 收養作子長養爲乎亦中 收養父母亦 佗子息 無去乙 背恩 捨去者乙良 杖一百遺 還付收養父母爲乎矣 收養父母亦 已有親生子爲於 本生父母亦 佗子息 無去等 親子亦 欲還者乙良 聽許還付齊.

3. 他異姓人子乙 收養作子爲 敗亂宗族者乙良 杖六十齊. ○親子乙 異姓人亦 中 收養以 給付爲在乙良 罪同遺 其子乙良 還父母齊.

4. 其遺棄小兒乙良 三歲以下是去等 必于 異姓是良置 聽許收養 卽從其姓爲 乎矣 遺棄小兒叱段 親生父母亦 難便棄置小兒是去有乙 時亦中 父母俱存 民財富足爲在 人等亦 貪利爲要 自矣 子息乙 他戶良中 强置 冒稱遺棄小兒

爲臥乎所 **毀亂風俗**爲臥乎事是良尓 **不在此限**齊.

5. 必于 同宗人乙 作子傳繼令是良置 族長族下次序不當爲去等 罪同齊. 其子
乙良 還父母遣 次序適當爲在乙用良 改立令是乎事.

─②─

제96조 전지와 세량의 허위 신고

1. 세금이나 군량미를 거두어들이는 곳을 농락하여 누락하여 보고
   하거나, 경작지의 토지대장을 누락하면 1짐에서 5짐까지는 태40
   에 처하고, 5짐마다 1등을 가중하되 장100을 한도로 한다. 그 전
   지는 관에서 몰수하고 숨긴 곡식은 누락한 수에 따라 납부하게
   한다.
2. 경작지의 결부를 많다거나 적다거나 서로 바꾸어서 높은 것을 낮
   게 하여 원래 정해진 수효를 누락하거나, 간교한 계략으로 군량
   받는 것을 승인하였는데 이를 빙자하여 잡역을 회피하고 뜻을 같
   이하여 맡아준 사람은 모두 죄가 같다. 위 전지는 다시 자세히 조
   사하여 누락한 수에 따라 거두어들인다.

3. 이장이 사실을 알고도 고발하지 않으면 범인과 더불어 같은 죄다.
4. 생략

❋

현대 한국의 청문회에서 단골로 등장하는 것이 부동산 거래 시 다운계약서 혹은 업계약서 작성 의혹이다. 부동산 거래를 할 때 실거래가를 등록하도록 한 최근에는 이러한 일이 없지만, 실거래가 등록이 제도화되기 전에는 이런저런 이유로 다운계약서나 업계약서를 쓰는 것이 관행이었다. 보통 업계약서를 작성하는 이유는 지역의 부동산 가격을 상승시키려는 목적이었고, 다운계약서를 작성하는 이유는 거래 가액에 따라 부과되는 세금을 줄이기 위해서였다. 특히 다운계약서는 실거래가보다 낮은 허위 금액으로 계약했다고 하여 관청에 신고하는 것이므로, 말하자면 세금 포탈이다. 그렇기 때문에 세금을 포탈한 사람이 공직을 맡는 것이 합당한지에 대한 의문이 제기되었던 것이다. 보통은 거래가액을 낮게 하면 이익이며 관행이고 아무런 문제가 안 된다는 이야기를 듣고 다운계약서를 쓰는 경우가 많았고, 법률전문가조차 불법이라는 것은 알고 있을 테지만 관행이기 때문에 그 불법성이 그다지 크지 않다고 생각한 경우가 많았을 것이다. 그러나 그 부분은 분명히 도덕적으로 문제가 있는 것이었고, 특히 관행이라는 이유로 불법이 합법이 될 리는 만무한 것이다. 그래서 관행을 배경으로 다운계약서를 썼던 수많은 공직 후보자들이 낙마하는 사태가 벌어졌던 것이다.

국가의 입장에서 세수 확보는 대단히 중요한 일이 아닐 수 없다. 그렇기 때문에 세금 포탈은 예나 지금이나 매우 엄하게 처벌하였다. 다만 현재는 여러 형태의 세금이 존재하지만, 과거에는 세금을 부과할 수 있는 대상이 사람이나 물건밖에 없으니 사람에 대하여는 인두세나 부역을 지게 하고, 물건 중에서 가장 중요한 자산인 부동산에는 거기서 생산되는 소출에 대하여 세금을 부과하였다.

제96조는 조세의 기본이 되는 토지제도와 대장을 유지하기 위한 규정이다. 명나라의 토지대장을 '어린도책(魚鱗圖冊)'이라고 하는데, 토지를 세분하여 그린 모습이 물고기 비늘을 닮은 데서 유래한 이름이다. 제96조 전지와 세량의 허위 신고(欺隱田糧)에서 '기(欺)'는 토지의 소출에 따른 세량을 속이는 것이고, '은(隱)'은 이를 감추는 것을 말한다. 즉 전지(田地)와 연공(年貢)을 속이고 감추는 것이다. 결국 본조는 당시 재산 중에서 가장 중요한 전지의 관리를 엄정히 하여 적정한 과세(年貢)를 도모하고자 하는 규정이다.

제96조의 내용을 살펴보면 제1항은 토지 자체를 속여서 관에 보고하지 않은 행위를 처벌하고 있다. 즉 토지를 누락하여 보고하면 그만큼 과세 대상이 줄어들기 때문에 처벌하는 것인데, 그 양에 따라서 처벌을 달리한다. 즉 1짐에서 5짐까지는 태40에 처하고 5짐을 단위로 하여 1등을 가중하되 장100을 최고형으로 하며, 토지는 관에서 몰수하고 원래 내야 할 곡식은 누락한 수에 따라 납부하게 한다. 장100이 최고형이라서 세금 포탈이라는 행위에 비하여 가벼운 듯하지만, 누락된 전지를 관에서 몰수한다는 것 자체만으로도 재산권에 대한 큰 제약이 되므로

그리 가벼운 취급은 아니다. 여기서 『대명률』의 원문에서는 '묘(畝)'라고 한 것을 『대명률직해』에서는 '짐(負)'으로 번역하였는데, 이는 중국의 토지 단위와 조선의 토지 단위가 다르기 때문에 나타난 현상이다. 중국에서는 면적을 기준으로 하는 경묘법(頃畝法)을 썼지만 우리나라는 전통적으로 소출을 기준으로 하는 결부법(結負法)을 썼다. 소출을 기준으로 하여 단위를 '결(結)', '부(負)', '속(束)', '파(把)'라고 하였는데, 우리말로는 뜻으로 읽어서 '몍', '짐', '단', '줌'이라고 하였다. 1몍은 100짐이고, 1짐은 10단, 1단은 10줌이 되는데, 그만큼의 소출이 난다는 의미다. 따라서 1몍이라고 하여도 실제 면적은 달랐기 때문에 토지대장을 매우 정밀하게 작성하여야 했지만, 현실은 따라갈 수가 없어서 세금 탈루가 좀 더 쉽게 일어날 수밖에 없는 구조였다. 제2항은 경작지를 바꾸어 높은 소출이 나는 곳을 낮은 소출이 나는 곳으로 하면 당연히 세금도 적게 낼 수 있는데 이를 규제하고 있으며, 군량을 받는 것을 승인하였다고 하여 대신해야 할 잡역을 회피한 사람과 이를 눈감아 준 사람을 규제하고 있다. 이들은 모두 제1항에 따라서 처벌한다. 제3항은 이장의 불고지죄를 규율하고 있다. 이장은 이러한 세금 포탈을 규율하여야 할 위치에 있는 사람인데, 이를 알고도 고발하지 않았다면 범인과 마찬가지로 처벌한다.

『조선왕조실록』에 이 규정과 관련된 사례는 많이 보이지 않는데, 우선 세종 때의 사례는 현감이 무려 40몍을 묵은 밭이라고 일컫다가 적발되었는데, 사면령이 내린 후라서 처벌하지는 않지만, 담당 색리(色吏)의 전 가족을 변방으로 보내는 형에 처할 것을 검토하였다(『세종실록』 세종 28년 4월 15일). 또한 『대명률직해』에서는 1묘를 1몍으로 번역하였지만, 이

미『경제육전(經濟六典)』에서 1묘를 22짐에 준하여 처리하고 있었는데, 시
대의 흐름에 따라 22짐이 현재는 14짐이라고 하여 14짐을 1묘에 준하도
록 할 것을 청하는 사례가 있다(『성종실록』 성종 9년 5월 17일).

제96조 欺隱田糧

1. 凡貢稅軍粮庫乙 冒弄落報爲於 田地作文乙 漏落爲在乙良 一負至五負笞
   四十 每五負加一等 杖一百爲限遣 同田乙良 沒官爲於 漏落出食乙良 依數
   生徵齊.
2. 田地庫員結負乙 或多或小互相改易 以高作下爲於 原定數爻漏落齊 詭謀
   以 軍粮准受爲乎所 憑據雜役回避爲齊 同意逢受爲在 人等 并以 罪同爲乎
   矣 右田地乙良 更良 審檢 出食科式捧上爲齊.
3. 里長亦 知而不告者犯人罪同齊.
4. 생략

—③—

제123조 이혼

1. 쫓겨나거나 의절당할 사유가 없는 처를 내쫓으면 장80에 처한다. 비록 일곱 가지 쫓겨날 일을 하였어도 쫓아낼 수 없는 세 가지 사유가 있는데도 쫓아내면 2등을 감경하며, 부녀를 본남편에게 돌아가게 한다.
2. 의절에 해당하여 처를 버릴 수 있는데 그러지 않으면 또한 장80에 처한다. 부부가 서로 금슬이 좋지 않아 쌍방이 헤어지기를 원하면 처벌하지 않는다.
3~6. 생략

❋

사회가 변화함에 따라 사실혼, 다문화가정, 한부모가정 등 다양한 가정의 형태가 등장하고 있다. 전통적으로 가정을 이루는 기초는 혼인이었다. 그러나 최근에 이르러서는 프랑스에서는 팍스(PACS, Pacte civil de solidarité)라고 하여 동거계약을 허용하여 혼인에 준하는 강력한 효력을 발하게 하고, 기존의 혼인제도에 존재하던 이혼에 따르는 절차도 매우 간소화하여 동거계약을 해제하는 것으로 이혼에서 생기는 위자료 문제가 발생하지 않도록 하였다. 전통적인 혼인제도도 그대로 유지되고 있지만, 이러한 팍스제도 등을 통하여 사회 내에 존재하는 다양한 남녀간의 결합 형태를 제도 속으로 받아들이고 법으로 보호해 주려는 노력들이 계속되고 있는 것이다. 우리 사회는 아직 팍스와 같은 형태의 제도는 받아들이지 않지만, 사회의 변화에 따라 전통적인 사회에서 가족의 기초로 여겼던 혼인제도, 그리고 그에 따르는 이혼제도에도 변화가 생겨나고 있다. 혼인 연령이 남녀 모두 18세가 되고, 양성 평등 아래 호주제도, 호적제도 등이 폐지되었고, 이혼의 경우에도 양육하지 않는 자의 자녀에 대한 면접교섭권이 제도화되었고, 재판상 이혼에 혼인 파탄의 원인이 있는 자가 이혼 청구를 할 수 있는지 여부가 논의되고 있다. 그러나 혼인과 이혼의 영역은 워낙 관습의 영향을 많이 받아서 하루아침에 법개정이 이루어지지도 않고 또 그렇게 하는 것도 바람직하지 않다. 이런 차원에서 전통법에서 혼인과 이혼을 어떻게 다루었는지, 그리고 그것이 어떻게 변화하여 왔는지를 아는 것은 의미가 있을 것이다.

조선 사회의 혼인은 중국과는 관습이 달랐다. 중국의 혼인 형태는 친영제(親迎制)라고 하여 남성의 집에 여성이 오는 제도였다. 이에 비하여 조선 사회는 여성의 집에 남성이 드는 솔서혼(率壻婚)의 제도를 취하였다. 조선 초의 족보에 사위의 이름이 있는 것이라든지, 선산에 다른 성을 가진 사람이 묻혀 있는 것이라든지, 『경국대전』에서 재산의 상속분을 남녀 동등하게 한 것 등이 이를 방증한다. 그러나 중국의 종법제가 뿌리내리게 되면서 조선의 혼인풍습도 점차 친영제로 변화되고, 이에 따라 선산에는 같은 성을 쓰는 사람들만 묻히게 되며, 상속분에서 여성을 배제하게 된 것이다.

또 전통사회에는 축첩제도가 공인되어 있었다. 조선 초에 처를 한 명 이상 두는 병처(幷妻)제도가 혁파되었지만, 첩을 두는 것은 여전히 허용되었다. 첩은 공식적인 배우자가 아니기 때문에, 첩이 처에 대하여 가하는 행위가 범죄가 될 때에는 일반 범죄보다 가중되었다.

한편 남성이 우위인 사회였기 때문에 혼인생활에서나 이를 해소하기 위한 이혼에 있어서도 절대적인 남성 우위가 인정되었다. 기본적으로는 남성, 즉 남편의 이혼권만 인정하였으므로 엄밀한 의미에서는 '이혼'이 아니라 '아내의 축출(出妻)'이라고 해야 한다. 이러한 의미에서 제123조는 '출처(出妻)'라고 하였다. 혼인이 개인의 자유가 아니었던 만큼 '출처'도 자유로이 할 수는 없었다. 따라서 출처를 할 수 있는 사유가 법에 정해져 있었는데, 그것이 칠거지악(七去之惡)과 의절(義絶)이다. 이 칠거지악은 여성에게만 강요되던 것으로 첫째, 아들이 없는 것인데 종법적인 계승을 추구하는 전통사회에서 아들이 없다는 것은 불효가 되는 문제였다. 둘째, 음탕한 것인데 혼인 중 간통을 하는 경우뿐만 아니라 남에게 애교스럽게 보이는 것도 해당되었다. 셋째, 시부모를 섬기지 않는 것은 불효로 인정되어 출처 사유가 되었다. 넷째, 말이 많은 것은 수다스러움을 말하는데 대가족제도하에서는 말로 인하여 인화를 해치기 쉽기 때문이다. 다섯째, 도둑질하는 것은 도벽이 있는 것을 말하며, 여섯째, 질투하는 것은 축첩과 관련된 것으로 질투가 있으면 집안이 편안하지 않고 복이 깃들지 않는다고 하였다. 일곱째, 몹쓸 병을 앓는 것인데, 몹쓸 병이 있으면 조상제사를 위한 음식을 바칠 수 없다고 보았다. '의절'은 배우자의 조부모·외조부모·백숙부모·형제·고모·자매를 살해하려 하거나 이들이 살해하려 한 것, 아내가 남편을 욕하거나 때리는 것 등인데, 이러한 사유가 있으면 당연히 출처하여야 하지만, 없는데도 아내를 쫓아내면 장80에 처한다. 제124조 위법한 혼인의 주혼자·중매인의 죄(嫁娶違律主婚媒人罪)에서 볼 수 있듯이 혼인이 개인의 의사가 아니라 가장의 의사에 바탕을 둔 가문의 결합이기 때문이다. 법적으로는 제한적으로나마 이혼을 허용하지만, 사실상 이혼이 제한된 사회였다.

제123조 제1항은 칠거지악이나 의절 사유가 없는데도 처를 내쫓는 경우 장80에 처하도록 하고 있다. 다만 제123조 제2항에서 의절 사유가 있는데도 처를 내쫓지 않은 경우 남편을 장80에 처하도록 하고 있는데, 가족 관계를 유지할 수 없을 정도로 나아간 행위에 대하여는 이는 가족에 국한된 것이 아니라 윤리국가의 근간을 허무는 것으로 판단하여 국가가 개입하여 이혼을 강제하는 것이나 다름없다. 또 제2항의 규정을 통해 보면 칠거지악에 해당한다고 하여 출처의 의무가 발생하는 것은 아닌 것으로 보인다.

또 칠거지악에 해당해도 출처할 수 없는 세 가지 사유가 있는데 이를 삼불거(三不去)라고 한다. 첫째, 시부모의 3년상을 함께 마친 것, 둘째, 장가들 때에는 빈천하였으나 뒤에 부귀하게 된 것, 셋째, 데려온 곳은 있는데 돌아갈 곳이 없어진 것, 즉 처가가 없어진 경우가 그것이다. 이러한 삼불거 사유에 해당하는데도 칠거지악에 해당한다고 하여 처를 내쫓으면 2등을 감경하여 장60에 처한 후, 재결합시킨다. 삼불거에 해당하면 이혼하지 못하도록 국가가 강제한 것이다.

또한 제2항에서는 부부가 금슬이 좋지 않아 쌍방이 헤어지기를 원하면 처벌하지 않는다고 하여 협의이혼을 허용하고 있다. 그러나 위에서도 보았듯이 조선에서 이혼은 사실상 제한되었고 이혼에 대한 법이 없다고 할 정도였다. 이는 아내가 죽고 남편이 재혼을 한다고 하여도 의절되지 않은 이상 원래의 처가와의 관계는 계속된 점에서도 알 수 있다. 『조선왕조실록』에 나오는 사례도 이를 방증한다. 유정기(俞正基)가 부인인 신태영(申泰英)을 내쫓은 지 14년 만인 1704년(숙종 30년)에 공식적인 이혼을 예조(禮曹)에 요청하였지만 거부당한 것이다. 유정기는 신태영이 의절할 만한 죄를 지어 내쫓고 공식적으로 인증을 받으려고 하였으나, 신태영은 의절할 만한 죄를 짓지 않았다고 다툰 상황에서 의절의 요건을 충족하기 어려웠다. 또한 유정기는 『대명률직해』의 협의이혼의 규정을 내세웠지만 신태영이 거부하는 한 적용할 수 없는 규정이었다 (『숙종실록』 숙종 30년 9월 24일).[7]

---

7 이 사건은 책으로도 엮여 나왔다. 강명관, 『신태영의 이혼소송 1704-1713』, 휴머니스트, 2016.

아내의 축출은 실제로는 남자가 이혼장인 수세(休書)를 주는 것으로 행해진 것으로 보인다. 다만 수세를 주었다고 하더라도 실제로 법적 이혼에 이르기 위하여는 신태영 사례에서 보듯이 수세를 줄 만한 사유가 있었는지를 조사한 것으로 보인다. 예컨대 수세를 받은 이윤검(李允儉)의 처가 개가하자, 수세를 줄 만한 사유가 있었는지, 수세를 줄 만한 사유가 없다면 제123조 제1항에 따라 처벌하여야 한다고 하였다(『성종실록』성종 15년 2월 16일). 다만 이렇게 이혼이 어려웠던 것은 사족(士族)에 한하였던 것 같고, 첩의 경우에 수세는 누구에게 더 이상 매여 있지 않다는 증명서와 같은 역할을 한 것으로 보인다. 첩의 경우에는 수세가 있다는 이유만으로 첩을 빼앗았다는 주장을 배척하는 사유가 되었다(『성종실록』성종 17년 12월 21일). 한편 평민이나 천민은 자유로이 이혼할 수 있었던 것으로 보인다.

第123條 出妻

1. 凡妻亦, 可黜可絶之事無去乙, 黜送爲在乙良, 杖八十齊. 必于, 七出乙, 犯爲去乃, 三不去有去乙, 黜送爲在乙良, 減二等遣, 婦女還本夫齊.

2. 若義絶可棄妻乙, 休棄不冬爲在乙良, 亦杖八十爲乎矣, 夫妻不和合, 兩相願離者, 不坐罪齊.

3. 妻亦, 夫乙, 背叛在逃爲在乙良, 杖一百遣, 還付本夫爲, 任意以, 放賣爲乎矣, 因在逃他人乙, 改嫁爲去等, 絞死齊. 夫亦, 逃亡爲去等, 三年之內良中, 不告官司爲, 逃去爲在乙良, 杖八十爲弥, 趂便以, 佗人交嫁者, 杖一百

遣, 妾是去等, 各減二等齊.

4. 奴婢<u>亦</u>, 背主逃亡<u>爲在乙良</u>, 杖八十. 婢子<u>亦</u>, 因此, 他人改嫁<u>爲在乙良</u>, 杖一百<u>遣</u>, 還付本主齊.

5. <u>次知</u>交嫁主人及知情<u>爲</u>, 交嫁<u>爲在隱</u>, 罪同齊. 至死罪人<u>是去等</u>, 減一等<u>爲乎矣</u>, 不知者, <u>並只</u> 不坐罪.

6. 생략

─④─

제168조 이자 제한

1. 사적으로 돈을 빌려주거나 재물을 전당 잡고 매달 이자를 받을 때는 모두 월 3분을 초과할 수 없다. 기간이 비록 오래되었더라도 일본일리를 초과할 수 없다. 어기면 태40에 처하고 초과 이자는 장으로 계산하여 무거우면 좌장으로 논하되 형은 장100을 한도로 한다.

2. 감독 관원·서리가 관할 부내에서 돈을 빌려주거나 재물을 전당 잡으면 장80에 처하고, 제1항의 제한을 어겨 이자를 취한 경우에는 초과 이자는 장을 계산하여 무거우면 불왕법장에 따라 논한다. 초과 이자는 모두 추징하여 채무자에게 돌려준다.

3. 남의 돈이나 재물을 빌리고 정해진 기한 내에 돌려주지 않으면, 5관 이상일 경우 3개월을 지체하면 태10에 처하고 1개월마다 1등

을 가중하되 형은 태40에 그친다. 50관 이상은 3개월을 지체하면 태20에 처하고 1개월마다 1등을 가중하되 형은 태50에 그친다. 250관 이상은 3개월을 지체하면 태30에 처하고 1개월마다 1등을 가중하되 형은 장60에 그친다. 모두 원금과 이자를 추징하여 채권자에게 돌려준다.

4~5. 생략

✿

현행 이자 제한법(2014. 7. 15. 시행)은 금전대차에 관한 계약상의 최고 이자율을 연 25퍼센트를 초과하지 않는 범위에서 대통령령으로 정하도록 하고 있다. 고리의 이자가 국민경제에 미치는 영향을 고려하여 이러한 이자 제한법이 생긴 것은 물론이다. 그러면 이러한 이자 제한은 언제부터 있었을까? 서양 중세의 기독교 사회에서는 원칙적으로 이자를 인정하지 않았기 때문에 이자 제한이라는 개념이 없었다. 그러나 자본주의의 발달과 함께 이자는 긍정되지 않을 수 없었고, 이에 따라 과도한 이자가 문제되고 결국 이자 제한의 법제가 나타나게 된 것으로 보인다. 이에 비하여 우리나라는 전통적으로 이자를 금지하지는 않았다. 언제부터인지는 모르지만 물물교환의 시대에도 곡식은 큰 자본이었으며, 이 식량을 이용한 대차와 그에 따른 이자가 활성화되었던 것이다. 따라서 곡식을 중심으로 이자에 대한 논의가 이루어졌고, 고리의 이자가 논의된 것으로 볼 수 있다.

『대명률직해』에서는 이자율에 관하여 제168조 이자 제한(違禁取利)에서 규율하고 있다. 제1항에서는 세 가지를 규정하였다. 우선 금전의 대차나 전당에 대하여 월 3분을 이자율로 하였다. 이 3분에 대하여 『대명률강해』에서는 30퍼센트라고 하고 있지만, 『대명률집해부례(大明律集解附例)』에서는 3퍼센트를 의미한다고 하고 있고, 조선에서는 3퍼센트를 적용한 것으로 보인다. 다음으로 일본일리의 원칙이라고 하여 이자가 원본을 초과할 수 없다는 원칙을 선언해 두었다. 예컨대 100냥에 대한 이자는 기간이 오래되어도 100냥을 초과할 수 없기 때문에 채권자가 받을 수 있는 최대 금액은 200냥이다. 마지막으로 초과 이자는 무효다. 이는 현재 우리나라 대법원의 입장이기도 하다(대법원 2001. 7. 10. 선고 2001다16449 판결). 다만 민사와 형사가 혼재해 있었기 때문에 형사벌을 과하는데, 범죄로 인한 재물의 가장 기본적인 구성요건인 제368조 장으로 인한 죄(坐贓致罪)를 적용하여 처벌한다. 즉 초과 이자를 받는 행위 자체는 제1항에서 태40으로 처벌하는데, 제368조에서 정하는 일정한 기준(예컨대 20관이면 태40)을 넘으면 제368조의 형량이 무겁기 때문에 제368조를 적용한다는 것이다. 다만 최고 형량은 장100으로 한다.

제2항은 감독 관원·서리가 관할 부내에서 돈을 빌려주거나 재물을 전당 잡는 것은 권력을 행사하여 일반 서민을 핍박한 것으로 그 자체를 금지하고 형벌로 다스리는데 장80으로 처벌한다. 또 이들이 초과 이자를 받는 경우에는 가중하여 처벌하는데, 뇌물범죄와 마찬가지로 처벌한다. 즉 「형률」 제367조 관리의 재물 수수(官吏受財)에서는 관리가 뇌물을 받았지만 불법한 행위로 나아가지 않은 행위를 불왕법장(不枉法贓)이라고

하여 뇌물의 액수에 따라 처벌을 달리하고 있는데, 이를 그대로 적용한 다는 것이다. 제1항에서는 최고 형량의 제한이 있었지만, 제2항에서는 최고 형량의 제한이 없기 때문에 장100 유3,000리를 최고형으로 한다. 아울러 초과 이자는 모두 추징하여 채무자에게 돌려준다.

제3항은 지연 이자에 대한 규정이다. 현재는 개인 간 이자와 관련된 문제는 모두 민사의 영역에 속하기 때문에 이자를 갚아야 할 기한이 도래하였음에도 불구하고 갚지 않는다면, 지연 이자가 발생하기 마련이다. 그런데『대명률직해』에서는 지연 이자를 발생시켜 대여금을 갚게 하지 않고, 형벌을 가하여 강제하는 태도를 보이고 있다. 액수와 지연 기간에 따라 형벌을 달리하였는데, 위의 제3항에서 볼 수 있듯이 아무리 많은 금액이라 하더라도 장60이 최고형이기 때문에 채무이행을 강제하는 형사벌로서의 실효성이 있었는지는 의문이다.

한편 조선시대에도『대명률직해』의 이 이자율 제한의 적용을 받았지만, 이 규정은 동전의 유통을 전제하고 있기 때문에 이를 그대로 적용하기는 힘들었다. 실제로 세종 때에는 기존의 높은 이율을『대명률직해』의 이자율에 따라 규율할 것으로 정하기도 하였다(『세종실록』세종 11년 4월 3일). 그러나 이때의 결정이 잘 지켜지지는 않은 것 같다. 조선에서는 따로 이자에 대한 제한을 두었던 것으로 보이는데, 우선 곡식에 대한 이자율은『경국대전』형전에서 규정하여 연 5할의 장리(長利)를 초과하여 징수하면 처벌하였다. 예컨대 춘궁기에 미곡 10말을 빌리고 가을에 갚을 때에는 15말을 갚는 것이 장리인데, 이렇게 보면 1년을 단위로 하는 것이 아니라 대체로 7개월 전후의 이자가 50퍼센트인 셈이다. 이 경우

월 단위 이자는 별 의미가 없는 것이 춘궁기에 빌리고 매달 갚아나가는 것이 아니라 추수기에 50퍼센트를 더 얹어서 갚으면 되는 것이기 때문이다. 다음으로 화폐에 대하여는 『대전회통(大典會通)』에 그 규정이 있는데 십이례(十二例)라고 하고 있다. 이는 은(銀), 전(錢), 포(布) 등의 화폐를 중심으로 한 것이다. 조선 전기의 이자율 제한이 곡식을 중심으로 한 것이라면 조선 후기는 동전의 유통과 함께 십이례가 중심이 된다. 십이례는 10냥의 1년 이자를 2냥으로 하는, 즉 20퍼센트의 이자율을 가리킨다. 다만 영조 때의 재상 이광좌(李光佐)의 말에 따르면 1냥에 1개월의 이자를 2푼으로 하여 10개월이 되면 1냥의 이자는 2전이 되므로 10개월을 기준으로 하고 있다(『승정원일기』 영조 3년 11월 11일). 1년인지 10개월인지는 구체적인 사안에 따라 달리 보아야 하는 어려움이 있는데, 이는 일제 때의 관습조사보고서에 '일정한 기간'이라고 표현한 것에서도 그 고충을 짐작할 수 있다.[8]

第168條 違禁取利

1. 凡私放錢物爲旀 錢物乙 典當爲 每月邊利乙 捧上爲乎矣 三分乙 不過齊 年月雖多爲去乃 一本一利不過 捧上爲乎矣 違者笞四十爲旀 剩餘利乙 計贓爲 重爲去等 坐贓以 論遣 杖一百爲限齊.

---

8 자세한 것은 조지만, 「구한말 이자에 관한 연구 – 법전규정과 민사판결문을 중심으로 –」, 『比較私法』 제22권 3호, 비교사법학회, 2015. 8. 참조.

2. 監臨官吏亦 所掌內良中 錢物乙 放與爲旀 典當爲在乙良 杖八十 違禁令不
從 取利爲在乙良 剩餘利乙 計贓 重爲去等 不枉法例以 論罪遣 剩利乙良
並只 還生徵爲 本主還給齊.

3. 他矣 錢物乙 貸借遣 定朔良中 還鎭[9]不冬爲去等 五貫以上乙 三月違期不
還爲在乙良 笞一十 每一月加一等 笞四十爲限齊 五十貫以上乙 三月違期
不還爲在乙良 笞二十遣 每一月加一等爲乎矣 笞五十爲限齊 二百五十貫
以上乙 三月違期不還爲在乙良 笞三十遣 每一月加一等 杖六十爲限爲乎
矣 並只 本利生徵給主齊.

4~5. 생략

9　‘鎭’:『大明律直解』(활자본) 두주 ‘錢’의 오자.

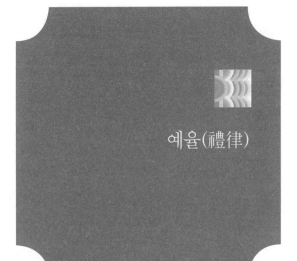

예율(禮律)

「예율」은 국가의 의례와 사회관계 속의 예의에 관한 내용이다. 「예율」은 모두 2편 26개조로 구성되어 있는데 편명은 권11 제사(祭祀), 권12 의제(儀制)다. 「예율」은 다른 율에 비하여 상대적으로 조문수가 적다. 전통사회에서 예(禮)가 차지하는 비중을 생각할 때 상당히 의아스럽기까지 하다. 그러나 「예율」의 분량이 적다고 해서 전통사회에서 예의 비중이 낮았던 것은 아니다. 예와 관련한 여러 조항이 다른 율들에 흩어져 있을 뿐이며, 「예율」에서는 주로 제사와 의식과 관련한 규정만을 수록한 것으로 보면 「예율」의 분량이 상대적으로 적은 것을 이해할 수 있다. 이 「예율」에서 수록하고 있는 내용은 다음과 같다.

제사(祭祀)

제사편에서는 천지(天地)·종묘(宗廟)·국가(國家)에 관한 제계(祭禮)에 위반되는 사례가 없도록 각별한 주의를 환기하는 동시에 사소한 일에까지 처벌 규정을 엄격히 하였다. 또한 사적으로 하늘에 제사 지내는 행위, 무당이 사람들을 현혹시키는 행위를 금지하였고, 사이비 종교에 대하여도 다루고 있다. 모두 6개조다.

제176조 제향(祭享)에서는 하늘과 땅, 종묘에 대한 제사인 대사(大祀)의 그 절차와 관련 규정의 위반 시 처벌 등을 규율하고 있다. 예컨대 제사에 사용하는 제물 중 한 가지를 빠뜨리면 장80에 처한다. 하늘과 땅, 해나 달 등에 제사 지내는 것을 '사(祀)'라 하고, 조상의 묘소(廟所)에 제사 지내는 것을 '향(享)'이라 한다. 또 산천이나 별, 역대 제왕 등에 대

한 제사를 중사(中祀)라고 하는데, 이 규정에서는 대사(大祀)에서의 처벌과 같은 처벌을 과하고 있다. 제177조 구단의 훼손(毁大祀丘壇)은 제사 지내는 장소의 관리에 관한 규정이다. 하늘에 제사 지내는 곳을 '원구(圓丘)', 땅에 제사 지내는 곳을 '방구(方丘)'라고 하는데, 하늘에 제사 지낼 수 없었던 조선에는 원구가 없었지만, 대한제국을 선포한 후 원구단을 짓기도 하였다. 모두 단을 쌓아 제사를 지내는데, 이 장소를 훼손하는 경우에는 장100에 처하고 멀리 유배 보낼 만큼 중하게 다뤘다. 제178조 사전의 신위(致祭祀典神祇)에서는 사직(社稷), 산천(山川), 바람과 구름(風雲), 벼락과 비(雷雨) 등의 신과 성제(聖帝), 명왕(明王), 충신, 열사 등 제사를 지내야 할 것으로 되어 있는 신령들에 대한 제사를 소홀히 하면 장100, 제사를 받들지 않아도 될 신인데도 제사를 지내면 장80으로 처벌한다. '사전(祀典)'이란 제사를 지내야 할 신령의 이름을 적어 놓은 것을 말한다. 제179조 역대 제왕의 능(歷代帝王陵寢)은 역대의 제왕이나 충신, 열사, 성현이 잠들어 있는 곳의 관리 규정이다. 이러한 곳 근처에서 농사를 짓거나 소나 양 등을 방목하면 장80에 처한다. 제180조 음사의 금지(褻瀆神明)는 사적으로 신에게 제사 지내는 것을 금지하는 규정이다. '설독(褻瀆)'은 존귀한 신에게 스스럼없이 불경스럽게 대하는 것을 말하고, '신명(神明)'은 신지(神祇)를 말하는데 신묘하고 밝은 존재이므로 이렇게 칭한다. 귀신은 공경하고 멀리해야 하는데 마음대로 천지의 신령에게 제사 지낼 수는 없도록 규정하였다. 제181조 사술의 금지(禁止師巫邪術)는 중국의 역사에서 종교의 힘을 빌려 반란이 많이 일어났으므로 이를 엄격하게 금지하기 위한 규정이다. 무당이 민심을 현혹시키고 사회질서를 교란하는 행위를 금지하고, 백련사(白蓮社), 명존교(明尊敎), 백운종(白雲宗) 등 종교집회를 하는 경우를 매우 엄하게 다뤄 교형에 처하고 있다. 다만 『대명률직해』에서는 백련사, 명존교, 백운종 등이 조선에서는 별 영향이 없으므로 삭제하고, 미륵이나 제석이 내려왔다고 거짓으로 칭하는 정도로만 번역하였다.

의제(儀制)

권12 의제는 각종 격식에 관한 규정들을 담고 있으며, 모두 20개조다. 의제편을 내용을 기준으로 분류해 보면 임금과 관련된 음식물, 약물, 의복, 탈것 등의 격식에 대하여 규정하고(제182조, 제183조, 제185조), 각종 회의에서의 격식(제186조~제190조), 지방의 관리 문제(제191조~193조), 일상생활에서 예의와 격식(제194조, 제195조, 제198조~제201조), 점성술과 관련하여 사적으로 익히거나 잘못 점치는 것(제184조, 제196조, 제197조)으로 나눌 수 있다.

우선 임금의 음식물, 약, 의복, 탈것 등과 관련한 규정을 살펴보면 제182조 황제의 약 조제(合和御藥)는 임금에게 올리는 약과 음식의 제조와 관리를 철저히 할 것을 규정하고 있다. 본래 처방대로 약을 조제하지 않으면 장100에, 음식물이 정결하지 않으면 장80에 처하는 등이다. 제183조 황제용 물품(乘輿服御物)은 임금의 의복, 수레, 배 등의 보관을 법대로 하지 않으면 장60에 처하고, 관리하는 사람이 이러한 물건들을 사적으로 사용하거나 빌려주면 양자 모두 장100 도3년에 처하는 등을 규정한다. 제185조 의복 등의 하사(御賜衣物)는 임금이 의복 등을 하사하였는데, 담당 신하가 직접 전달하지 않으면 장100으로 처벌하는 규정이다.

다음으로 각종 회의에서의 예의와 격식을 규율하는 규정들을 살펴보면, 우선 제186조 조하 등의 실수(失誤朝賀)는 임금이 참여하는 회의에서의 격식을 규정한다. '조하(朝賀)'에서 '조(朝)'는 임금을 알현하는 것, '하(賀)'는 축하의식에 참여하여 임금에게 경축의 뜻을 고하는 것을 말한다. 조하를 하거나 조서를 받을 때 담당 관청에서는 조하에 참여하는 사람이나 조서를 받는 사람에게 미리 의전을 알려야 하는데 이를 하지 않으면 태40에 처한다. 제187조 의전의 부실(失儀)은 제사를 거행하거나 원릉을 배알할 때 참배해야 하는데 참배하지 않거나, 참배할 자리를 틀리거나, 임금 앞에서 기침하는 등 예의에 어긋나게 행동하는 경우를 단속하는 규정이다. 다만 처벌은 벌봉전(罰俸錢) 반달로 가벼웠다. 제188조 상주 순서 위반(奏對失序)은 임금 앞에서 보고를 할 때 관직의 고하에 따른 순서를 정한 규정이다. 하관이 먼저 보고할 경우에 처벌하는데, 다만 처벌은 벌봉전 반달로 가벼웠다. 제189조 알현의 방해(奏對失序)는 임금에게 보고해야 하는데 보고를 방해하는 근시관원을 처벌하는 규정이다. 임금에게 할 보고를 방해하는 것은 임금의 눈과 귀를 어둡게 하는 것이기 때문에 처벌은 매우 엄하여 참형에 이른다. 제190조 진언(上書陳言)은 언로를 보장하고자 한 규정인데, '진언(陳言)'이란 글을 올리거나 일의 내용을 구술(口述)하여 상언하는 것이다. 이 규정은 임금에게 진언하는 것과 관련하여 질서를 확립하고 언로를 보장하여 임금이 중심이 되는 관료제도의 확립을 도모하고자 한 것이다. 특히 장인 등 전문직 관료가 임금에게 보고할 수 있도록 하고 이를 방해하는 자는 참형에 처하도록 하였다. 또한 벼슬자리를 얻기 위하여 이러한 진언을 하는 경우에는 장100에 처하도록 하였다.

지방에서 일어나는 관리 관련 문제를 내용으로 하는 규정 중 제191조 현임관의 현창(見任官輒自立碑)은 지방에서 현임 관원이 공덕비를 세우게 하는 행위를 규제하는 규정이다. 실제로 치적이 없는데도 현임 관원이 그 지역에 공덕비와 사당을 세우도록 하는 경우 장100에 처한다. 현재도 각 지역에 공덕비가 세워진 것을 종종 볼 수 있는데, 공덕의 존재 여부를 입증하기 어려워 실제 공덕이 없더라도 처벌까지 이어진 것으로는 보이지 않는다. 제192조 영송의 금지(禁止迎送)는 상급 관사의 관원이나 칙사(勅使) 등이 특정 지역을 지나갈 때, 그 지역의 관리가 외곽까지 나와 영접하거나 전송하는 행위를 처벌하는 규정이다. 제193조 차사원의 관장 능멸(公差人員欺陵長官)은 공무로 차출된 사람이 지방에서 예법에 따르지 않고 지방의 관리를 속이고 능멸하는 행위를 처벌하는 것으로 장60에 처한다. 중앙에서 파견된 관원이 그 위세를 믿고 지방의 관원에게 무례를 범하는 것을 처벌함으로써 관료제하의 위계질서를 확립하고자 한 규정이다.

『대명률직해』는 일상생활의 갖가지 유형의 행위에 대하여 세세하게 침투하여 규제하고 있다. 제194조 의복·가옥의 법식 위반(服舍違式)은 신분별로 정해져 있는 가옥에 살거나 의복을 입어야 하는데 이를 어기는 경우를 처벌하는 규정이다. 관직이 있는 자는 장100에 처하고 정직(停職)하며, 관직이 없는 자는 태50에 처하며, 이것들을 만들어준 장인도 처벌한다. 신분별로 어떻게 정하는지는 『대명률직해』에 나오지 않는다. 그러한 규제를 정하는 것은 조선에서는 『경국대전』이었다. 예컨대 『경국대전』 공전에서는 대군은 60칸, 왕자군과 공주는 50칸, 문무관 2품 이상은 40칸, 3품 이하는 30칸, 일반인은 10칸으로 규정하였다.[1] 제195조 승려·도사의 조상 경배와 의복(僧道拜父母)은 종교적 이유로 출가한 승려라고 하더라도 부모에 대한 효를 다해야 한다는 규정이다. 즉 출가한 승려는 그 교리에 따라서 부모에게 절하지 않고 도리어 부모로부터 절을 받는 경우가 있으며, 부모가 사망하여도 상을 치르지 않고 조상에게 제사를 지내지도 않지만, 이러한 행위는 종교상의 교리일 뿐이며 세속에서의 규제는 따라야 한다는 것이다. 효를 근본으로 하는 세속법의 우위를 선언한 것이며, 서양에서 교회법이 세속법과 경합한 것과는 매우 큰 차이를 보이는 규정이라고 할 수 있다. 제198조 부모·남편 상의 은닉(匿父母夫喪)은 부모와 남편의 상을 알고도 숨기는 행위를 처벌하는 규정이다. 제199조 부모 부양의 방기(棄親之任)는 부양해야

---

1 『경국대전』 工典 雜令 ○ 家舍, 大君, 六十間, 王子君·公主, 五十間, 翁主及宗親·文武官二品以上, 四十間, 三品以下, 三十間, 庶人, 十間.

할 늙고 병든 부모, 조부모가 있는데도 관직을 탐하여 계속해서 관직에 머물러 있는 관리를 처벌하는 규정이다. 아울러 관직을 사직하기 위하여 늙고 병든 부모 등을 핑계 삼는 경우도 같이 처벌하는데 장80에 해당한다. 제200조 상장례(喪葬)는 유교식 장례절차에 따라서 장례를 거행할 것을 의무로 한 규정이다. 풍수 등에 미혹되어 관을 집에 두고 오랫동안 장례를 치르지 않으면 장80에 처하고, 매장이 원칙인 유교식 장례를 따르지 않고 화장(火葬)이나 수장(水葬)을 하면 장100에 처한다. 제201조 향음주례(鄕飮酒禮)는 마을에서의 예절을 따르지 않는 경우를 처벌하는 일반 규정으로서 태50에 해당한다. 마을에서의 예절과 관련하여 명에서는 향음주례조식(鄕飮酒禮條式)으로 상세하게 규정하여 이를 어길 시의 처벌 규정만 『대명률』에 둔 것이다. 조선에 향음주례조식(鄕飮酒禮條式)이 영향을 미친 것은 아닌데, 이 규정에서는 향음주례, 향사례(鄕射禮), 향약(鄕約) 등의 명칭으로 사실상 각 고을 사람들의 서열, 지켜야 할 예절 등에 대하여 규정하였다.

천문, 점성 등과 관련하여서도 이 의제편에서 규정하고 있는데, 자격과 관련된 것이기 때문이다. 우선 제184조 금서 소지 및 천문 학습(收藏禁書及私習天文)은 천문을 국가에서 독점하기 위하여 둔 규정이다. 즉 민가에서 천제관측기구, 천문도참의 도서를 소지하여 길흉화복을 점치는 것을 금지하였다. 또 역대 제왕의 초상이나 옥새 등의 물건을 소지해도 처벌하였는데 장100에 처하였다. 제196조 천문 현상의 점후 실수(失占天象)는 천문을 관측하는 관리가 잘못 관측하는 경우의 처벌 규정으로서 장60에 처한다. 천문 관측은 길흉을 점치는 것과 관련이 있고 임금의 통치에 중요한 정보로 활용되었으므로 이를 그르치는 것을 처벌하기 위한 규정이다. 이와 관련된 사례는 월식을 잘못 추산한 김서(金恕)를 처벌한 기사(『태조실록』 태조 7년 3월 17일), 일식을 잘못 예측한 윤돈지(尹敦智)에 대한 기사(『태종실록』 태종 7년 10월 1일) 등을 들 수 있다. 이 규정은 임금의 통치와 매우 밀접한 연관이 있었기 때문에 정치적으로 활용될 가능성이 많았다. 예컨대 태종 때에는 일식이 일찍 복원된 것을 자신의 공덕으로 돌리기 위하여 일식을 잘못 예측한 황사우(黃思祐)에게 포상한 일도 있었다(『태종실록』 태종 13년 1월 1일).[2] 제197조 술사의 망언(術士妄言禍福)은 술사들이 화복을 거짓되게 말하는 것을 규제하는 규정이다. '술사(術士)'란 음양(陰陽)의 수를 헤아려 점을 쳐서 길흉화복을 말하는 음양사(陰陽師)를 가리키는데, 이들이 문무관원의 집에서 거짓되게 길흉화복을 말하는 경우 장100에 처한다. 다만 단순히 사주팔자를 풀이하는 것은 개인의 길흉화복과 관련된 것이므로 처벌하지 않는다.

「예율」에서는 2개 조문을 선정하였다. 우선 조선 후기 우리나라에 전래된 천주교의 박해와 일정 정도 관련이 있는 제181조 사술의 금지(禁止師巫邪術)를 간단하게 살펴보고, 부모의 상을 숨기는 것을 처벌하는 제198조 부모・남편 상의 은닉(匿父母夫喪)에 대하여 살펴보기로 한다.

---

2 자세한 분석은 崔秉祚, 「天象豫報不實罪? 書雲觀 述者 黃思祐 사건(태종 13년, 1413)」, 『서울대학교 법학』 제53권 3호, 2012. 9, 8~21쪽 참조.

—①—
제181조 사술의 금지

1. 박수와 무당, 화랑이 요사스러운 신을 빙자하고, 주문을 건 물을 떠놓고 부적을 그리거나, 미륵이나 제석이 내려왔다고 망칭하거나, 향도들이 일체의 사악한 도로 바른 도를 어지럽히는 술수를 쓰거나, 도상(圖像)을 숨겨두고 밤에 모였다가 새벽에 흩어지며 거짓으로 선한 일을 하는 듯이 하여 인민을 현혹하면 수범은 교형에 처하고, 따른 자는 각각 장100에 처하고 먼 곳으로 유배 보낸다.

2. 군인이나 백성이 신의 상(神像)을 꾸미거나 나발을 불고 북을 치면서 신을 맞이한다고 모여 기도하면 장100에 처하되, 앞장선 사람을 처벌한다. 이장이 알고도 미리 관에 고하지 않으면 각각 태

40에 처한다.

3. 이때 민간에서 이전부터 의례적으로 행하던 봄과 가을의 모임은
금지하지 않는다.

✦

예나 지금이나 종교가 정치에 개입하기 시작하면 정치권력에 변동
이 생기는 일이 많다. 중국에서는 후한 말의 황건적의 난, 명청 시기 백
련교의 난 등 실제로 반란이 일어난 일도 있었고, 페르시아에서 전래된
마니교(명존교), 송원 시기의 백운종(白雲宗) 등이 사교로 지정되어 금지
된 일도 있었다. 이러한 역사적 경험에 기인한 것인지 현대 중국에서는
교세가 나날이 확장세를 띠던 파룬궁을 금지하기도 하였다. 서양에서
도 이슬람과의 종교전쟁을 벌이면서 종교 갈등을 연출하기도 하였고,
프로테스탄트와 갈등을 일으키며 종교의 자유가 확립되어 가기도 하였
다. 이렇듯 종교적 결사가 세속 정치에 영향을 주는 일이 많았기 때문
에 법률에서는 이를 규제하려고 하였다. 『대명률직해』도 예외는 아니었
다. 제181조 사술의 금지(禁止師巫邪術)는 말하자면 국가가 사이비종교로
단정한 사교 등을 처벌하는 규정이다.

제181조는 세 개의 규정으로 구성되어 있다. 제1항은 일반적인 사이
비종교 자체를 금지하는 규정이고, 제2항은 단체로 미신을 숭배하는 행
위를 금지하는 규정이다. 제3항은 민간에서 관습적으로 모여서 제사 지
내는 것은 금지하지 않는다는 규정이다.

우선 제1항에서는 박수, 무당, 무당의 남편인 화랑 등이 신을 빙자하여 미륵이나 제석신이 내려왔다며 사악한 술수를 쓰는 사이비종교의 전형적인 행태를 처벌한다. 또 도상(圖像)을 숨겨두고 밤에 몰래 모였다가 새벽에 흩어지며 선한 일을 하는 것처럼 꾸미면 인민들은 현혹되기 쉬우므로 이 또한 사이비종교의 전형적인 행태로 보아 처벌한다. 『대명률직해』의 원문인 『대명률』의 율문에서는 "미륵불(彌勒佛), 백련사(白蓮社),[3] 명존교(明尊敎),[4] 백운종(白雲宗)[5] 등의 회를 망칭하여"라고 하였는데 이를 '미륵, 제석을 망칭하여'로 직해하였다. 백련사, 명존교, 백운종의 종교는 조선에 영향이 없으므로 굳이 직해하지 않은 듯하다. 그리고 『대명률직해』에서는 이러한 행위에 대하여는 가차 없는 형벌을 규정하였는데, 수범에게는 교형을, 종범에게는 장100에 먼 곳으로 유배를 보내는 형에 처하였다.

제2항은 민간에서 복을 빌거나 재앙을 물리치기 위해 이루어지는 행위를 규제하는데 제1항과 달리 이러한 행위는 불법성이 그리 크지는 않다고 본 것 같다. 나발도 불고 북도 치면서 신에게 화복을 기원하는 행위는 신을 가볍게 여기는 것으로 보아 처벌하는데 앞장선 사람만 장100

---

3 동진 시기에 정토의 법을 함께 수양한다는 취지로 맺은 결사다.

4 마니교가 중국에 전래되어 명교(明敎)라는 이름으로 알려지는데, 세계 역사를 광명과 암흑의 대립으로 간주하는 교리는 중국 토종 종교에 영향을 미쳤다. 명교의 영향을 받은 무속종교의 일파였던 것으로 추정된다.

5 송·원 시기 유행한 불교 화엄종의 한 지파다.

으로 처벌하며, 이장이 미리 알고도 관에 고하지 않으면 태40에 처한다.

제3항은 민간에서 이전부터 행해오던 땅신에게 제사 지내면서 오곡이 잘 여물도록 비는 것은 관습적으로 허용된 행위이기 때문에 처벌하지 않았다.

조선에서는 종교적인 문제가 심각하지 않았기 때문에 이 규정이 크게 활용되지는 않았다. 그러나 조선 후기 천주교의 전래와 동학의 발흥 등으로 이 규정을 활용할 토대가 형성되었다. 예컨대 정조 때의 진산사건으로 천주교 최초의 순교자로 알려진 윤지충(尹持忠), 권상연(權尙然)을 처형했는데 바로 이 규정을 일부 적용한 것이었다. 윤지충과 권상연은 윤지충의 어머니 상에 신주를 불태우고 장례를 치렀는데, 친척들과 이웃들이 아버지도 임금도 없는 불효자라고 관아에 고발하였다. 윤지충과 권상연은 제181조 제1항에 따라 교형에 해당하며, 신주를 불사른 행위는 「형률」 제299조 분묘의 발굴(發冢)에 해당하여 참형에 해당하는데, 「명례율」 제25조 여러 범죄의 처리(二罪俱發以重論)에 따라 무거운 형인 참형으로 처벌하였다(『정조실록』 정조 15년 11월 8일). 또 동학의 교주 최시형(崔時亨)은 동학농민운동에 직접적으로 관여한 바는 없지만, 변란의 근원이 주문과 부적으로 백성들을 현혹시킨 데 있다고 하여 제181조를 적용하였고, 이에 따라 교형에 처하였다(『고종실록』 고종 35년 7월 18일).

第181條 禁止師巫邪術

1. 凡博士巫女花郎等亦 邪神乙 憑據爲 呪水符作乙 書寫爲於 彌勒及帝釋下
   降是如 妄稱爲於 香徒一切邪道亂正之術及圖像乙 隱藏爲於 夜聚曉散 佯
   修善事 眩惑人民爲在乙良 爲首者絞死爲遣 隨者乙 各杖一百遠流齊.

2. 軍民亦 神像乙 裝飾爲於 鳴螺擊鼓 迎神會集 祈祝爲在乙良 杖一百爲乎矣
   爲頭人乙 與罪齊 里長亦 知遣 先告不冬爲在乙良 各笞四十爲乎矣.

3. 此亦中 民間已前依行春秋社會乙良 禁止不冬爲乎事.

제198조 부모·남편 상의 은닉

1. 부모나 남편의 상을 듣고도 애통함을 숨기고 상례를 치르지 않으면 장60 도1년에 처한다. 상복을 입는 기간이 아직 끝나지 않았는데 상복을 벗고 길복을 입거나, 슬픔을 잊고 즐거워하거나, 연회에 참석하는 자는 장80에 처한다. 기복친인 동성 삼촌의 상을 숨기고 상복을 입지 않으면 역시 장80에 처하며, 상복을 입는 기간이 끝나지 않았는데 상복을 벗고 길복을 입으면 장60에 처한다.

2. 관원과 서리는 부모상을 예에 따라 치러야 하는데, 조부모, 백숙 및 숙모, 자매의 상이라고 사칭하고 상을 치르지 않으면 장100에 처하고, 정직하여 서용하지 않는다. 상이 없는데 있다고 사칭하거나 과거의 상을 새로 당한 상이라고 사칭하면 죄가 같다. 다른

일을 회피하려고 사칭하면 중죄로 처벌한다.

3. 상이 아직 끝나지 않았는데 슬픔을 무릅쓰고 벼슬길에 나서면 장 80에 처한다. 담당 관사가 알고도 벼슬을 허락하면 죄가 같다.

4. 멀리 떨어진 곳에서 복무하다가 상례를 치르게 된 자는 상을 들은 날짜를 상기의 시작으로 삼는다.

5. 국가가 부득이하게 뽑아 써서 기복한 경우에는 이 율문을 적용하지 않는다.

❋

현대에도 상장례가 중요하기는 하지만 국가가 개인의 상장례에 개입하여 형사처벌을 부과하는 일은 없다. 부모의 상이나 배우자의 상을 숨기고 장례를 치르지 않는다면 도덕적 비난이 가해질지언정 형사적으로 처벌하지는 않는다. 다만 장례식이나 제사, 예배 또는 설교를 방해한 경우 3년 이하의 징역 또는 500만 원 이하의 벌금에 처한다고 형법에 규정되어 있을 뿐이다. 이에 비하여 전통사회에서는 상례를 중시하였다. 이에 따라 상례를 제대로 치르지 않으면 원칙적으로는 형사적으로 개입하지 않는다고 하더라도, 한정된 범위 내에서는 형사적으로 처벌하였는데, 이러한 내용을 담고 있는 것이 『대명률직해』 제198조 부모·남편 상의 은닉이다.

제1항에서는 일반인들이 상례를 치르지 않거나 상례 기간에 길복을 입거나 연회를 즐기는 행위를 규제한다. 우선 3년상에 해당하는 부모

의 상이나 남편의 상을 숨기고 상례를 치르지 않으면 장60 도1년에 처한다. 남성 우위의 사회에서 부인의 상을 숨겼다고 하여 제198조에 의하여 처벌하는 일은 없다. 또 상을 숨기지는 않았지만, 상복을 입는 기간인 3년이 지나지 않아 상복을 벗고 길복을 입거나 즐거워하며 연회에 참석하는 행위는 숨기는 행위보다는 가볍다고 보아 2등을 감경한 장80에 처한다. 한편 1년복을 입는 기복친인 동성 삼촌, 즉 백숙부의 경우에 숨기면 장80에 처하고, 1년의 상례 기간에 길복을 입으면 장60에 처한다. 여기서 볼 수 있는 것은 원칙적으로 국가가 개인의 상례에 개입하지는 않지만, 3년상, 1년상에 해당하는 최근친의 경우에는 형사처벌을 과함으로써 최소한의 윤리적 통제를 확보하려고 한 점이다.

제2항에서는 상을 숨기는 주체가 관원이나 서리인 경우를 규율한다. 즉 부모의 상이 있으면 관원이나 서리는 사직하고 부모상을 치르는데, 보통 일정 기간을 복무하면 승진하게끔 되어 있는 체계에서 본인의 승진을 생각하여 조부모, 백숙 및 숙모나 자매의 상이라고 사칭하고 상을 치르지 않으면 장100으로 처벌한다. 그런데 이것으로 끝나지 않고 관직에의 진출 가능성을 아예 끊어버린다. 즉 파직하고 서용하지 않는 것이다. 꾀를 내서 상이 없는데도 거짓으로 상이 있다고 하거나, 과거의 상을 거짓으로 현재의 상이라고 하는 경우도 장100으로 처벌한다. 다만 다른 일을 회피하려고, 예컨대 관직에 그대로 있으면 장100보다 더 높은 형량의 처벌을 받을 것이 분명한 상황에서 이를 모면하기 위하여 부모상이라고 사칭하고 사직했다면, 형식적으로는 제198조 제2항을 위반하기는 하였지만, 이는 장100보다 더 높은 형량의 처벌을 받을 것이 분

명한 상황을 모면하기 위한 것이므로 무거운 후자의 형벌로 처벌한다.

제4항은 상례를 치르는 시기를 어느 시점으로 할 것인가를 규정하였다. 중국에서는 경우에 따라서는 상을 당했다는 소식이 도달하는 데도 상당한 시일이 걸렸을 것이고, 상례를 끝내야 벼슬길에 다시 나아갈 수 있기 때문에 상기(喪期)가 시작하는 시점을 확정해 주는 것이 의미가 있었을 것이다. 『대명률직해』에서는 상기의 시기(始期)를 소식이 도달한 시점으로 보는 도달주의를 취하였다.

제3항과 제5항은 부모의 상례 기간에 벼슬길에 나아간 행위의 규제다. 우선 제3항은 상례 기간에 벼슬길에 나아간 행위를 장80에 처하는 원칙을 선언하고 있다. 즉 유교국가에서는 부모의 상례 기간에는 벼슬길에 나아갈 수 없다는 원칙을 천명하고 이 원칙에 위배될 경우에는 장80이라는 형벌을 가하는 것이다. 아울러 상례 기간이라는 것을 담당 관리가 알았음에도 불구하고 벼슬길에 나오는 것을 허용하였다면 같은 형벌인 장80으로 처벌한다. 왜냐하면 이러한 권한은 임금에게만 있었기 때문이다. 즉 상례 기간 중에 벼슬길에 나올 수 있는 예외가 있었는데, 국가의 필요에 의하여 임금이 특별히 청한 경우에는 '탈정기복(奪情起復)'을 할 수 있도록 하였다. '탈정(奪情)'이란 애도의 정을 임금이 빼앗는다는 의미이고, '기복(起復)'이란 상중에는 집에 있어야 하는데 집에서 나와 원래의 관직으로 복귀한다는 의미다. 이 '탈정기복'을 『대명률직해』에서는 뽑아 써서(擢用) 기복(起復)한다고 직해하였다. 결국 본조는 임금의 특별한 허가를 제외하고는 유교적 가족윤리에 입각하여 부모의 상례를 엄격히 거행하도록 강제한 것이다.

조선에서는 이 규정에 대하여 초기에 논의가 보일 뿐이다. 세종이 상을 당하고도 하루만 지나면 웃고 떠드는 중국의 습속은 인륜이 무너진 것이라고 한탄하며 제198조의 규정은 형벌이 너무 가벼우니 장100 유 3,000리로 정하자고 한 것이다. 그러나 죄는 무거운 데 비해 형은 가벼운 것 같지만, 역대의 형률에서도 이 문제를 무겁게 처벌한 경우는 없으며 『대명률』은 역대의 형벌을 참작하여 장60 도1년으로 정한 것이라는 대신들의 반론이 있었다(『세종실록』 세종 28년 6월 7일). 『경국대전』 등의 국전 (國典)에 이와 관련한 규정이 없는 것으로 보아 세종이 주장한 장100 유 3,000리는 채택되지 못한 것으로 보인다.

제198조 匿父母夫喪

1. 凡父母喪及夫喪乙 聞知爲遣 隱匿哀痛行喪不冬爲在乙良 杖六十徒役一年齊 喪服亦 未畢爲有去乙 脫喪服 從吉服爲旀 忘哀歡樂爲旀 宴會隨參爲在乙良 杖八十齊 期親同姓三寸服制乙 隱匿 不服爲在乙良 亦杖八十齊 又服制未盡爲有去等 脫喪服 着吉服爲在乙良 杖六十齊.

2. 有職員及人吏等亦 父母喪乙 依例丁憂是去乙 祖父母伯叔及叔母姉妹之喪是如 虛稱遣 丁憂不冬爲在乙良 杖一百遣 停職不用齊 無喪爲去乙 詐稱有喪爲旀 舊喪乙 妄稱新喪爲在乙良 罪同齊 佗事乙 回避爲要 虛稱爲在乙良 重罪以 論齊.

3. 喪制乙 未終爲 冒弄從仕爲在乙良 杖八十齊. 次知官司亦 知而聽行爲在乙良 罪同齊.

4. 遠方從仕人亦 丁憂乙 聞喪月日以 始叱 使內乎矣.

5. 國家以 不得已擢用爲 起復爲在隱 不拘此律.

병률(兵律)

「병률」은 궁궐의 수비, 군사, 각 지역의 통행, 군에서 소용되는 군마, 명령의 전달체계를 내용으로 한다. 「병률」은 모두 5편 75개조로 구성되어 있다. 편명은 권13 궁위(宮衛), 권14 군정(軍政), 권15 관진(關津), 권16 구목(廐牧), 권17 우역(郵驛)이다. 전통사회에서 군사와 관련된 내용은 전쟁에서의 군대의 역할뿐만 아니라 평화를 지키기 위한 여러 활동이 포함된다. 예컨대 각 교통의 요충지 관리라든지, 앞으로 있을 전쟁에 대비하기 위하여 전투마 등 가축을 기르는 일, 평소 연락체계를 잘 갖추는 것 등이다. 그 밖에 군대 업무는 일반 행정체계와는 다르기 때문에 「병률」에 규정해 두었으며, 궁궐 경비도 군사의 일이었다. 다만 전통사회에서는 임금과 관련한 경비가 가장 중요하기 때문에 「병률」의 우두머리에 두었고, 군대의 일상 업무를 다음 권에 배치한 것으로 보인다. 그 이후의 권들은 각각 평화 시의 여러 활동을 배치한 것이다.

「권13 궁위」

제202조 태묘문의 무단출입(太廟門擅入)

제203조 궁전문의 무단출입(宮殿門擅入)

제204조 숙위인·수위인의 임의 교체(宿衛守衛人私自代替)

제205조 어가 수행인의 지체 및 위반(從駕稽違)

제206조 어도의 통행(直行御道)

제207조 궁궐 장인의 대체(內府工作人匠替役)

제208조 궁전 내 작업(宮殿造作罷不出)

제209조 궁전 문의 출입(輒出入宮殿門)

제210조 관문 내사의 출입(關防內使出入)

제211조 궁전을 향한 발사(向宮殿射箭)

제212조 숙위인의 병장기(宿衛人兵仗)

제213조 중죄수의 숙위 충당 금지(禁經斷人充宿衛)

제214조 의장 난입 1(衝突儀仗)

제215조 의장 난입 2(衝突儀仗)

제216조 의장 난입 3(衝突儀仗)

제217조 행궁의 영문(行宮營門)

제218조 월성(越城)

제219조 성문 개폐 위반(門禁鎖鑰)

권13

궁위(宮衛)

    권13 궁위는 조상의 신위(神位)를 모시는 종묘(宗廟)의 문과 궁성(宮城) 안의 궁전문(宮殿門)을 함부로 출입하는 경우를 비롯하여 숙위(宿衛)·월성(越城)하는 행위 등을 규정하고 있다. 주로 왕실의 경호와 위엄을 도모하는 규정을 수록하였는데 제202조에서 제220조까지의 19개조로 구성되어 있으며, 제214조는 한 항목에 3개의 조문으로 되어 있다.

    제202조와 제203조는 보안이 적용되는 장소에 허가 없이 출입하는 행위를 처벌하는 규정이다. 제202조 태묘문의 무단출입(太廟門擅入)은 왕실의 신주를 모신 사당이나 산릉에 함부로 들어가면 처벌하는 규정으로 장100에 처한다. 제203조 궁전문의 무단출입(宮殿門擅入)은 대궐문을 함부로 들어가거나 전각의 문에 함부로 들어가면 처벌하는 규정

으로 각각 장100, 장60 도1년에 처한다.

제204조 숙위인·수위인의 임의 교체(宿衛守衛人私自代替)는 각 문을 지키는 문지기들이 근무를 제대로 하지 않으면 처벌하는 규정이다. 대궐을 밤새 지키는 사람 등은 임금의 경호를 책임지는 것이므로, 지키지 않는 것보다 다른 사람으로 대체하는 경우를 더욱 엄하게 다뤄 장60으로 처벌한다. 왜냐하면 사적으로 근무를 바꾸는 경우 변란이 목적인 경우도 있기 때문이다. 제205조 어가 수행인의 지체 및 위반(從駕稽違)은 어가의 행차를 제대로 하지 않는 경우를 처벌하는 규정이다. '종가(從駕)'란 행차하는 어가(御駕)를 모시고 따르는 것을 의미하고, '계위(稽違)'는 정해진 시각보다 늦거나 정해진 시각을 잘못 아는 것이다. 제206조 어도의 통행(直行御道)은 임금이 다니는 정중앙의 길을 함부로 다니는 자를 처벌하는 규정이다. 제207조 궁궐 장인의 대체(內府工作人匠替役)는 임금이 사용하는 여러 물건을 보관하는 곳이 '내부(內府)'이고 이곳은 지정된 장인 외에는 출입할 수 없도록 하였는데, 타인이 지정된 자 대신 출입하는 행위를 처벌하는 규정이다. 제208조 궁전 내 작업(宮殿造作罷不出)은 대궐 내에서 물건을 만들 때는 보안상 장인의 성명과 인원수를 철저히 점검하여 들여보내고, 저녁이 되면 인원을 점검하여 반드시 모두 내보내야 하는데, 임금이 있는 곳의 경호를 위한 것이기 때문에 이를 위반하여 궁전에서 나가지 않는 사람이나 이를 고의로 방치한 관리는 모두 교형이라는 극형에 처하도록 하였다. 제209조 궁전 문의 출입(輒出入宮殿門)에서 '문적(門籍)'이란 궁전문의 출입허가대장으로, 출장·휴가·병환·탄핵·하직 등의 사유로 궁전을 나가는 경우

에는 모두 이 문적에서 삭제한다. 이는 궁전을 출입하는 자들을 문적에 따라 단속하는 규정이다. 제210조 관문 내사의 출입(關防內使出入)에서 '내사(內使)'는 내사감관(內使監官)과 봉어내사(奉御內使)를 함께 지칭하는 말로, 내시를 말한다. 내시는 임금의 곁에서 이런저런 일을 하는 자이기 때문에 대궐 출입 시에 몸수색을 더욱 엄격히 하였다. 따라서 병기를 소지하고 대궐 안으로 들어가는 자는 교형에 처하고, 수색을 잘못한 자도 교형에 처하였다. 제211조 궁전을 향한 발사(向宮殿射箭)는 대궐이나 태묘 등을 향해 활을 쏘거나 돌을 던지는 행위를 처벌하는 규정으로 그 행위만으로 교형에 처한다. 이를 대역에 버금가는 행위로 보았던 것이다. 제212조 숙위인의 병장기(宿衛人兵仗)는 대궐을 호위하는 자가 병장기를 몸에 지니지 않거나 근무지를 이탈하는 경우 등을 처벌하는 규정이다. 병장기를 몸에 지니지 않은 것만으로도 태40에 처하며, 근무지 이탈은 태50, 다른 곳에서 자면 장60에 처한다. 임금을 호위하는 데 구체적인 위험이 발생하지는 않았지만, 추상적으로는 위험이 발생할 수 있기 때문에 둔 규정이다. 제213조 중죄수의 숙위 충당 금지(禁經斷人充宿衛)는 경성에서 죄를 지어 극형을 받은 집의 동거인은 다른 곳으로 이주시키고, 그 친족들과 이미 형벌을 받은 자는 대궐이나 경성의 문을 지키게 할 수 없게 한 규정이다. 스스로 모반하거나 모반세력과 내통할 위험이 있기 때문이다. 따라서 이를 위반한 경우에는 극형으로 처벌하는데, 참형이다. 의장 난입(衝突儀仗)은 제214조부터 제216조까지 3개조로 이루어져 있는데 임금의 어가행렬과 관련한 규정이다. 제214조는 어가행렬 시에 관군을 제외하고 군민은 모두 피해야 하고, 피

할 수 없는 경우에는 엎드려 기다릴 것을 의무로 하는 규정이다. '의장
(儀仗)'이란 임금의 어가행렬에 사용되는 병장기를 말하는데, 이 호위하
는 병장기 경계 안으로 들어오면 교형에 처한다. 제215조는 억울한 일
을 호소하려면 의장 밖에서 엎드려 호소하고, 의장 안으로 들어오면 교
형에 처하지만, 사실일 경우에는 죄를 면한다. 조선 후기에는 임금의
능행길 등 어가의 행차 시에 상언을 하는 일이 잦았다. 제216조는 의장
안으로 가축 등이 들어오면 호위 군사를 장80 등으로 처벌하는 규정이
다. 제217조 행궁의 영문(行宮營門)에서 '행궁(行宮)'은 임금이 행차할 때
임시로 머무르는 곳을 가리키는데, 이 행궁도 대궐과 마찬가지의 경호
가 붙는다. 따라서 행차할 때 머무르는 곳에 임시로 문을 세우는데 이
를 '영문(營門)'이라 하고, 함부로 들어가면 대궐문과 마찬가지로 취급
하기 때문에 제203조 궁전문의 무단출입(宮殿門擅入)의 형량과 마찬가
지로 장100에 처한다. 제218조 월성(越城)은 각 성의 담을 넘는 행위를
처벌하는 규정이다. 대궐의 담을 넘으면 교형, 경성의 성벽을 넘으면
장100 유3,000리 등 임금이 있는 곳에 반비례하여 형을 정하고 있다.
제219조 성문 개폐 위반(門禁鎖鑰)은 성문의 관리에 대하여 규정한 것이
다. 문(門)에 사람들이 제멋대로 출입하는 것을 금지하므로 '문금(門禁)'
이라 한다. '쇄약(鎖鑰)'의 '쇄(鎖)'는 자물쇠를, '약(鑰)'은 열쇠를 말한다.
성문을 닫아야 하는데 닫지 않은 경우, 때가 아닌데 함부로 여닫는 경
우를 각각 장80, 장100으로 다스리고 있다. 제220조 관방패면의 패용
과 도용(懸帶關防牌面)은 대궐출입증명서를 위조하면 처벌하는 규정이
다. 대궐의 출입허가를 증명하는 표찰을 '패면(牌面)'이라고 하는데, '관

방(關防)'은 패면을 위조하거나 위법하게 사용하는 행위를 막는 것을 말한다. 패는 허리에 찼기 때문에 '현대(懸帶)'라고 한다. 특히 이 규정은 『대명률직해』에 직해가 없이 실려 있다.

군정(軍政)

권14 군정에서는 군인을 함부로 출동시킨 행위를 비롯하여 군무(軍務)의 신보(申報), 군정(軍情)의 속보(速報), 군인의 복무 대체(代替), 군인을 시켜 일반인의 재물을 약탈하게 한 경우 등에 관한 각종 군법(軍法)을 수록하고 있다. 제221조부터 제240조까지 20개 규정이 수록되어 있다. 평시, 전시의 군사 작전 관련 규정(제221조~제231조)과 군장기 관리(제232조~제235조), 군인 관리(제236조~제239조), 야간통행금지(제240조)로 구분할 수 있다.

우선 제221조 관군의 임의 동원(擅調官軍)은 초적 등이 발생하였을 때 긴급하지 않은 경우에는 상황을 자세히 조사하여 상급 관사에 보고하여 조정에 전달한 후 왕지가 내려오면 군마를 조발하여 초적을 진압

하여야 하는데, 왕지를 기다리지 않고 관군을 임의로 동원한 경우에 처벌하는 규정이다. '관군(官軍)'이란 군관(軍官)과 군인(軍人)을 말하고, '조(調)'란 조발(調發) 즉 관군을 징집하여 출진하는 것을 말한다. 다만 긴급한 경우에는 선조치 후보고를 허용하였다. 제222조 군무의 보고(申報軍務)에서 '군무(軍務)'란 군대 내의 제반 상황을, '신보(申報)'란 하급 관사에서 상급 관사로 보고하는 것을 말하는데, 전투 시에 승전보 등을 신속하게 보고하는 등 보고 계통을 규정하고 있다. 제223조 군정의 급보(飛報軍情)에서 '군정(軍情)'이란 적군의 동태와 같은 제반 군사정보를 말하고, '비보(飛報)'란 새가 날아가듯이 화급하게 보고하는 것을 말한다. 이 규정은 군대의 상황을 신속히 보고할 때 보고 체계를 규정한 것이다. 제224조 변경장수의 군수 요청(邊境申索軍需)에서 '군수(軍需)'란 군수품을 가리키고, '신색(申索)'이란 군대에 필요한 물품을 조정에 보고하는 것을 말한다. 변경을 방어하는 군관원이 군수품을 요청하는 절차를 규정한 것이며, 중간 단계에서 시일을 끌며 임금에게 보고하지 않으면 장100에 처하고, 이 때문에 군사 작전에 실패하면 참형에 처하도록 하여 신속한 보고 체계를 확립하고자 하였다. 제225조 군무의 실수(失誤軍事)는 군량미 등 군수품 공급의 기한을 정해두고 기한에 맞추도록 한 규정으로, 기한 내에 공급하지 못하면 장100에 처하는데 이 때문에 군사 작전에 실패하면 참형에 처한다. 제226조 출정 기일의 위배(從征違期)는 전투를 위한 출정 기일이 정해졌는데도 출정하지 않는 등의 행위를 처벌한다. 또 입영을 기피하기 위하여 일부러 자해하거나 질병을 사칭하는 행위 등을 처벌한다. 제227조 군역의 대체(軍人替役)는 군역의 면탈을 규제하는 규정이다. 군인이 직접 입영하지 않고 다른 사람을 고용하여 대체하면 장100에 처하는데, 아들, 손자, 동생, 조카 등이 자원하여 대체하기를 원하는 경우에는 허용한다. 제228조 방어의 실패(主將不固守)는 방어에 실패한 군사를 처벌하는 규정이다. 변경의 군관원이 방어에 실패하여 도주하거나, 수비가 허술하여 성곽이 함락당하면 참형에 처한다. 제229조 군인의 약탈(縱軍擄掠)은 군인이 사적으로 약탈하는 행위를 방지하는 규정이다. 변경 지역에서의 약탈은 장수로부터 지시를 받고 하지 않는 이상 모두 불법으로 처벌하는 규정으로서, 이미 정복한 지역에서의 약탈은 민심과 관련이 있으므로 지시를 받아도 불법에 해당하며, 참형에 처한다. 제230조 군사 조련(不操鍊軍士)은 전시의 군사 작전을 위해서는 평상시에 훈련이 잘되어 있어야 하는데, 이를 게을리한 경우를 처벌하는 규정이다. 평상시 훈련하고 성이나 해자 등을 보수하거나 갑옷과 병기를 정비하는 데 게을리하면 초범은 장80에 재범은 장100에 처한다. 절제사는 병마사로 강등하고, 병마사는 강등하여 지병마사를 맡게 하는 등 징계도 함께 한다. 또한 평소 군사 관리를 제대로 하지 않아 소속 군인이 반란을 일으키면 절제사부터 백호까지 모두 장100에 처하고, 관직을 박탈하여 변방의 군인으로 보낸다. 반란 시에 성을 버리고 도망하면 참형에 처한다. 제231조 양민의 변란 초래(激變良民)는 목민관이 평소 잘 다스리지 못하여 양민들이 반란을 일으켜 성곽을 함락당하면 참형에 처하는 규정이다. 이 규정들이 제대로만 지켜졌다면 군인의 기율, 목민관의 다스림이 매우 잘되었겠지만 항상 그렇듯이 정치적 고려가 많았다. 예컨대 조선 후기의 각종 농민의 난이 일어났을 때 목민관이 참형에 처해진 경우는 거의 없다. 특히 동학농민운동의 시발점이 된 고부민란 시 고부군수 조병갑(趙秉甲)은 참형으로 처벌하지 않고 외딴섬으로 유배 보내었으며(『고종실록』 고종 31년 5월 4일), 2개월도 안 되어 석방된 후(『고종실록』 고종 31년 7월 3일), 법부 민사국장으로 임용되기도 하였다(『고종실록』 고종 35년 1월 2일).

다음으로 군장기의 관리 규정을 들 수 있다. 우선 제232조 전마의 사적 매매(私賣戰馬)는 전투에 쓰는 말을 사적으로 파는 행위를 처벌하는 규정이다. 출정하여 말을 노획했을 때에는 모두 관에 보고하여야 하는데, 사적으로 팔면 매도인과 매수인 모두 처벌한다. 제233조 병기의 사적 매매(私賣軍器)는 지급받은 군수품을 사적으로 파는 행위를 처벌하는 규정이다. 갑옷, 창, 칼, 깃발 등을 사적으로 팔면 장100에 처하고 변방의 군인으로 보내며, 매수인은 태40에 처한다. 제234조 병기 훼손(棄毁軍器)은 지급받은 군수품의 관리에 관한 규정이다. 지급받은 병기 등을 정벌이나 수비가 끝났는데도 반납하지 않는 경우, 병기를 버리거나 망가뜨린 경우에 처벌한다. 다만 전투 중에 손실하였으면 처벌하지도 배상하지도 않는다. 제235조 병기 소지의 금지(私藏應禁軍器)는 민간인이 갑옷, 방패, 화포 등 금지된 병기를 소지하면 처벌하는 규정으로서 활과 화살, 창, 칼, 작살 등은 금제품에 포함되지 않는다. 참고로 『대명률직해』의 직해문에서는 본문의 형량인 '장100 유3,000리(杖一百流三千里)'를 '장100을 최고형으로 한다(杖一百爲限齊)'고 풀이하여 적용을 배제하였다.

제236조에서 제239조의 4개조는 군인 관리 규정이다. 제236조와 제237조는 군인에게 함부로 다른 일을 시킬 수 없다고 규정하고 있는데,

시키는 주체가 다를 뿐이다. 제236조 군인의 사적인 사역(縱放軍人歇役)은 관리하는 관할 상급 군인이 사적으로 매매를 하게 하거나, 땅을 경작시키는 등의 일을 시켜서 군역을 비게 하면 처벌하고 있다. 특히 사적으로 내보냈다가 사망하거나, 도적에게 잡히게 하면 장100에 처하고 변방의 군인으로 삼는데, 세 명에 이르면 교형에 처한다. 제237조 공후의 사적인 군인 사역(公侯私役官軍)은 관할 상급 군인이 아니라 여러 왕자군(君)이나 재추(宰樞)가 임금의 명 없이 사적으로 군인을 부리는 경우 초범, 재범은 면죄하되 명부에 죄명을 기입하고, 3범은 사형을 한 번 면제하는 것으로 인정한다. 제236조에 비하여 행위 주체가 고위직이므로 관대히 처리하며 오히려 명령을 따른 군관과 군인을 장100에 처하고 변방의 군인으로 보낸다. 제238조 군관의 탈영(從征守禦官軍逃)은 탈영을 규제한다. 출정이나 수비를 목적으로 복무하는 관군이 임지를 탈영하면 초범은 장100에 처하고 출정시키고 재범은 교형에 처한다. 지위 고하, 범행 횟수, 서울인지 지방인지 여부 등에 따라 형벌을 달리한다. 제239조 군속의 구휼(優恤軍屬)은 상이장병, 전몰장병의 가족에 대한 처우를 규정하고 있다. 상이장병이나 전몰장병의 가족이 고향으로 돌아갈 때 식량과 운송수단을 제공할 것을 규정하고 있다.

제240조 야간통행금지(夜禁)는 야간통행금지 규정으로, 야간통행금지는 오후 8시경부터 새벽 4시경까지 이루어지는데 순라를 돌면서 야간통행금지를 위반하는 자를 단속하였다. 위반 시의 형벌은 태형으로 그리 중하지 않지만, 순라의 체포에 항거하거나 위반한 자를 탈취하면 장100에 처하였다.

관진(關津)

권15 관진에서 '관(關)'은 관소(關所) 즉 사람의 왕래를 감독하고 통행증을 검사하며 화물을 조사하는 곳이며, '진(津)'은 나루터다. 관진편은 군사 요충지인 관진을 허가 없이 통과하는 행위, 군수품 등을 국경 밖으로 반출하여 매도하는 행위 등을 규제하며, 제241조부터 제247조까지의 7개 규정으로 구성되어 있다.

제241조 검문소 및 나루의 위법 통행(私越冒度關津)은 관진편에서 가장 기본적인 규정이며, 통행증 없이 검문소, 나루 등을 몰래 건너면 장80에, 다른 길로 돌아서 몰래 건너면 장90에 처한다. 증명서 없이 몰래 통과하는 것을 '사도(私度)'라고 하고, 샛길로 몰래 통과하는 것을 '월도(越度)', 다른 사람의 증명서로 통과하는 것을 '모도(冒度)'라고 하여 규

제하고 있다. 『대명률직해』에서는 본문 끝부분의 '사도…모도…월도… 건너는 경우(私渡…冒度…越度…渡者)' 부분은 직해하지 않았는데, 이 는 본문 중의 용어를 풀이한 것에 불과하기 때문에 생략한 것으로 보 인다. 제242조 통행증의 위법 발급(詐冒給路引)은 제241조에서 규정하 는 관진을 통과하기 위한 통행증을 위조 변조하는 등과 관련된 규정이 다. 제243조 선박 검문(關津留難)은 검문소의 근무자가 검문을 제대로 하지 않거나 이유 없이 통행을 방해하는 행위를 처벌하기 위한 규정으 로 검문소 근무자와 통과자의 비위를 처벌한다. 제244조 탈영 군인의 처와 딸의 출성(遞送逃軍妻女出城)은 탈영한 군인의 처나 딸을 성 밖으 로 내보내면 처벌하는 규정이다. 경성의 수비군이 탈영 군인의 처나 딸 을 보내면 교형에 처하고, 민간인이 내보내면 장100에 처하는데, 지방 으로 갈수록 형량을 감경하였다. 가족을 인질로 잡아두려는 의미가 있 다. 제245조 간첩 적발(盤詰姦細)은 간첩죄에 해당한다. '간세(姦細)'는 간첩을, '반힐(盤詰)'은 엄중하게 조사한다는 의미로, 간첩은 참형에 처 하는데, 과실로 적발하지 못하면 장100에 처한다. 「이율」 제70조 중요 군사기밀의 누설(漏泄軍情大事)은 중대한 군사기밀을 전파하는 행위, 즉 비밀누설에 해당하는 것이고, 제245조는 적극적인 간첩 행위를 규율하 는 점에 차이가 있다. 제246조 불법 출국(私出外境及違禁下海)은 밀무역 을 금지하는 규정으로, 주로 해외 반출을 금지한다. '외경(外境)'이란 외 국을 말하고, '위금(違禁)'이란 금제품(禁制品)으로 지정되어 외국에 보낼 수 없는 화물, '하해(下海)'란 배를 타고 외국으로 간다는 의미다. 이 규 정은 마소, 군수품일 철물, 동전, 비단, 명주, 무명실 등을 국경 밖으로 빼돌리면 장100에 처하고, 사람이나 병기를 빼돌리면 교형에 처하고, 국내 사정을 누설하면 참형에 처한다. 이러한 밀무역은 조선에서도 인삼, 비단 등이 문제가 되어 『경국대전』형전 금제조에서 규율하기도 하였다. 제247조 궁병의 사역(私役弓兵)에서 '궁병(弓兵)'이란 순검사(巡檢司)에 속한 조예(皂隷)를 말하는데, 수상한 자를 검문하고 죄인을 포박하는 일을 하는 하급 군인이다. 이러한 치안유지의 업무를 맡고 있는 궁병을 사적으로 부리는 행위를 처벌하는 규정으로서 한 명을 부리면 태40에 처하고, 세 명마다 1등을 가중하되 장80을 최고형으로 하였다.

구목(廐牧)

권16 구목(廐牧)에서 '구(廐)'는 마구간, '목(牧)'은 가축을 기르는 것을 말한다. 국가에서 우마 등을 기르고 전시에는 이를 활용하기도 하기 때문에 「병률」 구목편에서 그 관리와 관련한 내용을 규정하였다. 제248조부터 제258조까지 11개 규정으로 되어 있다.

제248조 가축 관리의 위법(牧養畜産不如法)에서 '목양(牧養)'은 가축에게 먹이를 주어 기르는 것을 말하고, '축산(畜産)'은 가축을 말하므로, 가축 관리를 법대로 하지 않는 것을 규율하는 규정이다. 이 규정에서는 말, 소, 낙타, 노새, 나귀, 양을 기를 때 100마리를 기준으로 해서 죽거나 상하거나 잃어버리는 것을 자세히 보고하게 하여 관리자에게 관리 책임을 묻고 있다. 제249조 마필의 번식(孳生馬疋)은 관리자에게 말의

번식 책임을 지우는 규정으로 '자생(孶生)'은 가축이 새끼를 낳아 수효를 늘린다는 뜻이다. 암컷 한 마리당 매년 한 마리씩 번식시키도록 했으며 목표치에 도달하지 못한 경우에는 관리자를 처벌하였다. 특히 말의 번식을 규정하였는데, 전투용으로 사용되기 때문인 것으로 보인다. 제250조 가축의 부실 점검(驗畜産不以實)은 가축의 등급을 제대로 매기지 않으면 처벌하는 규정이다. 제대로 등급을 매겨 관에서 가축을 매매할 때 제값을 받도록 하기 위한 것이고, 양의 경우에는 다른 가축에 비하여 3등을 감경한다. 제251조 가축 치료의 위법(養療瘦病畜産不如法)은 병든 가축의 치료에 관한 규정이다. 중요한 군용물이 될 가축의 건강 상태를 적절히 유지·관리하기 위하여 법대로 치료하지 않은 경우에 태30에 처하고 죽으면 한 마리에 태40, 세 마리당 1등을 가중하되 장100을 최고형으로 하여 처벌한다. 제252조 관용 가축의 손상(乘官畜脊破領穿)은 관에서 쓰는 가축을 타거나 수레를 끌게 하다가 무리하게 다루어 등이나 목을 다치게 하는 행위 등을 처벌하는 규정이다. 제253조 관마의 조련 미흡(官馬不調習)은 말을 제대로 길들이지 않은 관원을 처벌하는 규정으로, 군마나 파발마로 이용할 수 있는 말을 제대로 조련하지 않은 책임을 묻는 것인데, 최고형은 장80이다. 제254조 마소의 도살(宰殺馬牛)은 말, 소, 낙타, 노새, 나귀, 양, 돼지 등을 위법하게 살상하는 각종 행위를 처벌하는 규정이다. 가축의 종류, 고의 유무, 살상의 구별, 가축 소유자, 범인이 수범인지 종범인지 여부 등에 따라 처벌을 달리하였다. 또한 가축 소유자의 관리 소홀로 가축이 타인의 물건에 피해를 입히는 경우, 배상 책임에 대하여 규정하고 있다. 제255조 가축의 공격

(畜産咬踢人)은 말, 소, 개와 같은 가축이 타인을 '교척(咬踢)' 즉 물거나 발로 차서 살상하는 경우 가축의 소유자가 책임을 지도록 하는 규정이다. 미친개나 미친 소가 이러한 습성을 보이는데 주의 표시를 하지 않거나 묶지 않거나, 미친개를 죽이지 않으면 태40에 처한다. 제256조 관유 가축 새끼의 은닉(隱匿孶生官畜産)은 관에서 쓸 말·노새·나귀와 같은 가축을 맡아 기르는 자가, 가축이 새끼를 낳았을 때 그 수효를 관에 보고하여 장부에 기록하지 아니하고, 은닉하거나 다른 데 팔아버리는 행위 등을 처벌하는 규정으로 장으로 계산하여 「형률」 제287조 감림주수의 창고 물품 절도(監守自盜倉庫錢粮)에 따라 처벌한다. 제257조 관유 가축의 사적 대차(私借官畜産)는 담당 관원이 사적으로 관에서 기르는 가축을 빌려 쓰거나 타인에게 빌려주는 행위를 처벌하는 규정이다. 「이률」 제106조 중요 관유물의 사적 이용(私借官車船)이 관의 수레나 배를 빌려주는 행위를 처벌하는 반면, 제257조는 빌려주는 목적물이 가축이라는 점이 다를 뿐이지만, 가축이기 때문에 「병률」에 규정되었다. 제258조 출장 관원의 마필 강제 사용(公使人等索借馬疋)은 출장 관원이 함부로 말이나 나귀, 노새 등을 찾아내서 타고 가는 행위를 처벌하는 규정이다. 출장 관원은 역마를 빌려야 하는데 일반 관청에서 말 등을 빌려 타는 행위를 규율한 것이다.

우역(郵驛)

권17 우역(郵驛)에서 '우(郵)'는 공문(公文)을 전달하는 파발꾼이 있는 곳을 말하며, '역(驛)'은 출장 관원이 역마를 갈아타는 곳을 말한다. 우역편에서는 역졸이 공문을 송달하는 내용, 역마를 이용하는 행위 등에 대하여 규정하고 있는데, 제259조부터 제276조까지 총 18개조로 구성되어 있다. 내용상 공문 전달 관련(제259조~제262조), 역참의 관리 관련(제263조~제269조, 제273조, 제276조), 출장 관원의 업무 관련(제270조~제272조, 제274조, 제275조)으로 나눌 수 있다.

제259조에서 제261조는 공문의 전달과 관련된 것으로 공문의 전달(遞送公文)이라는 항목하에 3개의 규정이 실려 있다. '체송(遞送)'은 점점 늦게 도착하는 것을 의미하는데, 공문의 연착, 개봉, 훼손, 은닉을 비

롯하여 공문의 송달과 관련한 각종 위법 행위를 처벌하는 규정이다. 제259조는 공문 전달의 지체 관련 처벌 규정이다. 즉 역리는 하루에 300리를 가야 하는데 지체하면 처벌한다. 또 제260조는 전달하는 공문의 훼손 관련 처벌 규정이다. 즉 공문이 훼손되면 겉봉만 훼손되는 경우와 내용까지 훼손되는 경우 등을 나누어 처벌하였다. 제261조는 역을 관장하는 관원인 역승 등 관리자들의 책임을 내용으로 한 규정이다. 제262조 공문서의 중간 탈취(邀取實封公文)에서 '실봉공문(實封公文)'이란 임금에게 바치는 밀봉된 공문을 가리키는데, 이를 중간에서 '요취(邀取)' 즉 탈취하면 처벌하는 규정이다. 임금에게 보고하는 공문을 중간에서 가로채는 것은 매우 중대한 범죄로 참형에 처한다. 의정부, 사헌부, 육조로 가는 밀봉 문서를 중간에서 가로채면 2등을 감경한다.

역참의 관리와 관련하여 우선 제263조 급체포의 방치(鋪舍損壞)는 역참 청사가 훼손되었는데 수리하지 않거나, 비품을 갖추지 않거나, 역리의 수가 적은데도 보충하지 않는 행위를 처벌하기 위한 규정이다. 제264조 포병의 사적인 사역(私役鋪兵)은 각 관사의 관원 등이 역리를 사적으로 부리는 행위를 처벌하는 규정으로 태40에 처하고, 품삯을 지급하게 한다. 제265조 역사의 기한 도과(驛使稽程)에서 '역사(驛使)'란 시급한 공무(公務)로 역마(驛馬)를 지급받아 밤낮으로 말을 달리는 사자(使者)를 가리키는데, 정해진 기한을 어기는 것을 처벌하는 규정이다. 파발마가 늦게 도착하면 1일에 태20으로 처벌하는데, 군사정보와 관련된 경우는 3등을 가중한다. 또 파발마가 정해진 기한을 어기면 군사 작전을 그르치게 되면 참형에 처한다. 제266조 역마의 과다 이용(多乘驛馬)

은 출장 나간 관원이 탈 수 있는 등급의 말과 수량이 정해져 있는데 이를 초과하여 역마를 타면 장70으로 처벌하며, 길을 멀리 돌아가는 바람에 역마가 죽으면 장60 도1년에 처하고 말 값을 배상하도록 한다. 제267조 늠급의 과다 지급(多支廩給)에서 '다지(多支)'는 정해진 수량보다 많이 받는다는 의미로, 관리가 공무로 왕래할 때 정해진 액수보다 출장비를 많이 받는 행위 등을 처벌하는 규정이다. 제268조 출장 관리에 대한 역마 지급(文書應給驛而不給)은 공문을 지니고 파견된 사자에게 역참 업무를 담당하는 관원이 고의로 역마를 지급하지 않는 행위 등을 처벌하는 규정이다. 그 결과로 군사 작전을 그르치면 참형에 처한다. 제269조 공무상 호송 지연(公事應行稽程)은 공무로 마땅히 보내야 할 관물, 죄수, 가축, 문서나 군수품 등의 운송을 지연시키거나, 지정된 업무 기한을 위반하는 행위 등을 처벌하는 규정이다. 그 결과로 군사 작전을 그르치면 참형에 처한다. 제273조 병으로 죽은 관원 가족의 귀향(病故官家屬還鄕)은 군인, 민인이 역무 중 사망한 경우 이들을 관장하는 관원이 그 사망자의 가족을 고향으로 무사히 귀환시킬 것을 규정한 것으로 역에서 협조해 주지 않으면 장60으로 처벌한다. 제276조 역마의 사적 대차(私借驛馬)는 역관이 자신이 관장하는 역참의 말이나 나귀를 사적으로 빌려 쓰거나, 타인에게 빌려주는 행위 등을 처벌하는 규정으로, 빌린 자도 장80에 처하고 빌린 삯을 추징한다.

　제270조부터는 출장 관원의 업무와 관련한 규정으로, 제270조 역사 상방의 숙박 금지(占宿驛舍上房)는 중앙의 출장 관원이 지방으로 가서 윗사람이 묵는 곳에 묵으면 처벌하는 규정이다. '점숙(占宿)'은 제멋대

로 숙박하는 것을, '상방(上房)'은 역사(驛舍) 정청(正廳)의 위에 있는 방을 말한다. 원래 역사의 윗방은 칙사(勅使)나 상관(上官) 등이 머무는 곳인데, 공무로 차출되어 지방으로 왕래하는 자가 그곳에 숙박하는 행위를 금지하는 규정이다. 제271조 역마 이용 시 개인 물품 휴대 금지(乘驛馬賣私物)는 공무로 파견된 관원이 역마를 타면서 옷, 병장기 외에 개인 물품을 휴대하는 행위를 처벌하는 규정으로 10근에 장60으로 처벌한다. 걷는 것 대신에 역마를 내어주는 것인데 개인 물품까지 휴대하다가 역마가 상할 것을 염려한 규정이다. 제272조 백성의 가마꾼 차출 금지(私役民夫擡轎)는 출장 관원은 역마를 이용하여야 하는데, 백성을 부려서 가마를 타고 가는 행위를 처벌하는 규정이다. 백성을 함부로 부려서 가마를 메게 하는 것이므로 장60에 처한다. 다만 자신이 품삯을 내어 개인적으로 고용했으면 처벌하지 않는다. 제274조 출장 관원의 타인 고용(承差轉雇寄人)은 관물, 죄수, 가축을 수송하는 일로 차출된 관원이 다른 사람에게 수송 업무를 대신 맡기면 처벌하는 규정이다. 제275조 관사의 가축 등의 사적 이용(乘官畜産車船附私物)은 공무로 차출된 자가 관사에서 지급된 각종 가축과 배, 수레 등을 이용할 때, 법으로 정한 수량 외에 개인 물품을 싣는 행위를 처벌하는 규정으로, 15근을 초과하면 태10에 처한다. 이 규정은 제271조 역마 이용 시 개인 물품 휴대 금지와 유사한 구조이나, 제271조가 역마를 대상으로 하는 데 비하여 제275조는 관사의 말이나 소, 낙타, 노새, 나귀 등을 대상으로 하는 점에서 다르다. 『대명률직해』에서는 이를 '포마(鋪馬)'로 동일하게 직해하였으나, 원문은 이 둘을 구분하였다. 아울러 제275조는 배와 수레에 싣는 물품의 수량도 제한하고 있다.

「병률」에서는 각지를 다니기 위하여 통행증이 필요하였는데, 이 통행증과 관련한 제242조 통행증의 위법 발급(詐冒給路引)과 전쟁 시에 전략 물자 내지 식량으로 쓸 수 있었던 말이나 소를 함부로 도축하지 못하게 한 제254조 마소의 도살(宰殺馬牛)에 대하여 살펴보기로 한다.

─①─
제242조 통행증의 위법 발급

1. 통행증을 발급해서는 안 되는 사람에게 발급하거나, 군인이 민간
   인이라고, 민간인이 군인이라고 사칭하거나 이름을 사칭하여 신
   고하여 발급받거나, 발급된 통행증을 다시 타인에게 넘겨주면 모
   두 장80에 처한다. 앞서 발급받은 통행증을 지니고 지나가는 관
   사 또는 머무르는 처소에서 위 통행증을 다시 발급받거나, 관직
   이 높거나 세력이 있는 사람이 사적으로 사람을 군·민의 관사에
   보내어 체자(帖子)를 발급받아 차사처럼 출입하면 장100에 처하
   고, 담당 관원이나 서리가 그에 따르거나 알고도 발급하면 모두
   죄가 같다. 알지 못하였으면 처벌하지 않는다.
2. 각 방호소에서 권한을 넘어 통행증을 발급하면 죄가 같다.

3~5. 생략

✿

　지금은 폐지되었지만 얼마 전까지 군인에게는 위수 지역이라는 것이 있었다. 일반 병사가 이 위수 지역을 벗어나지 않도록 각 검문소를 두고 검문하였다. 외박이나 외출 허가를 받았는데 이 위수 지역을 벗어나다가 검문소에서 적발되면 영창행이었다(지금은 영창도 폐지되었다). 위수 지역은 군부대가 담당하는 작전 지역 또는 관할 지역이라는 뜻이지만 받아들이는 입장에서는 외박이나 외출 허용 지역을 의미하였다. 그러나 일반인에게는 이러한 위수 지역의 개념이 있을 리 만무하다. 우리 헌법에서는 거주·이전의 자유를 천명하고 있고, 이에 따라 대한민국 국민이라면 어디든 여행할 수 있다. 그러나 전통시대에는 각 길목이나 나루터를 통과하기 위하여는 일정한 증명서가 필요하였다. 이러한 길목이나 검문소를 관진(關津)이라고 하였는데, 통행증 없이 관진을 몰래 건너거나 다른 길로 돌아서 건너거나, 건너서 국경을 넘는 행위 등을 제241조 검문소 및 나루의 위법 통행(私越冒度關津)에서 규율하고 있다.

　제242조 통행증의 위법 발급(詐冒給路引)은 제241조에서 규율하는 통행금지와 관련하여 통행을 허용하는 통행증과 관련된 규정이다. 제1항에서는 통행증과 관련된 여러 행위 유형을 규정하고 있다. 『대명률』의 원문에는 이 통행증을 '노인(路引)'이라고 하였는데, 『대명률직해』에서는 '행장(行狀)'으로 직해하였다. 우선 통행증을 발급해서는 안 되는 사

람에게 발급한 일반적인 사항을 장80으로 처벌하고 있다. 다음으로 군인인데 민간인이라고 사칭하거나, 민간인인데 군인으로 사칭하거나, 다른 사람의 이름을 사칭하거나, 이미 발급받은 통행증을 다른 사람에게 넘겨주는 등 통행증의 명목과 실질이 부합하지 않는 경우를 처벌하는데 형량은 장80이다. 또한 장80보다 형량이 강화된 장100으로 처벌하는 행위 양태도 제1항에서 규정하고 있다. 즉 지나가는 관사 또는 머무르는 처소에서 이미 허위로 발급받은 통행증을 이용하여 새로이 통행증을 발급받는 행위는 허위 발급의 불법에 다시 불법이 더해진 것이기 때문에 장80보다 가중하여 장100으로 처벌한다. 또 관원이 권력을 이용하거나 권세 있는 자가 권세를 이용하여 체자, 즉 공문을 발급받아서 마치 파견된 차사처럼 행위하는 경우도 장80의 행위 유형보다 불법이 가중된다고 보아 장100으로 처벌하였다. 또 이에 부화뇌동한 관원이나 서리도 마찬가지로 장100으로 처벌하였는데, 알지 못하였으면 처벌하지 않는다.

제2항은 권한을 넘어서 통행증을 발급한 경우를 처벌하는 규정이다. 죄가 같다고 하였는데, 장100으로 처벌한다.

조선시대에 법적으로 거주·이전의 자유가 있었는지는 불분명하지만, 사실상 이러한 통행증에 의하여 제한되었던 것으로 보인다. 『대명률직해』에서 '노인(路引)'을 직해한 '행장(行狀)'은 사실 길을 가는 문서라는 통행증의 의미로도 쓰이지만, 사망한 사람이 걸어온 길을 의미하기도 한다. 『조선왕조실록』에 따르면 이 행장이 두 가지 뜻으로 혼용되다가, 중종 무렵부터 사망한 사람의 일생을 적은 글의 의미로 사용한 것으로 보인다. 『대명률』을 직해할 당시에는 행장이 두 가지 뜻으로 사용되었기 때문에, '노인'을 행장으로 적절하게 직해한 것으로 보이지만, 직해 당시에도 '노인'이라는 용어가 병용되고 있었다. 일반적인 통행증의 의미로 행장을 사용하기도 하였지만, 특히 왜국의 사신이 조선을 통행할 때 행장이라는 용어를 사용한 것으로 보인다. 즉 대마도의 원장청(原昌淸)이 보낸 사신이 행장이 없어서 해포(海浦)에 머물고 있다거나(『세종실록』 세종 2년 10월 27일), 왜인은 스스로 올 수 없고 반드시 대마도에서 행장을 받고서야 오게 되어 있다고 한 것(『중종실록』 중종 29년 8월 17일)이 그것이다. 또 노인은 상인들의 통행증을 의미하기도 하였다. 예컨대 상인 가운데 노인이 없는 자는 재화를 몰수하게 했다거나(『태종실록』 태종 11년 2월 1일), 사신의 배와 무역하는 배는 모두 노인을 주었다거나(『세종실록』 세종 8년 5월 21일) 하는 등이다. 그러나 노인을 직해한 것이 행장이기 때문에 이 둘은 사실 혼용된 것으로 보인다.

第242條 詐冒給路引

1. 凡行狀不合成給爲在 人乙 成給爲旀 及軍亦 妄稱民爲旀 民亦 妄稱軍爲 冒名受出文字爲旀 及受出爲乎 行狀乙 他人亦中 傳傳許給爲在乙良 並只 杖八十齊 向前 行狀持是旀 所過官司及留住處所良中 右行狀乙 反貼爲旀 及官高有勢力人亦 私音丁 人乙 軍民官司良中 付爲 帖字成給 差使樣以 出入爲在乙良 各杖一百遣 次知官吏亦 依從爲旀 知情成給爲在乙良 並只 罪同齊 依從不冬爲旀 不知者乙良 不論罪齊.

2. 各防護所亦 所任外行狀成給爲在乙良 罪同齊.

3~5. 생략

─②─

제254조 마소의 도살

1. 사적으로 자기의 마소를 도살하면 장100에, 낙타·노새·나귀를 도살하면 장80에 처한다. 잘못하여 죽였으면 처벌하지 않는다. 병들어 죽었는데 관에 신고하지 않고 가죽을 벗긴 자는 태40에 처하고 힘줄·뿔·가죽은 관에서 몰수한다.

2. 타인의 마소를 고의로 죽이면 장70 도1년 반에, 낙타·노새·나귀를 죽이면 장100에 처한다. 장을 계산하여 본죄보다 무거우면 도적의 예에 준하여 논한다.

   남의 마소를 때려 죽였을 때 이 마소의 값을 계산하여 그 수가 장70 도1년 반의 죄보다 무거거나, 낙타·노새·나귀의 값을 계산하여 장100보다 무거우면 모두 절도의 예에 준하여 단죄한다. 관사의 마소라면 일반인이 관물을 훔친 예로 단죄하고 값은 추징하여 주인에게 돌려준다.

3~8. 생략

현대의 농업에는 소가 거의 이용되지 않는다. 대부분의 농토는 구획 지어져 있으며, 사람의 힘이 드는 일이 있지만, 소의 힘이 필요한 자리는 각종 농기계가 차지하고 있다. 그리고 식량주권이라는 말이 있듯이 농업이 국가의 기간산업이기는 하지만 부가가치를 많이 생산하는 업종으로 산업구조가 변화하면서 농업의 중요성은 크게 부각되지 않고 있다. 그러나 전통시대는 농경사회였던 만큼 농업이 산업의 근간이었다. 사실 다른 산업이 그리 발달하지 않은 사회에서 먹고사는 문제야말로 가장 중요한 문제였으며, 그 중심에 농업이 있었던 것이다. 이러한 사회에서 소는 땅심을 회복시키기 위한 밭갈이 등에 반드시 필요한 존재였다. 소의 힘을 빌려 농사를 짓는 것과 아닌 것과의 차이는 매우 컸다. 소 한 마리가 사람 아홉 내지 열 명 몫을 했던 것이다. 먹는 것은 백성의 근본이 되고, 곡식은 소의 힘에서 나온다는 말이 생긴 것도 그러한 맥락에서다. 그래서 농업이 주가 되는 사회인 중국이나 우리나라에서 소의 도살을 금지한 것은 어찌 보면 당연한 일이다.

이러한 소 도살을 정면으로 금지한 규정은 『대명률직해』 제254조 마소의 도살(宰殺馬牛)이다. 소는 위에서도 언급하였듯이 농경과 깊은 관련이 있기 때문에 「호율」에 배치할 수도 있지만, 소뿐만 아니라 말의 경우에는 전쟁 시에 전마로도 사용될 수 있고, 다른 운반용 동물들도 마찬가지로 전쟁 시에 용도가 있을 수 있기 때문에 「병률」에 배치한 것으로 보인다. 비단 제254조뿐만 아니라 목축에 관한 모든 것을 「병률」에 배치한 것은 그러한 의미에서일 것이다. 제254조 마소의 도살(宰殺馬牛)에서 '재(宰)'는 칼로 베어 양쪽으로 가르는 것을 말한다. 즉 '마소의 도살'이란 소나 말 등의 가축을 칼로 찌르거나 베어 죽이는 것을 말한다. 제1항에서는 자기 소유의 말, 소, 낙타, 노새, 나귀를 사적으로 몰래 도살하는 경우를 처벌하며, 제2항은 타인의 말, 소, 낙타, 노새, 나귀를 사적으로 몰래 도살하는 경우를 처벌하는데, 당연히 자기의 것보다 타인 소유의 도살 행위가 형량이 높다. 말이나 소는 다른 동물보다 더 중하게 여겨서 자기의 말이나 소를 도살한 경우는 장100에, 타인의 말이나 소를 도살한 경우는 2등을 가중하여 장70 도1년 반에 처한다. 낙타, 노새, 나귀가 자기의 것이면 장80, 타인의 것이면 2등을 가중하여 장100에 처한다. 다만 타인의 것인 경우에는 도살된 양이 많은 경우 절도와 비교하여 절도로 처벌하는 것이 더 무거우면 절도로 처벌한다. 예컨대 제292조 절도(竊盜)는 훔친 장물의 양에 비례하여 형벌을 정하고 있으며 70관을 훔치면 장80 도2년에 처하고 있는데, 타인의 마소를 도살한 것이 70관이면 제254조에 따라 장70 도1년 반에 처하지 않고 더 무거운 형량을 규정한 제292조에 따라 장80 도2년에 처한다는 것이다. 또 도살한 것이 관청의 것이라면 이때는 제292조와 비교하지 않고 더 높은 형량을 규정한 제288조 일반인의 창고 물품 절도(常人盜倉庫錢糧)와 비교한다. 예컨대 제288조에 의하면 30관을 절취하면 장80 도2년인데, 우마를 도살한 것이 30관이라면 제288조에 따라 처벌하는 것이다.

또한 이들 동물이 자연사하는 경우도 있는데, 이때도 부산물은 여러 용도로 활용할 수 있기 때문에 자연사하더라도 관에 신고하지 않으면 태40에 처하고 힘줄, 뿔, 가죽은 관에서 몰수한다.

조선 사회도 역시 농경사회였으므로 소와 말의 도살은 매우 중요한 문제였다. 이미 태조의 즉위교서에서 소와 말의 도살을 금지하고 한성부(漢城府)에서 관장하도록 하였고, 이후 기회가 있을 때마다 우마 도살의 금령을 반포하였다. 다만 우마 도살의 금령을 계속 내린다는 것은 역설적으로 금령에도 불구하고 우마 도살이 지속되었다는 의미다. 정종의 서자 이덕생(李德生)은 남을 시켜서 소와 말을 도살하였는데 조사를 하니 쇠머리 35개, 말머리 8개나 나왔다고 한다(『세종실록』 세종 31년 2월 27일). 이덕생은 이 사건으로 직첩(職牒)이 회수되고 전라도 담양으로 안치(安置)되었는데 유배 도중에 사망하였다(『세종실록』 세종 31년 7월 4일, 10일). 이 우마 도살과 관련하여서는 금령들이 계속 내려왔고, 이를 어기면 처벌하기도 하였는데, 결국 이는『속대전』에 정리된 형태로 실리게 되었다. 『속대전』「형전」에서는 사적으로 우마를 도살하는 자는 장100 도3년에 처하도록 규정하여 놓았다(『속대전』「형전」 금제). 『대명률직해』에서는 자기 소유인지 타인 소유인지에 따라 처벌이 달라지기는 하지만, 이보다 훨씬 높은 형량을 규정하여 사적인 우마 도살을 금지하려고 고심하였음을 알 수 있다. 그러나 고기 맛을 본 사람들이 국가에서 금지한다고 하여 먹지 않을 리 없다. 소의 도살은 돌연사나 소 다리가 부러지거나, 부모의 병구완 사유 등이 있을 때 관에서 허용해 주면 가능하였다. 그런데 규장각의 고문서를 연구한 논문에 따르면 이러한 사유를 악용하여 도살해서 고기를 먹는 일이 많았던 것 같다. 예컨대 소 도살을 요청한 청원서를 분석한 것에 따르면 소가 스스로 낭떠러지에서 떨어져 다리가 부러졌으므로 그 소를 잡게 해달라거나, 도둑이 들어 어미 소를 훔쳐가고 오늘 아침에는 그 새끼마저 갑작스럽게 죽었다고 하면서 새끼를 도살하게 해달라는 내용인데, 송아지의 경우 높은 값을 받을 수 있기 때문에 이렇게 허위 청원이 이루어졌을 것이다.[1] 이러한 고문서가 많이 남아 있다는 것은 대체로 도살이 광범위하게 이루어졌고 이에 대한 처벌이 제대로 되지 않았음을 짐작게 한다. 실제로도 『조선왕조실록』을 보면 밀도살이 매우 횡행했으며 이를 금지하여야 한다는 것이지 실제로 밀도살자를 처벌하는 기사는 보이지 않는다. 심지어는 밀도살자를 잡았다가 곧바로 풀어준 포도청의 좌포장을 처벌하자는 기사(『고종실록』 고종 13년 윤5월 12일)를 보면 조선 후기에 실제로 밀도살자를 처벌하는 일은 거의 없었던 것 같다. 사실상 이 규정은 사람의 식욕을 이길 수 없어서 사문화된 것으로 보인다. 그럼에도 이 규정은 조선의 근대적 형법전인 『형법대전』으로 이어지는데, 이는 농경사회에서 소가 가지는 상징적인 의미에서였던 것으로 보인다. 이 규정을 보면 현재도 포경은 금지되어 있지만 그 수많은 고래가 어업 중에 그물에 걸려 죽어서 식탁에 오르는 것이 연상된다.

---

1 전경목, 「조선후기 소 도살의 실상」, 『조선시대사학보』 70호, 2014. 9. 참조.

第254條 宰殺馬牛

1 凡私丁 自家馬牛乙 打殺爲在乙良 杖一百遣 駝騾驢是去等 杖八十齊 誤殺者不坐齊 病死爲去乙 告官不冬 屠剪爲在乙良 笞四十遣 筋角皮乙良 入官齊.

2. 他矣 馬牛乙 故只 打殺爲在乙良 杖七十徒一年半齊 駝騾驢乙良 杖一百齊 贓物乙 計爲乎矣 本罪良中 重爲在乙良 盜賊例以 准論爲乎事.

他矣 馬牛乙 打殺爲去等 右馬牛矣 價本乙 計數爲乎矣 數戈只 杖七十徒一年半罪良中 重爲於 駝騾驢價本乙 計數爲乎矣 杖一百罪良中 重爲去等 並只 竊盜例以 准論爲 斷罪齊 官司馬牛是去等 常人亦 官物偷取例以 斷罪遣 價本生徵給主齊.

3~8. 생략

형률(刑律)

「형률」은『대명률직해』에서 가장 핵심에 해당하며, 분량도 가장 많다. 관리의 범죄, 호구, 부역 등과 관련한 범죄, 군사와 관련한 범죄, 건축 등과 관련한 범죄를 제외한 모든 범죄가 이「형률」에 수록되어 있다. 「형률」은 권18 도적(盜賊, 28조), 권19 인명(人命, 20조), 권20 투구(鬪毆, 22조), 권21 매리(罵詈, 8조), 권22 소송(訴訟, 12조), 권23 수장(受贓, 11조), 권24 사위(詐僞, 12조), 권25 범간(犯奸, 10조), 권26 잡범(雜犯, 11조), 권27 포망(捕亡, 8조), 권28 단옥(斷獄, 29조)으로 이루어져 있으며 총 171개조다. 특히 「형률」단옥의 제447조 이전의 신문조서 대필(吏典代寫招草)은 앞의「병률」궁위의 제220조 관방패면의 패용과 도용(縣帶關防牌面)과는 또 다른데, 『대명률직해』에는 규정이 빠져 있어서『대명률강해』의 판을 넣어서 보충한 것이다.

「권18 도적」

제277조 모반과 모대역(謀反大逆)

제278조 모반(외환유치)(謀叛)

제279조 요서·요언의 제작(造妖書妖言)

제280조 대사(大祀)에 사용하는 물건의 절도(盜大祀神御物)

제281조 제서의 절도(盜制書)

제282조 관인의 절도(盜印信)

제283조 궁궐 재물의 절도(盜內府財物)

제284조 성문 열쇠의 절도(盜城門鑰)

제285조 병기 절도(盜軍器)

제286조 원릉 나무의 절도(盜園陵樹木)

제287조 감림주수의 창고 물품 절도(監守自盜倉庫錢粮)

제288조 일반인의 창고 물품 절도(常人盜倉庫錢粮)

제289조 강도(強盜)

제290조 죄수 강탈(劫囚)

제291조 대낮의 재물 강탈(白晝搶奪)

제292조 절도(竊盜)

제293조 가축의 절도(盜牛馬畜産)

제294조 들판의 곡식 절도(盜田野穀麥)

제295조 친족상도례(親屬相盜)

도적(盜賊)

    도적률(賊盜律)은 원래 '적률(賊律)'과 '도율(盜律)'로 분리되어 있었는데, 남북조 시대의 북제(北齊) 시기를 거쳐 수나라『개황률』이후로 '도적률'이라는 이름이 붙은 이후, 계속하여 이 명칭이 사용되었다. '적(賊)'에는 역적이라는 뜻도 있지만, 시대가 흐르면서 도적, 도둑, 훔치는 행위의 뜻도 생겨났으므로 자연스레 '도(盜)'와 함께 하나의 편명을 구성하게 되었을 것이다. 권18 도적에서 다루는 규정은 제277조에서 제304조까지 총 27개조다.『대명률직해』에서는『대명률』에서 적도(賊盜)라고 해놓은 것을 순서를 바꾸어 '도적(盜賊)'으로 표기하였다.

    도적편의 구성은 우선 국가의 적(賊)과 관련된 규정으로 시작하여 점차 도(盜)의 본래의 뜻에 가까운 규정으로 나아가고 있으며, 또 형벌의 측면에서 볼 때 무거운 형벌의 규정에서 가벼운 형벌의 규정으로 나아가고 있다. 그리고 마지막에 도적과 간접적으로 관련된 규정들과 부수적인 규정들이 있다.

우선 국가의 적과 관련된 규정으로서 제277조 모반과 모대역(謀反大逆)과 제278조 모반(謀叛)에서는 내란, 외환의 죄를 규정하고 있으며, 제279조 요서·요언의 제작(造妖書妖言)은 이러한 범죄가 발생하는 것과 밀접하다고 여겨지는 참서, 요서, 요언으로 대중을 미혹하는 범죄에 대하여 규정하였다.

다음으로 관청과 관련된 물건을 절취하는 행위를 규정하여 놓았는데, 제292조 절도(竊盜)가 가장 기본적인 것이라면 제280조부터 제286조의 7개조는 형이 가중된 규정들이라고 할 수 있다. 대사(大祀)에 사용하는 물건의 절도는 제280조 대사에 사용하는 물건의 절도(盜大祀神御物)에서 규정하고 있는데 참형이다. 제281조 제서의 절도(盜制書), 제282조 관인의 절도(盜印信), 제283조 궁궐 재물의 절도(盜內府財物)는 각각 임금의 명령서, 관인, 대궐 내의 재물을 훔치는 행위를 처벌하는데 모두 참형에 처한다. 제284조 성문 열쇠의 절도(盜城門鑰)는 성문 열쇠를 훔치는 행위를 처벌하는데 경성 문은 장100 유3,000리로 처벌하고, 지방으로 갈수록 감경한다. 제285조 병기 절도(盜軍器)는 병기를 훔치는 행위를 처벌하며 일반 절도죄와 같은 형으로 처벌한다. 제286조 원릉 나무의 절도(盜園陵樹木)는 원릉의 나무나 타인의 분묘 내의 나무를 훔치는 행위를 처벌하는데 각각 장100 도3년, 장100에 처한다. 또 관부의 창고를 절취 또는 횡령하는 것과 관련하여 그 주체가 관리인지 일반인인지에 따라서 제287조 감림주수의 창고 물품 절도(監守自盜倉庫錢糧), 제288조 일반인의 창고 물품 절도(常人盜倉庫錢糧)로 나누어 규정하고 있는데, 형량은 제287조가 무거우며, 장(贓)의 양에 따라서 형량이 달라진다.

제289조부터는 관청과는 관련 없는 일반적인 도(盜)와 관련한 규정이다. 도와 관련하여 폭행 또는 협박을 주된 요소로 하고 있는 것은 제289조부터 제291조까지 규정이다. 참형을 규정하고 있는 제289조 강도(強盜), 그와 동일한 형벌이고 행위 양태가 강탈이라는 점에서는 같지만 대상이 죄수 등 관부와 관련된 것으로 한정한 제290조 죄수 강탈(劫囚), 그리고 강도보다는 형벌이 감경되는 제291조 대낮의 재물 강탈(白晝搶奪)이 강탈 행위와 관련한 규정들이다.

제292조 절도(竊盜)는 절취 행위의 일반적 양태를 규정하고 있는데 현대 형법과는 달리 장(贓)의 양을 기준으로 형량을 달리한다. 제293조 가축의 절도(盜牛馬畜産)에서는 타인의 가축을 절취하는 경우를 규정하는데 장(贓)을 계산하여 절도로 처벌한다. 제293조는 개인 소유의 가축을 절취하는 경우를 다루며, 절도로 처벌한다. 관의 가축을 절취하면 제288조 일반인의 창고 물품 절도(常人盜倉庫錢糧)로 처벌한다. 또 절취한 우마를 죽이면 장100 도3년에 처하는데, 조선에서도 이를 장100 도3년으로 엄히 처벌하였다(『대전통편』 형전 금제). 제294조 들판의 곡식 절도(盜田野穀麥)는 타인이 기른 곡식, 채소 등을 몰래 절취하는 행위를 절도로 처벌한다. 제295조 친족상도례(親屬相盜)는 현재의 친족상도례와 거의 유사한데, 친족 간의 강도, 절도에 대한 신분상의 특례를 규정

하였다.

공갈과 사기의 죄는 제296조와 제297조에서 규정하는데 당시에는 모두 도(盜)로 다루었다. 제296조 공갈(恐嚇取財)은 공갈하여 타인의 재물을 취득한 자를 처벌하는데 절도에 준하여 처벌한다. 제297조 재물의 편취(詐欺官私取財)는 관이나 타인의 재물을 사취하면 절도에 준하여 처벌하는데, 관리자가 사취하면 가중하여 제287조 감림주수의 창고 물품 절도(監守自盜倉庫錢粮)로 처벌하였다.

제298조 약취·약매(略人略賣人)는 현재의 약취유인죄인데, 권18 도적에 배치한 이유는 사람을 속여서 재물을 취득하기 때문일 것이다. 예컨대 속여서 노비가 되게 하면 장100 유3,000리에 처하고, 입양을 핑계로 자녀를 사서 팔아넘겨도 마찬가지로 처벌한다. 노비는 재물로 처리되고, 자녀를 사서 팔아넘기는 것도 재물과 마찬가지로 취급하기 때문에 도적편에 들어 있는 것으로 보인다. 제299조 분묘의 발굴(發塚)은 분묘의 발굴과 관련한 규정인데 이 또한 당대의 분묘에 대한 인식과 관련하여 무단의 분묘 발굴이 '인명(人命)'에 속하지는 않고, 그 행위 양태가 몰래 분묘를 발굴한다거나 시신을 훼손하는 점 등을 살아 있는 타인의 집에 침입하여 타인을 상해하는 것과 비슷하게 보아 도적편에 분류해 넣은 것이 아닌가 싶다. 그 때문에 바로 이어서 제300조 야간 무단 주거침입(夜無故入人家)에서 야간에 타인의 집에 무단으로 침입하는 경우를 규율하는 규정을 둔 것으로 생각된다. 타인의 분묘를 드러내는 행위는 매우 형벌이 중하여 관곽을 드러내면 장100 유3,000리에 처하고, 주검이 드러나면 교형에 처한다. 제300조 야간 무단 주거침입(夜無故入人

家)은 야간 주거침입을 말하는데 장80에 처한다. 야간에 주거침입한 것만으로 절도 행위에 착수하려는 의사가 있다고 전제한 것으로 보인다. 그렇기 때문에 야간 주거침입자를 집주인이 즉시 살해한 경우에 집주인을 처벌하지 않는다.

제301조 도적의 와주(盜賊窩主)는 도적에 조력하는 자들에 대한 규정으로, 와주란 도적이 의탁하여 숨는 자를 가리키며, 장물아비를 가리키기도 한다. 강도의 와주는 직접 실행한 자와 유사한 불법이 있다고 보아 참형에 처한다. 절도의 와주 또한 본인이 직접 실행하지 않았더라도 장을 나누어 가진 경우에는 와주를 수범으로 처벌한다. 와주가 있기 때문에 강도나 절도가 행하여진다고 보았기 때문이다. 제302조 강·절도의 공모(共謀爲盜)는 음모와 실행 행위가 일치하지 않을 때의 처리 규정인데, 본인이 행한 범위 내에서 책임을 지우고 있다. 예컨대 강도를 공모하였는데 범행 당시에는 강도가 아닌 절도를 한 경우, 공모자가 장을 나누어 가졌다면 조의자는 절도의 수범이, 나머지는 모두 절도의 종범이 된다. 장을 나누어 가지지 않았다면 주모자는 절도의 종범이 되고, 나머지는 모두 태50에 처하며, 범행의 실행 당시 절도를 주도한 자가 절도의 수범이 된다. 또 절도를 공모하였는데 범행 당시에는 절도가 아닌 강도를 한 경우, 범행을 실행하지 않은 조의자가 장을 나누어 가졌다면 (강도의) 실정을 알았는지 여부에 관계없이 모두 절도의 수범이 된다. 제303조 도의 범위(公取竊取皆爲盜)는 공연히 훔치든 몰래 훔치든 모두 도(盜)에 해당하는 것을 밝힌 규정이며, 절취 행위가 완성하는 시기도 규정하였다. 예컨대 절취의 대상이 물건이나 돈, 비단 등이면 옮

겨서 훔친 장소를 벗어나야 하고, 주옥이나 보화같이 가치가 높지만 휴대할 수 있는 물건은 손에 넣어 은밀히 숨겨놓고 아직 사용하지 않았더라도 절도의 기수가 된다. 다만 나무나 돌, 무거운 기구 등 사람의 힘으로 감당할 수 없는 것은 본래 있던 곳에서 옮겼더라도 아직 실어서 운반하지 않았다면 절도의 기수가 되지 않는다. 말과 소, 낙타, 노새 등 스스로 움직일 수 있는 동물은 함부로 우리에서 꺼내거나, 매나 개 등을 자기 마음대로 부리면 절도가 성립한다. 제304조 자자의 제거(起除刺字)는 자자한 글자를 제거한 사람을 장60에 처하고 다시 자자하는 규정이다. 절도자는 글자를 팔뚝에 새기며 이를 자자(刺字)라고 하는데, 이들은 본적으로 되돌려 보내고, 다른 도적들이 있으면 이들을 뒤쫓게 하는 업무를 맡긴다.

권19

인명(人命)

권19 인명에서는 살인 및 폭행치사, 과실살 등 사람을 죽이는 것과 관련된 조문을 수록하고 있으며, 제305조 모살(謀殺人)부터 제324조 동행인 범죄의 미신고(同行知有謀害)까지 20개조인데 사람을 죽이는 것을 여러 가지로 분류하여 규정하고 있다.

우리 형법상으로는 살인을 계획적인 살인인지 우발적인 살인인지에 따라 죄를 달리하여 규정하지는 않고 다만 양형 단계에서 이를 고려한다. 입법례로는 영미법 계열에서 이를 구분하기도 한다. 『대명률직해』에서는 중국의 전통 방식에 따라 사람이 범죄로 인하여 죽는 것을 여섯 가지로 분류하였다. 이를 육살(六殺)이라고 하는데, 모살(謀殺), 고살(故殺), 희살(戲殺), 오살(誤殺), 과실살(過失殺), 투구살(鬪毆殺)이 그것이다.

사람이 범죄로 죽었다면 이 여섯 종류 중 하나에 해당되어야 했다. 그 중 첫 번째가 계획적인 살인인 모살(謀殺)이며, 우발적이지만 고의가 있는 살인인 고살(故殺), 싸우다가 죽이는 투구살(鬪毆殺), 장난치다가 죽이는 희살(戲殺), 착오로 죽이는 오살(誤殺), 과실로 죽이는 과실살(過失殺)이 있다.

계획적인 살인의 가장 기본적인 형태는 제305조 모살(謀殺人)에서 규정한다. 살인을 모의하여 죽인 경우, 상해한 경우 등을 구분하여 참형을 최고형으로 처벌한다. 이 제305조를 기본으로 하여 가중된 처벌은 이하에서 규정하는데 제306조 사신 및 관장의 모살(謀殺制使及本管長官)은 지휘-복종 관계에 있는 하급자가 상급자를 모살하려는 경우에 가중처벌하는 모살죄의 특칙이며, 십악 중 불의(不義)에 해당한다. 형벌은 최고형을 참형으로 하여 상해한 경우에는 교형, 착수만으로도 장100에 처하고 먼 곳으로 유배한다. 제307조 조부모 · 부모 등의 모살(謀殺祖父母父母), 제309조 죽은 남편 부모 등의 모살(謀殺故夫父母)은 친척 등에 대한 모살을 규정한다. 우선 제307조는 부모 및 조부모 등 친족관계에 있는 자 상호 간의 모살과 노비와 고공인의 주인이나 가장에 대한 모살에 대해 규정하는데, 십악 중 악역(惡逆)과 불목(不睦)에 해당한다. 부모, 조부모, 시부모, 가장을 모살하면 거열형을 최고형으로 하며, 친소원근에 따라 형벌을 감경한다. 제309조는 남편의 사망 등으로 시부모와 처첩의 인척관계와 주인과 노비의 신분이 소멸된 자 사이에서도 종속신분자의 살인을 이전과 같게 규정하였다. 즉 남편이 사망하더라도 의리가 끊기지 않았다고 보아 시부모를 모살하는 경우 제307조의 시부모를 모살한 것에 따라 처벌한다. 제308조 간통자의 살해(殺死姦夫)는 다른 사람과 간통 관계인 처나 첩이 남편을 모살하면 처첩은 거열형, 간통남은 참형에 처한다. 또 처첩이 타인과 간통하는 장소에서 남녀를 붙잡아서 즉시 살해하면 처벌하지 않는다. 이 현장성과 관련하여 조선 시대에는 해석상 다양한 논의가 있었는데 관련 규정의 해설에서 살펴보도록 한다.

다수를 살해하거나 잔인하게 살해하는 경우는 제310조 1가의 3인 살해(殺一家三人)에서 규율하였는데, 한집안에서 무고한 세 사람을 죽이거나 토막 내어 살해하면 거열형에 처한다. '한집안'은 재산을 같이 하고 동거하면 친소 및 호적의 동일 여부는 묻지 아니한다. 제311조 생기 채취와 절단살해(採生折割人)는 술법이나 약재로 쓰기 위하여 장기를 적출하는 행위와 신체를 절단하는 행위를 처벌하는 규정으로 수범은 거열형에 처한다. 제312조 고독의 제조 및 살해(造畜蠱毒殺人)는 독약이나 주술을 사용하여 살해하는 행위를 엄하게 처벌하는 것인데 참형으로 처벌한다. 관련하여 독충 등을 이용하여 독극물을 제조하거나 보관한 자도 마찬가지로 참형으로 처벌한다. 제310조, 제311조, 제312조 모두 매우 잔혹한 범죄이기 때문에 십악에 포함되었다.

이어서 폭행 및 상해 그리고 고살을 규정하고 있는데 제313조 투구 살 및 고살(鬪毆及故殺人)이다. 싸우다가 죽이면 교형에 처한다. 다투다가 살인의 고의가 생긴 경우에는 고살(故殺)로 하여 참형에 처한다. 제314조 옷과 음식의 탈취(屛去人服食)는 직접적으로 살해나 상해를 목적으로 하지 않지만, 신체에 이물질을 넣어 그 결과가 발생한 경우에 참

형, 교형 등으로 차등적으로 처벌한다. 귀, 코 등에 이물질을 넣는 행위
는 장기가 연결되어 있기 때문에 매우 위험한 행위로, 그 자체만으로도
장80에 처하고, 상해, 사망 등의 결과가 발생하면 더 무겁게 처벌한다.

제315조 희살상, 오살상, 과실살상(戱殺誤殺過失殺傷人)은 앞서 규정한
모살, 고살, 투구살을 제외한 육살의 나머지 세 가지를 규정하였는데,
희살상은 투구살상으로, 오살상은 투구살상 또는 고살로 처벌하며, 과
실살상은 투구살상에 준하여 처벌한다. 희살은 서로 장난하다가 죽이
는 경우를, 오살은 착오로, 과실살상은 과실로 인한 경우인데, 자세한
것은 구체적인 규정에서 보기로 한다.

제316조 남편의 죄 지은 처첩에 대한 구타치사(夫毆死有罪妻妾)는 처
첩이 시부모를 때리거나 욕한 일 때문에 남편이 함부로 죽이면 장100
에 처하는 규정으로, 당시 유교적 가족질서를 강하게 보호하기 위한 규
정이다. 또 제317조 자손·노비 살해 후 도뢰(殺子孫及奴婢圖賴人)는 사
람을 죽이고 다른 사람에게 뒤집어씌우는 행위를 처벌하는 규정이다.
예컨대 조부모나 부모가 자손을, 가장이 노비를 고살한 후 타인에게 뒤
집어씌우면 장70 도1년 반에 처한다.

제318조에서 제321조의 규정들은 과실로 인한 범죄를 구체적으로
규정한 것이다. 제318조 화살 등에 의한 상해(弓箭傷人)는 시가지나 사
람이 거주하는 주택을 향하여 화살을 쏘거나 돌을 던지는 것은 매우 위
험한 행위이므로 결과가 발생하지 않더라도 그 행위만으로 태40에 처
하며, 그로 인하여 사람이 상해를 입으면 제325조 투구(鬪毆)에서 1등
을 감경하여 처벌한다. 제319조 수레·말에 의한 살상(車馬殺傷人)은 이

유 없이 시가지나 마을에서 수레나 말을 몰다가 사람을 다치게 했으면 제325조 투구(鬪毆)에서 1등을 감경하여 처벌하는 규정이다. 죽으면 장 100에 처하고 먼 곳으로 유배한다. 제320조 의사의 살상(庸醫殺傷人)은 의사가 고의 또는 착오로 사람을 죽게 하면 처벌하는 규정이다. 즉 의사의 진료 행위에 대하여 사람이 죽는 결과가 발생했을 때 의도 유무에 따라 과실살 또는 고살로 처벌한다. 제321조 덫활로 인한 살상(窩弓殺傷人)은 사냥하기 위해 덫을 놓으면 길을 다니는 사람이 다칠 수 있기 때문에 사람이 알아볼 수 있는 표시를 하도록 하고 그 표시를 하지 않으면 태40에 처하고 이 때문에 사람이 다치면 제325조 투구(鬪毆)에서 2등을 감경하여 처벌한다.

제322조 위협과 핍박으로 인한 치사(威逼人致死)는 사망과 직접적인 인과관계는 없지만 자살에 빌미를 제공한 자를 처벌하는 규정이다. 현대에는 자살은 범죄로 취급하지 않고, 자살에 빌미를 제공한다고 하여 처벌하지도 않는다. 왜냐하면 인간은 스스로의 자유의지가 있고, 자살이란 자유의지에 따른 결정이라고 보기 때문이다. 그런데 『대명률직해』에서는 이치에 어긋나는 일이 있어서 다만 위세를 부리거나 능멸, 핍박하여 그 사람이 두려워서 자살하면 장100에 처하고, 간음, 강도, 절도로 사람을 위협하고 핍박하여 죽게 하면 참형에 처한다.

제323조 존장의 피살과 사적 화해(尊長爲人殺私和)는 살인사건에 대해 국가의 공형벌권을 무력화하는 사적 화해를 금지하는 조문이며, 또 공적인 일을 사적으로 화해하는 것을 금지한 제405조 공사의 사적 화해(私和公事)의 특례다. 제405조에 따르면 일반 형사사건을 개인적으로

화해하면 원칙적으로 범인의 죄에서 2등을 감경하고 최고 태50에 처하지만, 제323조에서는 친족 및 일반살인사건을 사화하면 가중처벌하였다. 직계존비속 사이와 부-처첩, 가장-노비의 경우를 중시하여 부조 등이 피살된 경우에 사화를 하면 장100 도3년이지만, 그 반대의 경우는 장80으로 7등급 차이가, 다른 존비속 사이는 1등급만 차이가 난다. 조부모, 부모가 피살되었을 때 사적으로 화해하는 것이 아니라 그 반대로 복수를 하면 제346조 아버지나 할아버지를 때린 자에 대한 구타(父祖被毆)로 규율한다.

　제324조 동행인 범죄의 미신고(同行知有謀害)는 동행하는 사람이 타인을 해치려는 것을 알면서도 이를 방지하지 않거나 피해자를 구호하지 않은 행위를 처벌하는 규정이다. 『대명률직해』에 드물게 나타나는 부작위범이다. 현대 형법 이론에서는 적극적인 행위에 의하여 범죄의 구성요건을 충족하는 작위범과 어떤 행위를 하지 않음으로써 범죄의 구성요건을 충족하는 부작위범으로 나누는데, 『대명률직해』는 그 같은 구분을 두지 않고 있음에도 이러한 유형의 범죄를 처벌하고 있었음을 확인할 수 있다.

투구(鬪毆)

권20 투구는 제325조 투구(鬪毆)에서 제346조 아버지나 할아버지를 때린 자에 대한 구타(父祖被毆)까지 전체 22개의 조문으로 구성되어 있다. 서로 다투는 것이 '투(鬪)'고, 서로 치는 것이 '구(毆)'다. 『당률소의』에서는 투송(鬪訟)이라는 편명으로 합쳐 있던 것을 『대명률』에서 투구(鬪毆)와 소송(訴訟)으로 나누어 규정하였다.

권20에서는 주로 현대 형법의 폭행·상해죄에 해당하는 죄명을 규정하고 있다. 권20의 조문수가 많은 것은 존속 폭행·상해 정도만을 구분하는 현대 형법과 달리 가해자와 피해자의 다양한 신분관계를 고려하여 형량을 달리 정하고 있기 때문이다. 예를 들어 제328조에서 제333조까지는 관리에 대한 폭행·상해를 규정하고, 제338조에서 제345조까지는 친족 간의 폭행·상해를 규정하고 있다. 제325조에서 제327조까지는 폭행으로 인하여 발생하는 다양한 양상을 규정하였다.

제325조 투구(鬪毆)는 투구편의 기본이 되는 구성요건을 규정하였다. 투구의 수단이나 방법, 상처의 부위와 경중에 따라 형량을 달리 정하고, 투구가 공범 형태로 이루어진 경우를 규정하고 있다. 이 제325조는 전통시대 형법의 가장 전형적인 모습을 보여준다. 즉 현대 형법의 상대적 형과 달리 절대적 형을 정하고 있기 때문에 폭행·상해의 정도와 부위를 세분하여 형량을 정하고 있어서 범죄와 형벌의 카탈로그 같은 느낌을 준다. 예를 들어 부러진 치아나 손가락의 개수에 따라 형량이 각각 다르고, 귀나 코, 두 눈, 생식기를 상해한 경우의 형량이 각각 다르다. 크게는 골절시키는 상해(折傷)가 기준이 되는 경우가 많은데, 다른 규정들에서 골절상 이상인지 아닌지를 기준으로 하는 예가 많기 때문으로 형량은 장100이다. 제326조 보고 기한(保辜限期)은 투구가 피해자의 사망으로 이어진 경우 투구와 사망 시점 사이의 경과 기간에 따라 책임을 지우는 내용이다. 제327조 궁궐 내의 다툼(宮內忿爭)은 투구가 궁궐에서 발생한 경우 궁궐이라는 장소적 특성을 고려한 규정으로 싸우는 경우 태50이지만, 그 소리가 임금에게까지 들리면 장100에 처한다.

제328조부터 제334조는 폭행의 주체와 대상이 일반인이 아닌 왕족이나 관리인 경우를 규정하고 있는데, 제328조 황실의 단문친 이상 친족 구타(皇家袒免以上親被毆)는 임금의 친족에 대한 투구에 대해 가중처벌을 규정하고 있다. 제329조 봉명사신 및 상관에 대한 구타(毆制使及本管長官)는 왕명을 받아 나간 사신이나 소속 서리 등이 5품 이상을 폭

행하는 경우 등에 장100 도3년에 처하는 규정이며, 제330조 보좌관·소속관의 장관 구타(佐職統屬毆長官)는 서로 업무를 협의해야 하는 낭청이나 관할하의 관원이 장관을 폭행하면 제329조의 예에서 2등을 감경하여 처벌한다. 즉 이 경우 소속관이 장관을 폭행하면 장80 도2년에 처하고, 차관이 폭행하면 장60 도1년에 처한다. 제331조 상급·하급 관사 관원의 상호 구타(上司官與統屬官相毆)는 상급 관사와 하급 관사의 관원들이 서로 폭행하면 처벌하는데 일반적인 투구와 마찬가지로 처벌한다. 제332조 9품 이상 관원의 상관 구타(九品以上官毆官長)는 서로 소속이 다른 경우에 하급 관원이 상급 관원을 폭행하면 가중처벌하는 규정으로, 품계에 따라 형벌이 다르다. 예컨대 9품관이 3품관을 폭행하면 장60 도1년에 처한다. 제333조 집행관에 대한 항거와 구타(拒毆追攝人)는 세금을 징수하는 관리를 폭행하는 행위를 규정한다. 관사에서 사람을 파견하여 금전과 양식을 추징하거나 공무를 집행하게 하였는데 항거하여 복종하지 않거나 파견된 사람을 구타하면 장80에 처하는 규정으로 공무집행방해에 해당한다. 제334조 스승 구타(毆受業師)는 폭행의 대상이 스승인 경우로서 이때는 제325조의 일반적인 투구에 비하여 폭행의 양상에 상응하여 2등을 가중처벌한다.

제335조 위력으로 사람을 제압·속박한 경우(威力制縛人)는 사적인 처벌을 금지하는 규정이다. 구체적으로는 쟁송은 관사에 제소하여 해결하는 것을 원칙으로 하고, 위력으로 제압하고 결박하거나, 사적으로 상해하는 등의 행위를 하면 장80에 처하는 등이다.

제336조부터 제346조는 서로 다른 신분 간의 폭행이나 가족 내에서

의 폭행 등을 다루고 있다. 제336조 양인과 천인의 상호 구타(良賤相毆)는 노비가 양인을 폭행하는 경우 신분이 같은 사람끼리의 폭행을 처벌하는 제325조에 비하여 1등을 가중하고, 양인이 노비를 폭행하면 1등을 감경한다. 그런데 노비와 양인 사이에 주노 관계가 성립할 때에는 훨씬 가중된다. 이를 제337조 노비의 가장 구타(奴婢毆家長)에서 규정하고 있다. 노비가 가장을 폭행하면 참형에 처하고, 죽이면 거열형에 처한다. 가장의 친족을 폭행하는 등의 경우에는 친족의 등급에 따라서 형벌이 다르다. 반대로 가장이 노비를 폭행하면 그 자체만으로는 처벌하지 않는다. 노비가 죄가 있는데 관사에 알리지 않고 처벌하다가 죽으면 장100에 처하며, 죄가 없는데 죽이면 겨우 장60 도1년에 처하는 등 매우 비대칭적이다. 또 노비가 가장의 명에 따르지 않아서 처벌하였는데, 예기치 않게 사망하면 가장을 처벌하지 않는다. 제338조 처·첩의 남편 구타(妻妾毆夫)는 처첩이 남편을 폭행하는 행위를 규정한 것인데, 처가 때리면 장100, 첩이 때리면 1등을 가중하여 장60 도1년에 처한다. 또 본남편이 이혼을 원하면 허용한다. 반대로 남편이 처를 폭행하면 골절상 이상이어야 처벌하며, 제325조 투구에 비하여 2등을 감경한다. 또한 가정 내에서의 폭력이기 때문에 법이 가정 안으로 가급적 침투하지 않으려고 하여, 남편이나 처의 고소가 있어야 처벌하는 것으로 하였다. 한편 이 규정은 처부모를 폭행하는 행위도 규정하였는데 장100에 불과하다. 이에 비하여 제342조 조부모·부모 구타(毆祖父母父母)에서는 시부모를 폭행한 처첩에 대하여 참형이라는 형벌을 과하고 있다. 대단히 비대칭적인 형벌의 부과를 볼 수 있다.

친족 간의 폭행 중에서도 특히 제339조부터 제345조는 남계혈족을 중심으로 하여 친소 관계에 따라 형량이 달라지는 것을 각각 규정하고 있다. 제339조 동성친족의 상호 구타(同姓親屬相毆)는 동성의 친족 사이에서 서로 폭행하는 경우의 처벌을 규정하고 있는데, 상복을 입지 않고 성만 같은 친족이어도 같은 신분끼리의 폭행과는 다르게 처벌한다. 즉 항렬에 따라서 윗사람과 아랫사람을 나누어 윗사람이 주체이면 제325조 투구(鬪毆)를 기준으로 1등을 감경하고, 아랫사람이 주체이면 1등을 가중한다. 제340조 대공친 이하인 존장 구타(毆大功以下尊長)는 대공친, 소공친, 시마친에 대하여 규정하고 있는데, 아랫사람이 윗사람을 폭행하는 경우 시마친인 형이나 누나를 폭행하면 장100, 소공친이면 장60 도1년, 대공친이면 장70 도1년 반으로 처벌한다. 윗사람이 아랫사람을 폭행하면 골절상을 입지 않은 이상 처벌하지 않으며, 처벌하는 경우에도 시마친이면 1등, 소공친이면 2등, 대공친이면 3등을 감경한다. 제341조 기복친인 존장 구타(毆期親尊長)는 기복친인 존장을 폭행하는 경우를 규정하고 있는데, 동생이 형, 누나, 오빠, 언니를 폭행하면 장90 도2년에 처하고, 조카가 삼촌, 숙모를 폭행하면 1등을 가중한다. 반대로 형 등이 동생을 때려서 죽이는 등에는 장100 도3년에 처하고, 그보다 경하면 처벌 규정이 없다. 제342조 조부모·부모 구타(毆祖父母父母)는 아들이나 손자가 부모나 조부모를 폭행하는 경우나 처첩이 시부모를 폭행하는 경우 등에 대하여 규정하는데, 폭행하면 참형에 처하고 죽이면 거열형에 처한다. 반대로 자식이나 손자가 가르침에 따르지 않아서 부모나 조부모가 폭행하였는데 죽으면 장100에 처한다. 자식이나 손자가 조부모, 부모를 때리거나 욕하는 것을 조부모, 부모가 때려 죽이면 처벌하지 않는다. 제343조 처첩과 남편 친속 간의 구타(妻妾與夫親屬相毆)는 처첩이 남편의 친족을 폭행하는 것에 관한 규정이다. 처첩이 주체가 된 경우에는 남편이 자신의 친족을 폭행하는 것과 동일하게 처벌한다고 밝혔다. 즉 남편이 기준이 되는 것이다. 제344조 처의 전남편 자식에 대한 구타(毆妻前夫之子)는 개가한 처의 전남편의 자식과 현 남편의 폭행과 관련한 규정이다. 현 남편과 의붓자식은 상복을 입는 의리가 없지만, 신분이 같은 자끼리의 폭행과 마찬가지로 논하기는 어렵다. 그래서 제344조는 현 남편이 의붓자식을 폭행하면 1등을 감경하고, 반대이면 장60 도1년에 처한다. 제345조 처첩의 죽은 남편의 부모에 대한 구타(妻妾毆故夫父母)는 처첩이 죽은 남편의 부모를 폭행하는 행위를 규정하였다. 즉 남편이 사망하여 처첩이 다른 곳으로 시집갔는데, 원래의 시부모를 폭행하면 의리와 명분은 남아 있다고 보아 시부모를 폭행한 것과 동일하게 처벌하여 참형에 처한다. 또 노비가 옛 가장을 폭행하는 행위나 가장이 옛 노비를 폭행하는 행위는 이미 주노 관계가 사라졌다고 보아 『대명률』에서는 이를 제325조 투구(鬪毆)와 동일하게 처리한다. 그런데 특이한 것은 『대명률직해』에서 이를 "…일반인의 경우와 같이 하는 것은 본국법에서 비록 옛 노비라도 본 주인을 때리면 죄가 무거우므로 노비가 옛 가장을 때리면 노비가 가장을 때려서 교형에 처하는 죄에서 1등을 감경한다"라고 규정하였다.[1] 조선에서는 이처럼 노비제도

---

1 노비가 가장을 때리면 참형이다. 『대명률직해』의 직해문에는 교형으로 되어 있는

에 있어서는 중국을 그대로 따르지 않고 계속하여 유지하고 훨씬 강화하고자 하였고, 이는 『대명률직해』의 번역에서도 그대로 나타났다. 또 이는 『경국대전』에도 수정 반영되었는데, 2등을 감경하는 것으로 규정하였다.[2] 마지막으로 제346조 아버지나 할아버지를 때린 자에 대한 구타(父祖被毆)는 조부모, 부모가 다른 사람에게 맞을 때 자식이나 손자가 이를 즉시 반격하는 경우 골절상 이상이 아니면 처벌하지 않고, 골절상 이상이면 제325조 투구(鬪毆)보다 3등을 감경하여 처벌한다. 특히 조부모나 부모가 살해되었는데, 자식이나 손자가 함부로 살인자를 죽이면 장60으로 처벌한다. 이는 복수와 관련된 규정으로서, 국가공형벌권이 확립되어 가면서 복수를 일반적으로 허용할 수는 없고, 그렇다고 복수를 완전히 금지할 수도 없는 상황에서 나온 절충적인 입법이다.

데 오류인 듯하다.

2 『경국대전』 刑典 告尊長: 舊奴婢·雇工, 罵告舊家長者, 各減罵告家長律二等論.

매리(罵詈)

권21 매리는 '욕하며 꾸짖는다'는 뜻으로 현대 형법상 모욕죄에 비견할 수 있다. 권21에서 다루는 규정은 제347조에서 제354조까지 총 8개 조다. 투구편의 규정 배열과 구조적으로 비슷한데, 행위가 폭행인지 모욕인지에 따라서 규정을 달리할 뿐이다. 매리편의 구성은 일반인에 대한 매리로부터 관원에 대한 매리, 친족 등의 특별한 신분 관계에 있는 자 간의 매리를 규정하는 방식으로 이루어져 있다.

제347조 모욕(罵人)은 신분이 같은 사람끼리의 모욕에 대하여 규정하고 있는데, 모욕의 가장 기본적인 형태다. 서로 모욕하는 경우 쌍방을 각각 태10에 처하도록 하였다. 모욕만 하면 성립하는 범죄이고, 사실을 적시하여 명예를 훼손하는 것도 모두 이 제347조에 포함된다. 다만 제

347조는 공공연하게 이루어질 필요가 없다는 점에서 현대 형법의 명예 훼손죄나 모욕죄와는 구별된다.

다음으로 제348조와 제349조는 관원의 매리에 관한 규정으로 제347조에 비하여 형을 가중한다. 제348조 봉명사신 및 관할 장관에 대한 모욕(罵制使及本管長官)은 왕명을 받들어 나가는 사신을 관리가 모욕하거나 관할 지역 내의 백성이 자신을 관할하는 목사, 현령 등을 모욕하는 경우 등을 규정하는데, 장100을 기준으로 처벌하며, 모욕 대상의 직급이 낮을수록 형량이 감경된다. 제349조 보좌관·소속관의 장관에 대한 모욕(佐職統屬罵長官)은 서로 업무를 협의해야 하는 낭청이나 관할하의 관원이 장관을 모욕하는 행위를 규정하며, 대상이 5품 이상인 경우에는 장80, 6품 이하인 경우에는 3등을 감경한다.

제350조부터 제354조는 특별한 신분 관계에 있는 자 사이의 매리에 대한 규정이다. 제350조 노비의 가장에 대한 모욕(奴婢罵家長)은 가장이나 그 친족에 대한 노비의 모욕 등을 규율하며, 가장을 모욕하였을 경우에는 교형에 처한다. 이는 노비가 가장을 폭행했을 때의 참형에 비하여 1등이 감경된 것이다. 가장의 친족을 모욕했을 때는 친소에 따라서 형량이 변동된다. 제351조 존장에 대한 모욕(罵尊長)은 존장에 대한 모욕을 규정하는데, 시마친인 형이나 누나에 대하여는 태50, 소공친은 장60, 대공친은 장70에 처한다. 부모와 항렬이 같은 웃어른을 모욕하면 각각 1등을 가중한다. 제352조 조부모·부모에 대한 모욕(罵祖父母父母)은 자손이 조부모·부모를 모욕하거나 처첩이 남편의 조부모·부모를 모욕하면 교형에 처하도록 규정한다. 제353조 남편의 기복친 이하

존장에 대한 모욕(妻妾罵夫期親尊長)은 남편 친족에 대한 처첩의 모욕에 대하여 규정하는데 남편과 동일한 지위로 처벌한다. 또 첩이 남편이나 처를 모욕하면 장80에 처한다. 위 4개의 조문 모두 직접 고소할 것을 처벌 요건으로 하고 있다. 제354조 처첩의 죽은 남편의 부모에 대한 모욕(妻妾罵故夫父母)은 처첩이 죽은 남편의 부모를 모욕하는 것을 규정하였다. 즉 남편이 사망하여 처첩이 다른 곳으로 시집갔는데, 원래의 시부모를 모욕하는 경우에 의리와 명분은 남아 있다고 보아 시부모를 모욕한 것과 동일하게 처벌하여 교형에 처한다. 또 노비가 옛 가장을 모욕하는 경우에는 제325조 투구(鬪毆)와 동일하게 처리한다고 『대명률』에 규정되어 있지만, 『대명률직해』에서는 투구에서와 마찬가지로 우리나라의 예외를 인정하고 있다. 즉 노비가 본 주인을 모욕하는 경우는 가장을 모욕하여 교형에 처하는 죄에서 2등을 감경하여 처벌한다. 또한 이 규정은 『경국대전』에 반영되어 2등을 감경하여 처벌하는 것으로 규정하였다.[3]

---

3 『경국대전』 刑典 告尊長: 舊奴婢·雇工, 罵告舊家長者, 各減罵告家長律二等論.

소송(訴訟)

소송은 역대 중국의 형법전 중에서 『대명률』에 처음 나타나는 편명이다. 그 이전의 법전들에서는 소송을 투구와 함께 다루었기 때문에 투송(鬪訟)이라고 하였으나, 『대명률』에서는 이를 투구(鬪毆)와 소송(訴訟)으로 분리하였다. 기존의 편명이 소송도 다툼의 하나로 본 것 때문이라면, 『대명률』에서는 당사자 사이의 다툼에 불과한 투구와 당사자가 국가기관의 개입을 요구하는 소송을 구별한 것이라고 하겠다. 권22 소송에서 다루는 규정은 제355조에서 제366조까지 총 12개조다.

소송편의 구성은 크게 셋으로 나눌 수 있다. 재판을 개시하기 전의 단계(제355조~제358조), 소의 제기가 금지되는 경우(제359조, 제361조~제364조, 제366조), 관원의 사건 처리가 그것이다.

먼저 제355조부터 제358조까지는 재판을 하기 위한 전제조건에 관한 것이다. 제355조 월소(越訴)는 관할 위반을 처벌하는 규정이다. 관할 관사를 넘어서 상급 관사에 소를 제기하면 태50에 처한다. 조선시대에는 상급 관사에 소를 제기하는 것을 의송(議訟)이라고 하였다. 하급 관사에서 패소하는 등의 절차를 거친 후에야 원칙적으로 인정되었지만, 바로 의송하는 경우도 있었고 월소(越訴)로 처벌하지는 않았다. 상급 관사에서 실체적인 문제를 직접 판단하는 것이 아니라 하급 관사에서 행하는 재판의 소송지휘를 행하는 역할을 담당하는 것이 의송이었다. 제355조는 아울러 등문고(登聞鼓)에 대하여도 규정하고 있는데, 임금을 모신 어가 앞에서 고소하거나 등문고를 쳐서 호소하는 경우 사실이 아니면 장100으로 처벌하였다. 제356조 익명 투서에 의한 고발(投匿名文書告人罪)은 익명으로 투서하는 경우의 처벌 규정이다. 익명 투서는 어떤 내용이든 가능하기 때문에, 내용의 진위와 관계없이 타인의 잘못을 들추어내는 것을 막기 위한 규정이다. 그래서 익명으로 타인의 죄를 고발하면 교형에 처하고, 발견한 즉시 내용을 보지 않고 태워 없앤다. 또 태워 없애지 않고 관사에 보내면 장80, 관사에서 수리하여 처리한 관리를 장100에 처한다. 익명서의 내용이 사실이더라도 고발당한 사람을 처벌하지 않는다. 그러나 익명서의 유혹은 언제 어디서든 있는 법이다. 『조선왕조실록』에도 익명 투서는 역대 왕을 가리지 않고 끊임없이 나온다. 왜냐하면 익명 투서의 내용에 따라 반대당을 억압할 수 있는 수단이 되기 때문이다. 정치적으로 매우 활용하기 좋은 것이 익명 투서였으며, 그러한 유혹은 언제라도 존재하였다. 그래서 익명 투서의 내용을 보고 임금에게 보고하는 경우『대명률직해』에 따르면 보고한 자를 처벌하여야 하였고, 실제로도 처벌을 요청하는 사례가 많지만 그대로 처벌하지는 않았다. 특히 반란 모의를 익명 투서하면 제356조는 작동되지 않았다. 제357조 고발장의 불수리(告狀不受理)는 소장·고소장·고발장을 접수하여 사건을 처리하지 않는 관원을 처벌하는 규정으로, 모반(謀反), 모대역(謀大逆), 모반(謀叛)을 고발하였는데 수리하여 체포하지 않은 관원은 장100 도3년에 처하며, 실제로 모반 등이 일어나서 성이 함락되면 참형에 처한다. 악역을 고발하였는데 수리하지 않으면 장100에 처하며, 살인, 강도를 고발하였는데 수리하지 않으면 장80에 처한다. 제358조 재판의 회피(聽訟廻避)는 회피에 관한 규정으로, 당시는 지금의 소송법과 달리 제척이나 기피의 제도는 없었으나 일정한 범위의 사건에 회피하지 않는 재판관을 처벌하였다. 즉 유복친이나 스승, 원수 등이 소송관계인 중에 있는 경우 회피할 것을 규정하여, 회피하지 않으면 태40에 처하였다.

다음으로 제359조, 제361조에서 제364조, 제366조는 일정한 경우에 소의 제기 자체를 처벌하는 규정들이다. 제359조 무고(誣告)는 다른 사람을 무고하는 행위를 처벌하는데, 어떤 죄를 무고하였는가에 따라 무고자가 처벌받는 형량은 다르다. 즉 태형을 무고하면 무고한 죄에 2등을 가중하고, 장형, 도형, 유형에 해당하는 죄로 무고하면 무고한 죄에 3등을 가중한다. 다만 최고 형량은 장100 유3,000리다. 또 무고한 죄가 사형인데 피무고자가 사형을 당했으면 사형으로 처벌하고, 아직 처형되지 않았으면 장100 유3,000리에 처하고 역 3년을 더한다. 또 두 건

이상을 고소하였는데 가벼운 죄는 사실이고 무거운 죄는 허위인 경우 또는 한 건을 고소하였는데 가벼운 죄를 무거운 죄로 무고한 경우에는 무거운 죄에서 가벼운 죄를 제한 형으로 처벌한다. 형이 집행된 경우에는 모두 집행한다. 제366조 충군형 또는 천사형의 무고(誣告充軍及遷徙)는 무고한 범죄가 충군형이나 천사형에 해당할 경우에 어떻게 처리하여야 하는지에 대한 지침이다. 제359조의 무고(誣告)와 본질적으로 다르지 않은 행위이나, 충군이나 천사와 같은 형벌은 오형 체계 밖에 있으면서 형벌의 가감 원칙이 애매하기 때문에 형벌의 부과에 독특한 점으로 인하여 따로 규정한 것이다. 충군형으로 무고하는 경우 민간인이면 군역에 충당하고, 군인이면 변방 먼 곳에 보내어 충군한다. 또 청탁과 함께 돈을 건네는 것은 본래 1,000리 밖으로 천사하는 것에 해당하는데, 이를 무고한 경우에는 천사죄를 유형에 견주어서 반으로 줄여 도2년에 준하되, 무고한 죄에서 3등을 가중하여 처벌한다. 제361조 명분과 은의를 범한 죄(干名犯義)는 남편이나 손위의 친족을 상대로, 또는 종·고공(雇工)이 가장(家長)을 상대로 소를 제기하거나 고소·고발하는 행위는 명분과 은의를 저버리는 행위이므로 처벌하는 규정이다. 자손이 조부모, 부모를 고소하거나 처첩이 남편이나 남편의 조부모, 부모를 고소하면 장100 도3년에 처하며, 무고한 경우는 교형에 처한다. 노비가 가장 및 가장의 시마친 이상의 친속을 고소하면 자손 및 비유가 고소한 것과 죄가 같다. 또 이는 친족의 친소 관계에 따라 형량에 변동이 있다. 다만 모반(謀反), 모대역(謀大逆), 모반(謀叛), 간첩 은닉, 어머니가 아버지를 살해하는 것, 양부모가 생부모를 살해하는 것의 고소는 당연히 고소를 허용하고 처벌하지 않는다. 이 제361조와 관련하여 세종 때 기상 렴(奇尙廉)이라는 자가 자신의 이복동생과 자신의 계모가 간통하였다고 형조에 고발한 사례가 있다. 계모도 어머니이기 때문에 제361조를 적 용하면 장100 도3년으로 처벌하여야 할 것이지만, 조선에서는 효와 관 련된 것이기 때문에 이를 그대로 적용할 수 없고 더욱 무겁게 처벌하여 야 한다는 주장이 힘을 얻어서 교형에 처하도록 하였다(『세종실록』 세종 12년 2월 28일). 이 사례는 그대로 『경국대전』에도 규정되어 교형에 처하 고 있다. [4] 또한 현행 형사소송법 제224조에서는 자기 또는 배우자의 직 계존속을 고소하지 못한다고 규정하는데, 이는 『경국대전』의 영향을 받 은 것이다. 제362조 자손의 교령 위반(子孫違犯敎令)은 소송에 관한 규 정은 아니지만, 직계존속을 거역하는 행위 및 봉양을 거부하는 행위를 벌하는 것이어서 제361조의 뒤에 위치시킨 듯하다. 형량은 장100인데, 조부모, 부모에 대한 봉양의 책임을 도덕에만 맡기지 않고, 봉양의 결 핍에 대하여 형으로 처벌하는 것이 특색이다. 다만 조부모, 부모의 고 소가 있어야 처벌하도록 하였다. 제363조 수금된 죄수의 고소(見禁囚不 得告擧他事)는 구금된 사람이 피고 사건 이외의 사건을 고소·고발하는 행위를 금지하는 규정이다. 구금된 사람은 사실이 아니더라도 자신을 위해서나 또는 타인을 무고하기 위해서나 고소의 충동이 생길 수 있는 데 이로 인하여 형사 사법의 남용 내지 혼란이 발생할 수 있기 때문에 금지한 것이다. 다만 간수에게 학대당하는 등의 일은 고소할 수 있도록

---

4 『경국대전』「刑典」告尊長: 子孫·妻妾·奴婢告父母·家長 除謀叛·逆反外 絞.

하였다. 또 감형을 받기 때문에 무고할 가능성이 별로 없는 노인이나 어린이, 장애인, 부인은 모반, 모대역, 모반, 살인 등을 고소할 수 있도록 하였다. 제364조 사송의 교사(敎唆詞訟)는 타인을 교사하여 소송하도록 하거나, 대신하여 소장을 작성하였는데 죄상 등을 증감하여 타인을 무고하면 범인과 같은 죄로 처벌하였다. 그런데 소송을 교사하는 자는 조선에서는 외지부(外知部)라고 불렀는데, 노비 소송을 담당하는 도관지부(都官知部)의 밖에서 소송을 지휘한다고 하여 붙인 이름이다. 이 외지부는 소송이 없는 것을 이상으로 하는 조선 사회에서는 허용할 수 없는 존재였다. 그래서 이 외지부를 성종 때에는 장100에 처하고 전가사변(全家徙邊), 즉 외지부 본인뿐만 아니라 외지부의 가족까지 모두 변방으로 보내는 형벌을 과하였다. 이후 전가사변형은 폐지되어『속대전』에서는 장100 유3,000로 규정하였다.[5]

제360조와 제365조는 관원이 사건을 접수하여 처리하는 것에 관한 규정들이다. 우선 제360조 군인 관련 사건의 관할(軍民約會詞訟)은 군(軍)과 민(民) 사이의 관할에 관한 규정이다. 즉 군관, 군인이 살인하는 경우 군과 민간 관청이 합동하여 사건을 조사하도록 하고, 간통, 전토, 투구 등 민간과 서로 관련된 일이면 합동하여 조사하도록 하였다. 즉 군과 민간은 관할권이 달라서 지휘 복종의 관계가 아니기 때문에 관할권의 혼란이 생길 수 있는데 이를 합동하여 조사할 것으로 규정한 것이다. 민간이나 군에서 관할이 아닌데도 심리하면 태50에 처한다. 이 제

---

5 『속대전』「형전」聽理: ○ 長立決訟衙門以教誘人爭訟爲業者, 杖一百流三千里.

360조는 제355조 월소(越訴)와는 두 가지 점에서 다르다. 첫째, 제355조는 군 내부 또는 민 내부에서의 관할에 관한 규정이다. 둘째, 제355조는 소를 제기하거나 고소·고발하는 자의 관할 위반에 관한 규정이나, 제360조는 관원의 관할 위반에 관한 규정이다. 제365조 관리의 민사사건(官吏詞訟家人訴)은 관리가 개인적 사건을 집안사람을 내세우지 않고 직접 제소하거나 공문을 발송하는 행위를 처벌하는 규정이다. 관리가 권력을 이용하여 소송을 유리하게 하는 행위를 방지하기 위한 것인데, 사실 형벌이 태40에 그치기 때문에 실효성이 있었을지는 의문이다.

권23

수장(受贓)

권6 수장은 관리나 서리의 뇌물 수수를 기본으로 하는 범죄를 수록하고 있으며, 제367조 관리의 재물 수수(官吏受財)에서 제377조 관리의 재물 수수 승낙(官吏聽許財物)까지 11개 조문이다. 여기서 '장(贓)'은 범죄와 관련되는 모든 재산적 이익으로, 현대 형법의 '장물'보다 훨씬 넓은 개념으로 뇌물도 포함한다. 이러한 장범죄와 관련하여 가장 기본적인 형태는 제368조 장으로 인한 죄(坐贓致罪)다. 제368조를 기본으로 하여 관리가 뇌물을 받고 불법한 행위로 나간 경우와 나가지 않은 경우, 창고의 관리가 재물을 횡령한 경우, 일반인이 창고의 재물을 횡령한 경우, 절도의 대상이 된 재물의 여섯 가지로 분류하는데 이를 육장(六贓)이라고 한다. 제368조는 재물이 오고 가는 것과 관련하여 가장 기본적인 규정이기 때문에, 『대명률직해』의 각 조에서 재물이 오고 가는 것이 문제가 될 경우에는 일반적으로 '좌장으로 논한다(坐贓論)'라고 하여 이 규정에 따라 처벌하도록 하였다.

한편 일과 관련이 있는 관리가 재물을 받는 행위가 뇌물에 해당하는 것은 물론이고, 사물논리상 제368조보다는 가중하여 처벌하여야 하는데 『대명률직해』에서는 이를 제367조 관리의 재물 수수(官吏受財)에서 규정하였다. 일과 관련이 있어서 재물을 받는 경우는 그 결과에 따라서 형량을 달리하는데, 『대명률직해』에서는 이를 크게 '왕법장(枉法贓)'과 '불왕법장(不枉法贓)'으로 구분하였다. 왕법장은 수뢰 후에 부정한 일로 나아가는 것이고, 불왕법장은 수뢰는 하였지만 일은 정당하게 처리한 것을 말한다. 제373조 풍헌관리의 재물 수수(風憲官吏犯贓)는 관원의 비리 등을 규찰하는 풍헌관리의 뇌물 수수 행위를 처벌하는데, 일반 관리가 뇌물을 받는 것보다 불법이 더 무겁다고 보아 2등을 가중하여 처벌한다.

제369조에서 제372조까지는 관리가 뇌물을 받는 다양한 행위 양태를 규정하였다. 제369조 수뢰 후 부정처사(事後受財)는 업무 처리 후의 뇌물 수수를 금지하는 규정이며, 업무를 어떻게 처리했느냐에 따라서 제367조로 처벌하였다. 제370조 직무 관련 뇌물 공여(有事以財請求)는 뇌물로 청탁하는 행위를 금지하려는 규정이며, 주체는 민간인이며 뇌물이 부당한 것이기 때문에 제368조 장으로 인한 죄(坐贓致罪)로 처벌하였으며, 이를 수락한 관원은 당연히 제367조 관리의 재물 수수(官吏受財)로 처벌한다. 다만 민간인이 강요에 의해 뇌물을 제공하였으면 처벌하지 않았다. 제371조 재직 시 재물의 요구·대차(在官求索借貸人財

物)는 말단향촌에서 주민과 직접 대면하는 관원이나 지방의 행정실무
담당자들이 주민을 수탈하는 행위를 금지하는 규정이다. 예컨대 관할
지에서 재물을 요구하거나 대차하는 경우는 모두 장을 계산하여 불왕
법에 준하며, 강제로 한 경우는 왕법에 준하여 처벌한다. 제372조 집사
의 재물 요구(家人求索)는 관원 등의 가족이 관할지에서 재물의 수수 및
요구, 재물의 대차, 부민의 사역, 매매로 이익을 많이 얻는 등의 행위를
규율하는데, 제371조 관리의 죄에서 2등을 감경한다.

민간인이 아닌 관원들 사이에서 공무를 빌미로 상급자가 하급자를
수탈하는 행위는 제374조 공무를 빌미로 한 재물의 강취(因公擅科歛)에
서 규정하였는데, 담당 관원, 서리 등이 상급 관사의 명문 없이 공무를
빌미로 함부로 관할지에서 재물을 거두면 장60으로 처벌하고, 받은 재
물의 양을 좌장으로 계산하여 장60보다 무거우면 제368조로 처벌한다.
제375조 공후가 준 재물의 사적 수수(私受公侯財物)는 왕권을 강화하기
위해 재상이 장군 등 군인에게 함부로 재물을 주는 행위를 금지한 규정
이다. 즉 재상 등이 재물을 뿌려서 인심을 얻어 장군 등 군문과 사통하
는 것을 방지하기 위한 규정이다. 제376조 포도관의 장 횡령(剋留盜贓)
은 절도범을 잡은 관리가 그 도난품을 즉시 관서에 보내 자신이 착복하
지 못하도록 한 규정이다. 제377조 관리의 재물 수수 승낙(官吏聽許財
物)은 관원이 사전에 뇌물의 수수를 약속하는 행위에 대해 규정하였다.
즉 관리가 재물 수수를 승낙한 경우 아직 수령하지 않았더라도 일을 처
리할 때 법을 어기면 왕법에 준하여, 법을 어기지 않으면 불왕법에 준
하여 논하도록 하였다.

권24

사위(詐僞)

권24 사위는 각종 위조, 사칭과 관련한 범죄를 규정하였는데, 제378조 황제 문서의 위조(詐僞制書)에서 제389조 인신과 달력 등의 위조(僞造印信曆日等)까지 전체 12개 조문이다. 권24에서는 현대 형법의 문서 위조, 통화 위조, 공무원 자격의 사칭 등에 대한 구성요건을 규정하였다. 사위(詐僞)는 속인다는 의미로, 위조 등에 관한 처벌을 정하고 있고, 재산범죄인 사기의 경우는 「형률」 제297조 재물의 편취(詐欺官私取財) 등에서 별도로 규정하고 있다. 권24는 크게 두 부분으로 나눌 수 있는데, 각종 문서 등을 위조하는 범죄(제378조, 제381조, 제382조, 제389조)와 허위로 전달하거나 사칭하는 것과 관련된 범죄(제379조, 제380조, 제383조~제388조)다.

우선 위조 관련 범죄는 임금의 문서 위조와 통화 위조로 나눌 수 있다. 임금의 문서를 위조하거나 주요 아문의 문서나 인신(印信)을 위조하는 것은 제378조 황제 문서의 위조(詐僞制書)에서 규정하고 있는데, 왕지를 위조하면 참형에 처하고, 도평의사사 등 주요 관서의 문서를 위조하거나 인신을 훔쳐 찍으면 장100에 처하고 먼 곳으로 유배하며, 그 이외의 관청은 장100 도3년에 처한다. 제381조와 제382조는 화폐를 위조하는 행위를 다루는데 제381조 보초의 위조(僞造寶鈔)는 지폐를, 제382조 동전의 사적인 주조(私鑄銅錢)는 동전 위조를 처벌하는 규정이다. 지폐인 보초를 위조하면 참형에, 동전을 위조하면 교형에 처하는데 명초에 보초를 통용시키려고 보초 위조에 대하여 동전보다 무거운 형벌을 과했던 것으로 보인다. 위조 행위 이외에 위조한 사정을 알고 행사한 경우 등의 처벌도 함께 규정하고 있다. 제389조 인신과 달력 등의 위조(僞造印信曆日等)는 인신과 달력, 순패(巡牌) 등을 위조하면 참형으로 처벌하고, 그 외 관청의 인신을 위조하면 장100 도3년으로 처벌한다.

다음으로 허위 전달, 사칭 등과 관련한 것으로, 제379조 어명의 허위 전달(詐傳詔旨)은 왕지를 거짓으로 전달하면 참형에 처하도록 규정하며, 관청의 등급에 따라 형량이 달라진다. 제380조 대제·상서의 허위 보고(對制上書詐不以實)는 임금 앞에서 질문에 대한 답변으로 작성한 문서나 임금에게 보고하는 문서 등을 거짓으로 하는 것을 처벌하는 규정인데 장100 도3년으로 처벌한다. 제383조에서 제385조까지는 공무원 자격 사칭에 해당하는 범죄로 관직, 내사(內使), 근시관 등을 사칭하여 직권을 행사한 경우의 처벌을 규정하고 있다. 제383조 관직의 사칭

(詐假官)은 관직이 없는데도 있는 것으로 사칭하여 업무를 보거나, 다른 사람에게 관직을 허위로 주면 참형에 처한다. 이를 참형과 같이 매우 무겁게 처벌하는 이유는 관직을 주는 권한이 임금에게 있기 때문이다. 그러나 관직이 없는데도 있는 것으로 사칭하여 무엇인가를 얻으려고 하거나, 관청에서 보낸 차사라고 하여 사람을 체포하거나 관원의 성명을 사칭하면 장100 도3년에 처한다. 이 경우는 사칭한 관직에 따라 업무를 행한 것은 아니기 때문에 참형보다 가벼운 형벌로 처벌한다. 제384조 내사 등의 사칭(詐稱內使等官)은 제383조의 특칙이라고 할 수 있는데, 사칭하는 관직이 특정되어 있다. 즉 내사, 도평의사사, 육조, 대성(臺省), 안렴사 등을 사칭하여 지방에 나가 관사를 속이고 사람들을 현혹하면 참형에 처하도록 규정하였다. 제385조 근시관의 사칭 사행(近侍詐稱私行)은 임금을 가까이서 모시는 사람이 사적으로 지방에 내려갔는데 임금의 명을 사칭하여 사무를 직접 처리하는 등의 일을 하면 참형에 처하도록 규정하였다. 제386조 상서로운 징조의 조작(詐爲瑞應)은 상서로운 징조가 있다고 조작한 경우를 처벌하는데 장60 도1년에 처하였다. 또 불길하거나 상서로운 징조가 있는데도 천문을 담당하는 관리가 사실대로 보고하지 않으면 2등을 가중한다. 제387조 질병·사상을 사칭한 직무의 회피(詐病死傷避事)는 관리가 질병 등을 사칭하여 직무를 회피하거나, 신문을 앞둔 자가 스스로 상처를 입히는 경우에 대한 처벌 규정이다. 직무를 회피하면 태40이지만, 신문을 앞두고 스스로 상처를 입히면 장100, 사망하였다고 속이면 장100 도3년에 처한다. 제388조 범죄의 기망·교사·유혹(詐敎誘人犯法)은 상금 등을 노려 다른 사람의

범죄를 교사·유혹한 경우의 처벌을 규정하고 있는데, 다른 사람과 동일한 형으로 처벌한다. 이 규정은 교사범은 정범과 동일한 형으로 처벌하는 현행 형법의 태도와 일치한다.

권25

범간(犯姦)

　권25 범간에서는 성풍속과 관련한 범죄를 수록하고 있으며, 제390조 간음(犯姦)부터 제399조 인신매매(買良爲娼)까지 10개조로 되어 있다. 범간편은 부녀의 정조를 중시하여 당사자가 합의하여 간음을 하는 '간통'과 강제로 하는 '강간'을 같이 규정하였으며, 간음은 정당한 부부가 아닌 남녀가 성관계를 갖는 행위를 대상으로 하며, 원칙적으로 남녀를 같게 처벌하였고, 또 첩은 처보다 1등을 감경하였다.

　범간편은 일반인 사이의 간음을 기본 형태로 하여 친족 간 간음, 주인과 종 사이의 간음, 관리의 간음 등 다양한 간음의 양상을 규정하였다. 일반인 사이의 간음은 제390조 간음(犯姦)에서 규정하고 있는데, 여기서는 간음의 기본 형태인 화간과 조간(刁姦)과 강간을 규정하였다.

간통과 강간을 같은 규정에서 규율한 것은 부녀의 정조에 주목했기 때문이다. 우선 시집을 가지 않은 처녀가 간음하면 남녀 모두 장80으로 처벌하는데, 남편이 있으면 남녀 모두 장90으로 처벌한다. 한쪽이 유부녀이면 남녀 모두 가중처벌하는데, 한쪽이 유부남이면 남녀 모두 장80으로 처벌된다. 또 여자를 속이거나 꾀어서 간음하는 것을 조간(刁姦)이라고 하는데, 이 경우에는 장100에 처한다. 강간은 남자만 처벌하는데 기수는 교형에, 미수는 장100에 처하고 먼 곳으로 유배 보낸다. 12세 미만의 여자와 간음하는 경우에는 서로 뜻이 맞았다고 하여도 강간으로 처벌하여 교형에 처한다. 이는 현행 형법 제305조 미성년자 의제강간죄와 매우 유사한 규정으로 현행 형법에서는 13세 미만의 남녀를 대상으로 하고 있다. 간통죄는 『대명률직해』에서 규정된 이래 우리 형법에서 간통죄로 규율하고 있었는데, 2015년 헌법재판소의 위헌결정으로 효력이 상실되고 2016년의 형법개정으로 역사 속으로 사라졌다(2009헌바17, 2015. 2. 26. 결정).

제391조 처첩에 대한 간음의 종용(縱容妻妾犯姦)은 남편이 처첩 등에게 타인과 간음하도록 시킨 경우를 처벌하는 규정이다. 처첩, 딸이 타인과 간음하도록 종용하는 것은 간부(姦夫)와 다를 바 없다고 여겨서 처벌하는 것인데, 간통 남녀, 본남편 3자를 모두 장90으로 처벌하였다. 종용한 것이 아니라 강박한 경우에는 남편을 장100으로 처벌하였고, 간음한 남자는 장80, 여자는 처벌하지 않았다. 재물을 받고 처와 첩을 팔아버리는 경우는 장100에, 처나 상대방이 강제나 기망으로 본남편의 의사와 관계없이 한 경우에는 장60 도1년으로 처벌하며 본남편은 처벌

하지 않았다. 처첩을 구분하여 첩은 1등을 감경하였다.

친족 간의 간음은 제392조 친족 간의 간음(親屬相姦)에서 규정하고 있는데, 친족 간의 혼인에서 말미암는 우생학적 문제와 친족질서를 유지하기 위한 규정이다. 무복친 사이의 간음도 처벌하는데 일반적인 간음보다 가중하여 장100으로 처벌한다. 또 시마 이상으로 친족관계가 가까워질수록 가중하며, 아버지나 할아버지의 첩, 백숙모, 고모, 자매, 자손의 처, 형제의 딸과 간음한 자는 각각 참형에 처한다. 이 중 소공 이상 친족이나 아버지, 할아버지의 첩을 간음하는 것은 십악 중 '내란 (內亂)'에 해당한다. 제393조 시아버지에 대한 간음 무고(誣執翁姦)는 며느리가 시아버지와, 제수가 시아주버니와 간음하였다고 무고하면 참형에 처하는 규정으로, 무고임에도 불구하고 무고와 관련한 다양한 범죄를 다루는 권22 소송편에 실리지 않은 것은 무고의 내용이 일반 범죄가 아닌 간음과 관련된 것이기 때문이다.

신분이 다른 자 사이의 간음의 기본적인 형태는 제397조 양인과 천인의 간음(良賤相姦)에서 규율하고 있다. 남성을 주체로 하여 남성의 신분이 높은지 낮은지에 따라서 형량을 달리하였다. 구체적으로 여자가 미혼일 때를 기준으로 하면, 남자 종이 양인과 간음하였을 때에는 화간보다 1등을 가중하여 장90으로 처벌하고, 남자 양인이 여자 종과 간음하였을 때에는 화간보다 1등을 감경하여 장70으로 처벌하였는데, 남녀 모두 처벌하였다. 다만 조선시대에 이 규정을 실제로 적용한 것으로 보이지는 않는다. 노비는 재산이었고, 한쪽만 천인이어도 그 과실인 자식의 증가는 주인의 입장에서는 재산 증식으로 이어지는 것이었기 때문이다. 한편 양천이 주노 관계일 때에는 사정이 매우 다르다. 주노 관계의 신분질서를 강화하기 위해 노비와 상전 처 등의 간음을 엄중하게 처벌하였는데, 이는 제394조 노비·머슴의 가장의 처와 간음(奴及雇工人姦家長妻)에서 규율한다. 노비와 머슴이 가장의 처나 딸과 화간하면 각각 참형에 처하고, 가장의 기복친과 간음하면 교형에 처하는 등 신분이 다른 자 사이의 간음을 엄격히 통제하였다. 한편 화간남이 관리일 경우, 관리 등이 위력을 바탕으로 임지에서 간음하는 것을 금지하는 규정도 있는데 제395조 관할 부민의 처나 딸과의 간음(姦部民妻女)이다. 이 경우 신분은 관리에게만 있기 때문에 관리를 화간에서 2등을 가중한 장100으로 처벌하고, 부녀는 장80으로만 처벌한다. 다만 관할 지역의 구금된 여죄수와 간음한 경우에는 권력에 의한 것이어서 이미 화간이라고 할 수 없기 때문에 관리는 장100 도3년에 처하고, 여죄수는 원래의 죄로만 처벌한다. 즉 구금되었다고 하는 것은 아직 판결이 나지 않은 것이므로 본인이 범한 범죄가 있을 것이고, 그 죄로만 처벌한다는 뜻이다.

상중(喪中)인 자나 승려 등의 특수한 지위에 있는 자의 간음 행위는 제396조 상중인 자 및 승려·도사의 간음(居喪及僧道犯姦)에서 규율하였는데, 화간죄보다 2등을 가중하여 처벌하며 상대방은 가중하지 않아 신분범임을 분명히 하였다.

제398조 관리의 매음(官吏宿娼)은 관원이나 서리, 관원의 자손이 창기와 잠을 자면 장60에 처하는데 화간죄보다는 가볍게 처벌한다. 조선시대 세종 때 평양 소윤이었던 한창(韓昌)이 평양 기생과 사통한 것을 제398조로 처벌하여야 한다고 한 적이 있으나(『세종실록』 세종 26년 10월

6일), 정치적인 공격 소재로 사용되었던 것 같고 실제로 이 규정을 적용하여 처벌한 것으로 보이지는 않는다. 그렇기 때문에 노상추라는 조선 후기의 무관이 관기와 동침한 것을 거리낌 없이 일기에 적고, 이 관기를 데리고 사는 일도 있는 등[6] 관기와 관리와의 동침은 조선 사회에서는 크게 문제가 되지 않은 것으로 보인다.

범간편의 마지막 규정은 제399조 인신매매(買良爲娼)인데 양인이 아닌 기생, 광대, 악인 등이 양인을 사서 강제로 기생이나 광대 등으로 만들거나 자녀로 삼는 행위를 장100으로 처벌하는 규정이다.

이 범간편에서는 남색(男色, 동성애), 수간(獸姦) 등 비정상적인 성행위에 대해서는 전혀 규정하고 있지 않은데, 이를 상정하여 조문으로 설정하는 것 자체를 부도덕적이라고 여겼기 때문일 것이다.

---

6 문숙자, 『68년의 나날들, 조선의 일상사』, 너머북스, 2009.

권26

잡범(雜犯)

    권26 잡범은 앞의 편들에 수록하기 어려운 다양한 유형의 범죄를 수록하였는데, 제400조 신명정의 훼손(拆毀申明亭)부터 제410조 해서는 안 되는 일(不應爲)까지 11개조다. 주민의 교화와 자치를 위한 시설인 신명정을 훼손하는 범죄(제400조), 공무 수행 중 다치거나 질병에 걸린 사람을 치료하는 등의 구호 조치를 하지 않은 관원의 행위(제401조), 도박(제402조), 타인의 아들을 거세하여 사환으로 삼는 행위(제403조), 공사를 청탁하는 행위(제404조), 범죄 사실을 사적으로 화해하는 행위(제405조), 실화와 방화 행위(제406조, 제407조), 국가의 권위를 보호하기 위해 위인 등을 희화화하는 행위(제408조) 등을 규정하였다. 마지막으로 영에 규정한 행위를 위반하였을 때 율에 처벌 규정을 두지 않은 입법적

불비를 해결하기 위한 조문(제409조), 도덕관념이나 정의감에 합당하지 않은 행위를 처벌하는 행위(제410조) 등을 규정하였다. 앞의 편들에 속하지 않은 기타 범죄이기 때문에 개개의 규정들이 어떠한 체계나 주제 없이 실려 있다.

제400조 신명정의 훼손(拆毀申明亭)은 말 그대로 신명정을 훼손하는 범죄를 처벌하는 규정인데, 신명정이나 게시판 등을 훼손하면 장100에 처하고 먼 곳으로 유배 보낸다. 신명정은 명태조가 혼혼, 전토, 투구 등 일상사에 대하여 마을의 촌장(里老)이 판결하고 신명정의 게시판에 게시하도록 한 것으로, 조선에서는 지방 풍속의 조정과 향리의 규찰을 위한 기관으로 유향소(留鄕所)가 있었는데, 기능상 유사하다. 그러나 제400조가 조선에서 적용된 것으로 보이지는 않는다.

제401조 인부·장인·군사의 질병 치료(夫匠軍士病給醫藥)는 군사가 주둔지에서, 또는 인부·장인이 작업장에서 병에 걸렸는데 당해 관사가 의사나 약을 요청하여 치료케 하지 않으면 태40에, 이 때문에 죽으면 장80에 처하는 규정이다. 군무 등 공적인 일로 복무하면서 아픈 사람을 치료해야 할 의무를 관원 등에게 부과한 것이다.

제402조 도박(賭博)은 사행심을 조장하는 도박을 근절하기 위한 규정인데, 증거를 중시하여 현장에서 적발된 경우만 처벌하여 풍문 등으로는 처벌할 수 없도록 하였다. 그리고 음식을 대상으로 한 일시오락은 처벌 대상에서 제외하였다. 도박하는 경우의 형량은 장80이고, 도박장을 개장한 자도 처벌한다. 현행 형법에서도 도박은 범죄로 취급하여 제246조 도박죄, 제247조 도박장소 등 개설죄 등을 규정하고 있다.

제403조 거세된 사환(閹割火者)은 이익을 노려 타인의 아들을 거세하여 고자로 만드는 행위를 금지하기 위한 규정이다. 위반하는 경우 장100에 처하고 먼 곳으로 유배 보낸다. 내시는 임금만 둘 수 있는 것으로 관인이나 민간인이 양자를 들여서 고자로 만들어 사환하는 것은 처벌의 대상이 된다.

제404조 공사의 청탁(囑託公事)은 관원과 서리, 여러 담당자 등이 법을 어겨 공적인 일을 청탁하면 태50에 처하는데, 청탁만으로 바로 처벌하며, 청탁을 받은 자는 수락하면 처벌한다. 부정한 청탁을 하거나 들어주는 것을 금지하기 위한 규정으로 위법한 청탁에 따라 업무를 처리하였다면 장100에 처한다. 제404조는 뇌물이 개재되지 않은 경우를 규율하는 것이고 만약 뇌물이 개재되었다면 제367조 관리의 재물 수수(官吏受財)의 왕법장 또는 불왕법장에 따라서 처벌한다. 실제로는 청탁이 부정하였는지 여부가 문제가 될 텐데 이를 판별하는 일은 쉽지 않았을 것이므로, 이 규정을 적용하기는 힘들었을 것으로 보인다.

제405조 공사의 사적 화해(私和公事)는 공적인 일을 사적으로 화해한 경우를 처벌하기 위한 규정으로 범인의 죄에서 2등을 감경하며 태50을 한도로 한다. 공사를 화해하는 것을 처벌하는 가장 기본적인 규정이며, 살인사건을 화해하는 경우는 제323조 존장의 피살과 사적 화해(尊長爲人殺私和)에서, 간음을 화해하는 경우는 제390조 간음(犯奸)에서 각각 규율하고 있다.

화재와 관련된 규정은 제406조와 제407조에서 규율하는데, 제406조 실화(失火)는 실수로 불을 내는 경우를 처벌하는 규정이다. 실화와 관련된 다양한 양상을 처벌하였는데, 자기 집을 태우면 태40, 불이 번져서 다른 집을 태우면 태50, 종묘나 대궐을 태우면 교형에 처한다. 이로 인하여 타인에게 상해를 입히면 장100으로 처벌한다. 또 산릉, 관청의 청사나 창고에서 실화하면 장80 도2년에 처한다. 국가의 상징인 종묘와 사직은 교형 등으로 엄중하게 처벌하였으며, 또 산릉 내에서의 실화를 민가보다 무겁게 처벌하였다. 관부의 창고에서의 실화를 민가보다 엄하게 처벌하여 국가 중심의 형벌관을 드러내고 있다. 또 이 경우 창고를 지키는 자가 절취를 하면 가중처벌하며, 외부에서 창고로 불이 번진 경우에는 지키는 자를 감경처벌하였다. 궁궐이나 창고, 감옥을 지키는 자는 불이 난 것을 발견하더라도 그곳을 떠나지 못하게 하여 임무를 분명히 하였다. 현행 형법은 자기의 물건인 경우에는 공공의 위험이 발생하여야 처벌하는데, 『대명률직해』에서는 실화 자체만으로 처벌하였다. 제407조 방화(放火故燒人房屋)는 방화와 관련한 여러 가지 양태를 규율하고 있다. 고의로 자기 집에 불을 질러 태우면 장100에, 관가나 민가나 쌓아둔 물건에 불이 번지면 장100 도3년에 처한다. 또 방화를 기화로 재물을 훔치면 참형에 처하며, 사람이 죽거나 다치면 방화로 인한 것이기 때문에 고의와 마찬가지로 보아 제313조 투구살 및 고살(鬪毆及故殺人)의 고살상으로 처벌한다. 한편 방화를 자기 집이 아닌 타인의 집에 한 경우에는 그 집만 태우든 불이 번지든 모두 참형에 처한다. 산릉 등 국가를 상징하는 곳에 대한 방화죄의 규정은 없는데, 이를 규정하는 것 자체가 불경에 해당하기 때문이다. 실화와 방화에 대한 행위 양태와 형량을 표로 정리하면 다음과 같다.

행위 양태			실화	방화
자기 집	자체		태40	장100
	연화(관가 포함)		태50	장100 도3년
	상해		장100	고살상
	종묘 궁궐 / 사직		교형 / 유3,000리	
	절도			참형
산릉 묘역	자체		장80 도2년	
	임목		장100 유2,000리	
	외부 실화		감3등	
건물 창고	민가		장80	
	관사	자체	장80 도2년	참형
		공가 등		유3,000리
		절도(관원)	감수자도(監守自盜)	
		외부 실화	감3등	

제408조 잡극의 연기 및 창작(搬做雜劇)은 연극과 관련한 규정이다. 악공 등이 잡극(雜戱) 등을 만들 때 역대 제왕, 후비, 충신, 열사, 선성, 선현의 모습으로 분장해서는 안 되며, 위반하면 장100으로 처벌한다. 이들은 관민이 모두 우러러보는 대상이기 때문에 국가적 상징인 인물이 희화화되는 것을 방지하기 위한 규정이다. 다만 신선 분장이나 의부(義夫), 절부(節婦), 효자(孝子), 순손(順孫) 등의 분장은 원래 허황된 것이며 다른 사람도 선을 행하도록 북돋우므로 허용하였다. 이 규정이 있

어서인지는 확실하지 않으나 우리의 판소리나 탈춤 등에는 『대명률직해』에서 금지한 인물은 등장하지 않는다.

『대명률직해』는 30권 460조로 구성되어 있으며, 실체적 범죄를 규정하는 조문은 「명례율」 47개조를 제외하면 총 413개조다. 그러나 이 조문은 개별구체적인 구성요건으로 되어 있기 때문에 모든 범죄의 양태를 사전에 망라적으로 규정할 수는 없다. 제409조 영의 위반(違令)과 제410조 해서는 안 되는 일(不應爲)은 이러한 체제를 보완하면서 한편으로는 소박한 정의감에 충실한 조문이라고 할 수 있다. 이 점에서 동양적 죄형법정주의의 한계를 보여준다. 우선 제409조 영의 위반(違令)에서는 금령을 범하면 태50에 처하는 규정인데, 금령은 작위나 부작위를 규정하는 행정법규로서 주로 왕명으로 발동된다. 영(令)에서 특정한 의무를 부과하였으나, 율(律)에 그에 해당하는 형벌을 규정하지 않았을 경우 처벌할 수 없는 상황을 피하기 위한 규정이다. 다음으로 제410조 해서는 안 되는 일(不應爲)은 그야말로 죄형법정주의에 정면으로 배치되는 규정으로 이치로 볼 때 행하면 안 되는 일을 행한 경우를 처벌하는 규정이다. 그것도 일반적인 경우에는 태40에 처하지만 이치상 더 중하다고 생각되는 경우에는 장80에 처한다. 예컨대 어떤 범죄에 대하여 각조에서 규정하고 있으면 그 규정을 적용하면 되지만, 그러한 규정이 없는데도 불구하고 처벌할 필요가 있다면 이 제410조를 적용하여 처벌한다. 『대명률직해』는 정확한 규정이 없는 경우에 유추 적용을 허용하고 있는데, 이렇게 정확한 규정이 없는 경우 제410조를 어떻게 적용할지가 문제가 된다. 이 문제에 대하여 조선시대에 논의가 있었는데, 정확한 규정이 없는 경우 용서할 만한 경우에는 용서하지만, 처벌을 해야 하는데 유추할 규정이 없는 경우에는 불응위로 처벌하고 유추할 규정이 있는 경우에는 유추 적용을 하는 것으로 정하였다.[7] 즉 정확한 규정이 없는 경우에 바로 불응위로 처벌하는 것이 아니라 상황에 따라서 불응위를 적용할 수 있다는 것이다.

이제 실체적인 형벌은 기타 범죄를 규정하는 권26 잡범(雜犯)으로 마무리되고, 「형률」의 나머지 두 개의 권인 권27 포망(捕亡)과 권28 단옥(斷獄)은 형사 절차의 영역을 규정하고 있다. 권27 포망은 수사와 체포에 관한 규정을, 권28 단옥은 형의 집행에 관한 규정을 수록하고 있다.

---

7 세종 19년 7월 10일 성균관 주부(主簿)였던 송을개(宋乙開)의 상언으로 시작된 논쟁으로 자세한 것은 최병조, 「15세기 중반 세종대 조선의 법리 논의―斷罪無正條조와 不應爲조의 관계」, 『법사학연구』 제44호, 2011. 10. 참조.

포망(捕亡)

권27 포망은 범죄의 수사와 죄수의 체포와 관련된 제반 규정을 수록하고 있다. 과거에는 기소절차와 재판절차를 따로 분리하지 않았기 때문에 피의자, 피고인의 구별이 없었고, 일단 죄를 범한 것으로 지목되면 '죄수'로 인정되어 심문을 받게 된다. 즉 강한 '유죄추정'이 인정되었다. 따라서 죄를 범한 것으로 지목된 자는 유죄추정이 되기 때문에 범죄자와 거의 동일한 취급을 받게 된다. 권27에서도 이러한 시각에서 피의자를 처리하는 모습을 보여준다. 또 피의자가 형을 선고받은 후 수형자의 신분에서 도주하는 경우의 처리, 옥수의 처벌 등에 대하여 규정하고 있다. 다만 당대에는 피의자이든 피고인이든 모두 '죄수'라는 용어를 사용하였다. 다만 여기서는 죄수라고 표현하였다고 하더라도 내용에 따라 형벌 집행 전 단계인지 이후 단계인지에 따라 피의자, 피고인 상태의 수금자인지 수형자인지의 구분은 할 것이다.

우선 제411조와 제412조는 범죄자로 지목된 피의자의 체포와 관련한 규정이다. 제411조 응포인의 죄인 추포(應捕人追捕罪人)는 피의자를 체포할 의무가 있는 자인 응포인(應捕人)이 체포하지 않는 행위에 관한 규정인데 죄인의 죄에서 1등을 감경하여 처벌한다. 또 30일을 기한으로 죄인의 반을 추포하거나 가장 중한 죄를 범한 자를 추포하면 죄를 면제한다. 제412조 죄인의 체포 항거(罪人拒捕)는 용의자 내지 피의자가 체포에 항거하는 경우와 관련한 규정이다. 죄인이 도주하다가 체포에 항거하면 각각 본래의 죄에 2등을 가중하되 죄는 장100에 처하고 먼 곳으로 유배 보낸다. 체포하려는 자를 때려서 골절상 이상의 상해를 입히면 교형에 처하고 살해하면 참형에 처한다.

피의자 또는 피고인 단계의 구금자가 탈옥하였다가 체포되는 경우의 처벌은 제413조 죄수의 탈옥(獄囚脫監及反獄在逃)에서 규율한다. 당시 감옥은 징역형이 없었기 때문에 일반적으로는 미결구금이었지만, 사형이 확정된 자가 사형에 처해지기 전에 구금되기도 하였고, 도류형에 해당하는 경우에는 배소로 출발하기 전에 구금되어 있었는데 이들이 탈옥하는 경우의 처벌 규정이다. 감옥을 부수고 도주하면 참형에 처하지만, 감옥의 문을 여는 등의 방법으로 탈옥하면 원래 처벌하여야 할 형량에 2등을 가중하여 처벌한다. 또 징역형은 아니지만 사실상 이전의 자유가 억압되어 일정한 장소에 머물러야 하는 도형과 유형의 경우, 그 장소를 벗어나 도망가는 것은 제414조 도·류죄수의 도주(徒流人逃)에서 규정한다. 즉 이들이 도주하면 1일에 태50으로 처벌하고 3일마다 1등을 가중하되 죄는 장100을 한도로 한다. 도형의 경우 복역 중 도주하면 이미 복역한 기간은 계산하지 않고, 원래 범한 도형의 기간을 새롭게 시작한다. 또 배소로 가는 도중에 도주하는 경우도 마찬가지다. 한편 압송을 책임지는 사람이 죄수를 놓쳐도 처벌하는데 장100을 한도로 한다. 제415조 죄수 호송의 지연(稽留囚徒)은 압송을 책임진 관원이 제때 압송하지 못하면 처벌하는 규정이다. 도류형의 판결 이후 10일 내에 출발하여야 하는데, 이유 없이 출발하지 않으면 장60을 한도로 처벌한다. 제416조 죄수의 도주와 옥졸의 처벌(主守不覺失囚)은 감옥을 관리하는 옥졸 등에게 죄수의 탈옥에 대한 책임을 묻는 규정이다. 옥졸이 알지 못하고 죄수를 놓치면 죄수의 죄에서 2등을 감경하고, 죄수가 파옥하여 탈출하면 거듭 2등을 감경한다. 밖에서 탈옥시키는 것을 힘이 모자라서 대적하지 못했으면 처벌하지 않는다.

제417조 죄인 은닉(知情藏匿罪人)은 고의로 범인을 은닉하거나 도피하는 데 도움을 주는 행위를 처벌하는 규정이다. 즉 타인이 죄를 범한 사건이 발각되어 관사에서 사람을 보내 범인을 붙잡는 것을 알면서, 자기 집에 숨겨놓고 잡아가도록 신고하지 않거나, 또는 범인에게 길을 가르쳐주거나 의복과 식량을 제공하여 범인이 숨고 도피하도록 떠나보낸 자는 각각 죄인의 죄에서 1등을 감경하여 처벌한다. 또 관사에서 죄인을 체포하려는 것을 알고 그 사실을 누설하여 죄인이 도주할 수 있도록 한 자는 죄인의 죄에서 1등을 감경하여 처벌한다.

제418조 도적의 체포 기한(盜賊捕限)은 강도와 절도를 체포하는 기한

을 정하고 이를 지키지 못하면 처벌하는 규정이다. 예컨대 강도나 살인범을 체포하는 기한은 1개월이며, 1개월간 체포하지 못하면 태20, 2개월이면 태30에 처하되, 3개월이면 태40에 처하는데, 체포 기한 내에 무리의 반을 체포하면 면죄한다. 다만 발각 후 20일이 경과하여 강절도를 신고하면, 이미 종적이 묘연해진 연후일 가능성이 높기 때문에 위의 체포 기한을 적용하지 않는다.

단옥(斷獄)

「형률」의 마지막 권인 권28 단옥을 이루는 규정은 제419조에서 제447조까지 총 29개조다. 29개조이기 때문에 현대의 형사 절차에 따라서 크게 나누어 살펴보면 구금과 관련된 제419조에서 제427조까지의 9개조, 신문에서 판결에 이르는 절차를 다루는 제428조에서 제442조까지의 15개조, 그리고 판결 이후의 집행과 관련된 제443조에서 제446조까지의 4개조, 이전의 허위 조서 작성과 관련된 제447조가 있다. 『대명률직해』는 실체 형법이 대부분을 차지하고 절차 규정은 극소수에 불과한데, 권27 포망과 더불어 권28 단옥은 극소수에 속하는 절차 규정이다. 하지만 그마저도 실체 규정과 뒤섞여 있다.

우선 구금과 관련한 규정인 제419조에서 제427조까지를 살펴보자.

앞서 권27 포망에도 구금 관련 규정이 있는데, 이는 주로 구금된 죄수가 탈옥하는 경우 체포와 관련한 규정이기 때문에 포망편에 규정되었고, 단옥편의 주된 관심은 구금 자체와 구금되어 있는 죄수의 처우에 관련된 것이다. 제419조 구속해야 할 죄수의 불구속(囚應禁而不禁)은 구금하여야 하는데 구금하지 않은 경우나 칼, 쇠사슬 등 옥구를 채워야 하는데 채우지 않은 담당 관원을 죄수의 형량이 장형이면 태30, 도형이면 태40, 유형이면 태50, 사형이면 장60으로 처벌하는 규정이다. 또 반대의 경우 즉 구금해서는 안 되는데 구금하거나, 옥구를 사용해서는 안 되는데 사용하면 장60으로 처벌한다. 제419조가 유죄이지만 구금의 필요가 없는 자에 대한 규정이라면 제420조 무죄인의 고의 감금·심문(故禁故勘平人)은 그에 대한 특칙이다. 즉 관리가 아무런 죄가 없는 사람을 사적인 감정으로 구금하면 장80에 처하며, 구금으로 인하여 사망하면 사적인 원한이 사망이라는 결과를 불러왔기 때문에 담당 관리를 교형에 처한다. 또 죄가 없는 사람을 고의로 고문하여 신문하면 장80으로 처벌하고, 죽게 하면 참형으로 처벌한다. 국가의 공적인 법집행에 사적인 감정이 들어가는 것을 매우 중대한 범죄로 여긴 것이다. 당연한 것이지만 절차에 따라 고문하다가 사망하면 처벌하지 않는다. 고문은 합법의 영역에 있었기 때문이다. 제421조 구금의 지속(淹禁)은 사정이 명백해져서 판결하여야 하는데 판결하지 않고 계속하여 구금하는 경우의 처벌 규정이다. 옥수를 부당하게 감금하는 것을 금지하기 위해서이며, 판결은 심리가 완결된 후 3일 이내에 하여야 한다. 제415조 죄수 호송의 지연(稽留囚徒)과 중복되는 규정이기는 하지만, 여기서도 10

일 이내에 배소로 출발하여야 하고, 일수에 따라 가중하여 장60을 한도로 규정하였다. 다만 제415조에는 없는 규정이 있는데, 계속 구금하다가 죽은 경우에 사형이면 장60, 유형이면 장80, 도형이면 장100으로 처벌한다는 규정이다. 즉 포망편의 제415조는 도류형에 해당하는 죄수를 계속 구금하다가 그 죄수가 도망한 경우에 처벌하는 규정이며, 단옥편의 제421조는 계속 구금으로 인하여 죄수가 사망하는 경우를 처벌하는 규정이라고 할 수 있다. 제422조 죄수 학대(陵虐罪囚)는 구금된 자를 학대하는 행위를 처벌하는 규정인데, 학대에는 신체에 대한 직접적인 학대가 있고, 식량이나 의복의 불지급 같은 간접적인 학대가 있다. 『대명률직해』는 이를 모두 규정하여 신체에 대한 학대는 제325조 투구(鬪毆)에 따라 처벌하고, 의복과 식량을 빼돌리면 그 양을 계산하여 제287조 감림주수의 창고 물품 절도(監守自盜倉庫錢粮)로 처벌한다. 제423조 탈옥도구의 반입(與囚金刃解脫)은 구금된 자에게 탈옥 도구 등을 반입하게 한 자를 처벌하는 규정이다. 예컨대 옥졸이 쇠붙이나 칼 또는 자살할 수 있거나 칼과 쇠사슬을 풀 수 있는 도구 등을 죄수에게 준 경우 장100에 처하며, 그래서 죄수가 도망 또는 자해하거나 타인에게 상해를 입힌 경우 모두 장60 도1년에 처한다. 옥중에서 죄수가 자살하는 경우에도 옥을 관리하는 자를 처벌한다. 특히 죄수의 자살과 관련하여 사형수가 친족이나 친구 등에게 자신을 살해해 달라고 촉탁하여 친족, 친구 등이 죽이면 촉탁에 의한 살인죄가 성립하는데 이를 규율한 것이 제427조 사형수의 자살 촉탁(死囚令人自殺)이다. 이 규정에 따르면 친족은 친소 관계에 따라 적용되는 살인죄 규정인 제338조 처·첩의 남편 구타(妻妾毆夫), 제339조 동성친족의 상호 구타(同姓親屬相毆), 제340조 대 공친 이하인 존장 구타(毆大功以下尊長), 제341조 기복친인 존장 구타(毆 期親尊長), 제342조 조부모·부모 구타(毆祖父母父母)보다 2등을 감경하 여 처벌하며, 친구 등은 본래의 살인죄로 처벌한다. 또 촉탁살인을 한 자가 자손이나 주인 있는 노비이면 참형에 처한다. 제424조 옥 주관자 의 허위 교사(主守敎囚反異)는 감옥을 관리하는 자가 죄수에게 적극적으 로 범죄의 정상에 대한 말을 바꾸게 하거나 외부의 말을 전달하는 행위 를 처벌하는데, 제433조 관사의 죄 가감(官司出入人罪)으로 처벌한다. 또 외부인이 옥에 출입하게 하거나, 외부의 사정을 죄수에게 흘리는 것을 감옥 관리자가 방치한 경우에는 태50에 처한다. 그렇지만 공신이나 5품 이상의 관원이 감옥에 갇힌 경우에는 친인(親人)이 돌보게 할 수 있는데 이는 제424조의 예외 규정으로서 제426조 공신에 대한 구금과 면회(功 臣應禁親人入視)에서 규율한다. 즉 공신 및 5품 이상의 관원이 구금된 경 우 친인이 들어가서 돌볼 수 있게 하며, 도형이나 유형에 해당하는 경우 에도 친인이 따라갈 수 있도록 우대하고 있다. 제425조 죄수에 대한 의 복·식량 등의 지급(獄囚衣糧)은 구금된 자에게 지급해야 할 보급품을 지급하지 않는 등 감옥 관리자로서의 의무를 행하지 않은 경우의 처벌 규정이다. 죄수를 위해 신청·지급해야 할 옷, 식량, 의약을 신청·지급 하지 않거나, 질병이 있어서 옥구를 벗겨주어야 하는데 벗겨주지 않거 나, 보방하여 밖으로 내보내야 하는데 보방하지 않거나, 가인의 면회를 허락하여야 하는데 하지 않으면 태50으로 처벌한다.

다음으로 신문에서 판결까지 이르는 절차를 다루는 제428조에서 제

442조까지의 15개조를 살펴보자. 여기에는 절차 규정뿐만 아니라 실체 규정까지 뒤섞여 있다. 제428조 노인·소아에 대한 고문(老幼不拷訊)은 70세 이상이나 15세 이하인 자, 팔의에 해당하는 자 등에 대하여 고문하지 않는 특칙을 정하고 있다. 당시 고문은 합법이었기 때문에 법에서는 고문이 금지되는 자들에 대한 특칙을 두었으며, 아울러 제428조에서 80세 이상이나 10세 이하인 자는 증인도 될 수 없도록 규정하였다. 제429조 다른 관사에 있는 공범 죄수와의 대질신문(鞫獄停囚待對)은 공범자가 다른 관사에 있을 경우의 대질신문의 절차를 규정하고 있다. 다른 관사에 공범 및 관련자가 있어서 죄수가 머물러 대질신문을 기다리는 경우는, 관할이 다르더라도 모두 직접 죄수를 인계받는 것을 허용하고, 기한을 정하여 그 기한을 어기면 처벌한다. 또 공범 및 관련자로 대질 신문을 해야 할 죄수가 다른 관할 지역에 있는 경우에는 경죄수를 중죄수가 있는 곳으로, 죄수의 수가 적은 곳에서 많은 곳으로 보내도록 한다. 제430조 고소장에 의거하지 않은 국옥(依告狀鞫獄)은 형사소송은 고소장에 의하여 진행하여야 하는 것을 밝히고 있다. 즉 형사소송은 고소장에 있는 내용으로만 진행하여야 하고, 고소장 외에 별건으로 죄를 찾아내서 처벌하고자 하는 경우에는 제433조 관사의 죄 가감(官司出入人罪)을 적용하여 그 행위에 따른 형벌을 부과한다. 다만 고소장에 의거하여 조사하다가 별건의 죄가 발각된 경우에는 제430조로 처벌하지 않는다. 제431조 원고에 대한 억류(原告人事畢不放回)는 사송(詞訟) 시에 실정이 밝혀지고 피고가 죄를 자백하여 더 이상 원고를 대질할 필요가 없는데도 불필요하게 원고를 계속 잡아두면 원고의 생업에 지장이 생길 수 있으므로 즉시 풀어줄 것을 규정하였다. 제432조 죄수의 무고(獄囚誣指平人)는 구금되어 있는 죄수가 죄 없는 사람을 무고한 경우를 처벌하는 규정이다. 구금되어 있는 죄수는 허위진술의 가능성이 매우 큰데, 죄가 없는 사람을 무고하면 제359조 무고(誣告)에 의하여 처벌한다. 제363조 수금된 죄수의 고소(見禁囚不得告擧他事)는 구금되어 있는 자가 다른 사건을 고소하는 것을 금지하는 규정이고, 제432조는 다른 사건을 고소하였는데 그것이 죄가 없는 사람을 무고한 경우에 해당하는 것이다. 즉 다른 사건을 고소하는 것 자체도 금지하지만, 특히 무고한 경우에는 제432조를 적용하도록 밝힌 것이다. 사실 이 규정은 제359조 무고(誣告)가 있는 소송편에 배열하여도 무방할 듯하지만, 무고당한 사람을 가두어두고 풀어주지 않는 경우 태20 등으로 처벌하고, 증인이 위증하면 죄인의 죄에서 2등을 감경하고, 외국인의 범죄를 통역하는 자가 제대로 하지 않으면 통역자를 죄인과 동일한 형으로 처벌하는 규정들이 함께 실려 있어서 단옥편으로 분류한 것으로 보인다.

제433조 관사의 죄 가감(官司出入人罪)은 현행 형법에는 없는 매우 독특한 규정으로, 판결을 잘못하거나 고의로 형량을 늘리거나 줄인 판사를 처벌하는 규정이다.

제434조 억울함의 변명(辯明冤枉)은 억울한 일을 밝히는 사헌부와 안렴사의 역할을 강조하고 있다. 즉 사헌부, 안렴사가 억울한 일을 파악하였을 때에는 사건 내용을 소상히 적어 임금에게 보고하고, 임금은 위관을 뽑아 보내어 사실을 조사하게 하는데, 사실이면 원고와 원래 신문한 관리를 처벌한다. 이때 적용하는 규정은 제359조 무고다. 하지만 사

실이 아닐 경우에는 원래 억울함을 고했던 사람은 장100 도3년에 처한다. 제435조 관사의 죄수처결 절차(有司決囚等第)는 신문 절차가 완료된 이후 각 지방의 심급단계, 중앙의 심급단계별 절차에 대한 규정이다. 제436조 부실 검험(檢驗屍傷不以實)은 시체 검험에 관한 규정이다. 시체를 부실하게 검험한 장관은 장60, 낭청은 장70, 실무관은 장80으로 처벌하고 재물을 받고 부실하게 검험하면 원칙적으로 제433조 관사의 죄가감(官司出入人罪)에 따라 처벌하는데, 그 재물의 양이 너무 많아서 제367조 관리의 재물 수수(官吏受財)의 왕법장(枉法贓)의 형량이 더 무거울 때에는 제367조에 따라서 처벌한다. 『대명률직해』에는 처벌 규정이 있을 뿐이고 검험의 절차 등에 대한 규정은 없는데 그러한 절차 등은 조선에서는 무원록 등의 각종 검험서에 의존하다가 이후에 서울과 지방의 검험 절차 등을 『속대전』에 규정하였다.

제437조 위법한 형의 집행(決罰不如法)은 형벌을 집행할 때 법대로 하지 않는 행위를 처벌하는 규정인데 태40으로 처벌한다. 다만 이로 인하여 사람이 죽으면 장100으로 처벌한다. 조선에서는 남형을 방지하기 위하여 각종 규정을 두었는데, 고신할 때 하루에 칠 수 있는 장을 30대로 제한하였으며, 또 집행 후 3일을 기다린 후에 다시 집행할 수 있도록 하였는데 이를 위반한 경우를 법대로 하지 않았다고 할 수 있을 것이다. 또 제437조에 따르면 급소를 폭행하거나, 칼, 손 등으로 폭행하여 골절상 이상의 상해를 입히는 경우에는 제325조 투구(鬪毆)에서 3등을 감경하여 처벌하고 사망하면 장100 도3년에 처한다. 조선시대에는 이러한 『대명률직해』의 규정을 구체화하여 『경국대전』에 남형한 자는 장

100 도3년에 처하도록 하고, 사망한 경우에는 장100에 처하고 영구히 관리로 임용할 수 없도록 하였다.[8] 제438조 지방장관과 출사 관원의 범죄(長官使人有犯)는 지방으로 출장 간 관원이 범죄를 저지르는 경우의 소송 절차에 대하여 규정하였다. 지방 출장 관원은 왕명을 받아 나갔기 때문에 소재지의 소속관이 직접 수사할 것은 아니어서 모두 상급 관사에 보고하고 그 지휘를 받아 처리하도록 하였다.

제439조 판결 시 율령의 인용(斷罪引律令)은 죄를 처단함에는 반드시 율령을 구체적으로 인용하여야 하며, 위반한 경우는 태30에 처하도록 규정하였다. 또 여러 사항이 조문을 같이 하면 범한 죄만을 인용할 수 있도록 하였다. 이 규정은 신민을 처벌할 수 있는 권한은 임금에게 있으며, 관리는 그 권한을 위임받아서 처벌할 수 있는데, 임금의 처벌권이 현현된 '율'을 근거로 해야 한다는 것을 밝힌 규정이다. 따라서 율령은 글자를 고쳐서 인용할 수 없고, 정문(正文) 그대로 구체적으로 인용하여야 한다. 다만 규정 자체가 너무 길거나 번잡스러운 경우에는 범인이 행한 행위만을 인용하는 것을 허용한 것이다. 예컨대 제289조 강도(强盜)에는 "1. 강도에 착수하였는데 재물을 취득하지 못하였으면 모두 장100 유3,000리에 처하며, 재물을 취득하였으면 수범, 종범을 가리지 않고 모두 참형에 처한다(凡强盜已行 而不得財者, 皆杖一百流三千里, 但得財 不分首從 皆斬)"라고 되어 있는데, 재물을 얻은 경우에는 율문의 가운데 부분인 '재물을 취득하지 못하였으면 모두 장100 유3,000리에 처하

---

8 『경국대전』 「형전」 濫刑: 官吏濫刑, 杖一百徒三年. 致死者, 杖一百, 永不敍用.

며(不得財者, 皆杖一百流三千里)'를 쓰지 않아도 된다는 의미다. 제440조 죄수의 판결 승복(獄囚取服辯)은 죄수가 판결에 승복하여야 판결을 집행할 수 있음을 전제로 한 규정이다. 죄수에게 도형, 유형, 사형을 판결할 때에는 죄수와 함께 처자식 등을 불러서 죄명을 알려주고, 죄수에게 승복한 문서를 받도록 하였고, 승복하지 않는 경우에는 재심리하도록 하였다. 제441조 사면 전의 부당한 판결(赦前斷罪不當)은 재판 과정에서 사면이 있을 것을 알고 사면에 해당하지 않는 형명으로 판결을 내리는 경우를 처벌한다. 특히 사면과 관련하여 범죄인이 사면을 예상하여 고의로 죄를 범하는 경우도 있는데, 이는 제442조 사면을 예상한 고의범(聞有恩赦而故犯)에서 규정하며, 정상이 악하기 때문에 사면과 무관하게 원래 받아야 할 형량보다 1등을 가중하여 처벌한다.

다음으로 판결 이후의 집행과 관련된 제443조에서 제446조까지의 4개조를 살펴보자. 제443조 도죄수의 부실 집행(徒囚不應役)은 도형을 받아 복역하고 있는 죄수의 관리 책임을 묻는 규정이다. 도형수가 일을 하지 않거나 감독을 부실하게 하여 달아나게 하는 등의 행위를 처벌하는데, 일을 하지 않는 경우에는 일수를 계산하여 태장형으로 처벌하며, 달아나게 하는 등의 행위는 감독자가 달아난 죄수의 복역 기간만큼 도역을 지도록 한다. 제444조 부녀자 범죄(婦人犯罪)는 부녀자의 경우 남편이나 친족 또는 이웃에게 간수하게 하거나 임신한 경우의 특별집행을 규정하고 있다. 당시 부녀자는 남편에게 종속된 존재였고 또 그러한 후견적 사고하에서 부녀자가 범죄를 범하는 경우 일반적으로 남편에게 감시책임을 맡겼다. 즉 간음죄, 사죄(死罪)를 범하여 수금하는 것을 제외한 잡범의 경우에 부녀자는 집에 머무르게 하되 간수의 책임을 지웠던 것이다. 또한 부녀자가 임신하였는데, 범죄가 고신이나 태장형을 집행하여야 할 경우는 위 조문과 같이 하고 산후 100일을 기다려 고신이나 태장형을 집행하도록 하였다. 또 부녀자가 사죄로 수금되어 있는 경우에는 간호할 여인을 옥에 들어가서 돌보는 것을 허용하며, 출산 후 100일 후에 형을 집행하도록 하였다.

제445조 사형수의 보고와 집행(死囚覆奏待報)은 사형수에 대하여는 임금에게 보고하고 회신을 기다려야 한다는 규정이다. 회신을 기다리지 않고 사형을 집행하면 책임관은 장80에 처한다. 이는 백성의 목숨을 앗는 사형에 대한 최종결정권자가 임금임을 밝힌 것이며, 이 때문에 사형에 해당하는 안건은 모두 임금에게 보고되었다. 조선시대에는 이 사형수에 대한 심리는 항상 임금이 하였는데, 세 번 심리하는 삼복제도를 활용하였다. 또 이러한 사형수에 대한 심리를 책으로 발간하기도 하였는데, 이것이 정조 때 발간한 『심리록』이다. 특히 이 규정에서는 사형의 시기도 규정하고 있는데, 입춘 이후 추분 이전에 사형을 집행하면 장80으로 처벌한다. 이렇게 추분 이후 입춘 이전에 집행하는 일반적인 사형을 대시교(待時絞), 대시참(待時斬)이라고 한다. 그러나 죄가 십악에 해당하는 등 춘분이나 추분과 상관없이 사형에 처하는 경우도 있는데 이를 부대시교(不待時絞), 부대시참(不待時斬)이라고 하며 처벌하지 않는다. 다만 집행일이 왕의 탄신일 등 형을 집행할 수 없는 금형일(禁刑日)일 경우에는 태40으로 처벌한다. 형의 집행을 잘못한 경우는 제446조 형의 부당 집행(斷罪不當)에서 규정한다. 즉 유배를 보내야 하는데 수속

하거나, 수속하여야 하는데 유배를 보내면 제433조 관사의 죄 가감(官司出入人罪)에 따르되 1등을 감경하여 처벌하며, 교형에 처하여야 하는데 참형에 처하거나 반대의 경우에는 장60에 처한다.

마지막으로 제447조의 규정은 이전이 조서를 허위로 작성한 경우의 처벌 규정이다. 즉 제447조 이전의 신문조서 대필(吏典代寫招草)은 여러 아문에서 형명 등을 국문할 때에 이전인 등이 타인을 위하여 신문조서를 고쳐 쓰거나 대신 쓰면서, 범행의 정상을 증감하여 죄의 증감이 있게 한 경우에 제433조 관사의 죄 가감(官司出入人罪)으로 처벌한다. 자복은 스스로 하여야 한다고 규정한 것이며, 글을 모르는 사람을 위하여 대신 써준 경우에는 처벌하지 않는다. 제447조는 원래 『대명률직해』에는 없는 규정으로서 다른 판본의 『대명률』에서 이 규정을 가져다 붙인 것이다.

「형률」은 분량이 가장 많고, 현대의 형법에서 다루는 거의 모든 내용의 규정이 망라되어 있다. 이 「형률」에서 특징적인 몇 가지 규정을 좀 더 자세하게 설명하기로 한다.

①

제277조 모반과 모대역

1. 사직을 위태롭게 할 것을 모의하거나 종묘, 산릉, 궁궐을 훼손할 것을 모의하면, 함께 모의한 사람들을 수범, 종범을 가리지 않고 모두 거열형에 처한다. (함께 모의하지 않은) 아버지나 16세 이상의 아들은 모두 교형에 처하고, (함께 모의하지 않은) 15세 이하의 아들이나 어머니, 딸, 처, 첩, 할아버지, 손자, 형제, 자매, 아들의 처첩은 모두 공신의 집에 주어서 노비로 삼는다. 가산은 모두 몰수한다.

2. 남자는 80세 이상이거나 독질인 자, 여자는 60세 이상이거나 폐질인 자는 모두 연좌하지 않는다. 백부, 숙부와 형제의 아들은 동일한 호적에 등재되어 있는지를 불문하고 모두 유3,000리에 안치

한다. 동거하지 않는 연좌인의 재산은 몰수하지 않는다. 딸이 이미 약혼을 한 경우에는 (노비로 삼지 않고) 남편 집으로 보내며, 아들과 손자가 다른 사람 집에서 수양아들로 자랐거나, (여자가) 약혼하였지만 아직 혼인하지 않은 경우에는 모두 처벌하지 않는다.

3. 알고도 고의로 놓아주거나 몰래 숨겨준 자는 모두 참형에 처한다.

4. 범인을 붙잡은 것이 민간인이면 민간 관직, 군인이면 군직 등에 임용하며, 범인의 재산을 모두 상으로 준다. 이들이 사정을 알아서 고발하여 관에서 붙잡은 경우에는 재산만 상으로 주며, 알고도 고발하지 않은 경우에는 장100 유3,000리에 처한다.

❋

국가권력에 대한 범죄는 국가가 생긴 이래로 가장 중요하게 취급되어 왔고, 가장 높은 단계의 형벌을 부과한다. 이는 현대의 형법에서도 마찬가지여서 체계상으로도 형법의 각 범죄를 규정하는 항목의 제일 앞을 차지하며 형벌도 가장 무거운 사형, 무기징역, 무기금고의 형으로 다스리고 있다. 『대명률직해』도 국가권력에 대한 범죄를 「형률」의 가장 앞에 배치하고 있으며, 내란에 해당하는 범죄에 가장 무거운 형벌을 과하고 있다.

처벌의 원칙:『대명률직해』 제277조는 내란을 모반과 모대역의 두 가지 양태로 나누어 규정하고 있다. 우선 모반이란 사직을 위태롭게 할

것을 꾀하는 것인데, 사직이란 곧 국가로 국가를 전복하려고 한 행위다. 모대역이란 종묘, 산릉, 궁궐의 훼손을 모의하는 것을 가리킨다. 이두 가지 행위 양태에 대하여『대명률직해』는 수범과 종범을 가리지 않고 오형 체계의 바깥에 존재하는 거열형에 처하도록 하고 있다. 이 규정에서 행위 양태를 모의만 규정했는데, 모의만으로도 거열형에 처한다는 것을 밝히는 동시에, 실행에 착수하여도 실패하면 동일하게 처벌한다는 것을 당연한 전제로 하고 있다. 군주정 시대에 내란이 성공한 경우에는 새로운 법질서가 수립되었다고 볼 수 있기 때문에 이미 내란이 아니며 처벌 대상이 되기도 힘들다. 현대의 민주주의하에서는 내란이 성공했다고 하더라도 "헌법질서가 그대로 유지되고 군사반란과 내란을 통하여 폭력으로 헌법에 의하여 설치된 국가기관의 권능행사를 사실상 불가능하게 하고 정권을 장악한 후 국민투표를 거쳐 헌법을 개정하고 개정된 헌법에 따라 국가를 통치하여 왔다고 하더라도 그 군사반란과 내란을 통하여 새로운 법질서를 수립한 것이라고 할 수는 없으며, 우리나라의 헌법질서 아래에서는 헌법에 정한 민주적 절차에 의하지 아니하고 폭력에 의하여 헌법기관의 권능행사를 불가능하게 하거나 정권을 장악하는 행위는 어떠한 경우에도 용인될 수 없다"(대법원 1997. 4. 17. 선고 96도3376 전원합의체 판결)라고 하여 처벌 대상이 되는 것을 명확히 하고 있다.

함께 모의하지 않은 자의 처벌: 그렇다면 함께 모의하지 않은 친족들에 대한 처벌은 어떨까? 우리나라 현행 헌법은 연좌제를 부인하지만 전통법에서는 공식적으로 연좌를 인정하였다. 연좌는 대체로 3촌까지를 한도로 하여 연령, 성별, 동거 유무에 따라 차등을 두었는데 교형, 장 100 유3,000리에 처하거나 공신가의 노비가 되도록 하였다. 일반적으로 9족을 멸한다는 말이 있지만, 『대명률직해』라는 공식적인 법에 따르면 대체로 3촌까지가 한도였던 것이다. 우선 범인의 가장 가까운 친족인 아버지나 아들의 경우는 원칙적으로 교형에 처하고 재산을 몰수한다. 범인의 백숙부와 형제의 아들(조카)은 장100 유3,000리에 처하는데 동거 여부에 따라 재산 몰수 여부가 결정된다. 나머지 친족들은 공신가의 노비가 되는데, 남자로는 15세 이하의 아들, 할아버지, 손자, 형제이며, 여자로는 어머니, 딸, 처, 첩, 자매, 아들의 처, 첩이 이에 해당하며, 이들의 가산은 모두 몰수한다. 공신가의 노비로 삼는다고 하였지만, 실제로는 공신가의 노비가 되거나(『세조실록』 세조 2년 7월 7일 등) 관청의 노비가 되는 경우가 있었던 것 같다. 성문의 규정이 있는 이상 이는 정해진 기준이 되는 것이므로 아무리 심각한 범죄라고 하여도 전통사회에서 이를 무시하지는 않았던 것 같다. 실제로 조선 최대의 변란이라고 하는 이인좌의 난에서도 이인좌의 아들이 5세였는데, 예전에는 나이가 차기를 기다려 죽인다는 관례가 있었지만 지금은 폐지되었다고 하여 죽이지 않았다(『영조실록』 영조 4년 7월 24일). 이인좌의 아들이 장성한 이후에는 계속하여 사형시키라는 상소가 이어지지만 영조는 윤허하지 않다가 결국 나주괘서사건을 계기로 사형에 처한다(『영조실록』 영조 31년 3월 20일).

처벌의 예외: 다만 이러한 처벌에 예외를 두었는데 나이가 너무 많거나 장애가 있거나 양자로 입적한 경우, 약혼하였지만 혼인하지 않은 경

우다. 나이와 관련하여서는 남자와 여자에 차이를 두었는데, 남자의 경우에는 80세 이상, 여자의 경우에는 60세 이상인 자는 연좌하지 않는다. 또 장애와 관련하여서도 남자와 여자에 차이를 두었는데, 남자는 가장 중증도의 장애인 독질(조현병, 팔다리 중 두 개 이상을 쓸 수 없는 경우, 두 눈이 실명된 경우)에, 여자는 한 단계 아래인 폐질(정신박약, 난쟁이, 발목이나 허리가 잘린 사람, 팔다리 중 하나를 쓸 수 없는 경우)에 해당하면 연좌를 면제한다. 남자와 여자에 차이를 두는 것은 범죄실행능력의 차이, 공신가의 노비로의 유용성 등을 고려한 것으로 보인다. 또 양자로 입적하여 수양아들로 살았다면 생가와의 관련이 희박하므로 연좌에서 제외한다. 또 양자로 간 사람이 범죄를 저지른 경우 생가는 관계가 없으므로 당연히 연좌되지 않는다. 이와 관련하여 실무에서는 생가도 연좌시키는 경우가 있었던 것 같은데, 임금에게 보고하여 이를 바로잡도록 한 사례가 있다 (『영조실록』 영조 2년 1월 24일). 여자는 경우에 따라 조금 다른데, 범인의 딸이 약혼을 하였다면 아직 혼인하지 않았더라도 남자 집으로 보냄으로써 처벌하지 않으며, 약혼하여 범인의 집으로 오기로 한 여자는 아직 혼인하지 않았기 때문에 처벌하지 않는다. 이로 미루어 이미 출가한 딸은 연좌하지 않았음을 짐작할 수 있다. 하지만 실제로는 이미 출가한 딸도 연좌하는 경우가 있었던 것 같으며, 이로 인하여 출가한 딸이 이혼당하는 것이 관례였던 것 같다. 이 때문에 출가한 딸을 연좌하지 않는다는 수교를 내렸다(『현종실록』 현종 9년 11월 24일). 그런데 범인의 딸이 약혼을 하였다면 아직 혼인하지 않았더라도 처벌하지 않지만, 범인의 자매는 어떻게 해야 하는지 알 수가 없다. 법문상으로 자매의 경우에는 약혼에 대한 예외 규정이 없기 때문에 그대로 연좌하는 것으로 볼 수 있지만, 조선에서는 이를 일일이 열거하지 않았기 때문이라고 판단하여 자매도 딸과 마찬가지로 연좌하지 않고 출가를 허락하여 혼인할 수 있도록 하였다(『태종실록』 태종 11년 11월 16일). 또 출가한 자매의 경우에는 법문상으로는 당연히 연좌되지 않는데, 모반은 대단히 중대한 범죄이기에 실무에서는 연좌 여부에 대하여 혼선이 있었던 것 같다. 영조 때 최대의 모반사건인 이인좌의 난 때 이인좌의 출가한 자매를 연좌할지에 대한 논의가 있었는데, 법문대로 연좌하지 않는 것으로 한 사례가 있다(『영조실록』 영조 4년 5월 10일).

처벌의 확대: 조선에서는 『대명률직해』의 규정을 거의 그대로 적용하였지만, 특정한 사건과 관련하여 수정을 가하는 경우가 있었다. 특히 이러한 규정들은 시대를 내려와 「속대전」에 많이 보이는데, 그중 하나가 모반대역의 처벌과 관련한 규정이다. 우선 정권을 위협할 정도의 반란이었던 이인좌의 난과 관련하여 처벌 범위를 확대하는데, 모의만 한 것이 아니라 거병을 한 경우, 즉 실행의 착수에까지 이른 경우에는 형제와 처첩을 사형에 처하는 것으로 하였다(「속대전」 형전 추단조). 또 80세 이상의 남자는 처벌하지 않는다고 하였지만, 「속대전」에서는 외딴섬으로 정배하는 것으로 규정하여, 대규모의 반란을 겪고 난 후 한층 처벌 규정을 강화한 것을 볼 수 있다.

범인의 은닉 등: 범인을 알고도 놓아주거나 숨겨주면 원래 죄인의 죄

에서 1등을 감경한다(제417조 죄인 은닉). 그런데 모반대역의 경우 범인은 거열형에 처하는데 이는 오형 밖에 있는 형벌이어서 1등을 감경하는 것이 정확히 어떤 것인지 알 수가 없다. 이에 제277조 모반과 모대역(謀反大逆)에서 이를 구체적으로 밝히고 있는데, 이들은 참형에 처한다. 또 이와 같이 적극적으로 범인을 놓아주거나 은닉하는 행위 이외에 이들을 알면서도 고발하지 않는 소극적 행위도 처벌하는데, 이는 고발에 대한 의무를 전제로 한다. 이렇게 부작위로 나아갔을 경우에는 적극적인 행위보다 1등을 감경하여 장100 유3,000리에 처한다.

고발한 자에 대한 포상: 모반, 모대역을 고발한 자에게는 포상이 뒤따르는데 고발자가 민간인인지 군인인지, 고발자가 직접 포획했는지 여부에 따라 포상이 달라진다. 고발자가 직접 포획하였다면 민간인인 경우에는 관직을 주고, 군인인 경우에는 군직을 주고 범인의 재산을 모두 이들에게 포상한다. 이들이 고발만 하고 포획은 관에서 했으면 관직을 주지는 않고 재산만을 상으로 준다.

제277조는 모반, 모대역에 대하여 규정하고 있는데, 현재의 외환유치 죄인 모반(謀叛)은 제278조에서 규정하고 있다. 이들 범죄의 각 행위 주체에 대한 형벌을 표로 나타내보면 다음과 같다.

〈제277조 모반·모대역(謀反·謀大逆)과 제278조 모반(謀叛)의 비교〉

	모반·모대역(謀反·謀大逆)	모반(謀叛)
범인(수범·종범 불문)	거열형	참형
범인의 부	교형	유2,000리 안치
범인의 모	공신가 노비	유2,000리 안치
범인의 처첩	공신가 노비	공신가 노비
범인의 아들 16세 이상	교형	공신가 노비
범인의 아들 15세 이하	공신가 노비	공신가 노비
범인의 딸	공신가 노비	공신가 노비
범인의 조손, 형제자매	공신가 노비	유2,000리 안치
범인의 아들의 처첩	공신가 노비	없음
재산	몰수	몰수
불고지죄	장100 유3,000리	장100 도3년

第277條 謀反大逆

1. 凡謀危社稷爲㫆 謀毀宗廟山陵及宮闕爲在乙良 同謀人等乙 不論首從 並
   只 車裂處死齊 父子年十六以上乙良 並只 絞死遣 十五以下及母女妻妾祖
   孫兄弟姉妹及子矣 妻妾乙良 並只 功臣之家良中 給付爲奴齊 家産乙良 並
   只 沒官齊.

2. 男夫年八十及篤疾人果 婦人年六十及廢疾人等乙良 並免緣坐之罪爲齊 伯
   叔父果 兄弟之子乙良 同籍不同籍勿論 並只 流三千里安置齊 緣坐人亦 同
   居不喩去等 財産乙 沒官不冬爲齊 女子亦 已許嫁爲去等 夫家良中 許送爲

於 子孫亦 他人家良中 收養以 長養爲於 結約爲遣 未娶妻乙良 並只 不論罪爲齊.

3. 知情故放爲於 隱藏爲在乙良 並只 斬齊.

4. 有能捕捉爲在乙良 民是去等 民官 軍是去等 軍職爲等如 錄用爲於 犯人家産乙 並只 給賞爲齊 知情現告捕捉爲在乙良 家産叱分 賞給遣 不告爲在乙良 杖一百流三千里爲乎事.

—②—

제279조 요서·요언의 제작

1. 참서, 요서, 요언을 만들거나 그것을 전파하여 대중을 현혹시키면 수범, 종범을 가리지 않고 모두 참형에 처한다.
2. 요서를 숨겨두고 관청으로 제출하지 아니하면 장100 도3년에 처한다.

✦

제279조는 대중을 혹세무민하는 행위를 처벌하는 규정이다. 전통적으로 중국에서는 참서 등에 의해 대중이 미혹되고 이들이 종교집단 등을 이루어 반란을 일으키는 일이 많았으므로 그 연장선상에서 모반대

역, 모반조의 바로 다음에 규정한 것으로 보인다. 그리고 이 규정과 짝을 이루는 것이 「예율(禮律)」 제사(祭祀)에 규정된 제181조 금지사무사술(禁止師巫師術)이다. 사실 참서 등으로 대중을 현혹하는 것은 현대사회에서는 기껏해야 금서 정도로 취급하며 형사처벌의 대상은 아니다. 그러나 전통사회에서는 참서 등에 의하여 반란이 일어날 가능성이 있으므로 형사벌로서 대응했을 것이다. 또한 참서 등에 의한 대중 현혹은 그것이 반드시 종교와 관련이 없더라도 처벌하는 데 비하여, 제181조의 경우는 종교와 관련하여 처벌 규정을 둔 것이기 때문에 「예율」에 규정한 것으로 보이며, 처벌 수위도 제279조에 비하여 한 등급이 낮다. 이 두 조항이 그대로 적용된 예는 잘 보이지 않지만, 수많은 천주교인을 이 두 조항의 유추 적용에 의하여 처벌한 것으로 보인다. 그러므로 이 두 조항을 여기서 함께 설명한다.

제279조의 행위 양태와 처벌: 참형에 처하는 행위로 두 가지를 규정하고 있다. 하나는 참서, 요서, 요언을 만드는 것이고, 또 하나는 이것들을 만들지는 않았지만, 이들을 전파하여 대중을 현혹시키는 것이다. 이러한 행위는 수범과 종범을 불문하고 참형에 처한다. 행위의 대상이 된 참서란 풍수지리, 예언 등 미래의 일 등에 대한 비결을 적은 서적을, 요서는 일반적으로 민심을 어지럽히는 서적을, 요언이란 민심을 어지럽히는 말을 가리키는데 그 판단은 결국 조선 사회를 지탱하는 가치를 기준으로 위정자들의 집단 이성에 의할 것이다. 참서 등을 제작하면 그 행위 자체로 참형에 처하지만, 전파하여 대중을 현혹시키는 것은 전파와

현혹이라는 두 가지 요선이 모두 필요하다. 따라서 3인 이상의 자를 가리키는 대중을 현혹시키지 못하고 2인만 현혹한 경우에는 이 범죄의 기수에 이르렀다고 할 수 없다.[9] 기수에 이르지 못하였으므로 미수로 처벌되는가와 관련하여 현대의 형법에는 미수범은 처벌 규정이 있을 때에만 처벌하는데, 「대명률」에는 미수범 처벌 규정이 없다. 그렇다면 위 경우에 2인만 현혹한 경우에 처벌하지 않는가? 그렇지는 않다. 전통사회에서는 가벌적 행위가 발생한 경우에 항상 처벌이 전제된다. 다만 가벌적 행위가 기수에까지 나아가지 않았을 때에는 기수와 마찬가지로 처벌할 것인지 아니면 처벌을 감경할 것인지가 문제될 뿐이다. 이 규정을 해설해 놓은 『대명률강해』에 따르면 1등을 감경하여 처벌한다고 한다. 따라서 2인만 현혹한 경우에는 참형에서 1등을 감경한 형벌인 장100 유3,000리로 처벌한다. 한편 요서를 소지하고 있으면서 관청에 제출하지 않으면 장100 도3년에 처하는데, 참형에 비하여 2등이 감경된 처벌이다. 참서 등을 제작한 규정에 비추어볼 때 요서를 소지하고 있다는 것은 본인이 요서를 제작하지 않았다는 것이 전제가 되어 있는 것이

---

9 「대명률」에서 일반적으로 기수 관념으로 이야기되는 것이 이행(已行)이고, 미수 관념으로 이야기되는 것이 미행(未行)이다. 그러나 「대명률」에서의 '이행'은 실행의 착수를 가리키고, '미행'은 예비, 음모에 해당한다는 것이 이미 밝혀졌다. 김영석, 「已行과 未行의 의미」, 『법사학연구』 제50호, 2014. 10. 그렇다면 '이행' 자체로는 기수인지 여부를 가릴 수 없고, 이 규정에서와 같이 3인 이상이 현혹되어야 성립되는 범죄는 2인을 현혹시켰다고 하여 범죄가 성립되지 않는 것은 아니고, 이미 실행에 착수하였으므로 이행이지만 결과가 발생하지 않았으므로 미수가 된다.

고, 전파 또는 이용하지 않더라도 소지 그 자체만으로 처벌한다는 것으로서 대단히 강한 처벌이라고 할 수 있다. 흡사 현행 형법 제205조에서 아편 등을 소지한 경우 그 자체만으로 처벌하는 것과 유사하다고 할 수 있다. 그만큼 사회에 대한 영향이 크다는 반증일 것이다.

제181조의 행위 양태와 처벌: 제181조에서는 사술을 금지하고 있다(禁止師巫邪術). 즉 박수와 무녀, 화랑 등이 사악한 신을 빙자하여 주문을 건 물(呪水)[10]이나 부적을 쓰거나, 미륵이나 제석이 (자신으로) 하강하였다고 망칭하는 등 부정한 도로 정도를 어지럽히고 인민을 선동하는 행위에 대하여 수범은 교형에 처하며, 종범은 장100에 처하고 먼 곳으로 유배한다. 군인이나 민간인이 신의 형상을 만들어 치장하고 소라를 불고 북을 치면서 신을 맞이한다고 사람들을 불러 모아 기도하면 장100에 처하는 등의 처벌을 하고 있다. 다만 민간에서 봄과 가을에 땅의 신에게 제사하는 등 의례적인 제사는 금지하지 않았다.[11]

---

10 주문을 건 물. 참고로 도교의 의신(醫神) 가운데 '보생대제(保生大帝)'가 있는데, '그가 어느 날 뽕나무밭을 거닐다가 백골을 발견하였다. 자세히 살펴보니, 그 백골에는 왼쪽 다리가 어디론가 달아나고 없었다. 그래서 바로 버드나무 가지를 꺾어 그 부분에 댄 후에 호부(護符, 부적)를 붙여 주문을 건 물을 뿌리는 마술을 부렸다. 그러자 금방 뼈가 되고 살이 붙어 한 아이가 다시 살아났다'는 전설이 있다(마노 다카야, 이만옥 옮김, 『도교의 신들』, 도서출판 들녘, 2001).

11 第181條 禁止師巫邪術: 凡博士巫女花郎等亦 邪神乙 憑據爲㫆 呪水符作乙 書寫爲㫆 彌勒及帝釋下降是如 妄稱爲㫆 香徒一切邪道亂正之術及圖像乙 隱藏爲㫆 夜聚曉散 佯修善事 眩

교형에 처하는 행위 양태는 크게 두 가지인데, 주문을 건 물, 부적 따위를 만드는 행위와 자신이 신의 화신이라고 망칭하는 행위다. 특히 신의 화신과 관련하여 『대명률』 원문에서는 미륵 이외에 단공, 태보, 사바, 백련사, 명존교, 백운종 등을 구체적으로 열거하고 있지만, 이들은 중국에서 발생한 유사 종교로서 조선 사회에는 큰 영향을 미치지 않았기 때문에 『대명률직해』에서는 이를 그대로 번역하지 않고, 미륵, 제석을 열거하는 데 그친 것으로 보인다. 또 장100에 처하고 먼 곳으로 유배하는 처벌은 말하자면 굿을 하는 행위를 했을 때다.

사례: 요서 등을 만드는 제279조와 사술을 금지하는 제181조는 때때로 적용한 것으로 보인다. 예컨대 세종 때 김용생(金用生)은 종묘의 소나무에 까마귀가 울고 하늘에서 기후변화가 일어나 비가 오고 먹구름이 끼면 왕조가 바뀐다고 하여 참형에 처해졌고(『세종실록』 세종 8년 3월 20일), 채수(蔡壽)가 지은 『설공찬전(薛公瓚傳)』은 내용이 모두 화복(禍福)이 윤회한다는 논설로 매우 요망한 것인데 중외(中外)가 현혹되어 믿는다는 이유로 요서로 지정되고 이를 소장한 자를 제279조에 따라서 요서를 숨겨두고 관청에 제출하지 않은 죄로 처벌하기도 하였다(『중종실록』 중종 6년 9월 5일). 『설공찬전』을 소지한 자를 요서를 소지한 규정에 의하여 처벌한

惑人民爲在乙良 爲首者絞死爲遣 隨者乙 各杖一百遠流齊 軍民亦 神像乙 裝飾爲旀 鳴螺擊鼓 迎神會集 祈祝爲在乙良 杖一百爲乎矣 爲頭人乙 與罪齊 里長亦 知遣 先告不冬爲在乙良 各笞四十爲乎矣 此亦中 民間已前依行春秋社會乙良 禁止不冬爲乎事.

다면, 『설공찬전』의 저자는 요서를 만든 자에 해당한다. 그러나 『설공찬전』의 저자인 채수에 대하여 실제로 조율할 때에는 사헌부에서는 제279조를 적용하지 않고 제181조에 의하여 부정한 도로 정도를 어지럽히고 인민을 선동한 것으로 조율하여 교형에 처할 것을 요청하였는데, 중종은 파직만을 명한다(『중종실록』 중종 6년 9월 18일). 당시의 정치적 상황을 반영한 것으로 보인다.

제181조와 관련한 사례로는 정조 11년에 김춘광(金春光)이라는 자가 그의 어머니 김씨와 함께 본인은 일진대장 또는 어매장군이라고 칭하고 어머니 김씨는 자칭 미륵신이 접신하여 천신의 명령을 받는다고 하여 대중을 미혹한 사례가 있는데, 이들은 먼 지방으로 유배되었다(『추관지』 장금부).

조선 후기에는 천주교의 전래와 관련하여 이 조항들의 활용도가 높아진 것으로 보인다. 천주교는 전례문제, 교리 등과 관련하여 위 조항들의 적용을 검토할 여지가 충분하였으며, 정치적으로도 이용될 여지가 있었기 때문이다. 다만 구체적인 행위 양태에 따라서 적용 조항은 달라질 수 있었다. 예컨대 윤지충(尹持忠), 권상연(權尙然)이 서학을 따르고 부모의 신주를 불태워 버린 이른바 진산사건에 대하여 조율이 있었는데, 제181조의 규정과 제299조의 무덤의 발굴 규정을 동시에 적용하였다. 제181조의 규정에 따르면 교형에 처해지고, 또 『대명률부례』에서 부조(父祖)의 신주를 훼손한 것은 시신을 훼손한 것을 유추 적용한다고 되어 있으므로 본 조항인 제299조에 의하여 참형에 처하는데, 두 죄가 함께 발각된 때에는 무거운 죄로 처벌한다는 「명례율」의 규정에 따라 참형에 처하였다(『정조실록』 정조 15년 11월 8일). 특히 순조 때에는 천주교를 사학으로 규정하고, 이를 전파한 행위를 요서와 요언을 전하여 대중을 현혹시킨 죄로 처벌하였다. 제279조에 따르면 수범과 종범을 가리지 않고 참형에 처하는데, 최초로 영세를 받았다고 알려진 이승훈(李承薰)과 김백순(金伯淳), 백성 김정득(金丁得) 등 수많은 천주교인이 이 규정에 의하여 형장의 이슬로 사라졌다(『순조실록』 순조 1년 2월 26일, 3월 29일, 4월 23일). 이른바 신유박해다.

第279條 造妖書妖言

凡讖書妖書妖言乙 造作爲 傳流眩惑衆人爲在乙良 首從勿論 並只 斬齊 私家良中 妖書乙 隱藏爲 納官不冬爲在乙良 杖一百徒三年爲乎事.

―③―
제289조 강도

1. 강도에 착수하였는데 재물을 취득하지 못하였으면 모두 장100 유3,000리에 처하며, 재물을 취득하였으면 수범, 종범을 가리지 않고 모두 참형에 처한다.

2. 사람을 약을 먹여 혼미하게 하고 재물을 취득하려고 한 경우도 죄가 같다.

3. 절도 당시에 재물 주인이 체포하려는데 저항하거나 사람을 살상한 경우는 모두 참형에 처한다. 절도를 틈타 강간한 자 역시 죄가 같다. 절도의 공범이 행위에 조력하지 않거나, 체포에 저항하거나 사람을 살상하거나 강간한 사실을 몰랐을 경우는 절도죄로만 처벌할 뿐이다.

4. 절도범이 재물 주인에게 발각되어 재물을 버리고 도주하는데, 재물 주인이 뒤쫓아 와서 이 때문에 체포에 항거한 경우는 '죄인거포'조에 의하여 처벌한다.

❀

강도죄는 시대가 언제든, 공간이 어디든 존재했다. 당연히 현대 형법에서도 강도죄를 두고 매우 강하게 처벌하고 있다. 『대명률직해』 제289조 강도(強盜)는 바로 이 강도죄를 규정하였다. 강도라는 행위 양태는 현대의 형법과 거의 비슷하다고 할 정도로 과거와 현재가 닮아 있다. 또 서구법의 영향을 받은 현대 형법과 동아시아의 전통 형법은 닮아 있다. 강도죄가 그만큼 인류 보편적으로 존재하는 범죄임을 보여주는 것일 테다.

강도죄는 의미를 기준으로 크게 여섯 개 항으로 분류할 수 있다. 아래에서 이를 하나하나 살펴보자.

제1항은 강도의 기본적인 행위 양태와 처벌에 대한 규정이다. 강도를 실행하고 재물을 취득하였다면 수범, 종범을 가리지 않고 모두 참형에 처하며, 재물을 취득하지 못하였다면 강도죄의 미수로서 1등을 감경하여 장100 유3,000리에 처한다. 그런데 강도란 어떤 행위를 하여야 성립하는지에 대하여 규정상으로는 아무런 실마리를 찾을 수 없다. 따라서 당시의 해석 관행에 따라서 이를 추측하여야 한다. 이와 관련하여 『대명률』의 주석서 또는 그 이전의 법률, 즉 『당률』의 주석서에서 그 뜻을 살펴볼 수 있다. 이들에 의하면 공통적으로 위협이나 폭력을 사용하여

재물을 빼앗는 것을 뜻한다고 한다. 이는 현대 형법에서 강도의 행위를 '폭행 또는 협박으로'라고 하는 것과 유사하다. 여기서 위협한다는 것은 타인을 겁박하지만 폭행을 하지 않는다는 정도로 이해되는데, 다만 제 296조 공갈(恐嚇取財)에서 위세를 이용하여 두려워하게 하여 재물을 취득하는 '공하(恐嚇取財)' 행위를 처벌하고 있기 때문에, 이와 구별하기 위해서는 강도죄의 위협은 타인의 의사를 억압할 정도의 협박을 의미한다고 하여야 한다. 또한 강도의 객체에 대하여 『대명률직해』는 '재물'이라고 못 박고 있다. 현대 형법에서는 강도의 객체에 대하여 '재산상의 이익' 즉 노동력, 기대권, 상인의 정보 등도 포함하고 있으나, 『대명률직해』에서 예정하고 있는 것은 이들을 포함하지 않는 유형적인 재물을 의미하는 것으로 보인다.

제2항에서는 폭행 또는 위협이 아니라 약을 먹여서 사람을 항거할 수 없는 상태에 이르게 한 뒤에 재물을 취득하는 행위를 처벌하고 있으며, 형량은 제1항과 같다. 즉 재물을 취득하지 못하였으면 장100 유3,000리에 처하고, 재물을 취득하였다면 수범과 종범을 가리지 않고 모두 참형에 처한다. 현행 형법에서는 약을 먹여서 사람을 항거불능의 상태에 빠뜨리는 것도 폭행에 해당한다고 보고 별도의 규정을 두지 않았으나, 『대명률직해』에서는 직접적으로 폭력을 행사하거나 위협을 가하여 자발적인 의사결정을 못 하도록 하는 것만을 강도로 보고 몰래 약을 먹여서 항거불능에 빠뜨리는 것은 강도와는 별도의 유형으로 취급한 것으로 보인다. 그러나 항거불능을 이용하여 재물을 취득한다는 점이 공통되므로 형량은 동일하게 한 것으로 생각된다.

제3항은 절도를 기회로 폭행 등을 가한 경우와 공범의 경우를 다루고 있다. 우선 제1문은 현행 형법에서는 준강도의 죄와 강도상해·치상, 강도살인·치사죄로 처벌하는 규정이다. 절도의 기회에 재물의 탈환을 항거하거나, 살상한 경우 참형에 처한다. 이러한 준강도를 강도와 마찬가지로 참형에 처하는 이유는 폭행, 협박과 재물의 절취가 결합되어 그 불법 내용을 강도죄와 같이 평가할 수 있기 때문이다. 아울러 재물의 탈환을 항거하다가 재물 주인을 살상한 경우도 강도죄와 같이 평가할 수 있다. 제1문의 범죄가 성립되기 위하여는 절도의 기수, 즉 재물을 취득한 자가 재물의 탈환을 항거하거나, 살상하여야 한다. 절도의 미수, 즉 재물을 절취하였다가 버리고 도주한 자는 재물을 취득하지 못한 자로 취급하며, 제1문의 처벌 대상이 되지 않는다. 절도 미수가 항거한 경우는 제4항에서 규정하여 제412조 죄인의 체포 항거(罪人拒捕)조에 의하여 처벌하도록 하고 있다. 이 412조에 따르면 절도 미수가 체포에 저항하면 원래의 죄목에 2등을 가중하여 처벌하며(예컨대 절도 미수는 태50인데, 장70으로 처벌한다), 뼈가 부러지는 상해를 입히면 교형, 죽게 하면 참형에 처하도록 하고 있다.

제2문은 절도를 틈타 강간한 경우의 처벌 규정이다. 여기서 절도가 재물을 취득하였는지 여부와는 무관하게 절도 행위에 착수한 이후 강간한 경우, 강도죄와 동일한 형량인 참형에 처한다. 절도 행위와 강간 행위가 결합하였다는 점에서 강간죄의 형량인 교형보다 1등을 가중하여 참형을 형량으로 정한 것으로 보인다.

제3문은 강도죄의 정범과 별도의 공범이 있을 경우에 대한 규정이다.

폭행 또는 위협을 하지 않고 재물만을 절취한 공범은 본인의 행위에 대하여만 책임을 진다. 즉 절취에만 가담하였거나, 제3항 제1문의 행위 양태에서 재물 주인에게 저항하거나, 사람을 살상하는 행위, 제3항 제2문의 강간 행위를 공범이 알지 못한 때에는 그 공범은 절도의 책임만을 진다.

이 강도와 관련된 사례는 대단히 많은데, 대체로 강도 아무개를 참형에 처한다고 왕에게 보고하는 내용이다. 즉 강도죄로 결정한 후에 최종적으로 참형에 처하는 것을 임금에게 보고하는 형태다. 또 불을 밝히고 강도짓을 하는 명화강도의 경우에도 마찬가지로 참형에 처하는 사례가 많다. 제2항의 강도살인과 관련된 사례로는 세종 19년 연안의 죄수 조인기(趙仁奇)가 강도살인하여 참형에 처해진 사례를 비롯하여 사실관계는 알 수 없고 결과만 나와 있는 사례가 대부분이다.

第289條 强盜

1. 凡强盜已行而不得財物者 並只 杖一百流三千里遣 財物乙 得爲在乙良 不論首從 並只 斬齊.

2. 人乙 飮藥恍惚令是遣 財物謀取爲在乙良 罪同齊.

3. 竊盜亦 偸取時良中 物主亦 執捉爲去乙 拒逆爲於 人命乙 殺傷爲在乙良 並只 斬齊. 因此行姦爲在乙良 罪同齊. 同黨人亦 助力不冬爲於 拒捕殺傷人及行姦事乙 並只 知不得爲在乙良 唯只 竊盜例以 論罪齊.

4. 竊盜亦 物主先知爲乎等用良 財物乙 棄置逃走爲去乙 物主亦 追逐次 因此拒逆爲在乙良 罪人亦 拒捕例以 論罪爲乎事.

—④—

제292조 절도

1. 절도에 착수하였으나 재물을 취득하지 못한 경우는 태50에 처하
   되 자자는 하지 않는다. 모두 재물을 취득하였으면 일주위중과
   병장으로 죄를 논하며, 종범은 각각 1등을 감경한다.[①] (초범은 모
   두 오른쪽 팔뚝에, 재범은 왼쪽 팔뚝에 '절도'라는 두 글자를 새기며, 3
   범은 교형에 처하는데, 이미 자자되어 있는 것을 근거로 한다.)

   [①] '일주위중'이란 두 집에서 재물을 절취한 경우, 한 집의 재물의
   수가 많으면 이를 계산하여 죄를 과한다는 것이다. '병장'은
   10인이 뜻을 같이하여 한 집에서 40관의 재물을 절취하여 4관
   씩 나누어 썼다면, 40관을 합계하여 각자가 40관을 절취한 것
   으로 죄를 논하되, 주도한 자를 수범으로 하여 장100에 처하

고, 나머지 사람들은 각각 1등을 감경하여 장90에 그친다.

2. 남의 재물을 은밀히 더듬어 찾아서 **빼앗으면** 절도로 죄를 논한다.

3. 군인이 절도하면 비록 자자를 면제하지만, 3범이면 한결같이 교
   형에 처한다.

(1관 이하: 장60   1관 이상 10관까지: 장70

20관: 장80   30관: 장90

40관: 장100   50관: 장60 도1년

60관: 장70 도1년 반   70관: 장80 도2년

80관: 장90 도2년 반   90관: 장100 도3년

100관: 장100 유2,000리   110관: 장100 유2,500리

120관: 장100 유3,000리에 그침)

❋

이 규정은 타인의 재물을 몰래 훔치는 절도를 내용으로 하고 있다.
본인이 절취한 재물의 양에 따라서 절도의 형량이 결정되는데, 제1항은
재물 절취의 양과 형량에 대하여 규정하지 않고, 절도 미수와 재물을 절
취하였을 때 행위 양태에 따른 계산 방법에 대하여만 규정하고, 초범,
재범일 때의 부가형인 자자와 3범일 때의 형벌만 규정하였다. 단독범의
절도 기수는 제1항에서 규정하지 않는데, 제292조 절도(竊盜)의 마지막
에 절취한 재물의 양과 형량을 규정함으로써 절도 기수에 대한 규정을

갈음하고 있다. 즉 1관 이하의 재물을 절취하면 장60, 1관부터 10관까지는 장70 등으로 처벌하는 것이다. 이 형량에 관한 규정은 직해하지 않았는데, 단순히 재물의 양과 형량을 규정한 것에 불과하여 직해할 필요가 없었을 것이다. 그러나 이 규정은 명백해 보이지만 조선시대에 해석상의 논란이 생긴다. 이를 문리대로 해석하자면 1관~10관까지는 장70에 처하는 것이 맞고, 20관이라는 부분은 10관~20관으로, 120관에 이르면 장100 유3,000리에 그친다고 하였으므로, 120관 이상에 해당하는 재물을 절취한 경우에도 당연히 장100 유3,000리에 처하는 것으로 해석하여야 한다. 그런데 이에 대하여 세종 때 형조에서는 이러한 해석이 잘못되었다고 하여 20관 부분은 20관 이상으로 해석하여야 한다고 주장하였는데, 이것이 이후의 관례가 되었다(『세종실록』 세종 6년 9월 17일). 조선후기의 『승정원일기』를 살펴보면 이러한 해석이 그대로 유지된다(『승정원일기』 정조 원년 5월 11일 등). 가령 '20관'으로 한 부분은 '20관~30관'으로 해석하게 된 것이다. 110관~120관의 재물 절취를 장100 유3,000리로 규정한 것이고, 120관 이상은 당연히 장100 유3,000리로 처벌해도 될 것으로 보이지만, 120관으로 된 부분은 110관~120관을 가리킬 뿐이고 120관 이상을 규정한 것은 없으니 120관 부분을 120관 이상으로 해석한 것으로 보인다. 이 규정에서 '1관 이상 10관에 이르면'이라는 규정을 10관이 되어야 장70에 처하는 것으로 해석하고, 예컨대 5관인 경우에는 1관의 예에 따라 장60에 처하도록 해석한 것이다. 재물을 절취하였을 때 장60이 가장 낮은 형벌이므로, 제1항에서는 절도 미수의 경우에는 태50의 형벌을 과하고 있다.

그런데 '장'을 계산할 때 범죄 주체의 다소, 절취한 재물의 원소유자의 다소에 따라 계산방식이 다르다. 범죄 양상에 따른 계산방식의 원칙은 제1항에서 규정하고 있으며, 구체적인 계산방식은 제1항의 주석에서 규정한다. 우선 범죄 주체가 1인이며 한 곳에서 재물을 취득한 경우에는 그 횟수에 관계없이 모든 재물을 통산하여 장을 계산한다. 다음으로 범죄 주체가 1인이며 여러 곳에서 재물을 취득한 경우에 '일주위중'이라는 독특한 계산방식을 취한다. 즉 여러 곳에서 재물을 절취하면 가장 많은 재물을 취득한 곳을 기준으로 장을 계산하는 것이다. 예컨대 갑이 A에게서 10관, B에게서 20관, C에게서 40관을 취득한 경우, 40관을 취득한 것으로 처벌한다. 이러한 계산방식은 제25조 여러 범죄의 처리(二罪俱發以重論)의 원칙을 일관되게 유지한 것으로 보인다. 한편 2인 이상의 범죄 주체가 한 곳의 재물을 취득한 경우에는 '병장'한다. '병장'은 2인 이상이 함께 범죄를 범하였을 때 각자가 완성한 범죄 전체에 대한 죄책을 부담한다는 의미인데 주석에 상세한 예가 나와 있다. 즉 10인이 공동으로 한 집에서 40관의 장을 취득하여 각자가 4관씩 나누어 가졌다고 하여도 각자의 몫을 합산하여 하나로 보아 각자에게 40관의 죄책을 지우는 것이다. 이는 한 곳의 재물을 취득하였다는 행위 자체로 보면 하나의 범죄 행위이기 때문에 각자는 그 하나의 범죄 행위로 인하여 생긴 장 전체에 대하여 책임을 지는 것으로 볼 수 있다. 이렇게 책임을 지우는 것은 공범의 형태로 이루어진 절도에 대한 가중처벌의 성격을 갖는다.

한편 다수의 범죄 주체가 여러 곳의 재물을 취득한 경우는 여러 범죄의 처리의 원칙을 적용하는 '일주위중'의 원칙으로 돌아가서 가장 많은 한 곳의 장을 기준으로 병장하는 것이라고 생각된다. 예컨대 갑, 을, 병이 A에게서 10관, B에게서 20관, C에게서 40관을 취득하여 나누어 가진 경우 갑, 을, 병은 각각 40관의 죄책을 질 것이다. 이렇게 보면 절도로 인하여 취득한 장의 계산은 여러 범죄의 처리의 원칙에 충실한 것으로 보인다. 이 계산법을 표로 나타내 보면 다음과 같다.

〈행위 양태에 따른 절도 장물의 계산〉

객체 / 주체	한 곳 (창고는 한 곳으로 간주)	여러 곳
단독범	자기가 가진 것 (計贓)	가장 많이 훔친 곳의 재물을 기준 (一主爲重)
다수인의 참가	모두 합산한 것을 개인 책임으로(竝贓)	가장 많이 훔친 곳의 재물을 기준 (一主爲重)으로 하고 병장(竝贓)

한편 제1항은 절도 전과에 따른 부가형 및 가중형을 규정하고 있다. 위의 조문에서는 괄호로 표기하였는데, 직해하지 않았기 때문이다. 직해하지 않은 이유는 아마도 왼쪽 팔뚝, 오른쪽 팔뚝에 새기는 글자, 절도 3범의 처벌과 관련된 것이기 때문에 매우 쉽게 번역할 수 있기 때문이기도 하지만, 조선 초의 여러 사례를 놓고 보건대 직해 당시에는 적용하지 않으려는 의도가 있었던 게 아닌가 생각된다. 이 규정에 따르면 초범은 오른쪽 팔뚝에 '절도'라는 두 글자를 새기고, 재범은 왼쪽 팔뚝에 '절도'라는 두 글자를 새기며 3범은 교형에 처한다. 그런데 이 규정과

관련하여 조선 초에는 여러 논란이 있었다. 형사정책의 측면에서 절도가 극성하면 강한 처벌로 제어하려고 노력하였을 것이다. 절도가 성행하자 장물을 통산하여 장물이 10관 이상이면 초범이라도 교형에 처하고, 종범이라도 재범인 경우에는 교형에 처할 것으로 정하였다(『단종실록』 단종 2년 5월 16일). 처벌과 관련하여 변동은 세조 7년 재범자를 교형에 처하고 그 당시의 『경국대전』에 이를 규정하였으나, 성종 9년에 이르러 절도 재범을 교형에 처하는 것이 『대명률』에 위배되므로 『경국대전』의 규정을 삭제하고 『대명률』대로 처벌하도록 하였다(『성종실록』 성종 9년 8월 26일). 다음으로 3범의 계산을 어떻게 할 것인지의 문제가 있는데, 『대명률직해』의 규정상으로는 이미 자자되어 있는 것을 근거로 하기 때문에 명확하다. 하지만 실록에 따르면 세종 4년(1422)에 사면을 받으면 절도 전과가 없어지는 것으로 하였는데, 절도가 10범에 이르러도 면죄된다는 비판이 나온다. 즉 절도는 사면 전의 죄도 통산할 것으로 결정한 것이다(『세종실록』 세종 27년 7월 5일). 결국 『대명률직해』의 규정대로 된 것이다. 따라서 결과적으로는 『대명률직해』의 규정대로 되기는 하였지만, 직해하지 않은 이유는 적용의 문제가 있기 때문이었을 것이다.

한편 3범을 교형에 처하는 제292조 절도죄에 비하여 불법성이 더욱 강한 제287조 감림주수의 창고 물품 절도(監守自盜倉庫錢粮), 제288조 일반인의 창고 물품 절도(常人盜倉庫錢粮), 제291조 대낮의 재물 강탈(白晝搶奪)의 경우는 재범, 3범에 대한 가중 규정이 없고, 형을 가중하더라도 「명례율」에 따르면 특별 규정이 없는 한 사형에 처할 수 없다. 이 경우 절도 3범은 교형에 처하는 데 반해 대낮의 재물 강탈 등은 교형에 처할 수 없다는 해석이 가능하여 양형이 매우 불합리하다. 이때는 가벼운 것을 들어 무거운 것을 밝히는(擧輕以明重) 형사처벌의 일반원칙을 적용해 역시 교형 또는 참형으로 처벌하는 것으로 해석하는 것이 타당할 것이다.

제292조 제2항은 소매치기를 가리킨다. 소매치기는 절도와 마찬가지로 처벌하도록 규정한 것이다.

제292조 제3항은 군인 절도에 관한 것이다. 군인은 특수 신분이기 때문에 법에서도 특별한 취급을 한다. 군인 범죄에 대한 특별 취급은 이미 「명례율」에 나오는데, 제10조 군관·군인 범죄의 도형·유형 면제(軍官軍人犯罪免徒流)에 따르면 군인은 모두 자자를 면제한다고 한다. 제292조 제3항은 이 「명례율」의 규정을 그대로 이어받아 군인이 절도를 하여도 자자를 면제한다고 규정하였다. 다만 군인이라도 절도 3범은 일반 절도와 마찬가지로 교형에 처한다. 이렇게 특수한 취급을 받는 범죄의 주체로는 군인뿐만 아니라 부인도 있다. 「명례율」에서 부인은 형장을 집행하는 경우 일반적으로 옷을 입힌 채로 집행하며 자자는 면제한다고 규정한다(제19조 공장호·악호 및 부인의 범죄). 제292조 절도(竊盜)와 관련하여 문제가 되는 것은 부인이 절도를 누적하여 세 번 범한 경우의 처벌이다. 제292조 제1항의 문언상으로는 일반 절도의 3범은 교형에 처하는데 부인도 예외 규정이 없기 때문에 교형에 처하여야 할 것으로 보인다. 그러나 제292조 제3항에서 군인에게 자자를 금지하는 특수한 예외를 인정하는 규정을 두고 있고, 자자가 금지되는 특수한 예외에 해당한다는 점에서는 부인도 마찬가지이기 때문에 다른 처벌을 하여야 한다는 해석도 가능할 것이다. 조선의 법해석자들은 이러한 의문에 봉착

하여 군인과 마찬가지로 자자를 면제하는 점에서는 같지만, 군인은 제292조 제3항에서 명시적으로 절도 3범은 교형에 처한다는 규정을 두고 있는 반면 부인은 그러한 규정을 두지 않은 것으로 보아 교형에 처하지 않는다는 뜻으로 해석하여야 한다고 하였으며, 3범의 경우에도 장을 계산하여 처벌하는 것으로 해석하였다(『세종실록』 세종 21년 2월 12일).

第292條 竊盜

1. 凡竊盜亦 已行而財物不得爲在乙良 笞五十遣 刺字安徐齊 並只 財物乙 得爲在乙良 一主爲重 併贓以 論罪遣 爲從者乙良 各減一等.[①] (初犯並於右小臂膊上 刺竊盜二字, 再犯刺左小臂膊上, 三犯者絞. 以曾經刺字爲坐.)

    [①] 以一主爲重 謂二家良中 財物乙 偸取爲良在等 一家物色數多爲在乙 從計爲良只 科罪齊 併贓論 謂十人亦 同意爲 一家財物四十貫乙 偸取爲 四貫式以 分用爲良在等 四十貫乙 合計爲 各各 四十貫 偸取例以 論罪爲乎矣 造意之人 爲首 杖一百遣 餘人乙良 各減一等 止杖九十.

2. 他矣 物乙 隱密搜探奪取爲在乙良 竊盜例以 論罪齊.

3. 軍人亦 爲盜爲去等 必于 刺字乙 免爲在乃 三犯是去等 一體絞死爲乎事.

    (一貫以下: 杖六十, 一貫之上至一十貫: 杖七十, 二十貫: 杖八十, 三十貫: 杖九十, 四十貫: 杖一百, 五十貫: 杖六十徒一年, 六十貫: 杖七十徒一年半, 七十貫: 杖八十徒二年, 八十貫: 杖九十徒二年半, 九十貫: 杖一百徒三年, 一百貫: 杖一百流二千里, 一百一十貫: 杖一百流二千五百里, 一百二十貫: 罪止杖一百流三千里.)

—⑤—

제295조 친족상도례

1. 따로 거주하는 친족이 서로 재물을 절취하면, 기친은 일반인보다 5등, 대공친은 4등, 소공친은 3등, 시마친은 2등, 무복친은 1등을 감경하며, 모두 자자를 면제한다. 윗사람이 아랫사람에게 강도를 하면 각각 위의 예에 따라서 감경한다. 아랫사람이 윗사람에게 강도를 하면 일반 사람의 예로 논한다. 만약 살상하면 각각 존장이나 비유를 살상한 본율에 의하되 무거운 죄에 따라 논한다.

2. 동거하는 아랫사람이 타인을 이끌고 가서 자기 집의 재물을 훔친 경우, 비유는 '사사로이 함부로 재물을 쓴 것'에 의하여 처벌하며 2등을 가중하되, 죄는 장100을 상한으로 한다. 타인은 절도에서 1등을 감경한다. 자자는 면제한다. 살상한 경우 존장과 비유

를 살상한 본율에 준하여 처벌하며, 타인은 비록 정황을 알지 못했더라도 '강도'로 논한다. 타인이 살상하고 아랫사람이 비록 정황을 알지 못했더라도 또한 존장과 비유를 살상한 본율에 준하여 무거운 죄에 따라 논한다.

3. 동거하는 노비나 고공이 가장의 재물을 절취하거나 자기들끼리 서로 절취한 경우 절도에서 1등을 감경하며, 자자는 면제한다.

❄

우리 형법 제328조는 친족상도례에 대하여 규정하고 있다. 강도죄와 손괴죄를 제외한 재산죄에 대하여 친족 간의 범죄는 형을 면제하거나 고소가 있어야 공소를 제기할 수 있도록 하는 내용이다. 친족상도례를 규정한 이유는 가정 내에는 가능한 한 법이 침투해서는 안 된다는 것이다. 이 친족상도례는 친족 간의 범죄에 대한 특례를 규정한 것인데, 친족의 범위가 문제가 될 뿐 친족이 있는 한 어느 사회에나 존재하는 특례라고 할 수 있다. 『대명률직해』도 현행 형법과 마찬가지로 친족상도례에 대하여 규정하고 있는데, 동거 여부에 따라 차이를 두는 것은 같지만 친족의 범위가 현재와 다르고, 윗사람과 아랫사람의 명분이 뚜렷하게 구분되기 때문에 그에 따라 각각 형량이 달라지는 차이가 있다. 아울러 친족과 친족이 아닌 자가 공동으로 절도 등을 하면 친족이 아닌 자에게는 친족상도례를 적용하지 않는 것은 현행 형법과 같다. 그러면 『대명률직해』의 친족상도례에 대하여 상세히 알아보도록 하자.

우선 제1항은 따로 거주하는 친족의 친족상도례를 규정하고 있다. 따로 거주하는 친족이라고 하더라도 친소원근에 따라 형량이 결정되는데, 기친, 대공친, 소공친, 시마친, 무복친의 순서에 따라 제292조의 일반 절도죄에 비하여 5, 4, 3, 2, 1등의 순으로 감경하며, 팔뚝에 '절도'를 새기는 자자를 면제한다. 예컨대 기친이 따로 거주하는 친족의 집에서 20관의 재물을 절취하는 경우면, 일반 절도죄라면 장80이지만 5등을 감경하여 태30에 처한다.

한편 따로 거주하는 친족이 강도를 하면 현행 형법에서는 친족상도례에 해당하지 않지만, 『대명률직해』에서는 주체가 윗사람인지 아랫사람인지에 따라서 취급을 달리한다. 즉 윗사람이 따로 거주하는 아랫사람인 친족의 집에서 강도를 하면 친소원근에 따라 강도죄에서 5, 4, 3, 2, 1등의 순으로 감경하지만, 아랫사람이 따로 거주하는 윗사람인 친족의 집에서 강도를 하면 특례를 적용하지 않고 일반 강도죄에 따라 처벌한다. 예컨대 윗사람이 주체인 경우 강도미수이면, 기친은 5등을 감경하여 장60 도1년, 대공친은 4등을 감경하여 장70 도1년 반이 되며, 기수이면 기친은 장70 도1년 반, 대공친은 장80 도2년이 된다. 또 아랫사람이 주체인 경우 강도미수이면 장100 유3,000리이나, 강도기수이면 참형으로 처벌한다.

그러나 강도 행위를 하다가 사람을 죽이거나 상해를 입히면 특례를 적용하지 않는다. 즉 주체가 아랫사람이건 윗사람이건 본율에 따르되 강도죄와 비교하여 무거운 형률을 적용한다. 여기서 본율이란 강도죄를 직접 가리키는 것이 아니라 아랫사람과 윗사람의 살상과 관련된 규정을 의미한다. 이와 관련된 규정으로는 제307조 조부모·부모 등의 모살(謀殺祖父母父母), 제339조 동성친족의 상호 구타(同姓親屬相毆), 제340조 대공친 이하인 존장 구타(毆大功以下尊長) 등이 있는데, 따로 거주하는 친족이 강도 행위의 기·미수에 관계없이 친족을 살상하면 이 규정들을 본율로 하여 형량을 도죄와 비교한 후 무거운 형률을 적용하여 처벌한다. 무거운 형률을 적용하는 것은 「명례율」 제25조 여러 범죄의 처리(二罪俱發以重論)를 다시 밝힌 것이다. 예컨대 제307조에 따르면 아랫사람이 기친 이상의 윗사람을 상해하면 참형, 살해하면 능지처사에 처한다. 또 제340조에 따르면 윗사람이 아랫사람을 살상한 경우 대공친 이하는 뼈가 부러지지 않는 한 처벌하지 않지만, 기친이 강도를 할 때의 폭행으로 뼈가 부러지지는 않았지만 상해를 입은 경우에는 원래라면 참형이지만 제295조 제1항에 따라 5등을 감경하여 장70 도1년 반이 되며, 두 형률 중에 형량이 무거운 장70 도1년 반으로 처벌한다. 한편 뼈가 부러지는 것 이상의 상해를 입히면 친소 관계에 따라 일반 상해에 비하여 1등, 2등, 3등을 감경하여 처벌하며, 죽으면 교형에 처한다.

제2항은 동거하는 친족이 타인과 함께 절도, 강도, 살상의 행위를 한 경우 각각 어떠한 죄책을 지는지를 규정한다. 절도를 한 경우 주체가 윗사람이면 처벌하지 않으며, 아랫사람이면 절도죄로 처벌하지는 않고 사적으로 함부로 재물을 쓴 것을 처벌하는 제94조 비유의 재산처분(卑幼私擅用財)의 규정에 따르되 2등을 가중하여 처벌한다. 제94조에 따르면 동거하는 아랫사람이 윗사람의 명을 받지 않고 자기 집안의 재물을 함부로 쓰면 20관에 태20, 20관마다 1등을 가중하는데, 타인과 함께 절도

를 한 경우, 동거하는 아랫사람은 20관에 태40, 20관마다 1등을 가중하되 장100을 상한으로 한다. 이때 공동으로 절도한 타인은 일반 절도죄에서 1등을 감경하여 처벌하는데, 예컨대 20관 절도에 해당하는 장80에서 1등을 감경하여 장70으로 처벌한다. 여기서 타인에게 1등을 감경해 주는 것은 동거하는 친족이 개재되었기 때문에 외부에서 침입한 자와는 달리 평가해서일 것이다. 모두 자자는 하지 않는다. 또 타인에 대한 형벌의 상한은 장100 도3년이다. 왜냐하면 제292조 절도(竊盜)의 형벌 상한이 장100 유3,000리인데, 1등을 감경하면 장100 도3년이기 때문이다.

제2항에서도 제1항과 마찬가지로 살상의 경우를 규정하였는데, 동거하는 친족이 살상한 경우와 타인이 살상한 경우의 두 가지가 있다. 우선 동거하는 친족이 살상하면 동거하는 친족은 본율 즉 위의 제1항에서 정하는 본율과 동일한 형률에 의하여 처벌하며, 타인은 살상하는 상황을 알았든 알지 못하였든 제2항에 따라서 강도죄(제289조)로 처벌한다. 다음으로 타인이 살상하면 동거하는 아랫사람이 살상하는 상황을 알았든 알지 못하였든 위의 제1항에서 정하는 본율과 제94조에서 2등을 가중한 형벌을 비교하여 무거운 형률을 적용하며, 타인은 절도하면서 사람을 살상하였으므로 제289조에 따라서 참형에 처한다.

마지막으로 동거하는 자 중에는 현재와는 다르게 친족 이외의 자가 있다. 그들은 노비나 고공, 즉 머슴이다. 이들이 동거하는 가장의 재물을 절취하거나 자기들끼리 절취하면 절도죄에서 1등을 감경하여 처벌하며, 자자는 면제한다. 동거하고 있기 때문에 외부인과는 달리 취급하여 1등을 감경하여 처벌하는 것으로 보인다.

제295조 親屬相盜

1. 凡各居爲臥乎 親屬亦 財物乙 互相偸取爲在乙良 期親是去等 減凡盜五等 大功親是去等 減四等 小功親是去等 減三等 緦麻親是去等 減二等 無服親 是去等 減一等遣 並只 刺字安徐齊 族長亦 族下處良中 强盜爲良在等 各 依上減罪齊 族下亦 族長處良中 强盜爲良在等 凡人例以 論齊 萬一殺傷人 爲去等 各各殺傷尊長卑幼本律乙 依爲 從重論.

2. 同居族下亦 他人乙 率領自家財物乙 偸取爲在乙良 私擅用財例以 加二等 論 杖一百爲限齊 他人是去等 凡盜罪減一等 刺字安徐齊 殺傷人爲在乙良 殺傷尊長卑幼本律乙 依准科罪齊 他人亦 必于 知情不冬爲良置 强盜例以 論齊 他人亦 人乙 殺傷爲良在乙 族下亦 必于 知情不冬爲良置 殺傷尊長 卑幼本律乙 依准爲 從重論齊.

3. 同居奴婢及傭役人亦 家長矣 財物乙 偸取爲㢱 自中 互相偸取爲在乙良 減 凡盜罪一等遣 刺字安徐爲乎事.

-6-

제299조 분묘의 발굴

1. 타인의 분묘를 파헤쳐 관곽을 드러내면 장100에 처하고 먼 곳으로 유배 보낸다. 관곽을 열어 시체를 직접 보이게 하면 교형에 처한다. 분묘를 파헤쳤으나 관곽이 아직 드러나지 않은 경우는 장100 도3년에 처한다. 분묘가 이미 허물어져 있거나 아직 빈소를 만들기 전이나 매장하기 전에 관곽을 훔치면 장90 도2년 반에 처하며, 관곽을 열어서 시체를 보이게 하면 교형에 처한다. 분묘 안의 기물이나 전석 등을 훔치면 장의 수를 계산하여 일반 절도로 논하고 자자는 하지 않는다.

2. 아랫사람이 윗사람의 분묘를 파헤치면 일반인의 분묘 발굴죄로 논한다. 관곽을 열어 시체를 보이게 한 자는 참형에 처한다. 시체

를 꺼내 버려두고 분묘 터를 판 자는 죄가 같다. 분묘 터를 산 자와 중개인이 알았다면 각각 장80에 처하고 대금을 추징하여 관에서 몰수하며, 분묘 터는 동종의 친족에게 지급한다. 알지 못하였으면 처벌하지 않는다. 윗사람이 아랫사람의 분묘를 파헤쳐 시체가 드러나면 그가 시마친이면 장100 도3년에, 소공친이면 각각 1등씩 차례로 감경하며, 아들이나 손자의 분묘를 파헤쳐 관곽을 열어 시체가 드러나면 장80에 처한다. 사정이 있어서 예법에 따라서 개장한 경우에는 처벌하지 않는다.

3. 타인의 시체를 잔인하게 훼손하거나 물속에 버린 경우는 각각 장100에 처하고 먼 곳으로 유배 보낸다. 시마친 이상인 윗사람의 시체를 훼손하거나 버린 경우에는 참형에 처한다. 시체를 버렸지만 잃어버리지 않은 경우나 머리카락을 잘랐거나 경미한 훼손의 경우는 각각 1등을 감경한다. 시마친 이상인 아랫사람의 시체를 훼손하거나 버린 경우는 각각 일반 분묘 발굴죄에 의하여 1등씩 차례로 감경한다. 자손의 시체를 훼손하거나 버린 경우는 장80에 처한다. 자손이 조부모·부모의 시체를, 노비·고공이 가장의 시체를 훼손하거나 버린 경우는 참형에 처한다.

4. 땅을 파다가 시체를 발견하였는데 곧바로 다시 묻지 않은 경우는 장80에 처한다. 타인의 분묘에서 여우·너구리를 연기로 잡으려다가 이 때문에 관곽을 태운 자는 장80 도2년에, 시체를 태운 자는 장100 도3년에 처한다. 시마친 이상의 윗사람의 분묘이면 각각 1등씩 차례로 가중하고, 아랫사람의 분묘이면 각각 일반 분묘

발굴죄에서 1등을 차례로 감경한다. 자손이 조부모·부모의 분묘에서, 노비·고공이 가장의 분묘에서 여우·너구리를 연기로 잡으면 장100에, 이 때문에 관곽을 태우면 장100 도3년에, 시체를 태우면 교형에 처한다.

5. 타인의 분묘를 갈아엎어서 밭 등을 만든 자는 장100에 처한다. 주인이 있는 묘지 내에서 몰래 장사 지낸 자는 장80에 처하고 강제로 기한을 정하여 이장시킨다.

6. 관할구역 내에 죽은 사람이 있는데 이장과 이웃 사람이 관사에 보고하여 검시하지 않은 채 다른 곳으로 옮기거나 매장한 경우는 장80에, 이 때문에 시체를 잃어버리면 장100, 훼손하거나 시신을 물속에 버리면 장60 도1년에 처한다. 시신을 버렸는데 잃어버리지 않거나 머리털을 자르거나 혹은 (경미하게) 훼손하였으면 각각 1등을 감경하며, 이를 기화로 옷을 훔친 자는 장을 계산하여 절도의 예로 논하되 자자는 면제한다.

＊

현행 형법에서는 분묘, 사체 등과 관련하여 몇 개의 규정을 두고 있다. 이와 관련하여 가장 가벼운 죄는 사체·유골·유발 오욕죄로서 2년 이하의 징역 또는 500만 원 이하의 벌금에 처하며(형법 제159조), 분묘를 발굴한 경우에는 5년 이하의 징역(형법 제160조), 발굴한 데에서 더 나아가 사체 등을 손괴·유기·은닉·영득을 하는 경우에는 7년 이하의 징역(형법 제161조)에 처한다. 분묘, 사체 등과 관련하여 가장 가중된 형벌이 7년 이하의 징역인 데 비하여 전통시대에는 훨씬 더 가중된 형벌인 유배형이나 생명형을 과하고 있었고, 친족관계일 때는 주체가 윗사람인지 아랫사람인지에 따라서 처벌에 경중을 두었다. 이렇게 가중된 형벌체계를 취한 이유는 현재와는 달리 사체, 제사 등에 대한 의례를 매우 중시하였기 때문일 것이다. 고려시대 윤관 장군의 묘가 조선 효종 때 영의정을 지낸 심지원의 묘 앞에서 발견되어 이장을 두고 다툰 소송은 영조 41년(1765)부터 시작하여 두 가문에서 사망자가 나오는 등 극도의 긴장관계와 쟁송이 계속되다가 2010년에 들어와서야 250년 만에 해결되었다. 이 일을 보면 사체, 제사 등에 대한 관념이 현재와는 매우 다르다는 것을 쉽게 알 수 있다.

그러면 분묘의 발굴과 관련한 구체적인 규정을 살펴보자. 제1항은 친족관계가 없는 사람의 분묘와 관련한 규정이다. 관곽이 드러나지 않은 단계, 관곽이 드러난 단계, 시체가 드러난 단계로 단계별로 규정하며, 각각 장100 도3년, 장100 먼 곳으로 유배, 교형에 처한다. 여기서의 분묘는 먼 곳에서 사망하여 시신을 매장하지 못하고 의관 등을 대신 매장한 경우를 포함한다. 또한 이 규정에서는 『대명률』 원문의 '장100 유3,000리'를 '장100 먼 곳으로 유배'로 직해하였는데 일반적인 원칙이 있는 것은 아니고, 아마 각 편의 담당자가 장100 유3,000리를 그대로 장100 유3,000리로 직해하기도 하고 장100 먼 곳으로 유배로 직해하기도 한 것 같다. 한편 발굴이 아니라 분묘와 관련한 절취도 규정하고 있다. 즉 ① 분묘가 이미 허물어져 있는데 관곽을 훔치는 경우, ② 아직 빈소를 만들기 전에 관곽을 훔치는 경우, ③ 매장하기 전에 관곽을 훔치는 경우를 들어서 장 90 도2년 반에 처하는데, 적극적으로 분묘를 발굴하지 않았다는 점을 고려한 형량으로 보인다. 다만 이때도 관곽을 열어 시체가 노출되면 교형에 처한다. 관곽을 절취하는 경우 이외에 그 주변의 분묘와 관련된 물건들, 예컨대 분묘 속의 기물이나 전석 등을 절취하면 그 수에 따라서 일반 절도죄로 처벌한다. 다만 『대명률』 원문에는 '준(准)'이라는 글자가 있는 것으로 보아 따로 직해하지는 않았지만 자자는 면제한 것으로 보인다.

제2항은 친족관계가 있는 경우의 처벌 규정이다. 우선 아랫사람이 주체가 되어 윗사람의 분묘를 파헤치면 위의 제1항에 따라 처벌하는데, 시체가 보이면 1등을 가중하여 참형에 처한다. 또 시체를 꺼내서 버려두고 분묘 터를 매도해도 참형에 처한다. 분묘 터를 중개한 사람과 매수한 사람은 이 사실을 알았을 경우에만 장80에 처하고 대금을 추징하여 관에서 몰수한다. 그리고 그 분묘 터는 원래대로 돌리는데, 분묘 터를 매도한 사실이 있으므로 원래의 매도인에게는 돌려주지 않고 동종의 친족에게 돌려준다. 다음으로 윗사람이 주체가 되어 아랫사람의 분묘를 발굴한 경우를 규정하는데, 시체가 드러나야 처벌하며 시마친은 장100 도3년, 소공친은 장90 도2년 반, 대공친은 장80 도2년, 기친은 장70 도1년 반에 처하며, 특히 아들이나 손자의 시체를 드러나게 하면 장80에 처한다. 다만 친족관계가 있더라도 사정상 개장하는 경우에는 처벌하지 않는다. 풍수지리상 이장을 한다든가, 사정이 있어서 개장을 하는 경우 등이 언제든지 발생할 수 있는데, 예법에 따라서 하였다면 처벌하지 않는다.

제3항은 시체를 훼손하는 경우의 처벌 규정인데, 분묘를 발굴한 것과

는 다르기 때문에 일반인의 경우 형량이 가볍다. 시체가 아직 집에 있거나 들에 있어서 파묻지는 않고 안치해 놓았는데 시신을 태우거나 사지를 훼손하는 등 시체를 잔인하게 훼손하거나 물속에 버리면 장100에 처하고 먼 곳으로 유배 보낸다. 잔인하게 훼손하였다면 사지를 온전하게 하지 않은 것을 의미하므로 귀를 베어내거나 눈을 도려내거나 사지를 부러뜨리는 것은 잔인하게 훼손한 것에는 포함되지 않는다. 매장이 끝났다면 제1항에 의하여 처벌한다. 그러나 객체가 친족이면 일반인에 비하여 형량이 무거운데, 이는 행위가 시체를 잔인하게 훼손하는 것이기 때문으로 보인다. 객체가 시마친 이상 윗사람이면 참형에 처하며 머리카락을 자르는 등 경미한 훼손이나 시체를 잃어버리지 않았을 때는 1등을 감경하여 장100에 처하고 먼 곳으로 유배 보낸다. 객체가 시마친 이상 아랫사람이면 일반인에 비하여 1등씩 차례로 감경한다. 즉 시마친인 아랫사람의 시체를 훼손하거나 버리면 장100 도3년, 소공친은 장90 도2년 반, 대공친은 장80 도2년, 기복친은 장70 도1년 반에 처하며, 객체가 자손이면 장80에 처한다. 객체가 조부모나 부모이거나 가장이면 참형에 처한다.

제4항은 분묘의 발굴과 관련하여 부수적으로 일어나는 범죄를 다루고 있다. 우선 땅을 파다가 우연히 시체를 발견했는데 이를 그대로 두고 다시 묻지 않으면 장80에 처한다. 또 여우굴이나 너구리굴에 연기를 피워서 탈출하는 여우나 너구리를 잡는 경우가 있는데, 그곳에 마침 분묘가 있어서 연기를 피운 불로 관곽이 타면 장80 도2년에 처하고, 관곽뿐만 아니라 시체까지 태웠으면 장100 도3년에 처한다. 이때 그 분묘가 친족의 것이면 윗사람인지 아랫사람인지에 따라 형량이 다르다. 즉 분

묘가 윗사람의 것이면 1등씩 차례로 가중하는데, 예컨대 관곽이 탄 경우 시마친이면 장90 도2년 반, 소공친이면 장100 도3년, 대공친은 장100 유2,000리, 기친은 장100 유2,500리에 처한다. 또 분묘가 아랫사람의 것이면 1등씩 차례로 감경한다. 조부모, 부모, 가장의 분묘가 객체일 경우 연기로 잡는 행위 자체로 장100에 처하고, 관곽을 태우면 장100 도3년, 시체를 태우면 교형에 처한다.

제5항은 밭을 일구기 위하여 분묘가 있는 것을 알면서도 이 분묘를 갈아엎는 행위를 규제하며 장100에 처한다. 제4항에서 땅을 파다가 우연히 시체를 발견한 경우를 장80에 처하면서 이 규정에서는 장100에 처하는 이유는 분묘가 있는 것을 알면서도 분묘를 없애는 행위로 나아갔기 때문이다. 또 남의 분묘가 있는 것을 알면서도 그 근처에 분묘를 쓰면 장80에 처하며, 관청에서는 기한을 정하여 강제로 이장시킨다. 그런데 이 규정은 조선시대에 실제 산송에서는 그리 실효성이 없었던 것으로 보인다. 즉 분묘의 발굴을 처벌하는 규정이 있었기 때문에 조선시대 분묘를 중심으로 발전한 산송 같은 경우에 관으로부터 파내라는 판결을 받았다고 하여도 패소자가 스스로 파지 않는 이상 분묘를 파는 것은 거의 불가능하였다. 또 관청에서 대신 집행하는 것도 가능하였으나 이는 예외적으로 행해졌으며, 실제로 실효적이지도 않았다. 조선시대에 몰래 매장하는 암장이나 봉분 없이 매장하는 평장 등이 행해졌을 때 이를 실효적으로 해결할 수 있는 길은 극히 적어 사회문제가 된 것은 어쩌면 당연한 일이었다.

마지막으로 제6항은 변사자가 있을 때 시체를 검험하는 행위 등을 방해하는 범죄다. 정약용이 『목민심서』에서도 지적하였듯이 변사자가 발생하면 검험을 하기 위하여 수령을 비롯하여 검험을 위한 다수의 인원이 고을에 오며, 고을에서는 이들을 접대하느라 많은 비용을 지출하는 경우가 많아서, 검험을 하기 전에는 시체를 묻어서는 안 되는데도 불구하고 매장하여 덮어버리는 경우가 허다하였다고 한다. 이 규정은 이러한 행위를 처벌하기 위한 것이다. 즉 이장과 죽은 사람의 이웃 사람이 검험하지 않았는데 다른 곳으로 옮겨버리거나 매장해 버리면 장80에 처하는데, 이 행위들을 원인으로 하여 시체가 유실되면 장100, 타인이 시체를 훼손하거나 물속에 버리면 이장, 이웃 사람을 장60 도1년에 처한다. 이 규정은 이장과 이웃 사람의 매장 행위 때문에 일어난 일에 대한 책임을 묻는 것이기 때문에 이장, 이웃 사람이 직접 훼손하거나 물속에 버렸으면 제3항을 적용하여 장100에 처하고 먼 곳으로 유배한다. 또 훼손이 경미하거나 버렸지만 다시 찾았으면 각각 1등을 감경한다.

제299조 發塚

1. 凡 佗矣 墳墓乙 掘取 棺槨乙 出見者乙良 杖一百遠流齊 棺槨乙 開出爲 屍體乙 親見爲在乙良 絞死齊 墳墓乙 掘取遣 棺槨乙 未及出爲良在乙良 杖一百徒三年齊 墳墓亦 先亦 頹落爲有去乃 未殯未葬前良中 棺槨乙 偸取爲在乙良 杖九十徒二年半 開棺槨見屍爲在乙良 絞死齊 墳墓內器物磚石等乙 偸取者乙良 贓數乙 計爲 凡盜例以 論遣 刺字安徐齊.

2. 族下亦 族長矣 墳墓乙 掘取者乙良 凡人例以 論齊 棺槨開閉屍體乙 出見者乙良 斬齊 屍體乙 棄置遣 墳地乙 放賣者乙良 罪同齊 墳地交易人及證

保人亦 知情爲在乙良 各杖八十遣 價本生徵沒官齊 墳地乙良 同宗親屬亦
中 決給爲乎矣 知不得爲在乙良 不坐罪齊 族長亦 族下矣 墳墓乙 掘取爲
屍體出見者乙良 緦麻親是去等 杖一百徒三年齊 小功親是去等 各遞減一
等齊 子孫墳塚乙 掘出開棺槨見屍爲在乙良 杖八十齊 有緣故爲 依例改葬
者乙良 不坐罪齊.

3. 佗矣 屍體乙 殘毀爲㫆 水中良中 棄置者乙良 各杖一百遠流齊 緦麻以上族
長屍體乙 毀棄爲在乙良 斬齊 屍體乙 出棄爲良置 不失爲㫆 頭髮斷取不冬
爲㫆 屍體有傷不冬爲在乙良[12] 各減一等齊 緦麻以上族下是去等 凡人例
以 遞減一等齊 子孫矣 屍體乙 毀棄爲去等 杖八十齊 子孫亦 祖父母父母
屍體乙 毀棄爲齊 奴婢及傭人等亦 家長矣 屍體乙 毀棄者乙良 斬齊.

4. 屈地爲如可 屍體乙 覓得掩埋不冬爲在乙良 杖八十齊 他矣 墳墓良中 狐
狸捉得事以 煙熏爲如可 因此棺槨燒亡令是在乙良 杖八十徒二年齊 屍體
乙 燒亡爲在乙良 杖一百徒三年齊 緦麻以上族長是去等 各遞加一等論罪
齊 族下是去等 依凡人例遞減一等齊 子孫亦 祖父母父母墳墓果 奴婢傭人
等亦 家長矣 墳墓良中 狐狸捉得事以 煙熏者乙良 杖一百齊 燒棺槨者乙良
杖一百徒三年齊 燒屍者乙良 絞死齊.

5. 他矣 墳墓乙 耕破 爲田園者乙良 杖一百齊 有主墳地內良中 盜葬爲在乙良
杖八十遣 定限日移葬齊.

6. 所居地境內良中 死人有去等 里長及切隣人等亦 官司現告檢屍不冬令是遣
他處移置爲㫆 及埋葬爲在乙良 杖八十齊 屍體乙 閪失爲在乙良 杖一百齊

---

12 『대명률직해』는 부정으로 해석하였으나 오류다(『당률소의(唐律疏議)』 영역본 등 참조).

屍體乙 殘毀爲㫆 水中良中 棄置者乙良 杖六十徒一年齊 屍體乙 棄而不失
爲㫆 髮髮不冬爲㫆 屍傷不冬者乙良 各減一等齊 因此衣服乙 偸取者乙良
贓物乙 計爲 竊盜例以 論遣 刺字安徐爲乎事.

⑦

제305조 모살

1. 사람을 죽이려고 모의하는 데 처음에 뜻을 내어 주도한 자는 참형에 처한다. 따르면서 힘을 보태어 직접 실행한 자는 교형에 처한다. 직접 실행하지 않은 자는 장100에 처하고 먼 곳으로 유배 보내는데, 피해자가 사망하면 처벌한다.

2. 사람을 죽이려고 모의하였으나 상해만 입히고 죽이지 않았으면 교형에 처한다. 따르면서 힘을 보태어 직접 실행하였으면 장100에 처하고 먼 곳으로 유배 보낸다. 직접 실행하지 않았으면 장100 도3년에 처한다.

3. 사람을 죽이려고 모의하였으나 상해도 입히지 못하였으면 장100 도3년에 처한다. 따른 자는 장100에 처하는데, 함께 모의한 자는

모두 처벌한다.

4. 주도한 자는 비록 그 자신이 직접 실행하지 않았어도 수범으로 논하고, 따른 자는 직접 실행하지 않았어도 직접 실행한 자의 예에서 1등을 감경한다.

5. 이를 기화로 돈이나 재물을 탈취하면 강도의 예에 따라서 수범과 종범을 불문하고 모두 참형에 처한다.

❋

제305조는 2인 이상이 모의하거나 사전에 계획한 정상이 분명한 의도적인 살해를 규정하고 있다. 이는 독일법과 게르만법에서 이욕을 위한 살인, 예모에 의한 살인 등을 포함하여 행위자의 비난받을 심정, 즉 윤리적 요소를 전제로 한 살인과 비슷한 맥락으로 보인다. 제313조에서 고의살인을 규정하고 있는 것으로 보아 모살과 고살에 대한 서양에서의 구분과 비슷한 맥락의 구별이 전통법에서도 인정되고 있었다. 6살(殺)이라고 하여 사람이 사망하게 되는 여섯 가지 유형을 분류하여 놓았는데, 모살(謀殺), 고살(故殺), 투구살(鬪毆殺), 희살(戲殺), 오살(誤殺), 과실살(過失殺)이 그것이다. 이 중 고살은 예모에 의한 살인 등이 아닌 우연한 살인, 순간적인 격정에 못 이겨 행한 살인을 의미한다. 투구살은 서로 다투다가 사망한 경우, 희살은 장난을 치다가 죽은 경우, 오살은 A를 죽이려 했는데 잘못하여 B를 죽인 경우를 말하며, 과실살은 눈과 귀로 보고 듣지 못하고 생각이 미치지 못한 것이다. 가령 짐승에게 활을

쏘거나, 어떤 일 때문에 벽돌, 기왓장을 던졌는데 뜻하지 않게 사람을 죽인 경우, 혹은 높고 험한 곳에 올라서 발을 헛디뎌서 같이 있는 사람에게 해를 끼치거나, 혹은 배를 타고 가다 풍랑을 맞거나, 말을 모는데 너무 빨리 달리거나, 수레가 비탈길을 내려가는데 형세상 멈출 수 없거나, 혹은 무거운 물건을 함께 들다가 힘이 미치지 못하여 같이 든 사람에게 손상을 입힌 경우다. 처음에는 타인을 해칠 의도가 없었으나 우연히 살상에 이르게 된 경우다. 이 중에 희살, 오살은 투구살과 동일하게 처벌하며, 과실살은 투구살과 동일하게 처벌하되 사형에 처하지는 않는다. 6살 중 모살을 제일 앞에 놓은 것은 모살이 사람이 사망하는 범죄 중에 가장 중한 것이기 때문이다. 영미법에서 모살을 1급살인 또는 2급살인으로 분류하는 것도 비슷한 맥락일 것이다.

이 규정과 관련하여 『대명률직해』는 제1항과 제2항을 분리하지 않고 직해하였는데, 의미상 제1항과 제2항을 분리하는 것이 타당하므로 분리하였다. 즉 사람을 죽이려고 모의하였는데 죽었으면 제1항, 상해만 입었으면 제2항을 적용하는 차이가 있고, 상해도 입지 않았다면 제3항을 적용한다. 또 제4항은 수범과 종범의 구별에 관한 내용으로, 제5항은 재물과 관련될 때를 규정한다. 아래에서 자세하게 살펴보자.

제1항은 사람을 죽이려고 모의하고 사망이라는 결과가 발생했을 때의 처벌 규정이다. 행위의 가담 정도에 따라 형량을 달리하는데, 처음에 뜻을 내어 범죄의 계획을 세우는 등 주도한 자는 참형에 처한다. 따르면서 힘을 보태어 직접 실행한 자는 교형에 처하며, 직접 실행하지 않은 자는 장100에 처하고 먼 곳으로 유배 보낸다. 여기서 따르면서 힘을 보

태어 직접 실행한 자는 예컨대 같이 모의하여 함께 실행에 착수하였고 살해할 때에 가담하거나 실행한 자를 가리킨다. 또한 살해 당시에 직접 가담하지 않더라도 길을 막거나 겁을 주어 피해자가 도망할 수 없게 한 경우는 여기서 제외하는 견해도 있지만, 망을 보는 행위는 제외하더라도 직접적으로 모살에 가공한 행위까지 가공에서 제외할 필요는 없다. 이 경우 수범과 종범의 구분을 어떻게 하는지가 문제가 되는데, 직접 실행을 했는지 여부에 따르지 않고 범행을 주도적으로 계획하였는가를 기준으로 한다. 이는 제4항에서 규정하고 있는데, 범행을 주도적으로 계획하였다면 그가 직접 실행하지 않았어도 수범으로 처벌하며, 따른 자는 직접 실행하였다고 하여도 종범으로 처벌한다. 그러므로 따른 자라고 하여도 직접 실행하지 않았다면 종범이 직접 실행한 자에 비하여 1등을 감경한다. 제1항의 규정을 예로 들어보면 사람을 죽이려고 모의한 자는 그가 직접 실행하였든 하지 않았든 수범에 해당하여 참형에 처하고, 수범을 따라서 직접 실행한 자는 종범으로 교형에 처하는데, 직접 실행하지 않은 자는 이 종범보다 1등을 감경하여 장100 유3,000리, 즉 먼 곳으로 유배 보내는 형으로 처벌한다. 「명례율」에 따르면 종범은 수범보다 1등을 감경하여 처벌하지만, 여기서는 형량 자체를 규정하고 있으므로 예외라고 보아야 할 것이다.

다음으로 제2항은 사람을 죽이려고 모의하였으나 실패하고 상해만 입힌 경우를 규정한다. 이때는 제1항과 똑같은 구조로 사람을 죽이려는 모의를 주도한 자를 수범으로 하여 교형에 처하고, 따르면서 직접 실행한 자를 종범으로 장100에 처하고 먼 곳으로 유배 보내며, 직접 실행하지 않은 자는 종범보다 1등을 감경하여 장100 도3년에 처한다.

제3항은 사람을 죽이려고 모의하였으나 실패하였고 상해도 입히지 못한 경우를 규정한다. 상해도 입히지 못한 경우는 피해자가 저항해서 죽음을 면하거나 다른 사람의 구호를 받아 죽음을 면한 경우 등이다. 제305조의 규정은 예비, 음모를 처벌하지는 않기 때문에 최소한 실행의 착수에까지 나아갔지만, 상해의 결과를 가져오지 못한 경우를 가리킨다. 이때 아무런 결과도 발생하지 않았기 때문에 직접 실행한 자와 실행하지 않은 자 사이의 행위에는 차이가 없다. 그렇기 때문에 모의를 주도한 자를 수범으로 하여 장100 도3년에 처하지만, 실행 여부와 관계없이 종범은 모두 장100에 처한다.

제305조의 구조는 모살의 성립을 범죄의 단계에 따라 실행의 착수 → 상해 기수 → 살인 기수로 구분하였다. 그리고 법정형을 수범과 종범, 종범은 가담과 미가담으로 구분하여 규정하였다. 가담과 실행의 정도에 따른 법정형은 다음 표와 같다.

〈모살의 형량 비교표〉

	수범 (주도)	종범	
		가담	미가담
기수[살해]	참형	교형	장100 3,000리
미수[상해]	교형	장100 3,000리	장100 도3년
착수[미상해]	장100 도3년	장100	

마지막으로 제5항은 모살의 기회에 돈이나 재물을 탈취하는 경우를

규정하고 있다. 재물을 탈취한다는 점에서 강도와 유사하고, 최고 형량이 참형이라는 점에서도 참조할 만하므로 제289조 강도(强盜)와 동일하게 처벌한다. 즉 수범인지 종범인지 가리지 않고 모두 참형에 처한다. 제305조 모살을 수범과 종범으로 나누어 처벌하는 것은 재물에서 이익을 얻으려고 한 것은 아니며, 모살에 강도까지 결합되어 있다면 굳이 수범과 종범을 구별할 필요가 없기 때문이다. 이때 제302조 강·절도의 공모(共謀爲盜)와의 관계가 문제된다. 제302조에서는 강도를 공모하였는데 실제로는 절도를 한 경우 절도로 처벌하고, 절도를 공모하였는데 강도를 행한 경우 강도를 직접 실행하지 않은 주모자는 장물을 나누어 가진 경우 절도의 수범이 되고, 나머지 사람들은 절도의 종범이 된다. 여기서 모살의 경우 재물을 탈취하였다는 것만으로 수범과 종범을 불문하고 참형에 처하는데, 재물을 탈취하였다는 것이 재물 즉 장물을 나누어 가진 것을 의미하는가가 문제다. 제302조에서 실제 모의한 것보다 실행한 것이 적으면 적은 것, 즉 절도로 처벌하고, 실제 모의한 것보다 실행한 것이 크면 실행한 자만 강도로 처벌하고 실행하지 않은 자들은 강도가 아닌 절도로 처벌하면서 수범과 종범을 나누었다. 이에 비추어 보면 모살을 모의하고 그 기회에 재물을 탈취하는 범죄는 모살과 강도가 결합하여 있으므로 성질이 전혀 다른 강도를 범하였을 때 재물을 취득하는 것, 강도죄에서도 재물을 취득하여야 참형에 처하는 점을 고려해 보면 장물을 나누어 가져야 수종을 가리지 않고 참형에 처할 수 있을 것이다. 이 문제는 제302조 규정의 뜻을 미루어서 해석한 것으로 이를테면 유추해석이라고 할 수 있다. 즉 실제로 적용할 때에는 이러한 해석론을 고려하여서 수종을 나누는 것으로 왕이 결정하여야 그것이 의미가 있는 해석이 된다는 것이다.

한편 제305조는 일반인 사이의 범죄를 규정한 것으로, 친족 간의 범죄는 따로 규정한다. 이를 규정한 것이 제307조와 제309조다. 제307조 조부모·부모 등의 모살(謀殺祖父母父母)은 위의 3단계 구조(형량 비교표 참조)에서 기친 이상의 윗사람, 외조부모, 남편, 남편의 조부모와 부모에 대한 모살은 그 착수만으로 참형에 처하며, 살해는 거열형에 처하며 시마 이상의 윗사람은 착수는 장100 유2,000리, 상해는 교형, 살해는 참형에 처한다. 이 규정은 십악 중 악역(惡逆)과 불목(不睦)에 해당한다.[13] 또 윗사람이 아랫사람을 살해하려고 모의하면 착수는 고살죄에서 2등을 감경하고, 상해는 1등, 살해는 고살죄로 처벌한다. 예컨대 대공친 이하의 윗사람이 아랫사람을 고살하면 교형에 처하는데, 만약 모의하여 실행에 착수만 했으면 2등을 감경하여 장100 도3년에, 상해한 자는 1등을 감경하여 장100 유3,000리에 처한다. 그리고 형·언니가 아우·누이를, 백숙부모·고모가 조카·조카손자를, 외조부모가 외손을 고살하면 모두 장100 유2,000리에 해당하는데,[14] 만약 모의하여 실행에 착수만 한 경우 자(子)는 장90 도2년 반에, 상해는 장100 도3년에 처한다. 또한 노비와

---

13 「명례율」§2 十惡: 四曰惡逆 謂毆及謀殺祖父母父母 夫之祖父母父母, 殺伯叔父母姑兄姉外祖父母及夫者. …八曰不睦 謂謀殺及賣緦麻以上親 참조.

14 「刑律」[鬪毆] §341 毆期親尊長: 其兄姉毆殺弟妹 及伯叔姑毆殺姪并姪孫 若外祖父母毆殺外孫者 杖一百徒三年, 故殺者 杖一百流二千里, 過失殺者 各勿論 참조.

머슴이 주인이나 가장을 모살하면 아랫사람이 윗사람을 모살한 것과 동일하게 처벌한다. 이를 수범을 기준으로 표로 나타내면 다음과 같다.

〈수범을 기준으로 한 친족 모살 등의 형량 비교표〉

	기복친 이상	시마 이상	존장	노비 등	일반 모살 수범
기수[살해]	능지 처사	참형	고살죄 [교형]	자손과 동일	참형
미수[상해]	참형	교형	고살죄 감1등		교형
착수[미상해]		장100 유2,000리	고살죄 감2등		장100 도3년

제309조 죽은 남편 부모 등의 모살(謀殺故夫父母)에서도 모살을 규정하고 있는데 며느리, 시부모, 주인, 노비 상호 간의 명분과 의리를 기준으로 형량을 달리 규정하였다. 처나 첩이 죽은 남편의 조부모나 부모를 죽이려고 모의하면 제307조 조부모·부모 등의 모살(謀殺祖父母父母)을 적용하지만, 노비가 옛 가장을 죽이려고 모의하면 일반인의 경우인 제305조 모살(謀殺人)로 처벌한다. 『당률소의』에 따르면 처나 첩이 남편이 사망하여 개가한 경우와 노비가 양인이 된 경우를 가리키는데, 처나 첩의 경우에는 전남편과의 의리가 아직 있지만, 노비가 양인이 된 경우에는 양인 대 양인의 관계이므로 이렇게 처벌에 차이가 나는 것으로 규정한 것으로 보인다. 처나 첩이 남편이 사망하여 개가한 것이 아니라 쫓겨난 경우에는 일반인은 제305조로 처벌하여야 할 것이다. 그런데 논리적으로

는 위와 같이 해석해야 할 것이지만, 조선에서는 노비의 경우에 의리가
끊어진 것으로 보지 않았다. 예컨대 위와 비슷한 규정인 노비가 옛 주인
을 구타한 규정에서 율문은 일반인끼리 구타한 것으로 처벌하여야 한다
고 하였지만, 『대명률직해』에서는 이를 직해하면서 노비가 주인을 때렸
을 때의 형벌인 참형에서 1등을 감경한 것으로 처벌한다(제345조 처첩의 죽
은 남편의 부모에 대한 구타). 이로 보아 조선에서는 일반인에 대한 모살로 처
벌하지 않고 그보다 형량을 가중하여 처벌하여야 할 것인데, 구타와 관
련하여서는 일반인끼리의 구타의 형량이 매우 낮기 때문에 이렇게 따로
직해할 필요가 있었지만, 모살의 경우에는 형량에 큰 차이가 없이 매우
중한 형벌로 처벌되기 때문에 다르게 직해하지는 않은 것으로 보인다.

　이 규정은 조선시대에 매우 자주 적용되었지만, 『조선왕조실록』의 기
사에서는 이 규정의 적용 여부에 대한 다툼은 거의 없고, 이 규정에 따
라 조율하여 참형에 처한다고 할 뿐이다. 예컨대 천안 사람 표수(表守)와
보성 사람 김불로(金佛老)는 모살범(謀殺犯)이니, 율에 의하여 참형에 처하
라는 기사(『세종실록』 세종 10년 8월 20일)가 있는데, 특히 많이 나오는 기사
는 주인을 모살하거나 남편을 모살한 기사다.

제305조 謀殺人

1. 凡謀殺人 初亦 出意起撝爲在乙良 斬齊 隨弥 助力下手爲在乙良 絞齊 不
　下手爲在乙良 杖一百遠流爲乎矣 被害人亦 致死爲去沙 坐罪爲齊.
2. 傷害爲遣 不死爲在乙良 絞死齊 助力下手爲在乙良 杖一百遠流遣 不下手

爲在乙良 杖一百徒三年齊.

3. 謀殺爲行如可 傷人不冬爲在乙良 杖一百徒三年齊 爲從者乙良 杖一百爲乎矣 同謀者乙良 並只 坐罪齊.

4. 起揭爲在乙良 必于 其矣 身亦 親亦 使內不冬爲在乃 爲首以 論遣 爲從者 親亦 使內不冬爲在乙良 親亦 使內行如 人矣 例良中 減一等齊.

5. 因此錢物奪取爲良在乙良 强盗例以 首從勿論 皆斬爲乎事.

──⑧──
제308조 간통자의 살해

1. 처나 첩이 타인과 간통하는 중에 간통하는 장소에서 간통남과 간통녀를 직접 잡아서 즉시 때려 죽였으면 죄를 묻지 않는다. 간통하는 장소에서 오직 간통남만 잡아서 때려 죽인 경우에 간통녀는 율에 따라서 단죄하며, 본남편이 데리고 살거나 팔거나 임의로 하도록 허용한다.
2. 처나 첩이 간통하는 타인과 함께 모의하여 자신의 남편을 죽이면 거열형에 처하고, 간통남은 참형에 처한다. 간통남이 본남편을 때려 죽이면, 간통녀가 비록 사정을 알지 못하였더라도 교형에 처한다.

제308조는 간통한 처와 그 상간자에 대한 남편의 사적 처벌을 합법 화한 규정이다. 『당률』에는 없으며, 『원사(元史)』 권104 「형법지」 [간비(姦 非)]에 연원을 두고 있으며, 『형법대전』으로 이어졌다. 간통자를 살해한 남편에게는 죄를 묻지 않고 또 상간자가 본남편을 살해하면 처가 그 사 정을 몰랐을 때에도 교형에 처한 것은 철저하게 남성 중심의 법임을 나 타낸다. 이는 『명률』이 『당률』보다 훨씬 더 보수적이고 유교화하였음을 보여주는 조문이다.

우선 제1항은 간통과 관련한 본남편의 행위 규정이다. 본남편이 간 통하는 현장에서 간통남과 간통녀를 직접 잡아서 즉시 때려 죽였으면 처벌하지 않는다. 또 그 장소에서 간통남만 때려 죽였으면 그 또한 무 죄이지만, 간통녀는 제390조 간음(犯姦)에 따라서 처벌하는데, 화간인 경우에는 남편이 있으므로 장90으로 처벌될 것이다. 간통남만 죽였다 는 것은 간통녀에 대하여는 이미 본남편이 임의로 처리하겠다는 전제에 있으므로 그냥 그대로 데리고 살거나 파는 등 임의처분을 허용한다. 현 장주의를 취하는 이러한 『대명률』의 태도는 조선시대의 실무에도 영향 을 미쳤다. 즉 세종 10년(1428)에 간통사건이 발생하였는데, 간통 현장 에서 체포되지 않은 피고인들은 간통하지 않았다고 항변하였지만 증거 가 충분히 갖추어져 있었다. 이 사안에서 『대명률』에서 현장주의를 취한 입법 취지를 살펴본 세종은 은밀히 이루어지는 간통을 증거에 의해서 만 재판하면 무고한 사람들이 형벌의 영역으로 들어오게 되므로 이러한 위험을 방지하는 것이라고 판단하고 현장주의에 따라야 한다고 하였다 (『세종실록』 세종 10년 4월 21일). 또 성종 6년(1475)에 사간원에서 간통의 현장 주의는 실제 수사에 애로가 많은 점을 들어 증거주의를 주장하였지만 채택되지 않았다(『성종실록』 성종 6년 12월 24일). 이렇게 되자 간통 현장 개념 이 매우 좁았기 때문에, 조선시대 후기에 이르면 현장 개념을 확장하여 여성의 간통 행위에 대한 통제를 보다 강화하려고 하였다. 예컨대 영조 34년에 같이 식사를 하고 있던 현장을 발견하여 삼문(三文)을 살인한 군 관 정태옥(鄭太玉)의 살인사건을 심리하던 중에 삼문이 정태옥의 부인과 밥상머리를 같이하여 식사를 하고 있던 것은 간통을 하지 않았다면 있 을 수 없는 일이라고 하여 간통 현장과 동일하게 평가하여야 하므로 사 형에서 감형하도록 하였다(『승정원일기』 영조 34년 11월 26일). 또한 조선에서 는 이 규정을 유추하여 본남편의 아들이 간통남을 살해하는 데까지 확 장하여 적용였다. 이 규정은 『속대전』에서 "그 어머니가 타인과 몰래 간 음하는데, 그 아들이 간통 현장에서 그 타인을 찔러 죽인 경우에는 참 작하여 정배한다"라고 규정하였다.[15] 『대명률직해』의 규정상 간통남을 현장에서 죽인 주체에는 본남편만 해당하지만, 이를 어머니의 아버지에 대한 배신행위에 아들이 아버지를 대신하여 복수한 것으로 보아 『대명 률직해』의 이 규정을 유추한 것이다. 다만 복수와 완전히 일치하는 것 이 아니기 때문에 무죄라고 볼 수도 없어 참작하여 정배하는 것으로 타 협하였다.

---

15 『續大典』刑典 殺獄: ○ 其母與人潛姦, 其子於姦所刺殺姦夫者, 參酌定配.

제2항은 본남편이 피해자인 경우에 대한 규정이다. 본남편이 피해자일 때는 가해자가 처나 첩인 경우가 있고, 간통남인 경우가 있는데, 이 규정에서는 이를 나누어 규정하였다. 우선 처나 첩이 본남편을 죽이면, 다른 원인으로 죽이는 경우에는 제307조의 규정을 적용하여 거열형에 처하는데 간통이 원인인 경우에도 같은 형벌인 거열형에 처한다. 다만 간통이 원인이기 때문에 간통남이 있고, 간통남이 종범이면 1등을 감경할 수 있는데 감경한다면 장100 유3,000리이므로 제2항에서는 이를 보다 중한 형벌로 처벌하기 위하여 특별히 참형에 처하는 것으로 규정하였다. 한편 간통남이 주체가 되어 실행했으면 간통녀인 부인만 교형에 처하도록 규정하였다. 이는 간통남이 본남편을 살해한 이유가 간통이므로 부인이 그 원인 제공자이기 때문이다. 이때 간통남의 형벌은 따로 규정하지 않았는데, 간통녀인 부인과 함께 모의를 하였다면 제307조의 규정에 따라서 모의를 주도하였는지 여부에 따라 수범과 종범을 나누어 간통남이 실행하였지만 종범이면 1등을 감경하여 장100 유3,000리에 처할 것이다. 또 함께 모의를 하지 않았고 단순히 때려 죽였으면 제313조 투구살 및 고살(鬪毆及故殺人)에 따라 교형에 처한다.

第308條 殺死奸夫

1. 凡妻妾亦 佗人乙 通奸爲去等 奸所良中 奸夫奸婦乙 親亦 執捉爲 卽時打殺爲在乙良 勿論罪齊 奸所良中 唯只 奸夫乙 執捉打殺爲在如中 奸婦乙良 依律斷罪遣 本夫亦中 率居爲乃 放賣爲去乃 任意以 使內只爲 准受齊.

2. 妻妾亦 他人乙 行姦爲如可 同謀爲 親夫乙 殺死爲在乙良 車裂處死遣 姦
  夫乙良 斬齊 姦夫亦 本夫乙 打殺爲去乙 姦婦亦 必于 知情不冬爲良置 絞
  死爲乎事.

─⑨─
제311조 생기 채취와 신체 절단

1. 타인의 생기를 채취하기 위하여 신체를 절단한 자는 거열형에 처하고, 재산은 몰수하여 피살자의 집에 주며, 처자 및 동거하는 식솔은 그 사정을 알지 못했더라도 모두 먼 곳으로 유배 보낸다. 종범은 참형에 처한다. 실행에 착수하였으나 상해를 입지 않았으면 또한 참형에, 처자는 먼 곳으로 유배 보내며, 종범은 장100에 처하고 먼 곳으로 유배 보낸다. 이장이 알고서도 고발하지 않으면 장100에 처하되, 몰랐으면 처벌하지 아니한다. 잡도록 신고하면 20냥을 상으로 준다.

이 규정은 자기의 이익을 위하여 사람을 살해하거나 상해하여 장기를 추출하고 정기를 뽑는 행위를 엄벌하는 규정이다. 이 조는 십악 중 부도(不道)에 해당한다. 이 규정은 타인의 장기를 채취할 목적인 신체 절단은 매우 잔인한 행위이므로 극형 중의 극형인 거열형에 처한다는 것을 내용으로 하고 있다. 가해자의 재산은 몰수하여 피해자에게 주며, 가해자의 처자와 동거하는 식솔은 그 사실을 알지 못하였더라도 연좌하여 모두 먼 곳으로 유배 보낸다. 또 종범은 1등을 감경하여 참형에 처한다. 실행에 착수하였지만 상해를 입지 않으면 위의 예에서 감경하여 처벌한다. 즉 수범은 살해하거나 상해한 형벌인 거열형에서 감경하여 참형에 처하고, 종범은 수범보다 1등을 감경하여 장100에 처하고 먼 곳으로 유배 보낸다. 처자도 먼 곳으로 유배 보낸다. 이렇게 상해를 입지 않았어도 실행에 착수하였다는 이유로 처벌하는 것은 현대 형법의 위험범에 해당한다. 이 규정은 요술이 지방에 확산될 위험성에 주목하고 있었음을 보여준다.

한편 『대명률』 원문에 의하면 처자와 동거하는 가솔은 유2,000리에 처한다고 하며, 실행에 착수하였지만 상해를 입지 않은 종범은 장100 유3,000리에 처한다고 한 것을 『대명률직해』에서는 모두 먼 곳으로 유배 보낸다(遠流)로 번역한 점이 특징이다. 유2,000리이든 유3,000리이든 먼 곳으로 유배 보낸다고 직해한 것은 조선시대에 유2,000리에 해당하는 지역과 유3,000리에 해당하는 지역을 특정한 이후에도 먼 곳으로 유배 보낸다는 용어가 혼용된 것으로 보인다. 이 규정을 둔 취지는 생기, 즉 눈, 귀, 코, 혀, 이, 손바닥, 발바닥 등을 채취하여 요술을 부리는 행위를 처벌하기 위한 것이다. 요술과 관련되기 때문에 반드시 사람이 죽지 않아도 극형에 처하며, 십악 중의 하나로 들어가 있다. 과거 장기 추출은 어린아이의 장기를 먹으면 문둥병이 낫는다는 민간요법에서 행하는 경우도 있었다.

마지막으로 마을을 책임지는 자의 처벌도 규정하였다. 이 생기 채취와 신체 절단 등에 대하여 이장에게 고발 의무를 부여하여 알고서도 고발하지 않으면 장100에 처하며, 몰랐다면 처벌하지 않는다. 또한 이장이 알고서 잡도록 신고하면 은20냥을 포상한다. 고발 의무를 부과하면서도 고발에 대하여 포상을 하도록 한 것이다. 제311조의 범죄 주체와 형량 등을 표로 나타내면 아래와 같다.

〈제311조 형량 비교표〉

	수범(주도)	종범	처자
생기 채취 상해, 살해	거열형	참형	먼 곳으로 유배
착수[미상해]	참형	장100, 먼 곳으로 유배	

이 규정에 대한 조선의 사례는 잘 보이지 않으며, 정약용의 『흠흠신서』에 중국의 판례가 언급되어 있을 뿐이다. 첫 번째 사례는 강소의 백성 반명고(潘鳴皐)라는 사람이 어린아이의 시체를 파서 고경문(顧景文)에게 주어 약을 조제하게 한 사안이다. 원심은 고경문에게 요술을 전수하

게 하여 익힌 제181조 사술의 금지(禁止師巫邪術) 규정을 적용하여 교형에 처했는데, 이 처벌이 잘못되었다고 하여 반명고는 제311조의 종범으로 참형에 처하였고, 기록에는 나와 있지 않지만 고경문은 수범으로 능지처사되었을 가능성이 크다. 두 번째 사례는 광동 향산현의 백성 유공악(劉公岳)이 문둥병에 걸렸는데 사람의 쓸개로 고칠 수 있다는 말을 듣고 A에게 의뢰하고, A가 B의 배를 갈라 B가 죽은 사안이다. A는 이 규정에 의하여 능지처사로 처벌되고, 유공악은 이 규정을 적용하되 1등을 감경하여 장100 도3년으로 처벌하고, 병에 걸려 있으므로 수속하여야 한다고 하였다[『흠흠신서』 의율차례 사망지주(邪妄之誅)].

第311條 探生折割人

凡他人矣 生氣乙 採取爲乎爲 人體乙 割截爲在乙良 車裂處死遣 家産乙良 收沒爲 給付死者之家爲㫆 妻子及同居人口等乙良 必于 知情不冬爲良置 並只 遠流齊 爲從者乙良 斬齊 已行爲遣 傷人不冬爲在乙良置 斬齊 妻子乙良 遠流齊 爲從者乙良 杖一百遠流齊 里長亦 知而不告爲在乙良 杖一百遣 不知者乙良 不坐齊 現捉進告爲在乙良 銀二十兩乙 給賞爲乎事.

⑩

제313조 투구살 및 고살

1. 싸우다가 때려서 사람을 살해하면 손, 발, 칼날 등의 물건을 불문하고 모두 교형에 처한다.

2. 고의로 사람을 살해한 자는 참형에 처한다.

3. 함께 모의하고 타인을 힘을 합쳐서 구타하여 이 때문에 죽으면, 때려서 상해하여 죽게 한 것을 중시하여 직접 실행한 자는 교형에 처한다. 처음 모의를 주도한 자는 장100에 처하고 먼 곳으로 유배 보낸다. 나머지 사람은 각각 장100에 처한다.

전통시대에는 타인에 의하여 사람이 죽는 것을 여섯 가지로 분류하였다. 사람이 죽는 형태에는 불에 태워 죽이든, 물에 빠뜨려 죽이든, 저주를 통해 죽이든 규범적으로 평가되는 것은 법에 규정된 여섯 가지의 죽음뿐이었다. 그 여섯 가지의 죽음은 모살(謀殺), 고살(故殺), 투구살(鬪毆殺), 희살(戱殺), 오살(誤殺), 과실살(過失殺)이었다. 이 중 모살은 제305조에서, 희살, 오살, 과실살은 제315조에서 다룬다. 고살과 투구살은 제313조에서 다룬다. 이 제313조는 규정 자체는 매우 짧지만, 대부분의 살인범죄를 이 규정에 의하여 처리한 것으로 보인다. 그도 그럴 것이 조선시대의 살인범죄는 대부분 싸우다가 손이나 발에 의해 발생한 것이고, 간헐적으로 환도, 즉 칼에 의한 것이 있었는데, 모두 투구살 또는 고살에 해당하기 때문이다.

제1항은 투구살을 규정하고 있다. 서로 다투는 것을 '투'라고 하고 서로 때리는 것을 '구'라고 하는데, 서로 다툰다는 것은 두 명을 전제로 하며 말로 다투는 것이다. 그런데 『대명률직해』에서는 '투구'를 '쟁투(爭鬪)'와 '구격(毆擊)'으로 번역하여 '투'와 '구'를 구별하는 모습을 보이지만, 제3항의 번역에서는 여럿이 함께 폭행하는 '공구(共毆)'를 단지 '병력투타(并力鬪打)'로 번역하여 '투'의 의미가 두 명을 전제로 하는 것을 엄격히 따르지는 않고 있다. 즉 다투다가 때리는 행위 자체를 '투구'로 인식했을 가능성이 높다. 다만 공동으로 때리는 행위는 제3항에서 규정하므로 당연한 결과로서 제1항은 2인을 전제로 하는 규정이며, 따라서 종범은 없을 수밖에 없다.

제1항에서 규정하는 싸우다가 때려서 사람을 살해한 행위는 현재

의 개념으로 보면 폭행치사 또는 상해치사에 해당하는데, 살해의 고의가 없는 경우다. 서로 때리다 한쪽이 사망할 수도 있는데 이를 규율하는 규정으로서 형량은 교형이다. 서로 때릴 때 도구가 무엇인지는 상관이 없다. 손이나 발은 예시에 불과하며 머리, 몸 등 신체의 모든 부분이 도구가 될 수 있으며, 칼날이나 다른 물건을 이용하여도 이에 해당한다. 다만 칼날을 사용하면 이를 단순히 투구살에만 해당시켜야 하는지는 논란의 여지가 있다. 칼을 사용하여 살해한 경우를 어떻게 손발과 동일하게 평가할 수 있는지 의문이 생기는 것은 당연할 것이다. 이러한 의문이 세종 때 제기되었다. 즉 칼날 등으로 살해하였는데 관리 등이 심문할 때에 죽일 의사가 있었다고 자복하면 고살로 처벌하고, 처음부터 살해할 의사가 없었다고 자복하면 투구살로 처벌하니 어리석은 자는 중형에, 간사한 자는 경형에 처하게 된다는 것이다. 논의는 칼을 사용한 경우를 둘로 나누어 처벌하는 것으로 귀결되었다. 즉 칼로 사지나 급소가 아닌 곳을 찔렀으면 투구살로 처벌하고, 급소인 경우에는 『당률』에서도 칼날로 사람을 죽인 경우 고살과 마찬가지로 처벌하니 이를 받아들여 고살로 처벌하자는 것이다(『세종실록』 세종 15년 9월 2일).

제2항은 고의로 살인하는 고살에 대한 규정이다. 고살은 투구살보다 1등이 가중된 참형에 처한다. 예컨대 싸우다가 감정이 격해져서 죽였다면 처음부터 죽이려는 마음은 없었지만 죽일 당시에는 죽이려는 고의가 있었으므로 고살로 처벌한다. 때리다 보니 이러다 죽겠다고 하는 내심의 의사 내지 인식이 있었다고 하여도 이를 미필적 고의라고 하여 따로 구분하지는 않았다.

第313條 鬪歐及故殺人

1. 凡爭鬪爲如可 歐擊殺人爲在乙良 手足刀刃等物乙 不問遣 並只 絞死齊.

2. 故只 殺人者乙良 斬齊.

3. 同謀爲 他人乙 并力鬪打 因此致死爲在乙良 打傷致死爲重爲 下手人乙 絞死齊 始謀爲在乙良 杖一百遠流遣 餘人乙良 各杖一百爲乎事.

⑪

제315조 희살상, 오살상, 과실살상제

1. 처음에 희롱하다가 살상하거나 때리며 싸우다가 옆 사람을 착오로 살상하면 각각 사람을 투살상한 예로 논한다. 처음에 사람을 모살하거나 고살하다가 옆 사람을 잘못하여 살해하면 고살로 논한다.

2. 본래 물이 깊은 강나루를 평평하고 얕다고 거짓으로 말하거나, 본래 썩었거나 물이 새는 다리나 나룻배를 튼튼하다고 거짓으로 말하여 지나가는 사람이 속아서 건너다가 물에 빠져 죽거나 상해를 입으면 또한 사람을 투살상한 예로 논한다.

3. 짐승을 쏘아 맞히거나 기와를 던지거나 높고 험한 곳에서 발을 헛디뎌서 같이 있는 사람에게 해를 끼치거나 타고 있는 배가 풍랑

을 만나거나 타고 있는 말이 놀라서 달리거나 달리는 수레가 아래로 내려가는 등 형세가 부득이하여 인명을 상해하거나 때로 무거운 물건을 함께 들다가 힘이 부족하여 같이 든 사람에게 해를 입히거나 하는 등 처음에는 사람을 해할 의사가 없었는데 우연히 실수하여 인명을 살상한 경우에는 모두 사람을 투살상한 예로 논하며, 율에 따라서 죄상의 경중으로 재물을 계산하여 추징하여 피살당하거나 상해를 입은 사람의 집에 장례비나 약값으로 준다.

❀

제1항은 희살상과 오살상에 대한 규정이다. 희살상(戱殺傷)은 서로 장난하다가 사람을 살상하는 것이다. 장난치다가 상해에 이르렀다면 투구상으로 처벌하는데 이는 제325조 투구(鬪毆)에 규정되어 있으며 상해의 정도에 따라 형량이 다르다. 또 희살에 해당하는 경우 투구살로(以) 처벌하는데 제313조 투구살 및 고살(鬪毆及故殺人)에 따르면 형량은 교형이다.

오살상(誤殺傷)은 오늘날의 착오에 해당하는 개념으로, 서로 싸우다가 옆 사람을 잘못하여 살상한 경우에 투살상으로(以) 처벌한다. 옆 사람은 원래의 대상이 아닌데, 그 사람으로 착오하여 살인하는 것으로, 현대 형법에서 행위의 방법이 잘못되어 의도한 객체 이외의 다른 객체에 결과가 발생하는 방법의 착오에 해당한다. 이러한 착오로 인하여 살상이라는 결과가 발생하였을 때에는 각각 사람을 투살상한 예로 논한다. 투상(鬪傷)은 제325조에 규정되어 있는데, 골절이 되었는지 한쪽 눈을 다쳤는지 등 결과에 따라 형이 다르다. 또한 투살(鬪殺)은 제313조에서 규율하는데 형량은 교형이다. 『대명률직해』에서는 투살상으로(以) 처벌한다고 하였으므로 최고형까지 그대로 적용한다. 한편 사람을 모살하거나 고살하려다가 다른 사람을 죽이면 고살로(以) 처벌한다는 것은 A를 모살 또는 고살하려다가 의도한 객체인 A가 아니라 다른 객체인 B를 살해한 경우를 가리키는 것으로 현대 형법에서 객체의 착오에 해당한다. 이러한 경우에는 고살로(以) 처벌한다고 하였으므로 제313조의 최고형인 참형으로 처벌한다.

제2항은 물이 깊은 강나루를 평평하고 얕다고 거짓으로 말하거나, 본래 썩었거나 물이 새는 다리나 나룻배를 튼튼하다고 거짓으로 말하여 지나가는 사람이 속아서 건너다가 물에 빠져 죽거나 상해를 입은 것에 대하여 규정하고 있는데, 이들 행위는 희살상과 비슷하다고 보아 그에 해당하는 투살상으로 처벌한다.

마지막으로 제3항은 과실살상(過失殺傷)에 대한 규정이다. 과실살상은 투구살상에 준하여 처벌하며, 속전을 받는다. 과실살상은 본래 남을 살상할 의도가 없었으므로 투구살상은 최고형이 교형임에도 불구하고 '준(准)'한다고 하여 사형에 이르지 않도록 하였고 또 형을 그대로 집행하지 않고 속전을 받도록 하였다. 여기서의 '과실'은 사람을 살상한 경우에 한정한다. 그래서 기물을 훼손하거나 동물을 살상한 경우는 과실이라는 용어를 사용하지 않는다. 또 공무상의 '과실'을 나타낼 때에는 '실(失)'이라는 용어만을 사용한다. '과실'이란 눈과 귀로 보고 듣지 못하고 생각이 미치지 못한 것이다. 가령 짐승에게 활을 쏘거나, 어떤 일 때문에 벽돌, 기왓장을 던졌는데 뜻하지 않게 사람을 죽인 경우, 혹은 높고 험한 곳에 올랐다가 발을 헛디뎌 같이 있는 사람에게 해를 끼치거나, 배를 타고 가다 풍랑을 만나거나, 말을 모는데 너무 빨리 달리거나, 수레가 비탈길을 내려가는데 형세상 멈출 수 없거나, 무거운 물건을 함께 들다가 힘이 미치지 못하여 같이 든 사람에게 손상을 입힌 경우다. 이렇게 처음에는 타인을 해칠 의사가 없었으나 우연히 살상에 이르게 된 경우는 모두 투구살상에 준하며, 율에 따라 속전을 받아 피살상자의 집에 주어 장례비 또는 치료비로 쓰게 한다.[16]

숙종 때 병사(兵使) 이두진(李斗鎭)이 길을 가다가 양화도(楊花渡)에서 뱃사공이 그 명령에 따르지 아니하자 노여워하여 그를 결박하여 배에 오르게 하였는데, 그 명령에 따라 실행한 사람이 곁에 있는 다른 사람을 뱃사공으로 오인하여 묶은 후 협박하여 배에 오르게 하였다가 새끼가 끊어져서 물에 떨어져 죽은 사례가 있다. 이 사례에서 숙종이 살려주려고 하자 희살과 오살도 죽이는데 고살이 아니라고 살리는 것은 율이 아니라고 승정원에서 반발하였다(『숙종실록』 숙종 10년 8월 8일). 이 사례는 희살이나 오살이 정면으로 거론된 것은 아니지만 희살이나 오살에 대한 당대의 인식을 엿볼 수 있다. 즉 어차피 죽이는 것이기 때문에 크게 구분하여 생각하지는 않고, 희살을 정면으로 적용한 사례도 거의 없어 보인다. 특히 희살에 해당할 만한 사례도 실제로는 과실살로 처리한 경우

---

16 「刑律」 [人命] §313 鬪毆及故殺人, [鬪毆] §325 鬪毆 참조.

가 많았던 것 같다. 이에 대하여 다산 정약용은 조선에서는 희살을 제대로 이해하지 못하여 과실살과 비슷하게 처리하고 있다고 비판하였다. 즉 다산은 『흠흠신서』에서 예를 들어 두 사람이 살구를 먹다가 한 명이 살구씨를 던지는 장난을 치고 다른 한 명이 이를 피하다가 넘어져 죽은 사례가 바로 희살에 해당하는 것이라며, 우리나라의 사례로 씨름, 줄타기 등을 들었다.[17] 또 영조 때 전라도 무안현(務安縣) 사람 봉원(奉元)이 술에 취하여 칼을 뽑아서 다른 사람과 싸웠는데, 이를 만류하던 그 형이 잘못 부딪쳐서 죽은 사례가 있는데, 이때는 오살로 조율하였다(『영조실록』 영조 11년 7월 14일).

第315條 戲殺誤殺過失殺傷人

1. 凡初亦 戲弄乙仍于 殺傷爲旀 鬪毆乙仍于 傍人乙 誤錯殺傷爲在乙良 各以 鬪殺傷人例以 論齊 初亦 謀殺故殺人爲如可 傍人乙 誤殺爲在乙良 故殺以 論齊.

2. 本來水深爲在 津河乙 虛稱平淺爲旀 又本來朽漏爲在 橋梁及津船等乙 虛稱堅實 冒弄行人過涉爲如可 陷溺死傷爲在乙良 亦以鬪殺傷例以 論齊.

3. 禽獸乙 彈射爲旀 磚瓦乙 投擲爲旀 高險處良中 行步差錯乙仍于 致傷同伴爲旀 時或騎船逢風爲旀 騎馬驚走爲旀 馳車下坡如爲在 勢不得已緣故

---

17 정약용, 박석무·이강욱 옮김, 『역주 흠흠신서』 3, 한국인문고전연구소, 2019, 18~22쪽.

乙仍于 傷害人命爲齊 時或重物乙 同擧爲如可 力不能勝爲 同擧人乙 致損

爲齊 爲等如 初無害人之意爲遣 不覺中 失錯亦 殺傷人命者乙良 並只 鬪

殺傷人例以 依律罪狀輕重以 財物計生徵爲 被殺被傷之家良中 營葬及醫

藥本以 給付爲乎事.

제326조 보고 기한

1. 보고의 경우에는 범죄인에게 마땅히 약재로 병을 치료하도록 하며, 보고 기한 내에 상처로 인하여 사망하면 아울러 투구살인의 예로 논한다.[①]

2. 보고 기한이 지나서 죽거나 비록 보고 기한 내에 사람이 죽어도 일찍이 상처가 치유되었다는 관사의 서류를 명백히 받은 후에 다른 병으로 죽으면 본래의 구상법으로 논한다.[②] 뼈가 부러지는 상해 이상인데 보고 기한 내에 병을 치료하여 나은 경우이면 각각 2등을 감경하지만,[③] 보고 기한 내에 회복되었으나 잔질, 폐질, 독질이 되었거나, 보고 기한이 지났어도 회복하지 못한 경우에는 각각 율에 따라 전부 과죄한다. 손, 발이나 다른 물건으로 사람을

때려 다치게 한 경우는 20일을 기한으로 한다. 칼 또는 뜨거운 물이나 불로 사람을 상해한 경우는 30일을 기한으로 한다. 사지를 부러뜨리거나 뼈를 부러뜨리거나 낙태시킨 경우에는 손, 발이나 다른 물건을 막론하고 모두 50일을 기한으로 한다.

① 때린 것과 구타로 인한 상해는 각각 보고 기한에서 정한 기한을 따르는데, 때린 것을 원인으로 상해를 입어야 논한다. 가령 사람을 때려 머리에 상처가 났고 그 머리의 상처로 풍(風)이 들어가 죽은 경우에는 투구살로 처벌한다.
② 타인의 머리를 때려 상처가 난 후 머리의 상처에 풍을 얻어 병든 것이 아니라 다른 병으로 인하여 죽으면 이것이 '다른 까닭'이며 각각 원래의 구상의 예에 의하거나 준하여 처벌한다.
③ 낙태시켜 태아가 죽은 경우에는 감경하지 않는다.

❖

A가 B를 때렸는데, B의 다리가 부러져서 응급실에 갔다. 그런데 갑자기 병원에 불이 나서 거동이 불편한 B가 미처 대피하지 못하고 사망하였을 때 B의 사망에 대하여 A가 책임을 쳐야 하는가? 상식적으로 볼 때 A가 책임질 문제는 아닌 듯하다. 현행 형법 제17조도 인과관계라는 표제하에 "어떤 행위라도 죄의 요소되는 위험발생에 연결되지 아니한 때에는 그 결과로 인하여 벌하지 아니한다"라고 규정하고 있는데 직

접적인 인과관계가 있을 때만 그 결과에 대한 책임을 묻겠다는 것이다. 그런데 현실에서는 위와 같이 상식적으로도 A가 B의 사망에 대하여 책임질 만하지 않다고 판단을 내릴 수 있는 사안만 있는 것이 아니라 A가 과연 결과에 대한 책임을 부담할 만한지도 판단을 내리기 어려운 사안들이 대단히 많다. 우리 판례는 이를 상당한 인과관계가 있다면 결과에 책임을 져야 한다고 하여 개별적으로 해결하고 있는데, 아마 다종다양한 현실관계 속에서 이론적으로만 판단하기 힘든 사안을 반영한 것이 아닌가 생각된다. 전통시대에는 개별적인 판단을 할 수 있는 사람은 왕뿐이었다. 따라서 이러한 문제를 사법을 담당하는 관리가 개별적인 판단을 할 수 없도록 일정한 기준을 제시한 것이 바로 제326조 보고 기한(保辜限期)이다. 즉 원인 행위와 결과를 일단 기한에 따라 정하는 것이다.

그러면 보고 기한은 언제부터 인정되기 시작하였는가? 이에 관한 최초의 기록은 기원전 11세기에서 기원전 841년 사이 서주(西周)의 성(成), 강(康) 시기에 나타나며 진나라 시대에 제도로 자리 잡은 듯하다. 이후 『당률』에 이르러서 구체적인 기한과 유형이 명확한 형태로 자리 잡았으며, 『대명률』과 『대청률』로 이어졌고, 우리나라에서는 근대 형법으로 평가받는 『형법대전』으로 이어졌다.

제326조 제1항은 보고 기한의 일반적인 원칙에 대한 규정이다. 즉 죄책이 확정될 때까지 가해자의 책임을 보류하는 보고(保辜)의 원칙을 규정한다. 가해자에게 피해자의 치료를 담당케 하며, 일정한 기한 내에 사망이라는 결과가 발생한 경우에는 처벌한다는 것이다. 그리고 그 기한은 제2항에서 규정하는데 이를 표로 정리하면 다음과 같다.

〈보고(保辜)의 기한〉

20일	손, 발, 다른 물건
30일	칼, 뜨거운 물, 불
50일	사지를 부러뜨리거나 어긋나게 함, 뼈를 부숨, 낙태

　위 기한 내에 피해자가 사망하면, 사망이라는 결과가 나타났을 때에
는 투구살인으로 처벌하므로 제313조 투구살 및 고살의 규정에 따라
교형으로 처벌한다. 사람이 죽은 것에 대한 책임을 묻는 것이다. 기한
의 차이가 나는 것은 손이나 발로 다치게 한 경우에 비하여 칼을 쓴 경
우나 사지를 부러뜨린 경우 등이 상처 회복 기간이 길기 때문이다. 또
한편으로는 손이나 발로 때린 상처로 인하여 사망할 경우는 사지를 부
러뜨리는 경우보다 보통 치명상인 경우가 많고 그럴 경우에는 단기간에
사망할 가능성이 높기 때문이다. 이렇듯 보고 기한의 기간은 가해자의
책임을 확정하는 데 입법의 취지가 있지만, 한편으로는 가해자를 예상
치 못한 결과로부터 해방시킨다는 의미도 있다. 피해자의 사망 여부에
따라 처벌 강도가 크게 달라지기 때문에 그 결과에 가장 관심을 갖는
자는 가해자인데, 그에게 치료의 책임을 지게 함으로써 두 사람의 생명
을 살리는 결과를 지향한 것이라고 할 수 있다. 인명을 중시하는 대원
칙의 뜻이 고스란히 나타났다고 할 수 있다. 이와 관련하여 제1항의 주
석 ①에서는 머리에 상처가 났는데 그 상처가 덧나서 사망하면 가해자
에게 사망의 책임을 지게 한다고 하여 간접적인 원인이 결합되어 사망
한 경우에도 책임을 인정하고 있다. 다만 사망의 원인이 된 상해는 모

두 때린 것이 원인이어야 한다고 함으로써 협박이나 공갈에 의한 생리적 상해는 제외하였다.

　제2항은 보고 기한 내에 죽었더라도 다른 원인으로 죽거나, 보고 기한이 지나서 죽거나 또는 보고 기한 내에 죽지 않은 경우에 대한 규정이다. 즉 제1항의 원칙과는 다른 경우들을 제2항에서 규정하고 있다. 우선 보고 기한 내에 죽었더라도 관사에서 원인 행위에 의한 상처가 이미 완치되었다는 서류를 발급받은 경우에는 인과관계가 인정되지 않아서 보고 기한 내에 죽은 경우로 처벌할 수 없다. 이를 주석 ②에서 예를 들어 설명하고 있는데, 머리의 상처에 풍을 얻어 죽은 것이 아니라 다른 병으로 죽은 것으로 표현하고 있다. 또한 보고 기한이 지나서 죽은 경우도 마찬가지로 인과관계가 인정되지 않는다. 이러한 두 경우 모두 제325조 투구(鬪毆)에 따라서 행위 양태에 대한 형벌로 처벌한다. 또 가해자가 피해자의 치료를 완료하여 완치된 경우에는 가해자의 회복 노력을 평가하여 제325조 투구(鬪毆)의 행위 양태에 따른 형량에서 2등을 감경하여 처벌한다. 다만 이 경우에도 두 가지 예외가 있다. 첫째는 치료가 완료되었지만 후유증이 발생한 경우다. 이를 제2항에서는 잔질, 폐질, 독질이 되었다고 규정하였다. 둘째는 태아가 사망한 경우인데 이는 주석 ③에서 규정하고 있다. 이 보고 기한과 관련된 처벌 양태를 표로 정리하면 다음과 같다.

〈보고 기한과 처벌〉

	보고 기한 이내	보고 기한 지남
사망	상해를 원인으로 사망 → 제313조 투구살 및 고살(교형)	제325조 투구
	다른 원인으로 사망 → 제325조 투구	
사망하지 않음	치료 완료 → 제325조 투구에서 2등 감경	제325조 투구
	치료 완료 및 후유증 → 제325조 투구	
	태아의 사망 → 제325조 투구	

　그러면 조선시대에는 이 보고 기한의 규정을 어떻게 적용했을까? 실제로 상해 사건이 발생하면 보고 기한이 지날 때까지 가해자를 구금하여 두었다. 예컨대 인조 21년 4월에 사헌부 집의(執義) 김익희(金益熙)는 취한 사람이 다른 사람을 때려 거의 죽기에 이르렀는데, 형조에서 가해자인 취한 사람을 가두어두고 있다고 하였으며(『승정원일기』 인조 21년 4월 22일), 수감된 죄수 중에서 석방할 사람을 선정하는 기사에서 다른 사람을 구타한 사람인데 보고 기한 내에 있다는 언급도 있다(『승정원일기』 숙종 3년 4월 15일). 또 조선시대에는 이 보고 기한의 규정을 기계적으로 적용한 것은 아닌 것으로 보인다. 즉 세종 때 말동(末同)이라는 사내종이 개오미(介邑未)를 두 번 때렸는데 사망한 사건이 발생하였다. 피살자는 원래 기저질환이 있었고 이 때문에 사망한 것으로 판단되었다. 그렇다면 상해가 원인이 된 것이 아니므로 제326조 제2항의 주석 ②에 따라서 제325조 투구(鬪毆)를 적용하여 태30으로 처벌하여야 한다. 그런데 사람이 죽었는데 태30으로 처벌하는 것은 너무 가볍다. 이 때문에 세종과 대신

들은 토론 끝에 적정형을 찾아서 투구살에서 감경하여 장100으로 처벌하였는데, 『대명률직해』를 기계적으로 적용하지 않았음을 보여준다(『세종실록』 세종 16년 8월 25일). 법적용이라는 측면에서 볼 때, 조선시대에는 적정형을 어떻게 부과하느냐에 중점을 두었던 것으로 보인다.

第326條 保辜限期

1. 凡保辜者犯罪人當爲 藥材以 理病令是乎矣 限內良中 因傷身故爲在乙良 並只 鬪毆殺人例以 論爲乎事.[①]

2. 辜限外良中沙 身故人及 必于 辜限內身故爲良置 曾只 傷處不復爲乎 官司文字明白捧上後良中 他病以 身故爲在乙良 本毆傷法以 論.[②] 折傷以上者 辜限內理病平復爲在乙良 各減二等爲乎矣[③] 辜限內良中 必于 平復爲良置 殘廢篤疾成病爲於 辜限滿日爲去乙 平復不冬爲在乙良 各依律全科齊 手足果 及他物以 打傷人爲在乙良 限二十日齊 刀刃及湯火以 傷人爲在乙良 限三十日齊 肢體乙 折跌爲於 及破骨落胎爲在乙良 不問手足他物皆限五十日.

   ① 毆及因毆有傷爲在乙良 辜限定日爲乎矣 須只 毆乙仍于 傷爲在乙沙 論爲遣 因打頭有傷爲去等 傷處風入乙仍于 身故爲在乙良 鬪毆殺人以 論.
   ② 他人頭乙 打傷後頭瘡乙 因風得病爲乎所不喻 他病乙 因爲 身故爲在亦中 是爲他故是良亇 本毆傷例乙 依准科罪.
   ③ 落胎子死爲在乙良 不減.

⑬

제355조 월소

1. 군인이나 백성이 소송할 때는 반드시 하급 관사에 먼저 고한 후에야 상급 관사에 고소하는데, 본래 속한 관사에서 차례를 뛰어넘어 상사에 바로 정소하여 고하면 태50에 처한다.

2. 임금을 모신 어가 앞에서 고소하거나 등문고를 쳐서 호소하는데, 고소한 것이 사실이 아니면 장100에 처하며, 사안이 중한 경우에는 무거운 쪽으로 논하고, 사실인 경우에는 죄를 면제한다. 소속 관이 소장을 받고도 수리하지 않은 경우 상관에게 고소하면 관원도 아울러 논죄한다.

우리 헌법 제26조 제1항은 모든 국민은 법률이 정하는 바에 의하여 국가기관에 청원할 권리를 가진다고 하고 있으며, 제2항은 국가는 청원에 대하여 심사할 의무를 진다고 규정하고 있다. 이에 따라 일반 민원, 고충 민원의 방식으로 국민들은 국가를 상대로 특정한 행위를 요구하거나 불편을 겪는 사항에 관한 민원도 제기할 수 있다. 특히 최근에는 청와대 국민청원이 등장하여 20만 명이 넘는 국민의 청원에 대하여는 의무적으로 답변하도록 하고 있다. 국민의 불편사항에 대한 청원은 일반적으로 고충 민원의 방식으로 이루어지는데, 국민권익위원회가 담당하는 국민신문고제도가 그것이다. 국민신문고제도는 우리 국민의 뇌리에 국가에 청원하는 제도로 신문고가 각인되어 있음을 알려준다.

그러면 신문고가 전통에서 나왔다는 것인데, 『대명률직해』에는 등문고(登聞鼓)제도가 제355조 월소(越訴)조에 기재되어 있다. 우선 제355조 제1항에서는 소송할 때 반드시 하급 관사를 거쳐야 상급 관사에 고소할 수 있으며, 이를 지키지 않으면 태50에 처한다는 월소의 일반적인 원칙을 정하고 있다. 그리고 바로 제2항에서 임금을 모신 어가 앞에서 고소하는 경우와 함께 등문고를 치는 것이 나오는데, 이 등문고가 바로 신문고다. 제2항에 따르면 고소한 내용이 사실이면 처벌하지 않지만, 사실이 아니면 꽤 무거운 형벌인 장100으로 다스리고, 만약 그 허위 고소에 해당하는 행위가 무고조에 의하여 장100보다 무거운 형벌에 해당하면 그 무거운 형벌로 처벌한다. 그리고 『대명률직해』에서는 직해 당시 조선의 특수한 상황을 짐작게 하는 규정이 딸려 있다. 제2항의 마지막 규정인 "소속관이 소장을 받고도 수리하지 않은 경우 상관에게 고소하면 관원도 아울러 논죄한다"라는 것은 『대명률』의 원문에는 없는 것인데 직해에서 덧붙인 것이다. 하급 관사에서 소장을 받고도 수리하지 않아 심리도 안 하고 상급 관사까지 올라온 경우에는 그 하급 관사의 관원을 처벌한다는 내용인데, 직해 당시 백성들의 고소를 담당 관청에서 제대로 대응하지 않았던 상황을 고려한 규정으로 추측할 수 있다.

이 등문고는 조선에서 신문고로 알려졌는데, 후한 영제 시기(168~189)에 현실정치를 비판할 수 있도록 북을 걸어둔 데서 유래하였다고 한다. 조선에서는 등문고를 태종 1년에 신문고(申聞鼓)로 명칭을 바꾼 이래 계속하여 신문고로 불렀다. 즉 등문고를 설치하였다가(『태종실록』 태종 1년 7월 18일), 이후에 명칭을 신문고로 바꾼 것이다(『태종실록』 태종 1년 8월 1일). 따라서 『대명률직해』에서 등문고라고 한 것은 직해 당시에 신문고라는 명칭이 없었기 때문이다.

신문고는 원통하고 억울한 사정을 해결하지 못한 자가 자신의 억울한 사정을 임금에게 직접 상달할 수 있도록 대궐 문밖에 걸어둔 큰 북인데 일반 백성이 임금에게 직소할 수 있다는 점이 특징이다. 다만 신문고를 칠 경우에는 주무관청에서 조사하고 임금에게 보고하는 등 절차가 있었기 때문에 임금에게 직접 글을 올려 호소하는 상언과 꽹과리를 쳐서 호소하는 격쟁이 등장함에 따라 조선 중기 이후 사라졌다가, 상언과 격쟁의 범람으로 인하여 이를 제한하고자 영조 47년(1771)에 복설하였다. 다만 복설할 때에는 신문고를 칠 수 있는 사안에 제한을 두었는데, 상언과 격쟁도 여전히 허용하면서 이러한 제한의 범위 안으로 포섭하였다. 그 제한은 4건사라고 하여 형벌로서 그 자신이 죽게 된 경우, 부자관계를 분간하는 일, 적처인지 첩인지를 분간하는 일, 양인인지 천인인지를 분간하는 일과, 자손이 아버지나 할아버지를 위하는 일, 아내가 남편을 위하는 일, 동생이 형을 위하는 일, 노비가 주인을 위하는 일, 기타 지극히 원통한 사정이 있는 일이었다[『속대전』「형전」 소원(訴冤)]. 이렇게 제한하였지만, 사람들은 어떤 일이든 간접적인 연결고리만 있으면 연관시켜서 상언, 격쟁하거나 신문고를 쳤다.[18]

『대명률직해』에서 말하는 등문고를 치는 경우 직소할 수는 있으나, 사실 여부를 가려 사실이 아닌 경우에는 처벌하여 군주에 대한 직소를 사전에 방지하는 측면이 강하다. 또한 정당한 직소라고 하여도 원래 부과한 죄를 면제하는 것에 불과하다. 그러나 조선의 신문고는 조선에서는 신문고를 설치할 때 단계를 뛰어넘는 월소만을 제한할 뿐, 사실 여부에 따라 처벌하지는 않았다. 이러한 취지는 태종의 신문고 설치와 관련하여 "대체로 억울함을 펴지 못하여 호소하고자 하는 사람으로, 서울 안에서는 주무 관청에, 외방에서는 수령(守令)·감사(監司)에게 글을 올리되, 따져서 다스리지 아니하면 사헌부(司憲府)에 올리고, 사헌부에서도 따져 다스리지 아니한다면, 바로 와서 북을 치라. 원통하고 억울함이 명확하게 밝혀질 것이다"라고 한 언급에서 잘 나타난다(『태종실록』 태종 2년 1월 26일). 또한 이러한 내용은 그대로 『경국대전』「형전」 소원에 규정

---

18 한상권, 『朝鮮後期 社會와 訴冤制度』, 일조각, 1996, 13~116쪽 참조.

되었다.[19] 다만 바로 와서 북을 치라고 할 뿐 사실 여부에 따라 처벌이 결정되지는 않은 것이 『대명률직해』와는 다른 점이다. 이러한 상황은 세종 때에는 허조(許稠)가 참람하게 격고(擊鼓)한 자를 임금이 백성을 사랑하시는 인덕(仁德)으로 죄책을 더하지 아니하여, 북을 쳐서 호소하는 자가 매우 많다고 한 언급에서 간접적으로 나타난다(『세종실록』 세종 14년 12월 3일).

또한 『대명률직해』와는 담당 관청이 다르다. 즉 『대명률직해』에서는 간관(諫官)이나 대관(臺官) 등이 소속된 감찰기관에서 주관하였는데, 주로 언론의 문제로 간주한 측면이 있다. 이에 비하여 조선에서는 처음에는 사헌부에서 담당하였지만, 복설된 후에는 국왕 직속의 사법기관인 의금부(義禁府)에서 담당하였다. 이 주무관청의 차이는 신문고에 대한 관점의 차이가 크다. 즉 중국에서는 사회적 차원의 언론문제로 생각한 반면, 조선에서는 사법문제로 바라본 측면이 강한 것이다. 달리 말해 중국에서는 감찰적 성격이 강한 반면 조선의 신문고제도는 사법기능적인 측면이 강하여 개인의 원억을 제도적 절차가 아닌 임금에 대한 직소의 형태로 해결하는 특징이 있었다.[20] 이러한 차이 때문인지 국제형사재판소(ICC)가 제시한 각 국가의 사법상징으로서 우리나라는 신문고를 전시

---

19 『경국대전』 「형전」 訴冤: 訴冤抑者, 京則呈主掌官, 外則呈觀察使, 猶有冤抑, 告司憲府, 又有冤抑則擊申聞鼓.

20 김영주, 「신문고 제도에 대한 몇 가지 쟁점」, 『한국언론정보학보』 통권 39호, 한국언론정보학회, 2007년 가을, 255쪽.

하고 있다. 청와대 국민청원이 매우 많은 것도 직소(直訴) 형태의 신문고 제도에서 영향받은 바가 크다고 생각한다.

第355條 越訴

1. 凡軍民亦 諍訟乙 須只 先告下司而後良中沙 上司良中 陳告爲乎矣 本屬官司良中 越次爲 上司良中 直呈訴告爲在乙良 笞五十齊.

2. 陪奉駕前良中 訴告爲白弥 登聞鼓乙 擊打申訴爲乎矣 所告不實爲去等 杖一百爲弥 重事是去等 從重論遣 實事是去等 免罪爲乎矣 所屬官接狀受理不冬爲去等 仰官良中 陳告 官員 幷以 論罪.

제367조 관리의 재물 수수

1. 관원과 서리가 재물을 받으면 뇌물의 양을 계산하여 아래의 예에 따라서 처벌한다. 녹봉을 받지 않는 사람이면 각각 1등을 감경하고, 관직이 있는 사람이면 사첩을 거두고 이름을 지운다. 서리는 직역을 빼앗는다. 모두 서용하지 않는다.

2. 남의 청탁으로 관원이나 서리를 꾀어서 설득하여 뇌물을 전달한 경우에, 전달받는 자가 녹봉을 받는 사람이면 관원이나 서리가 돈을 받은 예에서 1등을 감경하여 처벌한다. 전달받은 자가 녹봉을 받지 않는 사람이면 2등을 감경하여 처벌하되 장100을 최고형으로 한다. 전달자가 받은 뇌물이 드러나면 뇌물의 양을 계산하여 무거운 죄로 처벌한다.

3. 녹봉을 받는 사람이 뇌물을 받아 법을 어기면 각 증뢰자의 증뢰액을 합산하여 모두 과하여 논죄한다.[①]

1관 이하: 장70   1관 이상 5관 이하: 장80

10관: 장90   15관: 장100

20관: 장60 도1년   25관: 장70 도1년 반

30관: 장80 도2년   35관: 장90 도2년 반

40관: 장100 도3년   45관: 장100 유2,000리

50관: 장100 유2,500리   55관: 장100 유3,000리

80관: 교형

4. 녹봉을 받는 사람이 뇌물을 받았지만 법을 어기지 않으면 각 증뢰자의 증뢰액을 합산한 액의 반으로 논죄한다.[②]

1관 이하: 장60   1관 이상 10관 이하: 장70

20관: 장80   30관: 장90

40관: 장100   50관: 장60 도1년

60관: 장70 도1년 반   70관: 장80 도2년

80관: 장90 도2년 반   90관: 장100 도3년

100관: 장100 유2,000리   110관: 장100 유2,500리

120관: 장100 유3,000리에 그친다.

5. 녹봉을 받지 않는 사람이 뇌물을 받고 법을 어긴 경우 120관이면 교형에 처하고, 법을 어기지 않은 경우 120관 이상이면 장100 유3,000리를 최고형으로 한다. (직해 없음)

① 일이 있는 사람의 재물을 받고 법을 어겨 결단한 경우, 뇌물을 준 10인의 재물이 한꺼번에 발각되면 합산하여 하나로 계산하여 모두 부과하여 논죄한다.

② 일이 있는 사람의 재물을 받고 결단하였는데 법을 어기지 않은 경우, 뇌물을 준 10인의 재물이 한꺼번에 발각되면 합산하여 그 절반으로 과죄한다.

❋

국가권력이 있는 한 뇌물 수수는 발생하지 않으면 좋으련만 동서고금을 막론하고 언제 어디서나 발생한다. 공무원이 직무의 대가로 뇌물을 받는다면 직무집행의 공정과 이에 대한 사회의 신뢰가 깨어지고, 국가 공권력의 행사는 정당화되기 힘들 것이다. 그래서 뇌물 수수는 국가권력이 존재하는 한 아주 강력하게 처벌하려고 노력하여 왔다. 우리 형법에서도 이러한 뇌물 수수와 관련하여 여러 규정을 두고 있는데, 제129조 제1항에서는 공무원이 직무에 관하여 뇌물을 수수, 요구 또는 약속하는 경우 5년 이하의 징역에 처하는 것으로 규정하고 있으며, 수뢰 후에 부정한 행위에까지 나아가는 경우에는 제131조 제1항에서 형을 가중하여 1년 이상의 징역에 처하고 있다. 또 뇌물을 공여한 외에도 뇌물죄와 관련한 여러 양태에 대하여 촘촘한 그물망을 이루어 뇌물범죄에 대응하고 있다. 형법의 여러 규정에도 불구하고 뇌물범죄가 근절되지 않자 이미 1966년에 뇌물죄 등을 가중처벌하기 위하여 「특정범죄 가중처별 등에 관한 법률」을 제정하여 현재까지 시행하고 있다. 2020년 2월 4일에 개정된 동 법률에 따르면 뇌물의 가액이 1억 원 이상일 경우에는 무기 또는 10년 이상의 징역에, 5천만 원에서 1억 원 미만인 경우에는 7년 이상의 징역, 3천만 원 이상 5천만 원 미만인 경우에는 5년 이상의 징역에 처하도록 하고 있다. 이러한 뇌물범죄는 전통시대에도 근절하려고 노력하였다. 현재는 뇌물죄의 대상인 뇌물과 절도 등 재산범죄의 결과인 장물을 구분하고 있으나, 과거에는 모든 범죄로 인한 재물을 '장(贓)'으로 표현하였다. 『대명률직해』 제367조는 뇌물에 대하여 규정하고 있지만, 『대명률직해』의 모든 '장(贓)'의 형태를 우선 살펴보면 좋을 것 같다.

『대명률직해』에서는 모든 범죄로 인한 재물을 '장(贓)'으로 표현하며, '장(贓)'이 관련된 형태를 여섯 가지로 분류하여 육장(六贓)이라고 하였다. 이 육장을 형량과 함께 표로 나타내면 다음과 같다.

〈육장의 액수와 형량〉

형벌 \ 범죄		제368조 장으로 인한 죄	제292조 절도	제288조 일반인의 창고 물품 절도	제287조 감림주수의 창고 물품 절도	제367조 관리의 재물 수수	
						불왕법 (不枉法)	왕법 (枉法)
태 (笞)	20	1관(이하)					
	30	(1관~)10관~					
	40	20관~					
	50	30관~					

범죄 / 형벌		제368조 장으로 인한 죄	제292조 절도	제288조 일반인의 창고 물품 절도	제287조 감림주수의 창고 물품 절도	제367조 관리의 재물 수수	
						불왕법	왕법
장(杖)	60	40관~	1관(이하)~			1관(이하)~	
	70	50관~	(1관~)10관~	1관(이하)~		(1관~)10관~	1관(이하)~
	80	60관~	20관~	(1관~)5관~	1관(이하)~	20관~	(1관~)5관~
	90	70관~	30관~	10관~	(1관~)2.5관~	30관~	10관~
	100	80관~	40관~	15관~	5관~	40관~	15관~
도(徒)	1년 (장60)	100관~	50관~	20관~	7.5관~	50관~	20관~
	1년 반 (장70)	200관~	60관~	25관~	10관~	60관~	25관~
	2년 (장80)	300관~	70관~	30관~	12.5관~	70관~	30관~
	2년 반 (장90)	400관~	80관~	35관~	15관~	80관~	35관~
	3년 (장100)	500관~	90관~	40관~	17.5관~	90관~	40관~
유(流)	2,000리 (장100)		100관~	45관~	20관~	100관~	45관~
	2,500리 (장100)		110관~	50관~	22.5관~	110관~	50관~
	3,000리 (장100)		120관~	55관~	25관~	120관~	55관~
사(死)	교(絞)			80관~			80관~
	참(斬)				40관~		

이 육장도를 보면 장(贓)과 관련한 가장 기본적인 범죄 형태는 제368조 장으로 인한 죄(坐贓致罪)라는 것을 알 수 있다. 나머지 5개의 장죄(贓罪)는 각각 특별한 행위를 전제로 하는데, 제368조는 그렇지 않다. 범죄에서 취득한 것을 재물로 환산하는 한 일반적으로 제368조에 의하여 처벌할 수 있는 것이다. 대부분의 규정에서 장을 계산하여 제368조에 의하여 처벌한다고 한 것은 바로 그러한 의미다. 즉 관리나 일반인이 일과 관련 없이 재물을 받은 경우, 예컨대 다른 사람에게 재물을 도둑맞거나 맞아 다쳤을 경우, 그 물건의 가액이나 치료비 및 약값 외에 이를 빌미로 재물을 받은 등의 경우가 이에 해당한다. 다만 특정 규정에서 제292조의 일반 절도는 아니지만 절도와 관련된 경우에는 제292조를 적용하라고 지시하거나 제287조, 제288조에 직접 규정되어 있지는 않지만 창고 관련 규정일 경우에는 제287조, 제289조를 적용하라고 하거나, 관리의 뇌물 수수와 관련된 경우는 제368조를 지시하기도 한다. 제368조에서 장(贓)이 연관되는 가장 기본적인 형량을 규정하고, 절도, 관리의 법을 왜곡하지 않은 뇌물 수수를 가중된 형태로, 일반인의 창고 물품 절도, 관리의 법을 왜곡한 뇌물 수수를 더욱 가중된 형태로, 감림 주수의 창고 물품 절도를 가장 가중된 형태로 형량을 높이고 있다.

그러면 제367조 관리의 뇌물 수수(官吏受財)에 대하여 살펴보자. 원래 『대명률직해』 원문의 조항 구분은 번역문과 다르지만, 이해의 편의상 의미를 고려하여 번역문과 같이 구분하고 원문도 이에 따라 구분하였다. 우선 제1항은 관원이나 서리가 뇌물을 받는 원칙적인 사항에 대한 규정이다. 이들이 뇌물을 받은 경우에는, 받은 이후에 법을 왜곡하여 적용하였는지, 그러지 않았는지에 따라 형량을 달리 정하였다. 또 녹봉을 받는 사람이라는 기준을 적용해, 녹봉을 받지 않는 관리는 1등을 감경한다. 녹봉을 받지 않는 사람은 예컨대 3품인 사옹원(司饔院) 제거(提擧), 4품인 수성금화사(修城禁火司) 등의 제검(提檢) 등을 들 수 있다. 또 관원이면 임명장인 사첩을 거두고 관원 명부에서 이름을 지우며, 서리는 직역을 빼앗는다. 그리고 모두 관직에 나가지 못하게 한다. 서술로는 약간 복잡해 보이는데 표로 정리해 보자.

〈관리의 뇌물 수수와 형벌〉

주체		형벌	징계	
녹봉을 받는 사람(有綠人)	관원	법의 왜곡 여부에 따라 형벌 다름	임명장 회수 및 관원 명부 삭제	다시 임용하지 않음
	서리		직역을 빼앗음	
녹봉을 받지 않는 사람(無綠人)	관원	녹봉을 받는 사람의 형벌에서 1등 감경	임명장 회수 및 관원 명부 삭제	다시 임용하지 않음
	서리		직역을 빼앗음	

다음으로 제2항에서는 남의 청탁으로 관원이나 서리를 꾀어서 설득하여 뇌물을 전달한 경우 전달자를 처벌한다. 이는 알선이라고 할 수 있는데, 알선자는 뇌물을 받은 수뢰자가 녹봉을 받는지 여부에 따라 형량에 차이가 있다. 즉 수뢰자가 녹봉을 받는 자이면 수뢰자에 비하여 알선자는 1등을 감경하여 처벌하고, 수뢰자가 녹봉을 받지 않는 자이면 알선자를 2등을 감경하여 처벌하는데, 장100을 최고형으로 한다. 그러나 알선자가 전달하면서 본인 몫도 받은 경우에는 그 뇌물의 양을 계산

하여 전달한 뇌물과 비교하여 무거운 것으로 처벌한다. 그런데 『대명률』에는 이 알선자를 천사(遷徙)하는 규정이 덧붙어 있는데, 『대명률직해』에서는 이를 직해하지 않았다. 『대명률직해』에서 직해하지 않은 이유는 알 수 없지만, 『대명률』의 주석서에 따르면 천사를 도2년에 비겨서 부가하였다고 한다. 이렇게 되면 수뢰자의 형량이 장70 도1년 반일 경우 알선자는 1등을 감경한 장60 도1년이지만, 도2년이 부가형으로 되어 있기 때문에 장60 도2년이 되어 수뢰자의 형보다 무겁다. 청탁하기 위한 문호를 열어 재물을 탐내도록 이끌었기 때문에 형량이 무겁다는 것이다.[21]

제3항과 제4항은 구체적인 뇌물의 액수와 형벌을 규정하고 있다. 제3항은 녹봉을 받는 관리가 뇌물을 받아 법을 어기는 왕법장(枉法贓)을 규정하며, 제4항은 뇌물을 받았지만 법을 어기지 않는 불왕법장(不枉法贓)을 규정한다. 당연히 왕법장의 형벌이 높다. 수뢰한 액수를 계산하는 방식이 왕법장인지 불왕법장인지에 따라 다른데, 제367조 제3항과 제4항에서 규정하고 있지만, 이를 보다 구체적으로 주석 ①과 ②에서 설명하였다. 이러한 내용을 종합하여 제368조 장으로 인한 죄(坐贓致罪)를 포함하여 표로 나타내면 다음과 같다.

---

21 한상권·구덕회·심희기·박진호·장경준·김세봉·김백철·조윤선 옮김, 『대명률직해』 4, 한국고전번역원, 2018, 88쪽 주9 참조.

〈증뢰자의 수에 따른 장(贓)의 계산 방법〉

수뢰자 　　　　증뢰자	1인	수인
왕법장	모두 합산	모두 합산
불왕법장, 장으로 인한 죄의 장	모두 합산	모두 합산한 양의 1/2

제5항은 녹봉을 받지 않는 사람이 뇌물을 받았을 때의 최고 형량을 정하고 있다. 원래 제1항에서 녹봉을 받지 않는 사람은 녹봉을 받는 사람보다 1등을 감경한다고 하였는데, 법을 어긴 경우에는 120관을 기준으로 교형까지 처할 수 있고, 법을 어기지 않으면 120관 이상일 때 장 100 유3,000리로 처벌한다.

『대명률직해』에서 제시하는 형량 계산의 기준을 조선에서 그대로 적용하지는 않은 것으로 보이는 것은 앞서 절도조의 해설에서 기술한 바와 같다. 위의 육장의 액수와 형량에 관한 표는 이러한 조선의 해석을 반영하여 작성한 것이다.

제367조 官吏受財

1. 凡官吏亦 他矣 財物乙 受贈爲在乙良 贓物數乙 計爲 依例決罪爲乎矣 無
   祿人是去等 各減一等遣 有官人是去等 謝貺占收取 名字旅周齊 吏是去等 罷
   職役 並只 不叙用齊.

2. 他矣 所請乙用良 官吏敎弄說事爲 贈物傳與者乙良 有祿人是去等 官吏受

錢例良中 減一等遣 無祿人是去等 減二等杖一百爲限爲乎矣 贓物亦 現出

爲去等 贓物計爲 從重論爲乎事.

3. 枉法以 贓物乙 受爲在乙良 各主乙 通計爲 全科以 論罪爲乎事.[①]

一貫以下 杖七十　　　　　　　　一貫之上至五貫 杖八十

一十貫 杖九十　　　　　　　　　一十五貫 杖一百

二十貫 杖六十徒一年　　　　　　二十五貫 杖七十徒一年半

三十貫 杖八十徒二年　　　　　　三十五貫 杖九十徒二年半

四十貫 杖一百徒三年　　　　　　四十五貫 杖一百流二千里

五十貫 杖一百流二千五百里　　　五十五貫 杖一百流三千里

八十貫 絞

4. 不枉法以 贓物乙 受贈爲在乙良 各主者 通計爲 一半乙用良 科罪爲乎事.[②]

一貫以下 杖六十　　　　　　　　一貫之上至一十貫 杖七十

二十貫 杖八十　　　　　　　　　三十貫 杖九十

四十貫 杖一百　　　　　　　　　五十貫 杖六十徒一年

六十貫 杖七十徒一年半　　　　　七十貫 杖八十徒二年

八十貫 杖九十徒二年半　　　　　九十貫 杖一百徒三年

一百貫 杖一百流二千里　　　　　一百一十貫 杖一百流二千五百里

一百二十貫 罪止杖一百流三千里

5. 無祿人 枉法一百二十貫絞 不枉法 一百二十貫之上 罪止杖一百流三千里.

(직해 없음)

① 有事人矣 財物乙 受爲 曲法以 決斷爲在乙良 受贈爲乎 十人矣 財物亦

一時良中 發露爲去等 通計作一處爲 全科以 論罪爲乎事.

② 有事人矣 財物乙 受贈爲 決斷爲乎矣 枉法不冬爲在乙良 受贈爲乎 十
人矣 財物亦 一時發露爲去等 通計爲 一半以 科罪爲乎事.

—⑮—

제433조 관사의 죄 가감

1. 관사에서 타인의 죄를 고의로 가감하는데 죄 있는 사람을 무죄로 하거나 죄 없는 사람을 유죄로 한 경우 그 가감한 죄 전부로 처벌한다.[①]

2. 가벼운 죄를 무거운 죄라고 하거나 무거운 죄를 가벼운 죄라고 하면 가감분으로 죄를 논한다. 죽게 하면 사죄(死罪)로 처벌한다.[②]

3. 단죄할 때 알지 못하고 죄를 무겁게 하면 각각 3등을 감경하고, 알지 못하고 죄를 가볍게 하면 각각 5등을 감경한다.[③]

4. 모두 영사, 색원을 우선 논죄하고, 낭청은 영사, 색원의 죄에서 1등을 감경한다. 차관은 낭청의 죄에서 1등을 감경하고, 장관은

차관의 죄에서 1등을 감경하여 처벌한다. (이하 생략)

① 관리가 남의 재물을 받거나 불법의 형벌을 써서 본래 무죄인 사람을 고의로 죄를 주거나 본래 죄가 있는 사람을 고의로 죄를 면하게 하면 모두 증감한 죄 전부로 처벌한다. 불법으로 형벌을 쓴다는 것은 불을 써서 지지거나 쇠를 써서 지지거나 겨울철에 냉수를 죄인의 신체에 끼얹는 것을 말한다.

② 어떤 사람의 범죄가 태10에 처하여야 하는데 가중시켜서 태20이라고 하면 가중한 10대를 태형으로 처벌한다. 그 사람이 태50으로 처벌하여야 하는데 감경하여 30이라고 하면 감경한 20대를 태형으로 처벌한다. 만일 가벼운 죄를 늘려서 무거운 죄로 만드는데 도형에 이르면 도형 1등마다 장20으로 환산한다. 유형에 이르면 유형 1등마다 도형 반년으로 환산한다. 사죄에 이르러 이미 처형한 경우에는 사죄로 처벌한다. 무거운 죄를 가벼운 죄로 감경한 경우도 이와 같다.

③ 죄수를 신문하는데 증인이 허위로 지목하거나, 법에 따라 고신하여 자백을 받았거나, 형량을 논의할 때에 소견의 착오일 뿐이고 뇌물을 받은 정상이 없거나, 불법의 형벌을 써서 죄상을 가볍게 하거나 무겁게 한 것이 없는데, 가벼운 죄를 실수로 가중하여 무겁게 하거나, 무거운 죄를 실수로 감경하여 가볍게 하면 각각 차이가 생긴 형량으로 처벌한다.

헌법 제106조 제1항은 법관은 탄핵 또는 금고 이상의 형의 선고에 의하지 아니하고는 파면되지 아니하며, 징계처분에 의하지 아니하고는 정직·감봉, 기타 불리한 처분을 받지 아니한다고 규정하고 있다. 이러한 규정을 둔 것은 재판의 독립, 법관의 독립을 위하여서다. 법관이 어떠한 위협에도 굴하지 않고 법의 규정에 맞게 재판하라는 취지다. 이에 따라 대부분의 법관은 양심에 따라 재판을 하고 있지만, 현실에서는 결과적으로 오판이었던 일도 있다. 그중 세간을 떠들썩하게 했던 전라북도 익산의 속칭 약촌오거리 택시기사 피살사건이 있다.

2000년 8월 약촌오거리에서 택시기사가 흉기에 찔려 피살당한 사건인데, 피의자였던 A는 1심에서 범행을 부인하여 징역 15년이 선고되었고, 2심에서는 범행을 자백하여 징역 10년을 선고받아 확정되었다. 그런데 2003년 6월에 진범인 B가 잡혔지만 A는 2010년에 만기출소하였다. A는 변호사의 도움으로 재심을 청구하여 2016년 11월 17일에 무죄를 선고받았다. 이 사건은 너무나 드라마틱하여 영화로도 제작되었다. 그런데 조선시대도 아닌 21세기에 정치적 사건도 아닌 단순한 형사사건일 뿐인 이 사건에서 1심에서나 2심에서 A의 무죄 주장은 받아들여지지 않았고, A는 억울한 옥살이를 10년간이나 했다. 그런데 A의 수사에 관여한 수사관, 검사, 법관 중 그 누구도 A의 억울한 옥살이에 책임을 지지 않았다. 이러한 일이 조선시대에 일어났다면 어땠을까?

『대명률직해』 제433조 관사의 죄 가감(官司出入人罪)은 판결을 잘못한 관리의 책임을 묻는 조항이다. 고의로 판결을 잘못하였는지 실수로 판결을 잘못하였는지에 따라 형량을 달리하였다.

우선 제1항은 고의로 판결을 잘못한 것을 규정하고 있다. 고의로 죄가 있는 사람을 무죄로 방면하거나, 죄가 없는 사람을 유죄로 한 경우에는 가감한 죄 전부로 처벌한다. 주석 ①은 이러한 잘못된 판결을 내리는 정황을 설명한다. 즉 뇌물을 받거나 불법의 형벌, 즉 법에서 허용한 고신 방법이 아닌 불법한 고신 방법을 사용하여 거짓자백을 얻어 처벌하는 것이다. 불법한 고신 방법의 예로써 불을 써서 지지거나 쇠, 즉 인두를 써서 지지거나 겨울철에 냉수를 끼얹는 행위를 들고 있다. 이렇게 하여 무죄인 사람을 장100으로 처벌하였다면 장100으로 처벌하며, 장100인 사람을 무죄방면하였다면 장100으로 처벌한다.

다음으로 제2항에서는 고의로 판결을 잘못하였는데 원래 죄가 있는 사람의 형량을 올리거나 내린 경우에 가감분으로 처벌한다. 그 예는 주석 ②에서 설명하고 있는데 태10에 해당하는 범죄자에게 태20을 처벌한 경우에 그 차이인 태10으로 관리를 처벌하며, 태50인데 감경하여 태30으로 처벌한 경우에는 그 차이인 태20으로 처벌한다. 그런데 태형이나 장형은 계산이 쉽지만 도형이나 유형은 그렇지 않다. 이에 대하여 주석 ②에서는 도형 1등마다 장20으로 환산하고, 유형 1등마다 도형 반년으로 환산한다고 하였다. 예컨대 장100에 해당하는 자를 장100 도3년으로 처벌한 경우는 5등의 차이가 나므로 그 차이는 장100에 해당하여 장100으로 처벌하는 것이다. 또 태20에 해당하는 자를 장70 도1년 반으로 처벌하였다면, 장70 도1년 반은 장40으로 환산되고, 장100에서 태20을 빼면 장80이 되므로 전체적으로는 장120으로 처벌한다. 또 장 80에 해당하는 자를 가중하여 장100 유3,000리로 처벌하면, 그 차이는 장형의 최고형인 장100에서 장80을 제한 장20과 도형 5등의 환산인 장100을 더하고, 유형 3등의 환산인 도1년 반을 더하여 장120 도1년 반으로 처벌한다. 이때 유형은 장형으로 환산하지 않는다. 마지막으로 고의로 사형으로 처벌한 관리는 사형으로 처벌한다.

제3항은 가장 흔한 형태인데 실수로 판결을 잘못한 경우다. 즉 법조문을 잘못 해석하거나 잘못 적용한 경우인데, 이때 기준이 되는 형량은 잘못 판결한 형량이다. 즉 잘못 판결한 형량을 기준으로 가중하였으면 3등을 감경하여 처벌하고, 감경하였으면 5등을 감경하여 처벌한다. 주석 ③에서는 실수로 잘못한 경우를 설명하고 있는데, 죄수를 신문하는데 증인이 허위로 지목한 경우에 관리가 허위임을 밝히면 좋겠지만 그렇지 못한 것은 실수라고 하였고, 또 법 이외의 고신 방법을 쓰지 않고 법이 정하는 한도 내에서 고신하여 자백을 받았는데 그것이 허위인 경우, 형량을 논의할 때 착오를 일으켜 형량을 잘못 산정하였는데 뇌물을 받은 정상이 없는 경우를 예로 들고 있다. 원래 장60에 해당하는 범죄자인데 실수로 가중하여 장100으로 처벌하였다면, 잘못 판결한 장100을 기준으로 3등을 감경하므로 장70으로 처벌한다. 또 장100에 해당하는 범죄자인데 장70으로 처벌하였다면 장70을 기준으로 5등을 감경하여 태20으로 처벌한다. 이러한 형량을 환산하여 표로 나타내면 다음과 같다.

〈장형(杖刑)으로 환산한 형벌〉

형벌	환산치	환산 합계	형벌	환산치	환산 합계
태10	태10	태10	장60 도1년	장20	장120
태20	태20	태20	장70 도1년 반	장20	장140
태30	태30	태30	장80 도2년	장20	장160
태40	태40	태40	장90 도2년 반	장20	장180
태50	태50	태50	장100 도3년	장20	장200
장60	장60	장60	유2,000리	도반년	장200 도반년
장70	장70	장70	유2,500리	도반년	장200 도1년
장80	장80	장80	유3,000리	도반년	장200 도1년 반
장90	장90	장90	교형		교형
장100	장100	장100	참형		참형

제4항은 판결과 관련된 관리들의 처벌 수위를 정하고 있다. 4등급으로 나누었는데, 실무관을 가장 중하게 처벌하며 장관을 가장 경하게 처벌한다. 현대에 비견하면 직접 판결을 내린 법관과 법원장의 처벌에 차이를 두는 것이다. 판결에서 가장 하위에 있는 영사(令史)나 색원(色員)의 형을 기준으로 중간 간부인 낭청(郎廳)을 1등 감경하고, 차관, 장관의 순으로 차례로 1등을 감경한다. 예컨대 장100에 해당하는 범죄자인데 실수로 장70으로 처벌하였다면 영사나 색원은 5등을 감경하여 태20으로 처벌하며, 낭청은 6등을 감경하여 태10으로, 차관이나 장관은 처벌하지 않는다.

조선시대에 이 규정이 그대로 적용된 흔적은 찾기 힘들다. 아무래도 이렇게 판결을 잘못한 것을 실제로 입증하기는 대단히 어려웠을 것이고, 입증한다고 하여도 고의가 아닌 한 관리를 처벌하기도 힘들었을 것이다. 『조선왕조실록』에는 이 규정과 관련한 사례가 한 번 나오는데, 황거정(黃居正)·손흥종(孫興宗) 등이 이숭인(李崇仁), 이색(李穡)의 둘째 아들 이종학(李種學)을 정도전(鄭道傳)·남은(南誾)의 교사를 받아 죽였다고 하여, 제433조 3항을 적용하여 죽은 것에서 3등을 감경한 장100 도3년으로 조율되었다는 기사가 있지만 실제로 적용하지는 않았다(『태종실록』 태종 11년 8월 11일). 이러한 규정이 조선시대에 실제로 적용된 흔적을 찾기는 힘들지만, 그래도 최소한 규정의 존재 자체만으로 관리들의 오판 가능성을 줄이는 역할은 하지 않았을까. 인간은 완벽할 수 없기 때문에 늘 오심의 가능성은 존재하기 마련이다. 그렇다고 하여 판결한 관리를 처벌하는 이 규정을 현대에 도입한다면 법관은 위축될 것이고, 재판의 독립은 흔들릴 우려가 있다. 그렇다면 결국 오심의 가능성을 인정하면서 이를 바로잡을 수 있는 기회인 재심의 문호를 좀 더 넓히고, 공권력에 의한 진정한 사과가 덧붙여지는 것이 약촌오거리 사건의 상처를 조금이나마 치유해 주고 미래로 나아가는 길이 아닐까.

第433條 官司出入人罪

1. 凡官司亦 他人矣 罪乙 故只 入出爲去等 全出全入爲在乙良 全罪例以 論齊.
2. 輕罪乙 重罪如爲於 重罪乙 輕罪如爲在乙良 其矣 加減罪以 論齊 至死令 是在乙良 坐以死罪齊.

3. 斷罪爲乎矣 知不得 入於罪爲在乙良 各減三等爲遣 知不得 出於罪爲在乙良 各減五等齊.

4. 並只 令史色員乙 爲先論罪爲遣 郎廳乙良 令史色員罪良中 減一等齊 之次員乙良 郎廳罪良中 減一等齊 長官乙良 之次員罪良中 減一等科罪齊. (이하 생략)

① 謂官吏亦 他矣 財物乙 受贈爲旀 法律外良中 用刑爲 本來無罪人乙 故只 加罪爲旀 本來有罪人乙 故只 免脫令是在乙良 並只 全罪以 坐罪齊 法外用刑 謂如用火燒烙爲旀 用鐵烙入爲旀 或冬月良中 冷水乙 罪人矣 身體良中 流注爲臥乎事.

② 謂其人矣 犯罪亦 決答一十是去乙 加作二十是如爲在乙良 加作爲乎一十乙 答決爲齊 其人亦 答決五十是去乙 減作三十是如爲在乙良 所減二十乙 答決爲齊 萬一增輕作重爲乎矣 至徒罪者乙良 每徒一等折杖二十齊 入至流罪者乙良 每流一等折徒半年齊 入至死罪已決者乙良 坐以死罪齊 萬一重罪乙 輕罪良中 出者置 亦如之齊.

③ 謂罪囚乙 推考次 或證人亦 虛指爲旀 或依法推問取招服爲旀 及刑罰乙 議論次 所見錯誤分是遣 受贓物爲乎 情狀無齊 及法外用刑罪狀加減無齊 從輕失入重爲去乃 從重失出輕者乙良 各以所剩罪以 論齊.

공률(工律)

「공률」은 각종 공사와 도로, 교량에 대한 규정이다. 「공률」은 권29 영조(營造), 권30 하방(河防)의 2권 13개조로 되어 있다. 『대명률직해』에서 분량이 가장 적다. 사실 공사와 도로, 교량에 관한 내용은 건축과 관련이 있는데, 전통사회에서 이 분야는 그리 비중 있게 다루지 않았다. 실제로 『당률』에는 「공률」이 없고 「천흥(擅興)」이라고 하여 규율하고 있었는데, 『대명률』에 이르러 6율의 체계에 맞추어 「공률」 항목을 만들었다. 6개의 부서로 나뉜 업무 분야를 반영하여 율의 형태로 정리하다 보니 구색을 맞추었다는 느낌이 강하다. 실제로 조선시대에 이 「공률」의 규정이 다루어진 예는 거의 없다.

영조(營造)

　권29 영조는 국가에서 실시 혹은 관여하는 공사나 물품 제작을 감독하고 보호하기 위한 목적에서 규정한 조문이 주를 이룬다. 제453조 용봉 문양 옷감의 금지(織造違禁龍鳳文段疋)를 제외하면 그 처벌 대상도 공사나 물품 제조와 관련된 담당 부처의 관리나 제조자다. 영조편은 제448조에서 제456조까지 총 9개조다.

　제448조 임의 공사(擅造作)는 관급 공사나 신명정 등 민간 건물이지만 관청과 관련이 있는 건물을 공사할 때, 상부에 보고하여야 하는 것을 규정하였다. 함부로 공사하는 경우에는 일한 사람의 임금을 계산하여 제368조 장으로 인한 죄(坐贓致罪)에 따라 처벌하였다. 인력 수급과 관련하여 농번기에 하는 것 등을 방지하기 위한 조치다. 다만 성벽이

무너지고, 창고나 관사가 손상된 경우 등 수리 행위가 필요한 때는 보고하지 않더라도 처벌하지 않는다. 제449조 부실 제조와 노동력의 허비(虛費功力採取不堪用)는 부실 공사 및 노동력 허비를 규제하기 위한 규정이다. 즉 인부나 공장을 부려서 목재와 석재 등 재료를 채취하거나 벽돌과 기와 등을 구워 만드는 데 노동력을 헛되이 소비한 경우 허비한 임금을 계산하여 제368조에 따라 처벌하였다. 제450조 부실한 제조(造作不如法)는 제조한 물건이 규정에 맞지 않아서 조잡한 경우에 처벌하는 규정이다. 예컨대 만든 물건이 법과 같지 않으면 태40에, 무기를 만드는 데 법대로 하지 않았거나 베를 짠 것이 성기거나 지나치게 얇으면 각각 태50에 처한다. 사용할 수 없거나 마땅히 고쳐야 하면 각각 낭비한 재물과 허비한 임금을 모두 계산하여 무거운 경우에는 제368조에 따라 처벌하였다. 제451조 물건 재료의 횡령(冒破物料)은 물건을 만드는 관청의 장인들이 재료 등을 횡령하는 경우를 처벌한다. 이 경우의 형벌은 제287조 감림주수의 창고 물품 절도(監守自盜倉庫錢粮)를 적용하여 매우 무거운데, 관물을 횡령하였다고 보기 때문이다.

제452조 옷감 제작소의 사용(帶造段疋)은 관의 직조소에서 사적으로 옷감을 제조하는 행위를 처벌하는 규정이다. 즉 감림 관리들이 자신의 재료로 관사에서 옷감을 만들면 장60에 처하고 비단은 몰수하고, 장인은 태50으로 처벌한다. 제453조 용봉 문양 옷감의 금지(織造違禁龍鳳文段疋)는 민간의 제작 판매를 금하는 문양이 있는 옷감, 예컨대 용이나 봉황 문양의 옷감을 제조하거나 판매한 자에 대한 규정으로 장100으로 처벌하며, 베틀 소유자, 문양을 새긴 자뿐만 아니라 그 가족도 연좌하

여 공장에 충당하도록 하였다.

제454조 제조 기한 위반(造作過限)은 각처에 부과된 옷감이나 병기의 제조 기한이나 재료 납입 기한을 지키지 못한 경우에 대한 규정으로, 제조 기한과 관련하여서는 미납한 비율에 따라 가중처벌하도록 규정하였다.

제455조 창고의 수리(修理倉庫)는 각처의 창고나 관련 시설이 손상되었을 때 담당 관리를 처벌하는 규정이다. 제456조 담당 관리의 관사 비거주(有司官吏不住公廨)는 관사에 거주하여야 하는데 민가에 거주한 담당 관리를 처벌하는 규정이다. 이는 관사에 거주하여야 하는 관리가 불필요하게 백성과 접촉함으로써 공사를 그르칠 염려가 있기 때문으로 보인다.

이상의 영조편은 대체로 물건의 제조, 공사 등과 관련한 규정으로, 횡령이 아닌 한 당시에는 그렇게 중요하게 여겼던 것 같지 않다. 현재의 시각에서 보면 대체로 행정벌 정도의 불법이 인정되는 것인데, 형량도 대체로 태형이며, 예외적으로 장형이 규정되어 있다.

권30

하방(河防)

『대명률직해』의 마지막 권인 권30 하방은 편명 자체는 하천의 제방이지만 교량 및 도로에 관련된 조문도 함께 규정하고 있다. 제457조에서 제460조까지의 총 4개조로 구성되어 있으며 하천의 제방, 도로, 교량과 같은 사회의 기반 시설물의 관리 및 보호를 위한 목적에서 둔 규정들이라고 할 수 있다.

제457조와 제458조 두 개의 조문은 하천의 제방과 관련한 규정인데, 제457조 하천 제방의 붕괴(盜決河防)는 하천 제방이나 저수지를 훼손한 자에 대한 규정으로, 그 결과 발생한 손해나 인명 피해에 대한 고의성 유무에 따라 행위자에 대한 처벌에 차이를 두었다. 제458조 방제 수리의 실기(失時不修隄防)는 하천의 제방 수리를 제때에 하지 않은 관리 등

에 대한 처벌 규정이다. 관리는 태50, 이로 인하여 가옥이 파괴되면 장 60, 사람이 죽으면 장80에 처한다. 다만 홍수 등으로 제방이 무너지는 등 인력으로 어쩔 수 없는 경우에는 처벌하지 않는다.

제459조와 제460조는 도로와 교량에 관한 규정이다. 제459조 거리 점거(侵占街道)는 도로를 무단 점거한 자, 도로에 오물을 버린 자에 대한 처벌 규정으로, 시가의 도로를 함부로 침범하여 가옥을 늘려 짓거나 텃밭으로 만든 자는 장60에 처하고, 담에 구멍을 뚫어서 오물을 거리에 내보내면 태40에 처한다. 특히 도로를 무단 점거한 자에게는 원상회복의 의무를 부과하였다. 마지막으로 제460조 교량·도로의 수리(修理橋梁道路)는 교량, 도로 등을 농한기에 점검, 수리하지 않은 관리나 나루터에 설치하여야 할 다리나 나룻배를 두지 않은 경우에 관한 규정이다. 관청에 통행의 원활에 대한 의무를 부과하는 규정으로 형량은 태형에 불과하여 주의적인 규정이었다고 할 수 있다.

이 「공률」 중에서 하천의 제방을 무너뜨리는 행위를 규율하는 제457조 하천 제방의 붕괴(盜決河防)에 대하여 구체적으로 살펴보기로 한다.

①

제457조 하천 제방의 붕괴

1. 하천의 제방을 몰래 무너뜨려 흐르게 하면 장100으로 처벌한다. 하천의 둑이나 저수지 둑을 몰래 무너뜨리면 장80에 처한다. 인가를 부서지게 하거나 재물을 유실하게 하거나, 곡식을 침수시키면 재물의 값을 계산하여 무거우면 장으로 인한 죄로 처벌한다. 이로 인하여 사람이 살상되면 투살상죄에서 1등을 감경한다.

2. 고의로 제방을 쌓아 물을 가두어둔 남의 제방을 무너뜨리면 장100에 처한다. 고의로 하천의 둑이나 저수지 둑을 무너뜨린 자는 2등을 감경한다. 표류한 재물이 무거우면 절도의 예에 준하여 논한다. 이로 인하여 사람이 살상되면 고살상으로 논한다.

농사에서 물은 대단히 중요하다. 물이 없으면 작물이 자랄 수 없고, 특히 논농사의 경우에는 그 중요성이 더하다. 그래서 우리 민법에서는 물의 이용과 관련한 여러 규정을 두었다. 제221조 제1항에서는 이웃 토지로부터 자연히 흘러오는 물을 막지 못하도록 하고 있으며, 제2항에서는 고지에서 저지로 흐르는 물을 고지 소유자가 함부로 막지 못하도록 하였다. 또 이웃 간의 물 이용을 조정하기 위하여 용수권을 설정하여 각종 규정을 두었다. 이처럼 현재도 인접하는 부동산의 소유자 또는 용익권자 사이의 이용을 조절하는 데 물의 이용이 핵심을 차지한다. 그리고 형사적으로는 형법 제184조에서 제방을 결궤하거나 수문을 파괴하거나 기타 방법으로 수리를 방해한 자에 대하여 5년 이하의 징역에 처하는 등으로 정당한 물의 이용을 방해하는 행위를 규율하고 있다. 더 나아가 제177조에서는 물을 넘겨서 사람이 현존하는 건조물 등을 침해하면 무기 또는 3년 이상의 징역, 이 때문에 사람이 상해당하면 무기 또는 5년 이상의 징역, 사망에 이르면 무기 또는 7년 이상의 징역에 이르는 일수죄(溢水罪)를 규정하였다. 물의 이용과 관련하여 이렇게 많은 규정을 두고 있고, 형사적으로는 살인죄보다 형량을 무겁게 정하고 있는 것은 물의 이용이 그만큼 중요하고, 물을 넘기는 일수 행위로 인한 손해가 크기 때문이다.

『대명률직해』에서도 이러한 물의 이용과 관련한 내용을 제457조 하천 제방의 붕괴(盜決河防)에서 규정하고 있다. 물의 이용을 이웃과 어떻게 할 것인지는 관습에 맡겼고, 『대명률직해』에서는 이러한 관습을 위반하여 물을 이용하거나, 제방을 무너뜨려 손해를 일으키는 행위를 규율하였다.

제457조 제1항은 몰래 무너뜨리는 행위를, 제2항은 고의로 무너뜨리는 행위를 규율한다. 몰래 무너뜨리는 것도 고의에 해당하지만, 그 의도가 물을 훔쳐서 자신의 논에 대기 위해서라든지, 그로 인하여 물고기를 잡는 등을 위해서라는 점에서, 고의가 타인이 아는 것을 두려워하지 않고 남에게 해를 끼치기 위한 것과는 구분될 수 있다. 행위의 대상이 관에서 쌓은 하천의 제방이면 장100에 처하고, 민간에서 낮은 지대에 논을 만들기 위하여 쌓은 둑이나 저수지의 둑이면 장80에 처한다. 그리고 이러한 행위로 인하여 물이 민가를 덮쳐서 민가가 부서지거나 재물이 유실되거나, 논이 침수되어 곡식이 썩어버리면 이것은 값을 환산할 수 있는데, 그 값 즉 장(贓)의 양이 제368조 장으로 인한 죄(坐贓致罪)와 비교하여 대상에 따라 장100이나 장80보다 무거우면 제368조에 따라 처벌한다. 예컨대 제방을 무너뜨려 민가가 파괴되었다면 장100에 해당하는데, 민가의 값이 100관 이상이면 이에 따른 제368조의 형량은 장60 도1년이므로 무거운 형벌인 장60 도1년으로 처벌한다. 그리고 이러한 행위로 인하여 사람이 다치면 제325조 투구(鬪毆), 죽으면 제313조 투구살 및 고살(鬪毆及故殺人)을 적용하되 1등을 감경하여 처벌한다.

제2항은 제1항의 행위를 고의로 한 것을 처벌한다. 그런데 『대명률직해』에 따르면 고의로 제방을 무너뜨리면 장100에 처한다고 하여 제1항과 형량이 같다. 몰래 한 것보다 고의로 한 것은 가중되어야 하는데 형

량이 같은 것이다. 이는『대명률』의 원문에서 그 실마리를 찾을 수 있다. 즉『대명률』에서는 장100 도3년으로 하였는데, 이를『대명률직해』에서는 반영하지 않았다. 제1항보다 제2항이 가중된 구성요건을 규정하고 있는 것을 고려하면『대명률직해』에서 적용하지 않으려고 도3년을 빼버린 것이라기보다는 직해하면서 실수한 것으로 보인다. 그래서 제2항의 형량을 장100 도3년으로 보면, 대상이 하천의 둑이나 저수지의 둑일 경우에는 2등을 감경한 장80 도2년이 될 것이다. 또 표류한 재물이라고만 하였는데, 제1항의 객체인 민가 등을 다 포함하는 것으로 보아야 하며, 무거운 죄로 처벌하는데 이때의 비교 대상은 제368조가 아니라 제292조 절도(竊盜)다. 제방을 붕괴하여 피해를 입은 재물의 양이 100관 이상이면 제457조 제2항에 따르면 장100 도3년이지만, 제292조에 따르면 장100 유2,000리에 해당하므로 무거운 형량인 장100 유2,000리로 처벌한다. 다만 절도에 준한다고 하였기 때문에 사형에 이르더라도 사형으로 처벌하지는 않고 장100 유3,000리를 최고형으로 한다. 다만 이로 인하여 사람이 죽거나 다치면 제325조, 제313조를 그대로 적용하여 처벌한다.

조선시대에 이 규정을 적용한 예는 찾기 힘들다. 다만 제언(堤堰)을 메워 논을 만들거나 물을 빼서 밭으로 만들어서 경작하는 사람에게 이 규정을 적용할 것을 규칙으로 한 예가 있을 뿐이다(『문종실록』 문종 1년 8월 12일).

1. 凡防築川水乙 隱密亦 決流爲在乙良 杖一百齊 川岸陂塘乙 隱密亦 決流爲在乙良 杖八十齊 人家乙 毀破爲於 財物漂失爲於 禾穀乙 沒失爲在乙良 物價計爲 重爲去等 坐贓以 論齊 因此殺傷人爲在乙良 鬪殺傷罪良中 減一等齊.

2. 故只 他矣 防築貯水乙 決流爲在乙良 杖一百齊 故只 川岸陂塘乙 決流爲在乙良 減二等爲乎矣 漂失爲乎 財物亦 重爲去等 竊盜例乙 准論齊 因此殺傷人爲在乙良 故殺傷以 論爲乎事.

참고문헌

사이트

국사편찬위원회	http://www.history.go.kr/
조선왕조실록	http://sillok.history.go.kr/
승정원일기	http://sjw.history.go.kr/
규장각 한국학연구원	http://kyu.snu.ac.kr/
한국고전종합DB	https://db.itkc.or.kr/
대법원 종합법률정보	https://glaw.scourt.go.kr/
법제처 국가법령정보센터	https://www.law.go.kr/
한국교육학술정보원	http://www.riss.kr/
한국학중앙연구원	https://www.aks.ac.kr/

(최종접속: 2020.12.3.)

원전

『大明律講解』, 奎章閣資料叢書 法典篇, 서울대학교 奎章閣, 1999.

『大明律直解』, 奎章閣資料叢書 法典篇, 서울대학교 奎章閣, 1999.

『大明律直解』, 보경문화사, 1986.

『大明律直解』, 朝鮮總督府 中樞院, 1936.

『秋官志』上·中·下, 奎章閣資料叢書 官署志篇, 서울대학교 奎章閣, 2004.

번역본

金鐸敏·任大熙 主編, 『譯註 唐律疏議』[名例編·各則(上)·各則(下)], 한국법제연구원, 1994·1996·1998.

『譯註 經國大典─註釋篇』, 韓國精神文化硏究院, 1985 초판.

『譯註 經國大典─飜譯篇』, 韓國精神文化硏究院, 1985 초판.

『大明律直解』, 法制資料 제13집, 法制處, 1964.

『대명률직해』1~4, 한상권·구덕회·심희기·박진호·장경준·김세봉·김백철·조윤선 옮김, 한국고전번역원, 2018.

『審理錄』1~4, 민족문화추진회, 1998~2000.

『역주 대명률직해』, 박철주 역주, 민속원, 2014.

『秋官志』1~4, 法制資料 75·76·77·78輯, 法制處, 1975.

The Great Ming Code, Jiang Yonglin, The University of Washington Press, 2005.

논문 및 저서

강명관, 『신태영의 이혼소송 1704-1713』, 휴머니스트, 2016.

김대홍, 『조선의 법추론 인율비부』, 민속원, 2018.

김영주, 「신문고 제도에 대한 몇 가지 쟁점」, 『한국언론정보학보』 통권 39호, 한국언론정보학회, 2007년 가을.

김택민, 임대희 주편, 『譯註 唐律疏議(I)-名例編-』, 한국법제연구원, 1994.

류부곤, 「대명률(大明律) '보고한기(保辜限期)' 규정의 형사법적 의의」, 『비교형사법연구』 제12권 제1호, 비교형사법학회, 2010.

마노 다카야, 이만옥 옮김, 『도교의 신들』, 도서출판 들녘, 2001.

문숙자, 『68년의 나날들, 조선의 일상사』, 너머북스, 2009.

박 경, 「十惡 개념의 수용을 통해 본 조선 전기 사회윤리의 구축 과정」, 『사학연구』 제106호, 2012. 6.

_____, 『조선 전기의 입양과 가족제도』, 혜안, 2011.

박병호, 『近世의 法과 法思想』, 진원, 1996.

_____, 『韓國法制史攷』, 법문사, 1974.

_____, 『한국법제사』, 민속원, 2002.

박성종, 「明律의 변천과 문체, 그리고 『大明律直解』의 저본」, 『국어사연구』 제17호, 국어사학회, 2013. 10.

서정민, 『한국 전통형법의 무고죄』, 민속원, 2013.

薛允升, 『唐明律合編』, 臺灣商務印書館, 1977.

심재우, 『네 죄를 고하여라: 법률과 형벌로 읽는 조선』, 산처럼, 2011.

심희기, 「율해변의 율학해이 대명률강해의 상호관계에 관한 실증적 연구」, 『법사학연구』 제53호, 2016. 5.

임상혁, 『나는 선비로소이다』, 역사비평사, 2020.

장경준, 「花村美樹의 대명률직해 교정에 대하여」, 『규장각』 46, 서울대학교 규장각 한국학연구원, 2015. 6.

장경준, 「조선에서 간행된 대명률 '향본(鄕本)'에 대하여」, 『법사학연구』 제53호, 2016. 5.

장경준 · 진윤정, 「『대명률직해』의 계통과 서지적 특징」, 『書誌學研究』 제58집, 한국서지학회, 2014. 6.

전경목, 「조선후기 소 도살의 실상」, 『조선시대사학보』 70호, 2014. 9.

정긍식, 「조선시대의 가계계승법제」, 『서울대학교 법학』 제51권 제2호, 서울대학교 법학연구소, 2010. 6.

정약용, 박석무 · 이강욱 옮김, 『역주 흠흠신서』 3, 한국인문고전연구소, 2019.

조지만, 「구한말 이자에 관한 연구 – 법전규정과 민사판결문을 중심으로–」, 『比較私法』 제22권 3호, 비교사법학회, 2015. 8.

_____, 『조선시대의 형사법: 대명률과 국전』, 경인문화사, 2007.

최병조, 「15세기 중반 세종대 조선의 법리 논의 -斷罪無正條조와 不應爲조의 관계」, 『법사학 연구』 제44호, 2011. 10.

_____, 「天象豫報不實罪? 書雲觀 述者 黃思祐 사건(태종 13년, 1413)」, 『서울대학교 법학』 제 53권 3호, 2012. 9.

沈家本, 鄧經元 · 駢宇騫 點校, 『歷代刑法考』, 中華書局, 1985.

韓相權, 『朝鮮後期 社會와 訴冤制度: 上言 · 擊錚 硏究』, 一潮閣, 1996.

한상돈 · 조지만, 「大明律 保辜限期에 관한 硏究-조선시대의 적용례를 중심으로-」, 『法史學硏 究』 제51호, 2015. 4.

한인섭 신역, 『체사레 벡카리아의 범죄와 형벌』, 박영사, 2006.

仁井田陞, 『中國法制史硏究-刑法』, 東京大學東洋文化硏究所, 1959.

田中俊光, 「朝鮮刊『大明律講解』について」, 『東洋法制史研究会通信』 第28號, 東洋法制史研究 会(http://www.terada.law.kyoto-u.ac.jp/tohoken/28_tnk.htm), 2015. 2.

田中俊光, 「続 · 朝鮮刊『大明律講解』について」, 『東洋法制史研究会通信』 第31號, 東洋法制史 研究会(http://www.terada.law.kyoto-u.ac.jp/tohoken/31_tnk.htm), 2017. 8.

※ 본문에 인용하지 않았더라도 참고한 문헌을 실었으며, 논문 및 저서는 최소한도로 수록하 였다.

김지(金祉, ?~?)

고려말 조선초의 문신. 본관은 영광(靈光). 자는 경숙(敬淑). 1362년(공민왕 11) 문과 급제. 『주관육익(周官六翼)』, 『선수집(選粹集)』을 저술하였다.

고사경(高士褧, ?~?)

고려말 조선초의 문신. 본관은 제주(齊州). 보문각직학사(寶文閣直學士), 동지중추부사(同知中樞府事) 역임하였다.

정도전(鄭道傳, 1342?~1398)

고려말 조선초의 문신. 본관은 봉화(奉化). 호는 삼봉(三峯), 자는 종지(宗之). 조선 개국 1등공신. 시호는 문헌공(文憲公). 판삼사사(判三司事) 역임. 『조선경국전(朝鮮經國典)』, 『경제문감(經濟文鑑)』, 『경제문감별집(經濟文鑑別集)』등을 저술하였다.

당성(唐誠, 1337~1413)

고려말 조선초의 문신으로 중국에서 귀화한 밀양 당씨의 시조. 조선 개국원종공신으로 책록되었으며 예조, 형조, 공조의 전서(典書)를 역임. 율문에 능하여 『대명률』의 직해 작업에 참여한 것으로 보인다.

조지만(趙志晚)

서울대학교 법과대학 및 동대학원을 졸업(법학박사)했다. 현재 아주대학교 법학전문대학원 교수로 재직하고 있다. 주요 저작으로 『조선시대의 형사법』(2007), 『조선후기 수교자료집성1-3』(공역, 2009-2010, 2012), 『역주 대전사송유취―잊혀진 법학자 신번』(공역, 2012), 『개설 서양법제사』(공역, 2020)가 있으며 주요 논문으로 「《大典會通》刑典 規定의 成立沿革」, 「대한제국기 전율체계의 변화―고등재판소 및 평리원 상소판결선고서를 중심으로」, 「《大明律》保辜限期에 관한 硏究―조선시대의 적용례를 중심으로」, 「구한말 이자에 관한 연구―법전규정과 민사판결문을 중심으로」, 「조선시대 이죄(二罪) 이상의 범죄와 처벌」 등이 있다.

대명률직해

−조선시대 범죄와 형벌의 근간

1판 1쇄 펴냄 | 2020년 12월 31일
1판 2쇄 펴냄 | 2021년 12월 24일

직해자 | 김지·고사경
감수자 | 정도전·당성
역해자 | 조지만
펴낸이 | 김정호

책임편집 | 김일수

펴낸곳 | 아카넷
출판등록 2000년 1월 24일(제406-2000-000012호)
10881 경기도 파주시 회동길 445-3 2층
전화 031-955-9510(편집)·031-955-9514(주문)
팩시밀리 031-955-9519
www.acanet.co.kr | www.phildam.net

ⓒ 조지만, 2020

Printed in Paju, Korea.

ISBN 978-89-5733-717-2 94360
ISBN 978-89-5733-230-6 (세트)